U0142023

吳復生編著

中國文學史綱

文史哲出版社印行

中國文學史綱 / 吳復生編著. -- 初版. -- 臺北
市：文史哲, 民83
面；　公分
ISBN 957-547-849-5(平裝)

1. 中國 - 文學 - 歷史

820.9

中國文學史綱

編著者：吳復生
出版者：文史哲出版社
登記證字號：行政院新聞局局版臺業字五三三七號
發行人：彭正雄
發行所：文史哲出版社
臺北市羅斯福路一段七十二巷四號
郵撥〇五一二八八一二彭正雄帳戶
電話：三五一一〇二八
印刷者：文史哲出版社

實價新台幣四八〇元

中華民國八十三年二月初版

版權所有・翻印必究

ISBN 957-547-009-5

中國文學史綱序

本書的編撰，是爲了嘗試配合大學文選的講授，希望增進教學的效果，也希望一般讀者費時不多而能瀏覽中國文學的名山大川，更希望幫助有心讀者由此入門邁向文學的殿堂，而成爲民族文明的守護神。以下是我的看法與構想：

一、文學作品以外的文學論著，一般都區分爲文學史傳、文學理論、文學批評三類。事實上，文學理論的功能在於文學觀念的倡導、創作方法的論述；而文學批評的任務，既是文學作品的裁判，又是指導裁判的理論；都與文學史的脈動息息相關。所以文學史的內容，理應賅括每一時代的文學觀念、文學創作及其方法的流變，以及批評理論的流變。至少於作品的因革之外也要兼及於若干文學理論及批評的基礎或概要。

二、文學史之有別於文學的學理論著，是在於後者乃從文學作品中，分析、歸納得來的規律和原理；是從流變中尋求問題的解答，而前者則爲古今文學演進的敍述；是從文學流變中看問題。因此文學流衍的敍述，應以時代精神爲指標，而如何篩選精要并求其詳略適可，尤其重要。

三、準此概念，本書將採以下架構：

(一)爲求篇幅的經濟，定名爲「史綱」，而以略所當略，詳所當詳爲原則；使嘗五鼎一臠，也使得窺必要的全貌。同時力求敘述的文學性，而以文從字順爲本。

(二)第一—三章爲基礎之篇，爲本書讀前之常識介紹，包括文學起源，基礎理論及文學批評之梗概，以觀文學的發生、特質、界説、觀念及文體之流變，以明文學之因襲、破壞、發展之方向與原因。

(三)第四、五兩章爲古典之篇，括周秦兩漢文學，以敘述古典文學與雜文學階段之流衍。

(四)第六—九章爲演進之篇，括魏晉以下至民國之前的文學流變，以純文學爲主要的敘述而並重説理文學的取材。

(五)第四—九章均以人物爲經，文學創作爲緯，敘述歷代作家之背景、文體、格律、文論及其代表作，以見各期文學家承傳流衍之事實。第十章則以民國新文學爲主，而以戊戌、辛亥爲序幕，以見新舊文學之代謝及「五四」至今的脈絡。最後更以「篇後語」對今後中國文學提供白話與文言之兼容并收，與重視譯著及整理國故之管見，以助讀者之省思。

四、人類之群化，是來自生活的兩大欲望—長久與美好。由於要長久，必須生生世世，子子孫孫，向時間求延續的演化。因爲要美好，必須向空間求品質的進步。文學是群化主流之一，爲人類生活普遍條件之一，她的演進，當然與生活的演進是同向而平行的。因此也必須向時代的真理衍化求「真實」的存在；必須向品質演化求「善」的普遍與「美」的籠罩。所以文學必須是歌頌真理的、善良的、美好的。大體上爲真理而存在，必須説理；爲善良而存在，必須抒情；爲美好而存在，必須詠物。説理文學如縱谷山脈之清幽多元而引人入勝；抒情文學如長江大河之壯闊、奔流而多變；詠物文學則如明湖大澤之恬靜宏觀而妙趣橫生。因此本書所錄作品更要三者並重，儘可能使讀者置身其中，遊目騁懷。這是本書更基本的構想；當然也是不自量力的奢望，就像沿門托缽以求成佛一樣。不過，向道之心畢竟是成佛的前提，但願苦行僧所付出的點滴，有裨衆生於萬一，尤願班門君子，無吝珠玉之施！

本書承陳教授中庸伉儷協助校勘，於此併申謝忱，以誌不忘。

延陵季子裔孫吳復生謹識於台中鋤惡草堂　80、8、30

中國文學史綱目次

第一篇　基礎之篇

第一章　文學的溯源

關於文學起源，在中國多散見於古籍中的傳說與歷代學人的臆說；而西方文壇則有較完整、或較具體的研究。以下將作概略的比較：

一、西方的持說

㈠世界文學史的起源概說

關於文學起源，東西方似乎無例外地都以爲是，存在於原始生活的跳舞神話而與勞動生理、社會心理有關。例如郭源新的世界文學史綱，便以爲人類在能寫作之前，跳舞是最古老的藝術。當初民戰敗或殺戮敵人之後，往往圍繞著火堆跳舞，同時並呼著喊著，這種呼喊之聲漸漸和諧，而能與跳舞節奏相應和，於是第一首戰歌從此產生。在神權觀念發達時，祈禱的禱詞也漸漸形成。兩者一代代傳襲，也一代代累積，使人類開始走向文明。同時由於初民社會的基本需要：一、關係危險安全不能不記憶的事，而有記錄的必要；二、兩地相隔，因情思或生活事項不能不表達，而有通信的必要；三、私有財產如牛羊、器皿等，不能没有數字的記載以防竊盜。於是又由先知的先民發明文字，後來便利用它流傳戰歌與禱詞。曾被萊雅特（Sir Henry Layard）在小亞細亞的凱爾地亞（Chaldea）發現過的一片最古的文字，內容是洪水的記事，（現尙陳列在不列顛博物館）約爲西曆前四千年的文物。所以西方都相信希伯來人在作聖經的前數千年已經有創世紀上所述的洪水故事。後來的埃及死書，更具備了對神的頌詞，讚美詩、祈禱文以及精靈到將來世界途中的經驗與最後審判詞等。傳說中的埃及神宙斯（Thoth Hernres）是司書的大神；他是鳥頭人身，埃及的許多古書都是他的創作。然後才有塔霍特浦的箴言（The Precepts of Ptah Hotep），印度的佛陀，荷馬史詩的產生。但文學的開始是合作的，不是個人的。古代關於星辰的故事，母親對嬰兒所唱的兒歌，乃至神話以外的英雄故事，都是一代一代傳下來，添加許多誇飾與附會而成。此外，還有成爲法律的生死，婚姻的儀節風俗，以及季節的變遷、祭祀、祈禱、口頭流傳的箴言、趣語之類，都是最初作家所能取得的既有資料。而詩歌的起源，更是來自民間的歌舞所表現的「情感藝術」。所以說：「最初文學的資料，都是絕對，而屬於民衆的；所有共同的幻夢與靈感，都是最初的文學資料。」（郭源新世界文學史綱）

(二)西方的具體研究（大要）

1. 生活實用說

芬蘭大學教授希爾恩（Hirn）的「藝術起源」以爲，原始武器、家具的雕刻、紋身、編物的花紋，或用爲宗教的象徵，或爲擁有者的符號，大抵都含有實用的意義，而不是純審美的衝動。對於原始的文學、戲劇的研究亦可循此得到相同的結論；例如北美的紅番和黑奴利用舞蹈練習狩獵，他們的舞蹈，恰是原始狩獵的動作。所以他說：「原始人類的藝術，没有一樣不從非審美的目的而來。」

希氏又引澳州旅客的實驗記說：他爲了鼓舞土人的工作勇氣，不得不利用最流行的舞蹈歌「馬洗黎，馬洗黎」的俗謠。當他們疲倦不堪，躺下草地上，聽到此歌，就發生情不自禁的衝動，站起來合唱、跳舞。過一陣，他大喊Mingo（相當於英語的胸脯（Breast）—表示「加油」的用語），於是土人們又開始工作。後來，阿拉伯人和利比亞的船夫爲了行船的協同勞動，又產生勞動文學的勞動歌（work Song）。希氏又依原始民族的各種資料，把鬥爭和藝術及魔術和藝術的關係加以研究，以爲「傳達」（information）、「和緩」（Propitiation）、「刺激」（Stimulation）和「魔術的效果」（Magical Efficiency）等四種功利動機是藝術的起源。「傳達」，是想把有關自然和人生的知識，加以擴大的衝動；「和緩」是，以美的詩示訴之於五官的衝動；「刺激」是，依靠生命力的昂揚，使容易生活，容易遂行工作的衝動；「魔術的效果」是，把主觀界和客觀界導入混淆錯亂的狀態，所產生現實的幻影的衝動。四者都是藝術的中心目的，也是最非審美的，實際生活上的要素。不過，他的起源雖含有實用的意味，但在發達過程中，漸漸就加上實用以外的性質；後來，後者反成爲重要的要素。甚至完全揚棄前者。

2.宗教關係說

英國女文學家哈利遜（Horrison），根據名著金枝（The Golden Bough）而著的古代藝術和祭典，以爲原始人類的生活，都被人力不可抗衡的自然魔力所支配，故以祭典祈禱自然之神庇祐；爲了表現祈求的願望，乃有舞蹈，戲劇以及音樂、詩歌的相繼產生。

據亞里斯多德的詩學（Poeties）和尼采的悲劇的產生（Birth of Tragedy）所說，古希臘的詩歌、跳舞、音樂都起源於酒神狄渥泥蘇士（Dionysus）的祭典。酒神是繁殖的象徵；主祭者和信徒們，披帶葡萄和各種植物枝葉，狂歡曼舞，助以豎琴（Lyre）等各種樂器。後來從這種歌舞中產生頌酒神的抒情詩，並由扮演酒神的主祭官和與祭者的對唱，而產生戲劇（男女的悲劇與喜劇）。據說，這是最早的證據。

3. 社會現象說

麥鏗基（Alastair st Maekenie）在文學的進化（The Evolution of Literature）中以爲，文學的本質，是一種社會現象。人類未有語言時，先以喊叫、手勢和肢體動作表達情意。由叫喊進化爲語言，再由聲音的旋律（Rhythm）產生音樂。又由手勢與肢體動作進爲舞蹈。而語言在思索和創意上的進化，更是詩歌的起源。

麥氏從狩獵氏族所盛行的儀式旋律所反映的原始生活的需要，發見音樂、舞蹈、詩歌的結合的三位一體的旋律，是滿足人性潛在意識的衝動和要求，最合適的儀式。而旋律的統一性，更能促進血族、種族的團結，並使十分混淆而不統一的生活，進化爲有秩序的生活。

尤其是原始的詩歌，主要的題材是歌詠狩獵、戰爭、戀愛、諷刺、勞動、哀感等，他以原始的作品證明，文學的原始狀態，絕不是消極的動機或遊戲本能所產生，而是來自實際的生活需要。

這種說法，不難從中國的詩經作品中求證。例如：

①召南的騶虞：「彼茁者葭，壹發五豝，于嗟乎騶虞！」是歌詠田獵的。

②邶風的擊鼓：「擊鼓其鏜，踴躍用兵，土國城漕，我獨南行」。是歌詠戰爭的。

③秦風蒹葭：「蒹葭蒼蒼，白露爲霜，所謂伊人，在水一方……」，是歌詠戀愛的。

④魏風伐檀：「坎坎伐檀兮，置之河之干兮，河水清且漣漪。不稼不穡，胡取三百廛兮?不狩不獵，

胡瞻爾庭有懸貆兮？彼君子兮，不素餐兮！」是諷刺的詩。

⑤小雅大田：「大田多稼，既種既戒，既備乃事，以我覃耜，俶載南畝，播厥百穀，既庭且碩，曾孫是若。」是歌頌豐年收穫的詩。

⑥小雅蓼莪：「蓼蓼者莪，匪莪伊蒿；哀哀父母，生我劬勞……」是哀傷的詩。

可見文明民族的詩歌中，仍然存在文學起源的腳印。

4. 藝術模仿說

柏拉圖（Plato）的共和國以爲，「想博得好評的模仿詩人和他的藝術，當然不想使人類的靈魂的理性的原理獲得快樂；而喜歡模仿那些容易模仿的情念的衝動方面……他們總是對於靈魂的比較惡劣部份，抱著關心。所以要從一個秩序很好的國家，把他們放逐出去。」他認爲詩人只是抱著以容易的模仿去博得好評，所以只關心於投其所好的「惡劣」部份，而不會去推動靈魂的理性。他的理式論，更以爲人類生活的現實世界只是實在（理性）世界的影子，而詩和藝術只是影子的模仿。但亞里斯多德的「模仿衝動說」（Imitative Impulse Theory）卻以爲，藝術是來自人類的模仿本能—看到被模仿的對象就會喜歡的本能。事實上藝術的模仿因素是無法否定的。像美術之於模特兒、靜物、風景；而文學之寫實主義與自然主義，都是離不開模仿。據說巴爾扎克（Balzac）、弗洛伯特（Fraubert）之流，在寫作之前，都要對實際的事物作一番觀察、調查。前者的名著農民（Los Paysans），曾被某大學的指導教授介紹給研究十九世紀法國農村的日本經濟學者，作爲研究的「最好」資料中心。後者的包華利夫人（Madame Bouary），只是以短小的社會新聞爲基礎寫成的，定稿雖然只有四百八十頁，而搜集資料，調查真相卻費了五年時間，而草稿更達三萬一千七百八十頁。

法國的古典畫家英格列士（Ingress）告訴學生說：「你須去臨摹、像一個傻子、一個恭順的奴隸去臨摹眼睛所看到的。」英國的評論家拉斯鏗（Ruskin）在近代畫家裡說：也主張「藝術模仿自然說」，以爲「一座希臘女神的雕刻，沒有一個血色鮮麗的英國姑娘一半美。」

5. 遊戲衝動說

德國大哲學家康德（Kant）曾說：「跟勞動比較起來，藝術可以看做是一種遊戲。」當時的文學家席勒（Schiller）遂據以寫成美感教育書簡；他以爲，藝術和遊戲同爲不帶實用目的自由活動—精力過剩的表現。他說：獅子在沒有飢餓的威脅和敵獸搏鬥時，過剩的精力就要另找出路，於是便在曠野中狂吼，把氣力發洩在無所爲而爲的活動上面；昆蟲在光天化日中飛躍，祇是爲著表現生存的快樂；鳥雀的歌聲也決不是飢寒的呼號；都是自由的表現。所以說：「動物在工作時是迫於生活的需要，在遊戲時是過剩精力的流露—洋溢的生命在驅遣的活動。」

6. 社會哲學的遊戲觀

英國哲學家斯賓塞（Spencer）以生理學解釋過剩精力的由來，而以社會哲學的立場加以系統化，他在一八七二年出版的生理學原理（Principles of Psychology）中以爲，所有的動物都有爲「生命保存」（Life Maintencnce）和「種族保存」（Race Maintenance）的根本本能。而且爲了滿足這兩種本能，總是日夜不休地把所有的精力都用上。只有人類是個例外，雖然要多方面活動去應付多方面的需要，但由於營養特別豐富，而且在進行特殊活動時，可以停止其他的活動來恢復並增進精力。因此，人類的精力常是供過於求；除了滿足兩種基本本能之外，還有過剩的精力必須求發洩；如果沒有實用活動，就要轉而成爲「遊戲衝動」，而藝術就由此而來。

7.十九世紀末的修正說

美國桑達亞那（Santayana）教授在美感論中主張，遊戲不是由於精力的過剩，而是在生命保存和種族保存「暫且承認」的本能的有效實現上，最不可缺的活動。因爲遊戲和工作，就像車的兩輪之不可缺一；如果沒有遊戲來恢復精力，所有的工作，都很難達成任務。而遊戲所產生的藝術，當然是人生重要的一環。有如夏月漱石在草枕中所說：「如果睡眠是廿世紀所必要，那末詩味在廿世紀也是很重要的。」

尤其藝術的社會魅力，文藝心理學的作者說：「藝術和遊戲，都是在現實生活的緊迫中所發生的自由活動；都爲著享受幻想世界的情趣或創造幻想世界的快慰，而把意象加以客觀化，成爲具體的情景—『表現』。不過純粹的遊戲缺乏社會性，而藝術則有社會性，不僅要表現，尤在於『傳達』……要有內在的價值……還須具有形式的美……遊戲是雜用金砂……藝術則要從砂中鍊出純金。」

二、中國的文學起源觀

㈠心志感發說

1.毛詩大序：「詩者，志之所之也。在心爲志，發言爲詩，情動於中而形於言，言之不足故嗟嘆之，嗟嘆之不足故詠歌之，詠歌之不足，不知手之舞之足之蹈之也。」

2.漢書藝文志：「哀樂心感，而歌詠之聲發。」

3.禮、樂記：「詩，言其志也。歌，詠其聲也。舞，動其容也。三者本於心，然後樂器從之。是故情深而文明，語豐而化神。」

4.朱熹詩經傳序：「……人生而靜，天之性也。感於物而動，性之欲也。夫既有欲矣，則不能無思；既有思矣，則不能無言；既有言矣，則言之所不能盡，而發於咨嗟詠嘆之餘者，必有自然之音響節奏而不能已焉；此詩之所以作也。」

以上諸說，都說明了文學最初形式—「詩歌」，都是起原於人類的心志情感及其自然抒發表現的「欲」與「思」。此說與西方社會哲學遊戲說十九世紀末之修正說相接近。

㈡文學弓箭同源說　漢代的趙曄以爲文學與弓箭術是同源的。他在吳越春秋中載有彈歌一首，說是黃帝時的歌謠；形式是每句兩字，原文如次：

「斷竹，續竹，飛土，逐肉。」

詩前有趙曄的序言說：『越王……欲謀伐吳，范蠡復進善射者陳音。……王請音而問曰：「孤聞子善射，道何所生？」……音曰：「臣聞弩生於弓，弓生於彈，彈起於古之孝子，……不忍見父母爲禽獸所食，故作彈以守之。」意謂此詩即孝子所作。就詩歌形式的發展而言，二言謠應屬最早的作品。詩經中雖然也有二言，但雜於四言之中，而不是純粹的二言。即使故事爲趙曄所杜撰，但此詩所反映的，總是彈弓時代的狩獵生活。所以劉麟生以爲，「即使是後人的僞託，也必然是較早的年代。」如果詩與故事都是真實的，自然可作文學起源之一說—與弓箭術是同源的。（詳劉著詩詞入門上）

㈢勞動關係說　關於文學與勞動的關係，近人有左列的論述：

「我們的祖先的原始人，原是連話都不會說的，爲了共同勞作，必須發表意見，才漸漸地練出複雜的聲音來。例如那時大家抬木頭，都覺得吃力了，卻想不到發表，其中有一個叫道『杭育！杭育！』，那麼，這就是創作；大家也要佩服、應用的；這就等於出版。倘若用什麼記號留存下來，這就是文學；他當然就是作家，也是文學家……（是『杭育杭育派』的文學家）。」（劉麟生詩詞入門引）所以他認爲這是詩歌發生與勞動關係的證據。此說與西方文學起源的勞動說也不謀而合。

㈣其他的起源傳說

1.擊壤歌：（傳爲黃帝時代的作品）

「日出而作，日沒而息，鑿井而飲，耕田而食。帝力於我何有哉！」

2.康衢謠：（列子）

「立我蒸民，莫匪爾極，不識不知，順帝之則。」

3.卿雲：（尚書大傳舜將禪禹百工相和之歌）

「卿雲爛兮，乣縵縵兮，日月光華，旦復旦兮！」

4.南風：（家語：舜所歌）

「南風之薰兮，可以解吾民之慍兮，南風之時兮，可以阜吾民之財兮！」

以上早期詩歌，皆因堯舜之被否定，而以爲不可信。其實，任何歷史都有他的傳聞階段，史記之絢爛，生動，也因爲史遷之致力於「網羅舊聞」，春秋之三世，傳聞亦居其一。如果一一必求證據，則人類必無史前之進化，文學亦必無源之可溯。所以筆者以爲，史前或早期的傳說，只要錄者時代較近於當時，也不妨寧信其有。

三、近人考定的起源說

前節所述只是片段孤立的推理或歷史傳聞。以下將提供嚴謹而較有系統的起源說：（據楊編著中國文學百科全書）

㈠文學的導源　文學之發生，起於人類之進化，而導源於天賦情感與生理需要的存在。

1.情感的衝動　人之靈於萬物，以有七情，有情必有感受，感受必有反應，反應的主要表現是聲音，由聲音而語言，而音樂，而舞蹈，而詩歌。所以文心（即劉勰所著之文心雕龍，以下簡稱文心）說：「人稟七情，應物斯感，感物吟志，莫非自然。」（明詩）

2.生活的壓迫　①詩大雅說：「民之初生，陶復陶穴，未有家室。」易繫辭說：「上古穴居而野處。」淮南子氾論訓：「……冬日則不勝霜雪霧露，夏日則不勝暑蟄蟁蝱。」說文「它」部說：「上古草居，患它，故輒相問無它乎？」顏師古匡謬正俗引風俗通：「上古之時，草居露宿，恙，噬人蟲也，善食人心，人每患苦之」；凡相問曰：「無恙乎？」②後來由草居而進步爲巢居；莊子盜跖說：「古者禽獸多而人民少，於是民皆巢居以避之……故曰有巢氏之民。」③又說：「古者，民不知衣服，夏多積薪，冬則煬之，故命之曰『知生之民』」。春秋歷命序說：「古初之民，卉服蔽體；辰效氏作，乃教民攫木茹皮，以禦風霜；綯髮閭首，以去靈雨，命之曰「衣皮之民。」此爲衣服之進化，④禮運說：「昔者，未有火化，食草木之實，鳥獸之肉，飲其血，茹其毛。後聖有作，然後修火之利。」韓非五蠹說：「上古之時……有聖人作，鑽燧取火，以化腥臊；而民悅之，使王天下，號曰燧人氏之民。」這是食的進化。此後，人口漸多，物質漸缺，慾望漸升，痛苦亦更多，而洪水猛獸以外，還有攘奪相殘與疾病的傷亡，不免由惶恐無告而生趨避祈福之心，故有卜辭、禱辭之生。如禮、郊特牲所記載的伊耆氏始為蜡。—蜡者，索也；歲十二月聚萬物而索饗之也。其祝辭曰：「土反其宅，水歸其壑，昆蟲毋作，草木歸其澤。」其中的「伊耆氏」，鄭注只說「古天子之號」，孔穎達以為即神農氏（詩譜序疏），而陸德明以為帝堯（經典釋文）。這簡短的祝辭，就是初民因生活的迫切需要而產生的宗教文學。後此則有舜之祠田辭（文心祝盟），湯之禱雨辭（荀子大略）等等的農業文化的作品。而民間亦有因感激而作的歌謠，如晉書束晳傳：「大康中，郡界大旱，晳為邑人請雨，三日而雨注。衆為晳誠感，為作歌曰：「束先生、通神明，請雨三日甘雨注。我黍以育，我稷以生，何以疇之，報束長生。」以上都是文學導源的史實。

㈡**起源文獻的辨偽**——一般論文學起源，必先辨偽。

1. 散文之辨偽—嚴可均所輯的古代散文很多。如伏羲的「教」，神農的「占」，等單篇散文，不用說是偽託的作品。整部的著作文如三皇的三墳，黃帝的陰符經也是共知的贗品。只有世所共信的兩部書也有待辨證：

⑴今文的虞夏尚書—尚書在時期上分虞、夏、商、周四代；在來源上又分古文、今文兩種。古文之偽，早經證明。今文虞夏尚書，近人也頗有存疑：①虞書之堯典、皋陶謨兩篇之稱謨典且開端都說「曰若稽古」，顯為後人語氣。堯典之卜辭，只「有十三月」，而無「閏」字，何得有「以閏月定四時成歲」之句，故馬衡以為偽。考古學家已證明商代尚多石器，而堯時何得有「金作贖刑」之事，故梁啟超

以爲僞。「蠻夷猾夏」，乃春秋成語。且以「夏」指中原，須在夏代以後，故梁氏亦以爲僞。皋陶之生前稱帝，也與卜辭金文之「生前稱王」不合，故余永梁以爲僞。②夏書也因在禹貢中有「厥貢璆鐵銀鏤磐磬」之句，其中「鐵、鏤」二物，非夏時所能有；二篇中又有「荆及衡陽惟荆州」之句，其實春秋時之楚地，尚南不過洞庭。因此，論者以爲治水之說既不可信，而九州之分更是後代的擬議，則以治水與九州爲基礎的夏書，自不足憑。甘誓一篇，則因「六卿」「五行」之制，文句又與牧誓雷同，亦不可信。③商書不但文句與牧誓相關，而且盤庚的首句「盤庚遷於殷」，更因爲卜辭之稱商不稱殷，可斷爲僞託。

(2)山海經，共十八篇，傳爲禹益所作，信者頗多；一般的辨僞也不甚注意。其實它是三個時期湊成的：①山經中言「鐵」最多，而鐵器始於晚周。此篇又言及「郡縣」，也不是春秋以前的制度。②海外內經各四篇，篇中「有夏后啟」及「文王」字樣。又篇中多西漢地名，如朝陽、彭澤可知爲西漢作品。③大荒經四篇與海內經一篇，內有長沙、零陵，可知爲東漢作品。

2. 韻文之辨僞——(1)馮惟訥詩紀所輯的古逸，其中周前各篇，如堯的神人暢舞的南風歌，禹的襄陵操，湯的桑林辭，或因所據書不可信，或因仿周詩的痕跡，或因史蹟非周前所有，都可證屬於僞託。

(2)商頌之僞：①國語的魯語及史記宋世家均以商頌爲宋國樂章，而詩毛序則否。②篇中有「自古」「在昔」「先民」「湯孫」之類，近似宋人祭遠祖之詞，而非商人祭近祖語氣。（魏源說）③卜辭稱商不稱殷，而此篇則「殷」、「商」錯出；卜辭稱湯爲太乙，商頌則稱爲烈祖或武王，④文句與周詩雷同者多，如「昭假遲遲」「有載其所」「時靡有爭」等（王國維說）。所以周以前的韻文，都不可靠。

㈢可信的起源

1.根據卜辭殷墟的甲骨上所刻的卜辭，經劉鶚、孫貽讓、王國維、羅振玉的研究，考定它的時代大約在盤庚至帝乙之間（西曆1401—1155）。卜辭與文學關係如次：

①卜辭與詩歌—畢夏說：最初的詩歌，是與勞動和音樂緊合的（勞動與韻律）卜辭雖無詩字，卻多樂字舞字樂字作「樂」。羅振玉說：「人絲附木上，琴瑟之象也，或增白以象調弦之器」此外樂器尚有「鼓」「磬」「言」「殸」「龢」等由此可見商樂已很精工了。舞字作「無」，王襄說：「象人兩手執氂尾而舞之形為舞之初字。」他處言舞者尚多，可證商舞是很興盛的。這二三百年中既然舞盛而樂精，定有許多舞歌和樂章的。

②卜辭與散文—

卜辭並無文學意味，而且文句極短。不過其中較長的，可說是原始的散文，如：

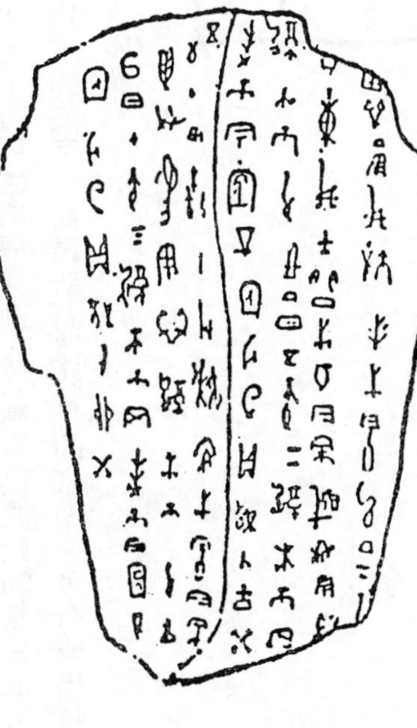

此文見於殷虛書契精華第二葉，記土方與𢀛方侵伐商人之事實爲原始的敍事散文之一例。

2. 金文與散文　金文是金屬器物上的文字。商爲新石器時代的末期、金石並用時代，雖然不盡可靠，但也有不少真品，如殷文存中的戊辰彝：

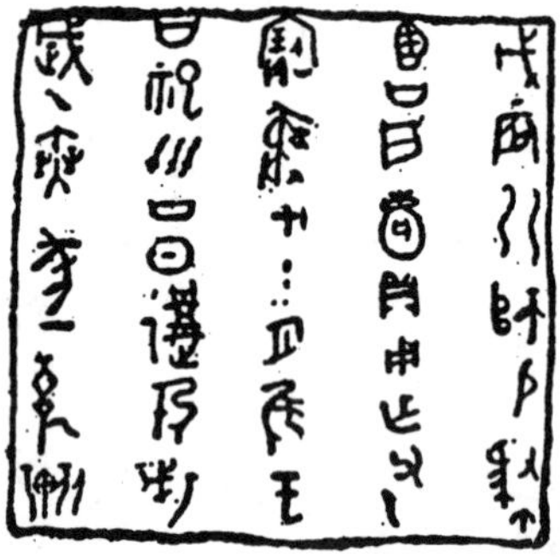

這種銅器上的文句，如與上文所引的卜辭合讀，便可瞭解中國散文的起源形態。

3. 考定的結論

總之，現存周以前的散文如虞書之類，與韻文之商頌之類，皆爲僞託作品。從卜辭所記載舞與樂的文字所示，可知必有佚失的歌辭；而商末的金文及較長的卜辭，更具體顯示原始的敍事散文，已經產生於商末。由此而有周易卦、爻辭的過渡，乃有具體文學的詩經與尚書。傅錫壬於中國文學史初稿中，對周易與文學的關係，有很合理的推測可作佐證（第四章三節）

第二章　文學的基本理論

一、文學的特質、背景與要素

任何學術，都有它的獨特的性質，以爲異同的區別。文學是藝術之一，不同的藝術，必有不同的性質，文學自然應有它的特質。如與科學相較，則科學是知識的產物，而文學則爲情緒和想像的產物，西人溫采斯德（Winchister）以爲，同一事物，科學家與文學家的角度完全不同。科學是以眼光的觀察，去發見它的生態、相互關係及環境關係；文學家的觀察，則在於情緒和精神的關係。例如一棵花木，科學家必以純智能的過程追求它的生滅的事實與法則；文學家則只問這花木的美不美，就像拉斯鏗（Ru skin）所說：「在自然本身的意思看來，一棵植物，除了花以外，什麼也沒有。」

文學的產生，必受文學背景的直接影響。不獨是影響作品的內容與形式的潛在力量，而且是文學作品特殊化的基本力量。

文學的要素，更是文學作品的內臟神經，無此要素，不能成爲文學，不知把握和應用它的要素，更無從着手文學的創作。

以下將分別一述：

(一)文學的特質

1.永恆性——文學作品須具永久價值，所謂「好書不厭百回讀」。而且是無可取代的；像元稹的鶯鶯傳和王實甫的西廂記，李公佐的南柯太守傳和湯顯祖的南柯記，事蹟雖同，但不能抹殺任何一種的存在價值。所以曹丕的典論論文說：「年壽有時而盡，榮樂止乎其身；二者必至之常期，未若文章之無窮。」

2. 個別性—文學須文如其人

法國標豐（G.L.L. Buffon）說：「文就是人」。美國的亨特（T.W. Hunt）說：「人就是文」。溫采斯德說：「當情緒的要素跑進語文時，說話的人的個性，就要表現出來……文學絕不是把事實僅僅當做事實來敘述，而是要在事實的一些情緒上的關係中，描寫事實並加上情緒的效果；當任何人的人格，像這樣顯出來，文學便馬上成爲人格的表現。」哈德遜（W.H.Hudson）說：「每部傑作，都是從作者的頭腦和胸懷產生；每頁都有作者，都參加了作者的生活、充滿作者的個性。」所以文心體性：「是以賈生俊發，故文潔而體清；長卿傲誕，故理侈而辭溢……」；明徐楨的談藝錄說：「宗工鉅匠，辭淳氣平；豪賢碩俠，辭雄氣武……輔臣弼士，辭尊氣嚴……，媚夫倖士，辭靡氣蕩……。」所以宋俞的文豹吹劍錄說：「東坡在玉堂，有幕士善歌。坡問曰：『吾詞何如柳耆卿？』對曰：『柳郎中詞：宜十七八女孩兒，按紅牙板，歌楊柳岸曉風殘月；學士詞，須關西大漢，執鐵板，唱大江東去』。」

3. 普遍性—文學須有類型的普遍性。

約翰遜（Dr. Samuel Johnson）批評莎翁的戲劇所以能夠普遍受歡迎，是因爲他所描寫的人物，是類型的而不是個別的。金聖嘆荅沈匡來書說：「作詩須況其心之所誠然者，須況其心之所同然者。況心中之所誠然，故能應聲滴淚，況心中所同然，故能使讀我詩者應聲滴淚也。」所謂「心所誠然」，指個別性；而「心之所同然」，則指普遍性，有了它，纔能使「老嫗都解」；使讀者有「先獲我心」之感。

4. 文學的歷史特質

中國的文學史家更以爲：歷史既長，由於時代的推移，古今不一其趣。夏尚忠，殷尚質，周尚文，秦用法術，漢重經術，魏秉申商，晉崇老莊；是治術的歷史特質。漢之注，唐之疏，宋之義理，清之考據；是經術的歷史特質。文學的歷史特質是：①周之詩，楚之騷，漢之賦，唐之詩，宋之詞，元之曲，代有變遷。②以一時之風氣見稱的，有漢的「建安體」，魏有「建始體」，晉有「太康體」，宋有「元嘉體」，齊有「永明體」，梁有「宮體」，唐有「大歷體」、「元和體」；宋有「西崑體」、「江西派」；明有「臺閣體」、「公安竟陵派」；清有「桐城派」。③以其學見稱的，有「騷體」、「選體」、「六朝體」、「八大家體」。④以作家見稱的，有「劉公幹體」，「吳均體」，「吳富體」，「皮陸體」。

5. 文學的地域特質

領土既廣，隨地方之風氣，南北各異其撰：如鄒魯多鴻儒，三楚多秀士，鄭衛多淫聲，燕趙多悲歌慷慨之士。任金革死而不厭，北方之強也。寬柔以教，不報無道，南方之柔也。故南人好文，北人尚質。於文學則民歌，詞曲、戲劇皆有南北之分。北史文苑傳更具體說：「江左宮商發越，貴於情綺；河朔詞義直剛，重乎氣質。」蓋西北多山嶽，東南多川澤，得土厚者，大柢遲重；得水多者，大柢輕利。故孔子有仁者智者之形容。北方氣候嚴寒，風物蕭索，生事艱難，古重氣節，故質勝於文。南方氣候溫和，風光明媚，產物豐饒，俗事綺美，故辭過乎意。實質之文，多產於北，情韻之文，多起於南，皆由地域所使然。

(二)文學的背景

1. 作者的個性與處境

個性是與生俱來的性情，或經由後天淳化後的性向，所以是影響文學作品的第一種力量，古代的文學作品，多不十分表現作者個性，即使是直接抒情的詩賦也不例外；它所表現的，多是普通的感情。像詩經、漢代的詩賦，大都如此。後來，隨著社會生活的演進，人的個性漸得顯著的發展，作品的個性色彩也漸趨濃厚。同是首石鼓歌，在道貌岸然的韓愈寫來，就非常嚴肅；而放浪形骸的蘇軾所寫的卻倍顯得豪邁。這是文學創造性的基礎，也是創作有別於因襲作品的分水嶺。所以哈德遜說：「一部偉大的作品，第一是由於作者的偉大而來；因爲所謂天才，不外是天資的新鮮性和獨創力的別名而已。結果就由它帶著世界觀、洞察力以及眼光的新鮮性和獨創而來。」至於作者的處境，更有深鉅的影響；歐陽修說得最好：「詩之原乎心者也，富貴愁怨，見乎所處。江南李氏鉅富，有詩曰：『簾日已高三丈透，金爐次第添香獸，紅錦地衣隨步皺，佳人舞徹金釵溜。酒渥時拈花蕊臭，別殿微風簫鼓奏。』與『時挑野菜和羹煮，旋砍生柴帶葉燒』異矣。」（詩人玉屑十引撫遺）

吳處厚也說：

「有山野之文，有朝廷臺閣之文；山林草野之文，則其氣枯槁憔悴，乃道不得行，著書立言者之所事也；朝廷臺閣之文，則其氣溫潤豐縟，乃得位於時，演綸視草者之所尚也。」（青箱雜記）

章學誠則有更好的分析：

「夫立言之要，在於有物。古人著爲文章，皆本於中之所見，初非好爲炳炳烺烺。如錦工繡女之矜誇采色已也。富貴公子，雖醉夢中不能作寒酸求乞語；疾痛患難之人，雖置之絲竹華宴之場，不能易其呻吟而作歡笑：；此聲之所以肖其心，而文之所以不能彼此相易，各自成家也。」（文史通義文理篇）

以上都是境遇之影響文學，人格之表現於作品的最佳說明。不過貧富窮通的影響只是一例而已；如史稱張說爲文，屬思精壯，既謫岳州而詩益悽惋；子厚之文，至永益工，世並以爲得江山之助；則爲處境中文學素材不同的影響；與後來老杜之在夔州，韓之在潮州，蘇之在黃州，三者的詩文，都得自然環境變遷之助是相同的。所以溫采斯德說：「要徹底鑑賞一部作品，一首詩詞，就得精悉作者的生活。」

2. 國民性或民族性

人格產生於國家或民族的文化模式，文學的作品，不但染有作者的個性色彩，而且會反映作者所生活的國家或民族社會的特性。法國學者呂朋（G.Le Bon）在他的名著「民族近代心理學」中說：「種族是超時間永存的生物。不僅是由當時生存個體所構成，而且是由各人死去的祖先的長久系統所組成：那些死者的數目與力量，都比活者勝過萬倍，而支配著廣大無遺的意識界。他們經由許多的歲月，造成我們的思想、感情，因而造成我們的行動的一切動機；由此說來，無論功過，都受之於死者。」因此，它是文學的重要背景。由於文學是社會生活的反映，也是從民族的有機的地盤成長的產品。它是經由語言媒介而表現的藝術是民族精神的象徵，更生根於民族生活裡。

3. 時代的特性

文學和人類的其他活動一樣，隨時代的演變而表現不同的樣相，所以溫采斯德說：「一個時代的共同精神，不但大大決定了文學的意見和氣質，而且也決定了它的形式。」哈德遜也說：「我們把一部作品歸屬於它的作者，同理，也把作者歸之於時代和它的國家。」可知，文學是時代的產品，也能夠反映時代的特性，可以經由文學作品了解時代的精神。而時代的知識，也有助於那個文學作品的了解。例如英國的牛津大學，爲要徹底了解莎士比亞，特以牛津教授爲中心，配合全國第一流學者寫成一千二百頁的莎士比亞時代的英國，它的序文說：「對於莎翁所棲息的世界的理解，就是對莎翁進一步的理解。無疑的，語言是個大貯藏庫，莎翁每天直接對一些人講話⋯⋯如果多知道一些他的環境和他所對談的聽衆，對於莎翁，也就知道得更詳細⋯⋯。」

研究一個作家，要如此費事，就因爲有價值的作品，總會染上時代色采，文學反映時代，時代又創造了文學；一個時代的共同精神，真可決定文學的一切，例如中國文學家對文學的見解，有時主「言志」，有時主「載道」，便是時代決定了文學的意見；同是作詩，宋人不同的作風異於唐人；同是唐詩，又有初、盛、中、晚的分別，便是時代決定了文學的氣質。此外，時代的代表文學，也各有特定的形式，像漢賦、唐詩、宋詞、元曲、明清的小說，都是自闢蹊徑的；更說明了時代的共同精神對於文學形式的影響。所以文學與背景的必然關係，已屬不爭之論。

不過也不免有例外。一個偉大的作家，可能超越個性、種族，時代的拘束，而寫出具有特殊普遍性的偉大作品，西洋文學批評家所稱道的Shakespeare，就是這種類型的最好代表。莎士比亞就是個例子——溫采斯德引約翰生的話說：「莎翁不是屬於一個時代的人物，而是爲所有的時代而產生的人物。」（

詳洪著文學概論三十至五十九頁、一二〇至一二七頁）

㈢文學的構成要素

1. 素材要素

⑴感覺—五官感覺，軀體的觸覺，都會刺激情的反應，如美戀、情感、不樂、反感等都足以左右作者的感情；表現於作品時，必引起相同的作用。例如南北朝斛律金的敕勒歌：「敕勒川，陰山下：天似穹廬，籠蓋四野。天蒼蒼，野茫茫，風吹草低見牛羊。」如柳宗元的江雪：「千山鳥飛絕，萬徑人蹤滅。孤舟蓑笠翁，獨釣寒江雪。」都是由視覺構成的作品。

又如陸游的園中雜書：「殘花委地筍掀泥，香碗詩囊到處攜，幽夢欲成誰喚覺，半空斜日鷓鴣啼。」便是聽覺作品之例。

又如清史夔的採蓮曲：「撥棹裡湖去；連隄種芰荷，折來與郎嗅，香比外湖多。」便是嗅覺作品的例子。

又如蘇軾的食荔支：「羅浮山下四時春，盧橘楊梅次第新，日須荔支三百顆，不妨長作嶺南人。」便是味覺作品之例。

又如白居易的晚歸府：「晚從履道來歸府，街路雖長尹不嫌。馬上涼於床上坐，綠槐風透紫蕉衫。」這就是觸覺表現的作用。

⑵情—黃宗羲說：「文以理爲主，然而情不至，則亦理之郛郭耳。」情的重要，可想而知。情的要素，可分主觀與客觀二種。前者是作者把主觀直接表現於作品，或爲作品中人物的主觀之表現。後

者則用於客觀的敍事文學，如小說、戲曲等對於讀者的刺激作用。所以包括讀者、作者或劇中人所表現的情緒。

(3) **意志—意志活動爲情感的動力**。例如意志與正義、爲人道、爲國家民族等道德情操相結合，便會帶來莊嚴、慷慨激昂、壯烈成仁的表現而使人感動。如荆軻的「風蕭蕭兮，易水寒，壯士一去兮不復還」；如曹操的「老驥伏櫪，志在千里，烈士暮年，壯心未已。」都是強烈的意志表現。

(4) **知**—包括判知的能力、知識、常識、經驗教訓的知，如吳稚暉的上下古今談、李汝珍的鏡花緣，都有許多「知」的要素。而後者所描寫的女兒國、君子國，其中有政治倫理、社會倫理、商業倫理的主張，有風水、喜慶、僧尼、爭訟等風土人情以及民俗宴會的奢侈，後母之於家庭、合婚制度等社會問題的檢討，都是「知」的運用。誠如溫采斯德所說：「最偉大的詩人，常是最有判斷力，最有人生經驗，最有深刻的事物知識的人。」他又引卡萊爾（Carlyle）的話說：「一個僅僅能坐在椅上寫詩的人，絕不會寫出任何值得誦讀的詩來。」可見「知」之於文學，是何等的重要。

(5) **超自然因素**—文學所追求的，不必是客觀上的真，只要主觀上認爲是真的，即使客觀上是非真的，在文學的世界，也可以承認它的存在。所以超自然的人格化、靈化，仍然是非常重要的因素，以下分爲兩種：

甲、自然物的靈化

①無生物—風姨、雨師、河伯、海若、山魑、雷公、電母。

②生物—狐狸精、蜘蛛精、蛇精等。

乙、靈魂的具體化

①天人、仙女、鬼、女妖、城隍……

②生靈、死靈……

丙、宗教的神、造物主、佛……

丁、其他不可思議事件——魔術、巫術、託生……

以上皆爲主觀的產物，有爲皈依對，有爲恐佈對象，有爲好奇心的對象，都是文學的素材。如山海經等神話故事，如牛僧儒的玄怪錄、太平廣記等志怪的書，明清的西遊記、封神榜、聊齊、袁枚的新齊諧、紀昀的閱微草堂筆記，都是此種素材所構的上品。

(6)**思想——凡人的精神作用，都是思想**。但作爲文學素材的「思想」則指某些特殊意見或觀念——人生觀、社會觀、時代觀、戀愛觀……以概括的真理形態所表達的思想，以文學形式表現爲供人鑑賞的文藝。這種觀念，自然是文學的重要素材；如紅樓夢之以「盛者必衰、物極必反」的人生觀作爲素材要素；醒世姻緣之以因果的婚姻爲素材要素；儒林外史之以反制藝、反科舉思想及鏡花緣之以不合理現象的批評觀念爲素材要素。

2.形式要素

所有文學作品，都由各種素材要素，以一定的形式表現出來的。這種形式，必須是具有致「美」功能的形式，以下分別加以說明：

(1)**具象性**——致美功能的文學形式，他的基本要素是「具象性」，沒有它便無從致美。文學的作品，是允許抽象性的感覺表現，與具象的意象表現並存的。但完全沒有具象性的表現，便不能構成文學，就像幾何的公理、物理的法則一樣。至少兩者之間有美的等差；例如劉夢得的烏衣巷「朱雀橋邊野草花，烏衣巷口夕陽斜。舊時王謝堂前燕，飛入尋常百姓家。」如與元微之的行宮詩「寥落左行宮，宮花寂寞紅。白頭宮女在，閒坐說玄宗。」相比，則前者的感覺表現，遠勝於後者；而後者的具象性，卻濃於前者。兩詩同爲描寫世事的無常，但前者之以王謝堂前燕，飛入百姓家的直覺，敘述滄桑的感慨，實不及後者之直觀襯托—傷逝的情景，更能予人深刻印象，更具掀動感情的力量。因爲它是事象的特殊性、個別性的表現；是來自直觀的把握。

(2) **韻律**—韻律是判別韻文與散文的標準，也是專屬於韻文—詩、曲、賦的要素。在各類韻文之中，各有特定的韻律，不具韻律的形式，就不是韻文的文學。但有韻律的作品，也不必就是文學，例如湯頭歌訣、千字文，都不具文學價值。相反地，無韻律形式的散文作品，有時卻極有詩意。就像明謝茂秦所說的—李斯上皇帝書，爲文中之詩；杜甫北征，爲詩中之文。

(3) **文體**—廣義的文體，有依作者個性作風而分的，如「白體」、「蘇黃體」；有依時代精神而分的，如「盛唐體」、「北宋體」；有與地域發生關係的，如「公安體」、「桐城體」。狹義的文體，則專指形式要素的體制而言。此處所述，亦以此爲範圍：

(a) **依作品的客觀形態區分**：有文言、白話、駢文、散文、辭賦等文體。

(b) **依作品性質抽象區分**：①雄渾體—如史記、杜甫、韓愈詩文；②豪放體—如李白詩、蘇軾文、辛棄疾詞、關漢卿曲、吳承恩西遊記；③神韻體—如歐、曾的文，王維、王士禎的詩；④閒淡體

—如陶潛、韋應物的詩，王羲之的文，朱敦儒的詞，馬致遠的曲；⑤藻麗體—如漢魏六朝詩文（司馬相如的賦，謝靈運的詩，庾信的駢文尤其典型）；⑥平易體—如元白的詩，晚明小品，性靈派的詩，宋人語錄，元人雜劇、明清小說；⑦險怪體—李賀、盧仝的詩，龔自珍的文；⑧香艷體—南北朝宮體詩，唐溫庭均、李商隱、韓偓的詩；小說如西廂記、紅樓夢；⑨諧刺體—如東方朔、枚乘的文，袁枚、尤侗的部份作品；小說如儒林外史。

(4)**詩體**：①四言—以詩經爲代表；②楚辭—以屈、宋爲代表；③選體詩—括漢魏六朝詩，漢魏厚重，六朝浮艷，爲五言詩的大成。此期的樂府以配樂之故，而趨向自然。七言詩即由此衍生。④唐宋詩—前者重音節、造意、修辭；宋詩則重議論與意境。所謂「唐詩主情，宋詩主性」（王士禎語）；「唐詩蘊蓄，宋詩發露（沈德潛語）；「宋人之詩，變化於唐而出其所得，皮毛盡落，而積沈獨存。」（吳之振語）「詩分唐宋，至今人猶恪守，不知詩者人之性情；「唐宋」（者）帝主之國號，人之性情豈因國號而轉移哉？」（袁枚語）

(5)**詞體**：①豪放派—蘇辛爲領袖。②婉約派—南唐二主、馮延己、秦觀、周邦彥、姜夔、吳文英等屬之。

(6)**篇幅**：①短篇—如十三字的華山畿：「奈何許，天下人何恨？慊慊只爲汝！」②長篇—如幾百頁的紅樓夢。

(三)技巧的要素

這是屬於作品的素材與形式之間的結合運用的要素。它的要求是，神妙地把思想、情緒和想像搬進作品，以刺激讀者相對的反應──一如溫采斯德所說的「放在我們可以鑑賞的狀態，而有可以訴之於我們感情的地方」使作品具有「美」的品質；包括創作過程的形式選擇、題材取舍、區分、綜合的安排，乃至辭藻的錘鍊，都是屬於「技巧」的範圍。特別是關於「直觀」的把握──具象性的提高。以下各點，更是「致美」的形式功能的技巧：

①照應與調和──括前後、上下文的照應與輕重、強弱的調和等。

②均齊與權衡──括題材的均整與取捨的衡量等。

③變化與統一──括氣勢之跌宕與矛盾的統一等。

二、文學界說

關於文學的涵義與界說，有中外的共通與差異，更有古今的推演，它的大要是：

㈠早期的渾沌

論語先進：「文學、子游、子夏」。范寧：「文學，謂善先王典文」，皇侃：「文學，指博學古文」，邢昺：「文學，謂文章博學」，從知孔子之謂文學，是泛指以文字表達的一切學術，包括詩書禮樂，典章制度的總名。例如：

學而：「行有餘力，則以學文」；

述而：「子以四教，文、行、忠、信」；

雍也：「君子博學於文、約之以禮」；

馬融：「文，古之遺文」；鄭玄：「文，指學藝」。

公冶長：「夫子之文章，可得而聞也；夫子之言性與道，不可得而聞也」；泰伯：「煥乎其文章」；何宴：「文章謂詩書禮樂」。

以上之名，實小異而大同。只有八佾的「周監於二代，郁郁乎文哉」，是指華美。

荀子大略：「人之於文學也，猶玉之於琢磨也；詩曰：『如切如磋，如琢如磨』，謂學問也。和之璧，井里之厥也，玉人琢之，爲天下寶。子貢、季路，故鄙人也；被文學，服禮義，爲天下列士」。

墨子非命：「今天下之爲文學出言談也，非將勤勞其喉舌而利其唇吻也，中實欲爲其國家邑里萬民刑政也」。

韓非子六反：「學道立方，離法之民也，而世尊之曰：文學之士」。又曰：「工文學者非所用，用之則亂法」。五蠹：「儒以文亂法，俠以武犯禁。」

可見先秦諸子的「文學」，仍然指「學問」，「政刑」或詩書禮樂而言，而無多出入。

此一階段的文學涵義，早期的西洋亦與之相同。據波士湮特（H.M. Posnett）的比較文學（Com-paratire Ditterature）說：英文的文學，拉丁文的原意是，「用文字寫出來的東西」；在羅馬時代，有時指文學，有時指文獻，有時指學問；至今還有人用來指關於某事的參考書或作爲資料的文獻。美國的批評家亞爾諾德（Mattew Arnold）說：「凡經由書籍而到達我們這兒來的知識，都是文學」。因爲古人思想質樸，分工不精，所以無論中外，早期的文學概念都非常含混。

(二) 漢代的「文章」

至漢代，史記儒林傳：「夫齊晉之間於文學，自古以來，其天性也。」這裡的文學，仍然指學術而言；桓寬鹽鐵論中之「文學曰……」則以文學爲飽學之士的指稱。後此之「文章」一詞，所具的兩種涵義，才有一種接近於今日的「文學」。例如：曹丕典論論文：「夫文章經國之大業，不朽之盛事。年壽有時而盡，榮辱止於一身……未若文章之無窮。」所謂「經國大業」的「文章」，當然兼指一切學術；又如漢書公孫弘傳贊：「文章，司馬遷、相如」，這裡的「文章，自可依二人作品的屬性推定其有今日的文學涵義。」

(三)魏晉的「文」與「筆」

由於魏晉文體的崇尚偶韻，纔把文字寫成的東西分成兩類：一是抒情文字，一是實用文字。前者多有韻，後者則否。於是前者叫做「文」，後者叫做「筆」。如文心總術：「今人常言，有文有筆，以爲無韻者筆也，有韻者文也。夫文以足言，理兼詩書，別目兩名，自近代耳」。

(四)六朝的標準與「性靈」說的初現

梁昭明太子編文選時，以「事出於沉思，義歸乎翰苑」爲標準，而排除經、史及諸子中的作品。也劃清了文學與非文學的界線。但真正能道破兩者的區別，還是梁元帝。他在金縷子立言篇說：「揚搉前言，抵掌多識者謂之筆；詠嘆風謠，流連哀思者謂之文」顯然以「筆」指稱議論學術的實用文字，而以「文」指稱表現感情的文字。因此，漸使六朝人所說的「文」，更像現代的「文學」。像梁書文苑傳：「夫文者，妙發性靈，獨抒懷抱。」顏氏家訓：「文章之體，標舉興會，發引性靈。」都視文爲表達性靈的形式。可惜這種見解竟爲日趨俳偶的文風所湮沒，乃有唐初復古的反動。

(五)唐宋的「貫道」與「載道」

初唐的復古，實由隋代之王通所首發，中說王道篇說：「……言文而不言理，是天下無文也。王道從何而興乎？吾所憂也。」唐之柳冕在答荊南裴尚書論文書中說：「……夫君子之儒，必有其道，有其道必有其文。道不及文則德遜，文不及道則氣衰。文多道寡，斯爲藝矣」。此說實主文道合一，而以文多者爲藝。可謂復古的過度。

韓愈則繼以文化復古求文章之徹底復古，所以說：「如變其文，即先變其俗……變之之術，在教其心，使人日用而不自知也。伏維尊經術，卑文士……經術尊則教化美，教化美則文章盛，文章盛則王道興……（謝杜相公論房杜二相書）又說：「若聖人之道，不用文則已，用則必尚其能者。」（答劉正夫書）蓋欲以文爲昌明聖人之道，載道所行的工具，所以李漢在韓昌黎集序裡說：「文者，貫道之器也。」而韓柳便以「立意爲宗」、「文以貫道」、「文者以明道」的提倡，取代六朝「沉思翰藻」，「能爲文章」的風氣。而且支配中國文壇達千餘年。

這種思想影響於南宋以後的理學大盛時代，更明白揭櫫「文以載道」的宗旨，周敦頤說：「文，所以載道也，輪轅飾而人弗庸，徒飾也，況虛車乎？」程頤說：「道者，文之根本，文者，道之枝葉」。理學家不但以文學爲道學的附庸，甚至以爲文學足以害道，足以「喪志」；二程語錄：「程顥云：憂弟子之輕俊者，只教經學念書，不得教作文字。」又載對話說：「問作文害道否？曰：害也。凡爲文不專意則不工，若專意則志局於此，又安能與天地同其大？書曰：『翫物喪志』，爲文亦翫物也」。

新唐書文藝傳曾說：「韓愈倡之，柳宗元、李翶、皇甫湜等和之，排逐百家，法度森嚴，抵轢魏晉，上軌漢周，唐之文宛然一王法。這種「一王法」的權威，在明代仍然根深蒂固；宋濂贈王生黼序曰：「明道之謂文，立教之謂文，可以輔俗化民之謂文。斯文也……聖賢之道先其中，著乎外，形乎言，不求其成文而文生焉者也；不求其成文而文生焉者，文之至也。道統派影響之深，可以想見。

(六)晚明的「獨抒性靈」說

直到明末的公安派興起，晚明性靈說的具體—纔有袁氏兄弟和鐘惺，譚元春等提倡「揭櫫性靈，不拘格套」。例如袁宗道論文下篇：「爇香者，沈則沈煙，檀則檀氣，何也？其性異也……文章亦然……故大喜者必絕倒，大哀者必號痛，大怒者必叫吼動地；惟戲場中人，心中本無可喜事而欲強笑，亦無可哀事需欲強哭，其勢不得不假借模擬耳」。他對當時文士的批評更是入木三分；他說：「今之文士，浮浮泛泛，原不曾的然做一項學問；叩其胸中，亦茫然不曾具一絲意見；徒見古人有立言不朽之說，又見前輩有能詩能文之名，亦欲搦管伸紙，入此行市，連篇累牘，圖人稱揚。夫以茫昧之胸而妄意鴻鉅之裁，自非行乞左馬之側，募緣殘溺，竊盜遺矢，安能寫滿卷帙乎？試將諸公一編，抹去古語陳句，幾不免於曳白矣！」真是道盡時弊。

袁中道對於性靈說，更有扼要的說明：

「至今天下之慧人才士，始知心靈無涯，搜之愈出；相與各呈其奇而互窮其變，然後人人有一段真面目，流露於楮墨之間，即方圓黑白相反，純疵錯出，而皆各有所長，以垂不朽。」

以上所舉的文學新涵義新文學—純文學的雕塑。也是後此新文學運動的先河。

(七)近代的文學界定

1. 十九世紀美國大思想家謁馬遜（R.W.Emerson）的界說：「文學是最好的思想的記錄。」

2.狄昆西（DeQuincey）的界說「世上第一有知識的文學，其次爲有力量的文學，前者的職能，在於教導；而後者的職能，則在於感動。」

3.韓德（J.W.Hunt）的界說：「文學是經由想像、或感情和趣味而用文字寫出來的思想的表現；它用的是一種非專門的形式，使一般人對它容易了解，而發生興趣。」

4.勒昂（Long）的界說：「文學是用真實和美妙的話表現人生的。文學是記載人的精神，思想、情緒、熱望，是人的靈魂的唯一歷史。文學的特色是，在於它的藝術的、暗示的，永久的性質。其要素有二：普遍的興味與個人的風格。文學的目的，除了喜悅之外，更使我們知道人的靈魂；在文學裡保存種族的理想－文明基礎的種種理想；是人心中最重要，最有趣的題目之一。」（朱自清文學的一個界說引）。

這是極完整而正確的定義，它把文學的觀念、理想、特質與要素都予以扼要的表明。

5.紐曼（Newman）的簡括：「文學的思想，包括人心的觀念、意見、情感及理性而言。」這定義不偏向於樸實的功利主義，也不偏向於綺麗文學的唯美主義，而專指訴諸感情或理性的美妙的作品。錢基博說是近代比較正確的文學觀念。

以上是近代西洋文學的界定。（摘自錢著文學史）

6.本間久雄：「文學是通過作者的想像、感情、而訴諸讀者的想像、感情的；因此，感動讀者是它的第一條件。第二條件是它用不是專門的形式，必須使一般人容易了解。第三條件是要給予讀者以美的滿足；而根本條件是用文字寫出來的表現。」

7. 中野村夫：「文學有三個條件：第一、要通過語言表象來實現。第二、與其說是通過人類的知性、悟性而實現，毋寧說是通過想像而實現的。第三、要有某種形式的美。

8. 「五四」以後的界定：

(1) 胡適：「語言文字都是表情達意的工具，達意達得好，表情表得好，便是文學。」又說：文學有三個要件：「第一要明白清楚，第二要有力動人，第三要美。」

(2) 傅斯年：「文學之業，爲語言的藝術，而文學即是藝術的語言。以語言爲憑藉，爲介物，而發揮一切的藝術作用，即是文學的發展。把語言純粹當作了工具，即出了文學的範圍。例如自然科學，未嘗不是語言，然而全是工具，遂不是文學。若當做工具時，依然還據有若干藝術性者，仍不失爲文學；例如說理之文，敍事之書，因其藝術性之多寡、定其文學關係之深淺。」

(3) 羅家倫：「文學是人生的表現和批評，從最好的思想裡寫下來的，有想像、有體裁、有感情、有合於藝術的組織，集此衆長，能使人類普遍心理都覺得極明了、極有趣的東西。」

(4) 梁實秋：「文學是人性的描寫」。又說：「一方面，人性乃所以異於獸性……，人本來是獸，所以常有獸性行爲。但是人不僅是獸，還時常是人……人有理性，有較高的情感，有較嚴肅的道德觀念，這便全是人性。在另一方面，人性乃一向所共有的，無分古今，無間中外，長久的，普遍的沒有變動。……文學家『沉靜地觀察人生，並觀察人生的整體』，掘發人性，了悟人性，予以適當的寫照（便是文學）」。

(5) 李辰冬：「凡作者的意識用意象來表現，而表現時以文字爲工具的，謂之文學」。又說：「

從這個定義，可以看出三種要素：一是意識，二是意象，三是文字。這三種要素又可分爲兩方面來講：一是文學的內容，即意識，也就是文學的價值；二是文學的形式，即意象與文字，也就是表明的技巧。這是他「意識決定一切」的文學觀。

以上是東方文學家所作的界定（摘自洪炎秋文學概論）。

三、文學觀念

中外文學的流變，大柢都依傍於政治的盛衰。因爲，文學是不能不變的，更不能不依作者的個別性與時代的特殊性而變。顧炎武的日知錄有最好的說明，他說：「三百篇之不能不降而楚辭，楚辭之不能不降而漢、魏、漢魏；不能不降而六朝，六朝之不能不降而唐也，勢也。……詩文之所以代變，有不得不變者！」（卷廿二）何以有必變之勢？他說：「今且數千百年矣，而猶取古人之陳言，一一而摹仿之，以是爲詩可乎？故不似，則失其所以爲詩，似，則失其所以爲我。」（卷廿二）就是說，文學須有文學的「形式」，故不能不因襲摹仿；但文學又不能因摹仿而失去「我」，所以就有主觀上必變之「勢」不能不在「不似」與「似」之間求調適。筆者更以爲，客觀上的「物極必反」，與時代的差異，更不能不有出陳布新或思古同然的流變。流變的中心是文學的作者，自然與社會的、政治的風尚與風氣有密切的關係，所以文學的流變也必須與政治的起伏，同其歸趨。以下將就一般的分期中文學觀念的流變，分述其大要：

㈠中國文學史的起點—周秦時代

這是一般認爲研究中國文學史可信的起點。在此之前的文學作品，存疑之說很多。最早的尚書，起自堯舜，堯典所記的曆法，雖經近代西洋學者L De Saussure證明它的正確，但在史蹟上，先秦的韓非與漢代的淮南子，東漢的王充，唐代的劉知幾，都有懷疑的看法。又有的說：

「孔子墨子，俱道堯舜，而取舍不同，皆自謂真堯舜，堯舜不復生，將誰使定儒墨之誠乎？」（韓非子顯學）

「今堯自以爲明，而不能以畜舜；舜自以爲賢，而不能以載堯。」

「今舜以賢取君之國，而湯武以義放弒其君，此皆以賢而危主者也，而天下賢之。……瞽叟爲舜父，而舜放之，象爲舜弟，而殺之。放父殺弟，不可謂仁。妻帝二女而取天下，不可謂義。仁義無有，不可謂明。」（韓非子忠孝）

有的說：

「堯戒曰：『戰戰慄慄，日謹一日，人莫躓於山，而躓於垤。』……」（淮南子人間訓）

由此看來，並不是什麼「堯天舜日」的太平日子。

東漢的王充說：

「夫唐之與周，俱治五千里內。周時諸侯中七百九十三國，荒服戎服及四海之外，不粒食之民，若穿胸儋耳焦僥跋踵之輩，並合之數，不能三千。……而尚書云協和萬國，褒增過實，以美堯也。」（論衡卷八）

唐代的劉知幾也說：

「蓋虞書之美放勳也，云克明峻德；而陸賈新語又曰『堯舜之人，比屋可封。』……案春秋傳云：

『高陽高辛二氏，各有才子八人，謂之元凱。』此十六族也，世濟其美，不隕其名；以至於堯，堯不能舉。帝鴻氏、少昊氏、顓頊氏各有不才子，謂之渾沌、窮奇、檮杌。此三族也，世降其凶，增其惡名，以至於堯，堯不能去。……斯則當堯之時，小人君子，比肩齊列，善惡無分，賢愚共貫。且論語有云：『舜舉咎繇，不仁者遠。』是則當咎繇未舉，不仁必多，彌驗堯時群小在位者矣；又安得謂之克明峻德，比屋可封者乎？其疑一也。」

又說：「堯典序云：『將孫於位，讓於虞舜。』孔氏注曰：『堯知子丹朱不肖，故有禪位之志。』案汲冢瑣語云：『舜放堯於平陽。』而書云：『某地有城，以囚堯爲號。』憑斯異說，頗以禪受爲疑。……而猶有所未睹。何者？據山海經謂放勳之子爲帝丹朱，而列君於帝者，得非舜雖廢堯，仍立堯子，俄而奪其帝者乎？……斯則堯之授舜，其事難明，謂之讓國，徒虛語耳。其疑二也。……」（史通疑古）

所謂「有所未睹」者，可能還有很多。而尚書所美的一切，自難置信。那麼相傳在帝王世紀中的擊壤歌、列子所傳的康衢謠、尚書大傳中的舜將禪禹，於是俊乂百工，相和而歌的卿雲、孔子家語中舜彈五絃之琴所歌的南風，禹的玉牒謠、困學紀聞中的夏后鑄鼎繇，還有成於後漢趙曄吳越春秋中的二言謠、塗水歌，都不可靠。即使是經由孫貽讓、羅振玉、王國維等依殷墟出土的甲骨文子所作的考據，其紀載也僅及於商代（胡厚宣五十年甲骨文發現的總結、董作賓中國古代文化的認識。）而商頌五篇的那，史記宋世家也說是宋大夫正考父爲追美「襄公之世，修行仁義，欲爲盟主」之所作。（卷三十八）只能說是周代的作品。此外，如大學中的湯之盤銘，荀子中的禱辭，史記微子世家中的麥秀歌，伯夷列傳之採薇歌，都是相傳中的商代文學；也因爲遠不及卜辭記事的簡樸，也被列爲傳疑之作。（錢基博中國文學史頁一九），所以本書也以周秦文學爲起點，以觀其思想流變的大略。

(二)中國文學的初期觀念

我們以周秦爲中國文學史的起點，一方面是基於「信史」的觀念，另一面則由於文學構成的看法。因爲，文學史中的文學，不但要可信，而且是具有文學價值的作品—具有文學形式與內容，及其所應具的文學特質。具體說，必須是傑出作者的優良作品，才是文學。有好作者、有好作品，才談得上文學的思想，才足以代表各期思想的流變。周秦文學可分兩個階段，第一階段爲雛型階段，是只有作品而不名其作者的階段。第二階段爲具型階段。是漸具文學型式的階段。前者以孔子前後爲段落，此時已有詩歌民謠三千多首，及尚書、三禮、春秋的早期題材包括平民文學與廟堂文學兩大部份。經過孔子的刪輯整理，而成爲專屬於狹義文學的詩經與兼屬於廣義文學的尚書、三禮及魯史春秋。由於作者之不名，此一時期的文學觀念與思想也只能以編者述者的觀念、思想爲觀察。孔子在論語中所表現的文學觀念是，文不離學，學不離文；「文學」是包括文章、博學二義的廣義文學。他建立了風、雅、頌、賦、比、興的詩的分類與形式；也建立了以論語爲典型的語錄形式及「大義微言」的散文形式。然後由其門弟子及再傳弟子衍生了類似大學中庸的簡易抒論的散文形式。

屬於韻文的詩經，也與世界文學相同，較早於散文。由於孔子的「詩言志」主張與「文以足言」的主張也形成了中國文學的最初流派—「言志派」與「載道派」。

論語說：「詩三百，一言以蔽之，曰：思無邪」這是「言志」的概括觀念。

韓詩外傳云：「子夏讀詩畢，夫子問曰：爾亦何大於詩？對曰：詩之於事也，昭昭乎若日月之光，燎燎乎如星辰之錯行，上有堯舜之道，下有三王之義，弟子不能忘。雖居蓬戶之中，彈琴以詠先王之風，有人亦樂之，無人亦樂之，亦可發憤忘食矣。詩曰：『衡門之下，可以棲遲，泌之洋洋，可以療飢。』夫子造然變容曰：吾子殆可以言詩已矣。然子已見其表，未見其裡，……闚其門不入其中，安知奧藏之所在？……丘嘗悉心盡志已入其中……不能見其裡，未謂精微也。」所謂「堯舜之道，先王之義」，當然是「載道」。孔子之謂「奧藏」、「精微」，亦皆指「道」而言。孔子既以「文」或「文學」爲一切學術的指稱，也兼有文章，博學之二義，那麼文學可以「言志」，當然也可以「載道」。所以孔子說：「詩者，天地之心，君德之祖，百福之宗，萬物之戶」（御覽八百四引詩含神霧），又說：「吾於木瓜，見苞苴之禮行（外傳五）吾於河廣，知德之至也……（說苑貴德）吾於海棠，見宗廟之敬也。」（說苑貴慎）尤其對於關雎，他說：「關雎至矣乎；夫關雎之大，仰則天，俯則地，幽幽冥冥，德之所藏，紛紛沸沸，道之所行，如神龍變化，斐斐文章，大哉關雎之道也；萬物之所以繫，群生之所懸也……。」「這裡所載的『道』，竟是包羅萬象的總綱。所以此一階段的六經、經傳、論語，都是廣義的文學，它的形式也成了中國文學的雛型。

到了戰國時期，由於承襲春秋時代政治混亂的厲階，而發展爲「處士橫議」的百花齊放，於是有春秋的三傳，有包括小說家在內的諸子百家的作品，有荀子的散賦與屈平的離騷。後者爲詩體的發展，爲辭賦及駢體文之首創；前者則由語錄體散文發展而爲據題抒論體的散文。辭賦是感性居多的作品，散文則多爲各言其道，以干時君的知性作品。不過這一階段的文學觀念，仍然是廣義文學的。

㈢兩漢的「詞章」觀念

也許是人類文明的漸進，分類、分工觀念也漸趨細密，所以兩漢時代便把文學從學術觀念中具有藝術特質的作品—以文學寫作的詞章—別名爲文章，使與先秦時代泛稱學術、學問的傳統「文學」相區別。與近人所稱「文學」的意義相接近。但是由於董仲舒對策所主張的「不在六藝之科，孔子之術者，皆絕其道，勿使並進。」而有漢武的「罷黜百家，表章六經。」從此儒家思想定於一尊，而文學觀念也以「載道」爲主流。

㈣魏晉六朝的「文學」與今名

此期較兩漢更進一步，別「文學」於其他學術之外　「文學」之名及其涵義，始與近人所稱之「文學」相同。同時，在文學之中，更有「文」與「筆」的分類。前者重在情，重美感；後者重在知，重應用，亦與近代所稱之「純文學」、「雜文學」相近似。至此，中國文學觀念乃漸趨於明朗。

㈤隋唐北宋之反動與復古

六朝的駢偶文學，由於重情與美感的風尚，不免由綺麗而漸趨於淫靡浮濫，以致引起隋唐創作界的不滿與文學價值的懷疑，而滋生反動的傾向。復古的觀念也因而漸漸形成。這種懷疑，自然是可貴的，只是復古的矯枉過正，卻使甫經釐清的文學觀念，重歸於渾沌。文學的本質，是形式與品質並重的。六朝是從文學形式看文學，便覺應有畛域體例的區分，所以他的觀念是形式的演進。隋唐乃至北宋，都從文學的品質看文學，便覺得文學的價值不能漫無標準，遂不得不以往聖先賢的著作、思想爲標準，而形成文學觀念的復古。

不過，唐人的復古，是以聖賢的作品爲標準，所以雖主「明道」而終偏於文；所謂「上規姚姒……。」所以倡「貫道」而不說「載道」；貫道，是因文以見道，道必因文而顯，故重道仍有意於文。至北宋則進而主張「文以載道」，而以古人思想爲標準—文須因道而成。所以李漢說：「文者，貫道之器也。」（序韓昌黎集）而周敦頤則謂「文所以載道也。」於是文學便成爲道學的附庸。同時由「貫道說」而形成古文家的文；另一方面也產生了道學家作品。道學家之誤，在以「筆」爲「文」，遂使六朝「文」「筆」之分，功虧一簣了。古文家之誤在以「學」爲「文」，又使兩漢「文學」、「文筆之分，亦重歸於混沌。所以郭紹虞以北宋之前的文學觀念，分爲演進與復古兩期。前者以周秦的「文章博學」觀念爲第一期，以兩漢的「文章」「文學」並存觀念爲第二期，以魏晉南北朝的「文」「章」觀念與「儒、學」並存觀念爲第三期。後者則以隋唐各代的「貫道」說爲第一期，而以北宋的「載道」說爲第二期，而歸於道學—形成了傳統的文學觀及其支配後世文學的權威。（郭著文學批評史總論第二章）

但郭氏又以爲歷史總是進化的，無論復古潮流如何震盪一時；也未嘗不是應有的歷程；故在文學的涵蓋性而言，演進期的「文」「筆」之分，其「文」可以賅詩；復古期的唐宋以後，只有「詩」「文」之別，其「文」便不能涵蓋詩，所以「復古」的思潮，畢竟是文學思想演進中的一股潮流。只是「傳統」的迴旋，而不是應有的進度。倒是唐詩與宋詞的創格，仍然是上承六朝，下啟五代的另一巨流。

㈥復古的旁支

由唐宋的復古主流中所產生的旁支—五代的文學觀，是個非常值得注意的流變。

唐末至五代，五十餘年的動亂，歷更五個王朝，並由南北的分裂而成爲十個政權。在戰亂相尋之下，形成了政治的黑暗與腐化。但在文學史上，卻是清流激湍，暉映千秋的時代。此期的歌曲與塡詞，是「言志」潮流的延伸，也是從「載道」之主流中的昇華。形成了浪漫主義的風氣，也使中國文學深入藝術之宮。當時的帝王、貴族及傑出的文人，都陶醉於享樂主義的歌詞之鄉，也脫離了修齊治平的倫理拘囿。五代的帝王中更有許多膾炙人口的作家與作品，而能提倡文藝、獻身於藝術，甚至犧牲生命、斷送國家而無悔。像後唐的莊宗、南唐的李後主、西蜀之王衍等，在政治上都是一代昏君，在文學上卻是萬古的功臣，因爲他締造了文學的新興世界—歌詞的錦繡河山。此期的文學觀念是「以情緯文，以文被質。」（沈約宋書謝靈運傳評論建安文學），前者主「性靈」，後者主「意思」。論性靈者，如梁書文苑傳之謂「妙發性靈，獨抒懷抱。」梁元帝之謂「文者，惟須精靈搖蕩。」（金鏤子）葉子顯之謂「文章者，蓋性情之風標，神明之律呂。」論「意思」者，如昭明文選之選文標準以「事出於沈思者」爲主。而范曄尤重在「意」，他說：「文患其事盡於形，情急於藻，義牽其旨，韻移其意……故當以意爲主，以文傳意。以文傳意，則其旨必見，以文傳意，則其詞不流、然後抽其芬芳，振其金石耳。」

所以郭紹虞以爲，文學以外形與內質爲要件，合以上所述之性靈與意思，爲「內質」；范曄所謂「抽其芬芳」，所指的詞藻與「振其金石」所指的音律，都是「外形」；必以內質爲主而後及於外形；輕重之間，也就是此期文學觀念的流變。

此一旁支與唐宋復古主流並存，應該是等量齊觀的。甚至有人以爲表面上是復古運動，實際上是革新運動。（胡雲翼中國文學史）。

㈦元曲與晚明的新文學觀

金元文學，幾無足觀，原因是夷狄文化的落後。金主自熙宗因慕南國衣冠文物而倡文學，乃有翁方綱所謂「蜀學行於北，洛學行於南。」的漢化。元代以重武功而不尊學術，更不通中國文學，詔飭碑文皆雜入俗語白話。而朝廷及地方要職，幾爲蒙古、色目一族所盤據，漢人南人多屈居下僚，著英之士，只好致力於戲曲文學的新興，也因此產生了「元曲」的世紀。

明代的文學背景，是兼受宋元的影響，宋人的道學思想是主敬、主靜，主嚴肅與節制的，所以文學風氣也是大趨於正統的。而元人則頹廢放縱至極；像吳仁卿撥不斷曲：「閑後讀書困後吟，醉時睡足醒時飲，不狂圖甚？」像馬九皋蟾宮曲：「天地中間，物我無干，只除是美酒須佳人，意頗相關。」在南宋與元代教曲中，類似的例子，舉不勝舉。所以一方面有前後七子的復古，提倡「文必秦漢，詩必盛唐。」因爲無論前七子的李夢陽、何景明、邊貢、徐禎卿、康海、王九思、王逢相；或後七子的王世貞、李攀龍、謝榛、宗臣、梁有譽、徐中行、吳國綸，都以爲「古文之法亡於韓（愈）」，而主張「不讀唐以後書。」

另一方面則有晚明的「公安」、「竟陵」二派的反對復古。「公安派」主張「獨抒性靈，不拘格套。」袁宏道敍小修詩中說：「……其間有佳處，亦有疵處。佳處自不必言，即疵處亦多本色獨造語。然予則喜其疵處。而所謂佳者，尚不能不以粉飾蹈襲爲恨，以爲未能盡脫近代文人習氣故也。」可見此派所喜者，在「本色獨造」，而所恨者則爲「粉飾蹈襲」。所以他痛斥復古論者說：

「蓋詩文至近代而卑極矣。文則必欲準於秦漢，詩則必欲準於盛唐，剿襲模擬，影響步趨……曾不知文準秦漢矣，秦漢人曷嘗字字準六經歟？詩準盛唐矣，盛唐人曷嘗字字學漢魏歟？秦漢而學六經，豈有秦漢之文？盛唐而學漢魏，豈復盛唐之詩？惟夫代有升降，而法不相沿，各極其變，各窮其趣，所以可貴，原不可以優劣論也。」

袁宗道的「文論」更以爲：

「……然其病不在模擬，而在無識。若使胸中的有所見，充塞於中，特墨不暇研，筆不暇揮，兎起鶻落，猶恐或逸，況有閒才暇晷，引用前人詞句耶？故學者誠能從學生理、從理生文，雖驅之使模，不可得矣。」

所以公安文學，不僅有精闢文論的主張，作品尤見其清新流麗，不裝腔作勢，不講大道理，與前後七子假古董之作，判若雲泥。這種革新的文學觀，可以說是六朝「性靈」論的迴流，他的出陳布新，更與民國以來的文學革命極其相似。所以有人以爲，假使把胡適的新文學主張中，減去他所受到的科學、哲學、文學乃至思想各方面西洋的影響，那就跟公安派的主張，完全一致了。（洪炎秋文學概論）

㈧清代的兩大洄流

晚明文學的激流，一直伸向淸初，而由張岱集公安，竟陵之大成。此期的作家，還有金喟（聖嘆）、李漁（笠翁）、鄭燮（板橋）、金農（冬心）、袁枚（子才）等。金喟的思想尤其突出，所批點的西廂、水滸，都有新見地。他把西廂、水滸和左傳史記同列爲最有價值的文學作品，在當時更是難能可貴。可惜由於聖嘆之死，此一新文學的曙光，只是曇花一現。而止於袁枚。此後的清代文學，可分兩支：其一爲陳其年、尤侗、高士奇等所代表的文選派駢文。其二則爲以桐城派爲主的散文與制藝（八股文）

。駢文流於剽竊模擬，無可稱述；而散文與八股，卻形成了此期的載道文學——「桐城派」。也使十八、九世紀的中國成爲桐城文學的擅場。

桐城派以古文義法爲其文論之中心，此說爲方苞所主張，具體於劉大櫆後由姚鼐補充而作抽象化之完成。

方苞所倡的「義法」，方永璞有簡明的析義：

「易家人卦大象曰：『言有物』？艮六五又曰：『言有序』；物即義也，序即法也。書悅命曰：『辭尚體要』要即義也，體即法也。詩正月篇曰：『有倫有脊』，脊即義也，倫即法也。禮記表記曰：『情欲信，辭欲巧』，信即義也，巧即法也。左襄廿五年傳曰：「言以足志，文以足言，」志即義也，文即法也。」

此說與方苞之論，若合符節。方苞氏說：「春秋之制義法，自太史公發之，而後之深於文者亦具焉。義即易之所謂『言有物』也，法即易之所謂『言有序』也。義以爲經，而法緯之，然後爲成體之文。」（望溪文集二又書貨殖傳後）

從知文必以義爲經，以法爲緯——必須有物、有序——並有文學內容與形式，才是成體之文。

此派的古文運動，主張上承左傳史記唐宋八大家及明代之歸有光。八家之「載道」，只是以道爲內容。而「桐城派」則以爲「文即道」，所以要「學行繼程朱之後，文章在韓歐之間。」而且他們的文章是義理、考據、詞章的集大成，一如曾國潘之謂：

「苟通義理之學，而經濟賅乎其中矣。……」

然後求先儒所謂考據者，使吾人所見，證諸古制而不謬；然後求所謂詞章者，使吾之所獲，達諸筆扎而不差。這是古文學的再洄流。

但在曾氏之前桐城派的文學觀仍然以四部中的「集」部爲範圍，所以姚鼐的古文辭類纂，不收子、史、經書中的文學。曾氏的經史百家雜鈔，不僅包括子、史文章，而且以經書爲文學而加以選錄。後來再由門人吳汝綸及嚴復、林紓諸人，分別介紹西洋的文學與科學思想，更使桐城派的文學領域接壤於新興文學，並使民國文學運動人物如梁啟超、胡適等深受影響。

後此，嚴復有天演論的譯作，林紓又翻譯了許多西洋小說，打破了「西洋沒學問」的成見，也打破了桐城派「古文之體忌小說」的主張，而漸呈反古文的傾向。不久，便由民國的梁、胡諸人提倡文學革命，並於民國六年以後由胡適相繼發表文學改良芻議與建設的文學革命論而展開如火如荼的新文學——白話文學運動。一般都以爲，這是「公安派」「獨抒性靈，不拘格套」的復活，其實正是言志文學，性靈文學的再洄流——通俗傾向，語體傾向的必然趨勢。

第三章　文學形式

文學形式之內涵，已如前述。自其流變而言，早期文學之由民謠而徒歌，自徒歌而舞歌、而樂詞，可說初無定式。周秦之後，乃漸有由詩經、尚書形式所衍生之文體與格律；乃有歷代文學之演進。但文學形式所由生之具象性、韻律、文體等要素，實依文字而具體；故本章分文字、文體、格律三者簡述其流變。

一、文字與文學形式

韓愈說：「人聲之精者爲言，文辭之於言，又其精也」又說：「凡爲文，宜略識字」，是因爲文字與文學的息息相關；而我國所獨有的象形文字所具備的形式美與音節美，更與文學的形式美有直接的關係。如果說文學是有字的圖畫，象形文字更能令人獲得文學涵義的印象與概念；較之拼音文字必須假借聽覺而造成文字上的幻覺，更直接而便捷。單音節的特點，更是駢文、律詩的根源。由於四聲的特點，可以「義取比對」，「聲分陰陽」，有駢偶韻律之便，同樣使散文具有平仄相間的美，如易經乾文言、道德經都足以說明中國文字的音節美於文學形式的影響。此外如雙聲疊韻、重言諸法式—以「關關」形容雎鳩之音，以「火火」形容桃花之色的重言法；如「丁東」爲雙聲，「丁寧」爲疊韻，都起源於中國文學。

就其流變而言，文字構造的六法，最早見於周禮地官司徒之屬「保氏」條，「六書」之名被列爲六藝之一。至班固的漢志，才舉出「象形、象事、象意、象聲、轉注、假借」的細目。而被引於周禮保氏條注解中的鄭玄之說，又有「象形、會意、轉注、處事、假借、諧聲」之目。到許慎的說文解字序中，才有更確定的細目：「指事、象形、形聲、會意、轉注、假借」；也只有此書才有細目的說明，蓋以前四者爲文字的構造法，「假借」則爲文字的應用；而「轉注」則衆說紛紜，論者以認同文字派生說者多。

六書之中，以「象形」爲原始，「指事」次之，「形聲」又次之，「會意」以下更是前人智慧的結晶。先有「象形」字之象徵自然物形如日月山水等，次有以「指事」字之符號表示抽象觀念，如數字與上中下等；第三階段才有「形聲」字之在表示事物性狀文字上添加能表示語音的字，如「可」字，從水則爲「河」，從木則爲「柯」等的音義形聲字。第四階段才有「會意」字；合兩字原義使生新義；如「婦」爲女之持帚者。第五階段才有因字彙不足而派生之「轉注」字，說文序所謂「建類一首，同意相受」，『考』『老』是也。第六階段才有「假借」字之借用發音相同的既成文字引申展轉所造的字；例如「令」之本義爲「發號令」；「長」之本義爲「久遠」，縣長，縣令本無其字，而由二字之本義引申而爲具有首長之新義。這是文字。

二、文體分類的流變

(一)文筆與韻散

世界文學最早形式分類是韻文（Prose）與散文（Verse）兩種。中國文學的分類則於韻散之上還有「文」「筆」之稱，就是齊梁之間的文心雕龍所說明的：「今人常言，有文有筆；以爲無韻者筆也；有韻者文也。夫文以足言，理兼詩書，別目兩名，自近代耳。」

(二)四體的粗分

文學分類的風氣始於魏——文帝典論論文之謂「奏議宜雅，書論宜理，銘誄尚實，詩賦欲麗，此四科不同」。晉代的摯虞，雖著有文章流別集，但其書久佚，只有流別論十餘條，爲唐宋類書所引用。可以略知詩、頌、賦、七、箴、銘、誄、哀、碑諸體的文論。

(三)文心與文選的分類

文心分文體爲騷、詩、樂府、賦、頌讚、祝盟、銘箴、誄碑、哀弔、雜文、諧隱、史傳、諸子、論說、詔策、檄移、封禪、章表、奏啟、議對、書記等廿一種。

昭明文選以純文學立場，把所收詩文分爲卅八體：賦、詩、騷、七、詔、令、教、策、表、上書、啟、彈事、牋、奏記、書、移、檄、對問、祝論、辭、序、頌、贊、府命、史論、史述贊、論、連珠、箴、銘、誄、哀文、碑文、墓誌、行狀、弔文、祭文。

(四)姚氏的分類

文選分類太繁瑣、粗陋，後由唐人所編的古文苑約之爲十九類。明代吳訥的文章辨體又擴爲五十類，徐師曾的文體明辨更多達百零一類。吳徐兩家的分類頗盛行於明清之間，但由於依詩文題目分類，頗多同實異名之病，而爲毛西河，朱竹垞之流所不採。

姚鼐的古文辭類纂，計分十三類：

1. 論辨——賅文選的論、史論。
2. 序跋——相當於文選的序類。
3. 奏議——賅文選的表、上書、彈事、牋、奏記等五類。

4. 書說—以論說爲主的書信，賅文選的書、移、啟三類。
5. 贈序—慶賞、餞別之文；文選所不具。
6. 詔令—賅文選的詔、策、字、教、文、檄六類。
7. 傳狀—括傳記、行狀。私記長上事蹟曰行狀；史官所記或以此爲準者曰傳。文選之行狀屬之。
8. 碑誌—刻石以示天下者，括文選的碑文、墓誌二類。
9. 雜記—記述個人生活中局部的事物，包括山水遊記、公私建設落成紀盛文字等。文選所不具。
10. 箴銘—戒己戒人的文字，賅文選的箴銘二類。
11. 贊頌—頌德美物文字，賅文選的贊、頌、史述贊之類。
12. 辭賦—楚辭、賦體文及類此形式之其他韻文，賅文選的騷、賦、七、對問、設論、辭、符命、連珠等八類。
13. 哀祭—賅文選的誄、哀、弔文、祭文四類。

以上一—九類是散文，其餘爲韻文。前九類屬於「筆」，後四類屬於「文」。

(五) 曾氏的分類

曾國藩經史百家雜鈔中分爲三門十一類：

1. **著述門**：分論著、辭賦、序蹟類。括姚書的論辨、辭賦、頌贊、箴銘、序跋、贈序等六類。
2. **告語門**：分詔令、奏議、書讀、哀祭四類。書牘括姚書的書說，餘與姚書同。
3. **記載門**：分傳誌、雜誌、敍記、典記四類。傳誌括姚書的傳狀及碑誌、敍記敍戰役，以左傳、通鑑爲宗；典記則括地理志、職方考、以馬、班、歐史爲主；二者爲姚書所不具。此書分類自較姚書爲簡括，而內容所兼收之經、史、子書之文，則較姚書爲廣泛。

㈥中國文體的特色與近人的分類

由於中國文字的特色——一字一音；詞性無定，一音多字等基本特性，故有駢文與律格形式之誕生。因爲要使文句停勻；聲律和諧，必須一字一音而又多同義之語文才能辨得到。所以中國文辭有駢偶化的傾向，而駢文與律詩也成爲中國所特有的文學形式。所以日人兒島獻吉說：「自形式上來看，可以把文學大別爲韻文和散文兩種：…不過我以爲除了韻散文之外，更有別樹駢文或律語的必要。」

1.劉氏的分類與批評

近人劉麟生便據此製表如次：

韻文——詩（新體詩），詞，曲；
　　　賦，箴銘頌贊，哀祭。
　　　京劇，彈詞。
散文——論辨，序跋（贈序）詔令奏議（公牘），書牘，傳狀碑誌，雜記，小說，話劇，八股文。
駢文——論辨，序（贈序），詔令奏議（公牘），書牘，傳狀記，小說，聯語。

2.洪炎秋的分類

劉麟生的這個表示，把中國的新舊文學，都包括在內，可以說面面顧到；可是洪炎秋卻以爲；他把許多不是純文學的作品的項目，也攙雜在裡面，實在很有商量的餘地。而且中國舊文學的分類，常常只看形式，而不注意實質，也需要矯正；例如宋沈存中在冷齋夜話裡面，批評韓愈的詩是「押韻之文耳，雖健美富贍，然終非詩。」劉勰在文心雕龍裡則說：「相如弔二世之文，全爲賦體。」明謝榛也說：「李斯上皇帝書，爲文中之詩；杜甫北征，爲詩中之文。」可見文學的分類，澈底講來，並不容易。所以他撇開舊的文學不談，只就受過西洋文學的影響的新文學，做一個可以暫時適用的表示：

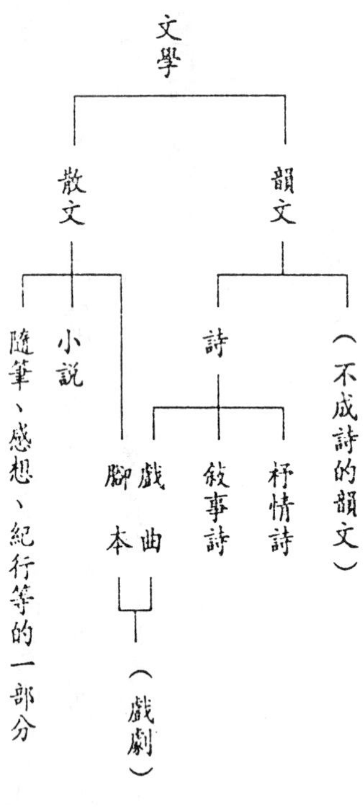

(七)分類問題與楊氏分類

洪氏的表示，顯然不夠周延；不是中國文學的全豹。而且還有許多分類的問題，需要澄清。楊家駱以爲，①駢體文的大宗作品是賦，而主張散文化的古文，也有詞賦一門。究應如何歸屬？②詞與曲極相似，往往連舉詩詞和戲曲，究應歸於詩詞？還是歸入戲劇？③時文和八股也有若干文學價值，應入何種？④箴銘頌贊，是有韻的文學，如果大分爲韻文與無韻兩種，而駢散兩類皆有箴銘頌贊，是否合理？所以他有左列的簡表：

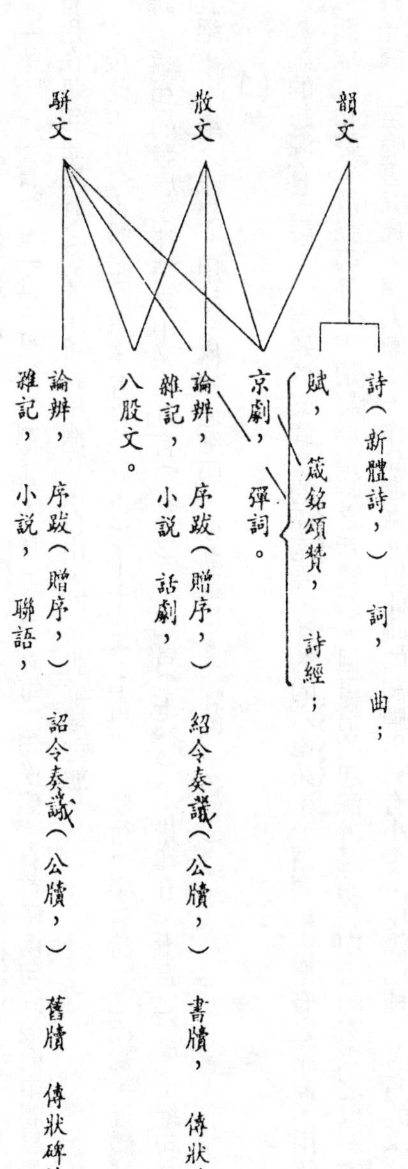

三、文體格律的流變

㈠詩

詩的形式，具體於詩經。詩以風、雅、頌爲三體，而以賦、比、興爲三法；格律方面則以四言爲主而用韻不定爲原則。故自二言至八言，都可雜見於詩章。（例詳第六章）所以摯虞說：「古之詩有三

言、四言……九言……率以四言爲體，而時有一句二句雜在四言之間。」（文章流別）

詩的用韻：①用在句首的，如「麟之趾，振振公子」—「麟」「振」爲韻（國風麟之趾）。②句尾韻—如「蒹葭蒼蒼，白露爲霜」（秦蒹葭）。—「蒼」「霜」爲韻。③句中韻，如「無競維人，四方其訓之。」—「競」「方」爲韻（大雅抑）④一章一韻，如鄭風清人之以「消、麃、高、遙」爲韻。⑤偶句用韻，如小雅采薇。之以「依」「霏」爲韻。⑥錯雜用韻，如唐風鴇羽之以「行」、「桑」、「粱」、「嘗」、「常」爲韻（例詳第六章）。另有每二句換韻，有首尾兩句同韻而中間異韻的，更有用在每句語尾詞之前的。可說用韻非常自由，而未脫歌謠型態。

後此，則有古體之四言—五言（五古）—七言（七古）—歌行（樂府詩）之流變；近體詩則有律詩—絕句的發展；律詩之中又由五言（五律）—七言（七律）—排律五、七言之發展；絕句之中亦有五絕—七絕之流變。用韻及格律之細節，亦漸嚴格。（詳以下各章）

(二)詞

詞的起源有三說：一謂始於梁武帝的江南弄、沈約的六憶詩；一謂詞爲古樂府之流裔，由絕句化出，而加以和聲、散聲等等；一謂詞爲當時之新體詩。但可信的起源，是始於中唐的玄宗之世。玄宗有好時光詞。至晚唐五代，詞人漸多，作品漸富。但此時的詞牌仍只有小令、中調兩種。著名的李後主、馮延巳、韋莊等，便是五代的大詞家。陸游跋花間集說：「詩至晚唐、五季，氣格卑陋，千人一律；而長短句獨精巧高麗，後世莫及。」

詞至宋代，其盛如唐之詩，詞牌中的「長調」亦起於此時。詞家及作品亦超勝於前代。

詞的形式是：①全用長短句，②依詞牌填句，重去聲字，格律限制遠較古詩爲嚴。③可通韻。詞牌則小令、中調、長調三大類。後者爲宋代的產物。

㈢戲　曲

春秋所載的優孟，是最早的優伶，但他的表演不是正式演劇。到唐代才有與後來戲曲文學有關係的歌舞劇，爲戲曲的濫觴。

詩詞之發達，與音樂有密切關係。唐代有戲劇文學的萌芽，也由於玄宗之精音樂與樂園教坊之發達。宋、金、元戲劇之相繼崛起，都得音樂之助，王國維有最詳的說明，他分宋戲劇爲三種①滑稽戲，②雜劇小說，③樂曲。戲是靠著音樂，曲是詞的變相。宋詞的發達，源於音樂，劇學的發展，當然也得力於音樂。（另詳宋元戲曲史）。

宋代的「雜劇」，用「大曲」最多後又增加「鼓子詞」，均爲金人「院本」的先導。

金代的「院本」，可說金代唯一的文學。

戲曲流衍金元代，便成爲聞名中外的「元曲」，「元曲」又名「雜劇」，體製極嚴：

1. 每劇限四齣，不足時方加一楔子，約萬言。
2. 一齣一調一韻。首齣多用仙呂點絳唇調，以後便可不拘。
3. 一人獨唱，爲戲中主人翁，不是正末，使是正旦。其他只說白而不唱曲。唱者爲主人，說白者爲賓客，對話稱「賓白」。
4. 一篇劇詞，由科、白、曲三者組合。科是動作，白是對話，曲是唱辭。

這是「元曲」的文學形式。此期的作家如關漢卿等及其劇作都極著名。（另詳第十章）作品以自然爲特色—王靜安說：「元曲之佳處何在？一言以蔽之，曰：自然而已。」

此外，還有「小令」、「散套」的發展。「小令」是短篇的詞，不始於元而工於元。「散套」是由幾篇詞組合的，又名「散曲」。都有很好的文學表現。

「元曲」是北曲，至明清則發展爲南曲的傳奇劇本，也是戲曲文學形式的重要流變，所以有無數的好作品。明初的四大傳奇—「荆、劉、拜、殺」與湯顯祖的玉茗堂四夢，便是此期的名作，後者更是明代戲劇文學的巔峰。

四 小　說

中國小說具體於漢代的虞初周說，以後更有神異經等著名創作，雖然都是「怪力亂神」之說，都是小說形式的重大發展。

六朝的小說，以晉代作品爲最重要。干寶的搜神記，爲明代名著剪燈新語、聊齊志異的祖先；和王嘉的拾遺記、劉義慶的世說新語，都是以文章著稱的作品，後者雖然不是正宗的小說，但都是中國文學的功臣。

筆記小說中，有很多合於近代短篇形式，到唐代而大成。對於戲曲文學的發展，更有極大的關係。宋代的小說形式，由文言發展爲白話，更由短篇發展爲長篇的章回小說。他的「諢詞」形式，因爲便於說書的傳播，更廣受平民社會的歡迎。

元、明的小說，更由以說書爲主的形式發展爲以閱覽爲主的形式，元代的水滸傳和三國志演義，與明代的兩大傑作—西遊記與金瓶梅更被稱爲「四大奇書」。

清代的紅樓夢，被稱爲我國章回小說登峰造極之作。研究的人，多爲近代名流，研究的文獻被稱爲「紅學」。它的特點，便是紛繁而有致的布局形式，使作者的感情、思想能作最好的表現，能得讀者最佳的共鳴。紅樓夢以下的諷刺小說，如儒林外史等等及俠義小說的七俠五義傳等，都是極重要的形式發展，而形成更高的小說的社會功能。

㈤ 賦

賦的形式，是詩經格律的自由化，這種文中有詩詩中有文，亦文亦詩；長短自如，用韻自如的形式，始於楚辭，而衍成於後來的漢賦與駢文，而前者更是中國文化南移的關鍵。

荀子的禮賦、知賦、雲賦、蠶賦、箴賦五篇及佹詩二篇，成相三篇，都是迥異於楚辭形式的作品。班固說：「大儒孫卿及楚賢臣屈原，罹讒憂國，皆作賦以諷，咸有惻隱古詩之義。」但屈原的騷體，實爲詩的新形式，具體以賦名篇的，實始於荀子，所以有人認爲漢賦實祖於荀賦。其實，抒情、說理、詠物，原爲文學三大主流。屈、宋的作品，偏於抒情。而荀子的賦的形式，則說理、詠物並有之。如以禮賦與離騷、九辯並讀，便有大不相同的感受。前者是訴諸理性的散文賦；後者則爲動人情感的音韻和諧的新體詩。他的賦多乏詩歌所必備的韻律、情感與整齊的美，但都具備說理、詠物的形式，而爲漢賦形式的開端。漢代王褒的詠物賦—洞簫賦，張衡的說理賦—思玄以及其他的長篇散文賦，都是此種形式的應用。

荀子的成相、與佹詩的形式，前者可與樂器伴唱，是思想通俗化，文章歌謠化的形式，內容是嚴肅的訓戒，而夾以感人的故事典實，更能貫徹他重禮義反姦言的政治思想：後者的「天下不治，請陳佹詩。」尤其令人憬悟個中消息。所以有人認爲由此可以瞭解，儒家一統的漢代，爲什麼抒情文學那麼消沈，而賦卻能在美刺的帷幕下，大大發達的原因。

以下的事實，說明了漢賦的發展及流變：

①**詩衰賦作**——三百篇入於儒家經典領域的神聖化，漢志說：「古者諸侯卿大夫交接鄰國，以微言相感，當揖讓之時，必稱詩以喻其志，蓋以別賢不肖而觀盛衰焉。故孔子曰：『不學詩，無以言』也。春秋之後，周道寖衰，聘問歌詠，不行於列國，學詩之士，逸在布衣，而賢人失志之賦作矣。」所以詩的形式——四言體衰落，五七言正醞釀中，而楚辭則取代詩經的地位。加上以荀子賦體的萌芽之有待發揚光大，自然形成漢賦的發展。這就是顧炎武所說：「由三百篇而不得不變爲楚辭，由楚辭不得不變爲漢賦者，勢也。」的所以然。

②**世盛賦盛**——如史記平準書所說的漢興七十餘年的盛世，如西京雜記的形容未央宮，都反映了漢初文治武功盛世下的帝王生活。在此基礎上，漢賦歷史性的寫實形式，自然不是詩體所能望其項背。

③**利祿之路**——首有貴族梁孝王劉武等之提倡，而有枚乘賦柳，賜絹百匹；相如賦長門、得黃金百斤的故事。後有漢武之好文學，而有司馬相如、東方朔、枚乘之以詞賦得官；宣帝以下如王褒、楊雄等之故事，更不絕於史，辭賦形式的文學，便因獻賦考賦之風尚而勃興。

兩漢之後，賦的形式，也因背景不同而有以下的演變：

①**魏晉的短賦**　政治的紊亂，外患的紛至，民不聊生的影響，使道家思想取代了儒家的傳統，人

性覺醒、清談流行及許多的社會原因，形成了空前的浪漫主義的思潮；哲理文學、遊仙文學、田園文學都開始蓬勃，而面目一新。魏晉的賦，在內容上，改變於個性化與情感化，如曹植、王粲、阮籍、陶潛等作品，都有這種特徵。在表現形式上，更有重大的改變—篇幅由長篇而趨精短，除了極例外的左思三都賦等幾篇之外，自曹丕兄弟至晉末的陶潛的賦，幾乎都是短篇：都是以經濟的篇幅，升高文學的價值。字句亦由已往的繁縟、堆砌的賣弄才華，而改進爲簡潔清麗的內斂，而有餘韻悠揚的美。題材方面更一改漢賦之京畿、宮、殿、山川、遊獵爲主的面目，而擴大爲多元的形式；舉凡抒情、說理、詠物、敘事各體，無所不有；而山水、登臨、憑弔、悼亡、傷別、遊仙、招隱、艷情的題材，都搬進作品。其中詠物形式的賦，更是此期的特色，從天上的風雲，到地面的落葉；從飛禽走獸就到奇花異草，甚至蝙蝠、螳螂、小蛇都是賦的題材。由於形式的流變，這時的賦，才眞是開疆拓土，由「附庸而大國」了。建安七子的領袖王粲的登樓賦，被認爲是「帶著最熟練、最巧妙的形式而出現」的作品。而曹植的思子賦，更是短篇中的上選：

「彼凡人之相親，小離別而懷戀；況中傷之愛子，乃千秋而不見。入空室而獨倚，對床幃而切歎。人亡而物在，心何忍而復觀。日晼晚而既沒，月代照而舒光。仰列星以至晨，衣霑露而含霜。惟逝者之日遠，愴傷心而絕腸。」

此賦全文只有十幾句，八十幾個字，沒有典故與深奧的字，卻抒寫了豐富的情感，多麼貼切而雋永，有人說，與其說是賦，不如說是詩，眞是恰如其份的評價。而這樣的短賦，就是魏晉賦中最普遍的形式。

由魏晉而六朝的文學，是唯美主義的天下。沈約所倡的「永明體」，一面重駢驪，一面注意韻律音節，遂使此後的詩文、辭賦日趨於唯美的下游－淫靡。此期的形式，仍以短賦爲主。長篇中的哀江南（庾信作品），爲佳作的代表，但它的形式卻與詩歌相溶合，而有詩賦合流的趨勢。梁元帝的對燭賦的形式，簡直是雜言的古體詩；像鴛鴦賦、蕩婦秋思賦中所雜的詩句，更完全脫離賦的味道。這一切都說明了賦的形式流變，已經一反兩漢、魏晉的典型。而作品所具的特點－修辭之美，在純文學觀點上，都有不可抹煞的藝術成就。且有：

「棹將移而藻挂，船欲動而萍開：…恐沾裳而淺笑，畏傾船而歛裾。」（梁元帝採蓮賦）

「蔓草縈骨，拱木歛魂。」（江淹恨賦）

「薄暮延佇，宵分乃至。出闇入光，含羞隱媚。……霑粉委露，理鬢清渠，落花入領，微風動裾。」（沈約麗人賦）

「釵朵多而訝重，髻鬟高而畏風。眉將柳而爭綠，面共桃而競紅。影來池裡，花落衫中。」（庾信春賦）

這種辭句，簡直是立體的畫－動靜俱美的描繪。所以說，由楚辭而漢賦，是由詩而變爲散文；此時的賦，因受新體詩的影響，又由散文再變而爲詩－而形成六朝賦體的特徵。於是，更由於後此「宮體詩」的影響，而有「宮體賦」的產生，辭賦的形式，內容又起了顯著的變化，而成爲六朝的駢賦，所謂「左陸以下，漸趨整鍊；齊梁而降，益事妍華。古賦一變而爲駢賦：…」；所謂「固非古音之洋洋，亦未如律體之靡靡。」（孫松友述賦篇）。

到了唐宋期，由於六朝的駢體與聲律說的演進，古詩變爲律詩，駢賦也流衍爲律賦。它的近因，仍然是考試制度的影響，因爲天寶年間，開始舉人的策問，外試詩賦各一首，八韻的律賦便盛極一時；至晚唐的薛逢、宋言，更能曲盡其妙。（見王銍四六話序）但也由於應付考試的心態，作者只重形式音韻，而不顧情實內容，而流爲文學遊戲。

不過，唐代的杜甫與白居易都有說理的賦，後者的動靜交相養賦，與杜牧的阿房宮賦，都用散文句法或韻散相間寫成的。這種形式的流衍，又形成宋代的文賦，像司馬光、歐陽修、蘇軾等都是文賦的名家；他們代表的作品都是此種形式的典型。辭賦的流變也由屈宋荀況的發端，一變而爲「鋪采摛文」的漢賦，再變而爲言志抒情，田園思想的魏晉駢賦，三變而爲六朝唯美主義的「宮體賦」，四變而爲唐宋的「律賦」與「文賦」，而流向於文學的尾閭。

(六)駢、散文

以上所述的是，由詩經衍生的辭賦、詩、詞、戲曲的形式流變。現在要敍的是，由尚書衍生的駢、散文形式的流變：

1. **駢文**　駢文的基本形式是「字駢句偶」。它的起源，可溯及中國的單音節文字與人類生理構造的左右相稱的平衡，美感作用，正如文心麗辭篇所謂，「造化賦形，古體必變；神理爲用，事不孤立。夫心生文辭，運裁百慮，高下相需，自然成對。」其次是尚書之中的俳偶工整的句子，如伊訓之「立愛惟親，立敬惟愛，始於家邦，終於四海。」；又如周書金滕之「玩人喪德，玩物喪志，志以道寧，言以道接。」

駢文之醞釀，可說由先秦而西漢，而東漢。此時的散文，已有工整化的傾向；如匡衡的奏疏說：「情欲之感，無介於容儀；宴私之意，不形於動靜」。

㈠駢文之始

駢文格律之開始，可見諸蔡邕的郭有道碑：「……若乃砥節厲行，直道正辭；貞固足以幹事，隱括足以矯時。遂考覽六經，探綜圖緯；周流華夏，游集帝學：收文武之將墜，拯微言之未絕……」。這是全篇純用駢文形式的例子。

㈡魏晉駢文

魏晉之後，此風漸盛；而南北朝則抒情言志皆用駢文，說理、紀事的文章，也無不力求駢儷，而與散文的形式大異其趣。徐陵的玉臺新詠序，更是駢四儷六形式的典型。

㈢唐駢文

唐代的初唐四傑，駢文之佳，世所共知；駱賓王的討武檄更爲公認的駢文名作。玄宗時的燕國公張說與許國公蘇頲所寫的制誥公文，更有「燕許大手筆」之稱。他的形式，爲當時文臣所競相仿效。即使是復古的柳宗元，也不得不讚美「駢四驪六，錦心繡口」的事實。（乞巧文）

駢文的「四六」形式，始於李商隱——樊南四集序：「作二十卷，喚曰『樊南四六』。」「四六」的形式，較前期的駢文更重於工整，而且爲駢文的定格。它的具體形式是：四字一句、六字一句、而平仄相間，使文調不致流於散漫，而有柔和均匀的美感。

㈣宋駢文

宋代的駢文形式，更被朝野所普遍應用，幾乎所有的創作乃至公私文書，無非駢文。而研究四六駢文的論著，也盛極一時。宋代駢文之所以風行一時，更因爲「四六」的形式，雖有四六平仄相間的限制，但運用起來卻更便於發揮創意。不過，到了歐陽修時代，「四六」文中的好作品，都是散文化的駢體文，這種新形式比較自然。永叔的蔡州乞致仕表，便是它的典型。因此王安石、蘇軾的駢文，也帶有濃厚的散文色采。

至南宋，駢文形式的發展，可謂登峰造極。陳直齋說：「紹聖後，置副科，習者益衆，格調精嚴，一字不苟。」楊萬里的除吏部郎官謝宰相啟，便是此種形式所表現的作風。

㈤清駢文

清代的駢文，爲元、明兩代駢文中斷的復興。初期有毛奇齡、陳維崧；中葉有胡天游、洪亮吉；末葉有王闓運、李慈銘等名家作品，被認爲未遜於二唐兩宋。曾賓谷的國朝駢體正宗、吳鼒的八家四六鈔、王先謙的十家四六文鈔所收的作品之佳、之富，都足以反映「四六」形式被接受的盛況。

㈥散文

1. 散文之始

中國的散文形式，與駢文同源於尚書，前者更是尚書的正統。因爲尚書作品中，只有間或出現的駢句與段落，而散文則爲此書主要形式。不過一般都以「周誥殷盤，佶屈聱牙」爲病，因而沖淡了它的文學價值。

2. 春秋戰國散文

春秋戰國時代的散文，便以歷史散文，哲理散文的姿態活躍於文壇。發展的原因是，散文的形式更方便於敘述歷史的事實；更能充分表現哲理的思想。於是，歷史散文便由春秋、左傳的編年形式，而發展爲國策、國語的記敍形式，史記的通史形式、傳記形式；漢書以下斷代史的形式、以及雜史、外傳、小說、外史等形式。哲學散文則有諸子家的表現形式。至六朝有「文」「筆」之分，後則韻律之文以外的作品，都是散文形式的展現。以下分述它的形式流變：

(1)歷史散文　尚書中的周誥，是周初散文的出現。因爲一般都相信周誥是尚書中最早的作品，虞夏商書都是晚出的。它的形式是以口語紀錄的文告、講詞的綜合體。如大誥中的一段：

「王若曰：猷大誥爾多邦，越爾御事：弗弔；天降割於我家不少延；洪惟我幼沖人嗣無疆大歷服，弗造哲迪民康，矧曰其有能格知天命？……予不敢閉於天降威，用寧王遺我大寶龜紹天明。即命曰：『有大艱於西土，西土人亦不靜。』越茲蠢。」

這是武庚叛國周公東征的文告，大意說：我今昭告天下，登位視事不久就遭此不幸，上天降禍連年，而我年輕小子承此大任大業，用人不哲，以致百姓受難，真是愚昧而不知天命。我不敢忽視天命，而求卜於寶龜。卜辭說：「西方有大災，百姓不安」。現在叛亂的蠢動，果然來了……。這種形式，是由卜辭發展而來的當時的口語體。

春秋的形式，是有系統的編年體，文句簡短，王安石曾譏爲「斷爛朝報」；但在文學技巧及史實編排上，都比尚書有顯著的進步。它的洗鍊平易，建立了散文的新基礎，對於表現的功能，更能使人獲得清晰而有系統的印象。

戰國時代的歷史散文—以國語、左傳、戰國策爲最優。後二者尤爲後世所重視。左傳的記言記事，都有高度的技巧，讀之真如身臨其境。它的形式是爲經作傳，以闡發經意，必要時補述經所未言的史事，更能使孔子的微言，彰顯它的大義。簡短的篇幅，卻把應有的始末作生動的描繪，如呂相絕秦，燭之武退秦師，僖伯諫觀魚，季扎觀樂，王孫論鼎，都能委婉曲折地表達動人的辭令。再如殽之戰，邲之戰，鄢陵之戰，都用最簡鍊的辭句，記敘繁複的史實；都是可作歷史讀，更可作雋永的小品讀的妙文。國策的形式，尤以諷刺幽默爲主，對於大小問題的旁述、直敍，都有極熟練的形式運用，其素材的把握都能恰到好處，如耳熟能詳的「城北徐公」一段，便是諷刺文學、痛快淋漓的一例。它所表現的縱橫捭闔之術，處處都顯得氣勢磅礴，字字動人的大力量。

史記出現於漢代，一方面使歷史的文體由編年體進於通史體。另一方面是方言的應用，文言的通俗化，都是重要的發展。編輯的創例，如世紀、世家、列傳、合傳、年表、八書等形式的創立，都爲後世所津津樂道的優長。史遷不但是歷史家，更是傑出的大文學家，他的史記，不僅是歷史，而且是文學的鉅著；這是盡人皆知的。史記的文學形式：除了孫德謙所著的太史公書義法之外，近代李長之更有以下的形式列舉：

①統一律—力求作品審美意味的統一，甚至犧牲歷史上的真也在所不惜，但他仍然把人物的性格分散在不同篇章裡，以求補救。例如信陵君列傳的主角是仁厚而愛士的，幾乎成爲無缺點的人物。而他的畏秦，不敢收留魏齊，不能欣賞虞卿之爲了友誼而拋棄相印，卻寫在范睢蔡澤列傳裡。使他所塑造的人物，成爲了無瑕疵的藝術品，而不使歷史失實；有高度的藝術衝動，卻未忘史家的神聖職責。

②內外和諧體—力求文章風格一如文中人物的性格。寫戰功，必用短句，如曹相國世家中的形容句子。寫纏綿情調時，就用潺緩悠揚的句式；如屈原賈生列傳。寫封禪，則惝怳之筆，令人處身於煙雲飄渺的蓬萊；如封禪書。

③對照律—以兩種突出性格或不同情勢或不同結果，作爲對照，以增加作品的生動性。像項羽本紀中之以項羽的「年少氣盛」，「好勇鬥狠」與劉邦的「世故老人」作對照。又如信陵列傳中之以仁厚青年的信陵君與陰鷙謀士型的侯嬴相對照。

以下還有對稱律—上昇律、奇兵律、減輕律等，都是史記所獨創的形式。（詳李長之司馬遷之人格與風格）歷史散文形式之發展，至此可以觀止了。

(2) **哲理散文**—老子與論語當爲最早的哲理散文。也是最初的私人著作。

老子的形式，今傳版本中有許多韻文的部份，似受騷體的影響，因此被疑爲戰國末葉的作品。但一般還是承認他是春秋的代的人物，其時亦必有老子的原書；而現存版本，必由原本增補而成。因此也必須從莊子天下篇所引的老子去觀察老子真正的形式；因爲他的引述，一向被認爲比較可靠。

從天下篇所引的老子看，它的形式與論語的簡約散文體是相當的。書中的句子，都是各自獨立，而不相連貫。可能與春秋形式一樣，受限於文書工具之所致。此種簡約的句式與節段的形式，顯然都沒有達到單篇應有的形式。

到了戰國的百家爭鳴，哲理散文便由早期的簡約而限於說明的形式，一變而爲論辯的形式。於是長篇大論與諷寓犀利的作風也出現於諸子形式中。

墨子重名學，其作品之條理謹嚴，說理條暢，而方法尤近於西方的邏輯與印度的因明學。所以墨子的立論，都是首尾一貫的論理形式。像非命下所論的「三法」，與小取篇所論的「三表」，更是論辯方法的具體形式。

孟子的形式，雖然未脫論語的窠臼，但畢竟以短篇的論辯爲主，而開議論體之先河。嚴詞、諷寓諧趣，是他引人入勝的特點，而詞鋒犀利，更是莫之能禦。所以蘇洵說：「孟子之文，語約而意盡，不爲巉刻斬絕之言，而其鋒不可犯。」

莊子是個思想家、大散文家。他的天才高人一等，而超絕的想像力與高尚的人格、浪漫的感情，更是莊子文學的泉源。他所創的文體，無法具體說明，只有從逍遙遊、齊物、寓言諸篇去體會，真是「可意會而不可言傳」。而他的洋洋灑灑，顛倒離奇，極辯而又氣勢縱橫，辭藻華美，更無法摹擬於萬一。散文形式的流變，至此可謂空靈之至，無所不備，而不見其着相；他的寓言篇所指的「寓言十九，重言十七，卮言日出」，就是最扼要的說明。

荀子、韓非子的文體，是散文形式的重大改變。因爲前者是據題抒論形式的開始；後者更是論辯形式的發揚光大；他的自爲經傳形式，問難體的形式，更把他的思想表現得淋漓盡致。散文形式的發展，至此可謂完備。此後自唐宋之復古形式，以至清代的桐城形式，都不過是「承流」而已。所以章學誠說：「辭章實備於戰國，承其流而代變其體製焉。」（詩教上）

3. 漢代以後的散文與晚明小品

自史記、漢書繼左傳國語而大放異彩，史傳散文形式更趨成熟，對於後世文學—特別是傳記文學的影響尤其深遠。晚明所蛻變的小品形式，也是六朝的性靈說的具體，它的流衍，形成了今日的小品散文—通俗、短小、雋永有致；可以抒情，可以敍事，可以詠物，更可以隨心所欲地說理。兩者都是重要的承變。

總之，文學之代變，是必然的。其公例有五：①必隨社會進化而漸進，②蛻變之間，必有過度文藝，③新生文藝必含父祖之性質，④新文藝必爲後此多元文藝之因緣，⑤新文藝之形式抵於固定時，其生長力必衰退，其生命必因形式之偏榮而告終。其中②⑤兩項，尤關文學形式之流變。一種文藝變爲他種時，新舊之代謝，以漸不以頓，故於蛻變時常發生介乎兩者之間的過度文藝—舊有的特質而兼具新的要素—如詩之後爲楚辭，而荀子的詩賦則介乎其間。楚辭之後爲古詩與樂府；漢初的詩歌即介乎其間。彈詞及鼓子詞亦介於詞與曲之間；而彈詞小說又爲清傳奇與章回小說之橋梁。而文學之形式，亦隨之而有過度之流變。新文藝由生長而成熟而衰退，其形式亦必日趨於擴大而漸形固定；其格律必日趨於細密，其功力技巧必與日俱進。因爲形式固定之後，生長力必漸衰退，此時的作家，既無以超越前人，只好向形式中求發展；而此種文藝的生命遂因虛有其表而近於尾聲。例如漢賦，至魏晉以下漸見僵化，至六朝則加以聲律對偶，至唐遂成律賦，而古賦遂止。古詩經六朝，已漸僵化，至唐成律詩，而古詩遂止。宋詞由唐五代之小令變爲長調、慢詞，是形式的擴張；至南宋意境漸趨狹隘而固定，後人亦惟有致力於形式，於是格律愈細，心力愈勞瘁，而詞終不可復。「元曲」之限於四折，其形式臻於固定，而「北曲」止。明清傳奇至數十折，形式擴大無以復加；後人也只有守成而已，而元明之戲曲亦不可復。小說之由短篇而長篇而章回，形式又由擴張而告固定，故近人厭其呆板而加以變化。所以焦循說：

「商之詩僅有頌：周則備、風、雅、頌；載諸三百篇者，尚矣！而楚騷之體則三百篇所無也；此屈宋爲周末大家。其韋玄成父子以後之四言，則三百篇之餘氣遊魂也」「漢之賦爲周秦所無，故司馬相如，揚雄、班固，張衡爲四百年作者；而東方朔，劉向，王逸之騷，仍未脫楚辭之科臼矣。其魏晉以後之賦，則漢之餘氣遊魂也。」「楚騷發源於三百篇。漢賦發源於周末。五言詩發源於漢之十九首及蘇李而建安，而後歷晉、宋、齊、梁、周、隋於此爲盛。一變於晉之潘陸，宋之顏謝；易樸爲雕，化奇作偶。然晉宋以前未知有聲韻也。沈約卓然創始，指出四聲，自是厥後，變蹈厲爲和柔。宣城水部，冠冕齊梁又開潘陸顏謝所未有矣。」「齊梁者，樞紐於古律之間者也；唐遂專以律傳杜甫、劉長卿、孟浩然、王維、李白、崔顥、白居易、李商隱之五律七律，六朝以前所未有也；若陳子昂、張九齡、韋應物之五言古詩不出漢魏人之所範圍。故論唐人詩以七律五律爲先，七古七絕次之；詩之境至是盡矣。」「晚唐漸有詞；興於五代而盛於宋，爲唐以前所無；故論宋宜取其詞。前則秦、柳、蘇、晁、後則周、吳、姜、張，足與魏之曹、劉、唐之、李、杜相輝映焉。其詩人之有西崑、西江諸派，不過唐人之緒餘，不足評其乖合矣。」「詞之體盡於南宋，而金元乃變爲曲；關漢卿，喬夢符，馬東籬張小山等爲一代鉅手。乃談者不取其曲，乃論其詩，失之矣。」「有明二百七十年、鏤心刻骨於八股；如胡思泉，歸熙甫，金正希，章大力數十家，洵可繼楚騷，漢賦，唐詩，宋詞，元曲，以立一門户。而李、王、何、王、李之流，乃沾沾於詩，自命爲復古，殊可不必者矣。」「夫舍其所勝，以就其所不勝皆寄人籬下者耳。」（易餘籥錄）

不過，有人以爲焦說之以八股爲明代文藝，不如取章回小說爲當。因爲：①小說源於宋，興於元，而盛於明，爲宋以前所未有。②八股的文學技巧雖然盡善，但在當時的一般社會的影響，則不及語體小說之深。③八股爲專制政體之下士大夫專用形式，非如小說發達之由於自然趨勢。中國文學形式之流變，可盡之於此。準此以觀，自民國新文學以下之已然未然，雖百世可知了。

第二篇　古典之篇

第四章　先秦的三大文學

本期的文學，理論上只是黎明初旦，但實質上則有詩經、楚辭與尚書、諸子所衍成的散文，三者鼎足而立。就其流變看，屬於韻文的詩經、楚辭如大河；散文一系則如長江，兩者從本期開始奔流。而彼此的盛衰交替，亦如江河之漲落以時。現在且看本期鼎立的三大文學之如何各有千秋：

一、詩經

史記孔子世家：「詩三百五篇，孔子皆弦歌之，以合韶、武、雅、頌之音。」墨子公孟：「誦詩三百，弦詩三百，歌詩三百，舞詩三百。」由此可知，詩經是中國早期詩歌的總匯，也是最早的樂詞。以下幾點是它的內涵：

(一)內容

分風、雅、頌三體。風有二南、邶、鄘、衛、王、鄭、齊、魏、唐、秦、陳、檜、曹、豳等十五國，共百六十篇。雅有小雅八十篇（內六篇無詞），大雅三十一篇，共百十一篇。頌有周頌三十一篇，魯頌四篇，商頌五篇，共四十篇。總計三百十一篇。

(二)年代：

以商頌爲最早，毛公、鄭玄以下的經學家都以爲是商代的作品；但後人以甲骨疑之，亦有以甲骨證其可能。餘皆周代詩作—上自成、康，中經幽、厲，下迄定、匡，約當西元前十一世紀至前六世紀。清章學誠以爲後世之文，源於六藝，而多出於詩教。所以詩經應爲中國文學形式的先河，也是文學模擬的藍本。

㈢地域：

詩經爲中國北方文學，與南方文學的楚辭異趣，前者質樸敦厚，後者則富幻想而馳騁風華。蓋其地不出今之甘、陝、魯、豫、鄂諸省；如豳爲周室發祥地，在今陝西、甘肅及河南之一部。邶、鄘、衛在今河北、河南、山西之地。鄭在今河南。齊、魯在今山東。魏、唐在今山西。秦在今陝西。曹在今河北、山東。陳、檜爲今河南、湖北之一部。二南則北及黃河，南及汝、漢、長江。因爲韓詩說：「二南者，南郡（今荊州）與南陽也。」「南者，言化自北而南也。」而周南、召南中亦有「漢之廣矣」，「江之永矣」，「遵彼汝墳」之句，故此時的「王化」，實已自北而南；而國風之中亦必有楚風在內。

㈣形式：

二言至八言皆備。而以四言爲多，二言如小雅圻之「圻父」，周頌維清之「肇禋」。三言如鄭風叔于田之「叔于田，乘乘馬」；唐風葛生之「夏之日，冬之夜」；四言如蓼莪之「蓼蓼者莪，匪莪伊蒿；」五言如召南行露之「誰謂雀無角，何以穿我屋」。六言如豳風七月之「五月斯螽動股，六月莎雞振羽」。七言如大雅召旻之「維昔之富不如時，維今之疚不如茲」。八言如魏風伐檀之「胡瞻爾庭有懸貆兮」。可說後世韻文之形式，莫不萌芽於此。

(五)用韻：

漢書食貨志：「孟春之日，行人振木鐸徇于路以采詩，獻之太師。」故三百篇雖綜列國之詩，而用韻則歸于一；是以音節繁密而調和。其用韻之法，亦多變化。

顧亭林以爲，古詩用韻之法有三：①首句次句連用韻，隔第三句而於第四句用韻者，如關雎之首章。凡漢以下詩及唐人律詩之首句用韻者，皆源於此。②作始即隔句用韻者，如卷耳之首章。後世詩之首句不用韻者皆源此。③自首句至末句句用韻者，如考槃、清人及卷耳之二—四章……。後世之歌行用韻如魏文帝之燕歌行皆源此。

關于轉韻，顧氏亦謂「轉韻之始，亦有連用、隔用之別，而錯綜變化，不可以一體拘。於是有①上下各自爲韻者，若兔罝及采薇之首章，魚麗之前三章。②首末爲一韻，中間自爲一韻者，若車攻之五章。③有隔半章爲韻者，若生民之卒章。④有首提二韻而下分二節承之者，如有瞽之篇。此詩之變格，然亦莫非出於自然，非有意爲之也。」

(六)詩經之藝術　詩經以抒情爲多，敍事次之。而以抒情詩最具價值。玆錄典型之作如次：

靜女

靜女其姝，俟我於城隅。愛而不見，搔首踟躕。

靜女其孌，貽我彤管。彤管有煒，說懌女美。

自牧歸荑，洵美且異。匪女之爲美，美人之貽。

狡童

彼狡童兮，不與我言兮。維子之故，使我不能餐兮。
彼狡童兮，不與我食兮。維子之故，使我不能息兮。

子衿

青青子衿，悠悠我心。縱我不往，子寧不嗣音？
青青子佩，悠悠我思。縱我不往，子寧不來？
挑兮達兮，在城闕兮。一日不見，如三月兮。

蒹葭

蒹葭蒼蒼，白露爲霜。所謂伊人，在水一方，溯洄①從之，道阻且長；溯游②從之，宛在水中央。
蒹葭萋萋，白露未晞。所謂伊人，在水之湄。溯洄從之，道阻且躋；溯游從之，宛在水中坻③。

蒹葭采采，白露未已。所謂伊人，在水之涘。溯洄從之，道阻且右；溯游從之，宛在水中沚④。

注：①逆流 ②順流而下 ③水中小渚 ④小片乾地

小序：「刺襄公也。未能用周禮，將無以固其國。」（秦風）

闓生曰：「朱子不信小序，然不能盡廢其說。此篇雖無確證，然序義甚精，固未可廢也。歐陽公曰：襄公已受命爲諸侯，而不能以周禮變其夷狄之俗，故刺之；發明序義甚允。所謂『伊人』，鄭箋以爲知周禮之賢人，是也」。

舊評：「景色淒清，煙波萬狀。」蓋不以刺爲然，而美其敍景也。按此詩乃敍秋水方盛，人各一方之情—道阻於河水，逆流而涉，則艱難而遠；順流求之，則伊人固宛在於半渡，然亦水深而不可及也。窮三日之凌晨以求之，伊人終不可得而「從」之，淒然之情，煙波之狀，躍然紙上矣。

伐檀（魏風節）

砍砍伐檀①兮，寘之河之干兮；河水清且漣②猗③！
不稼不穡，胡取禾三百廛④兮；不狩不獵，胡瞻爾庭有縣貆兮？
彼君子兮，不素餐兮！

注①良木 ②風行水渙而成文 ③同兮 ④一夫所居之家

小序：「刺尸位者之貪鄙。」

朱：「美君子之不素餐」。

舊評：「本意止不素餐耳，烘染乃爾濃縟。首句言抱負，次句言遭遇。三句感嘆。」

范處義：「檀，木之良者，會乃伐而寘之無用之地，猶君子不得仕進也。而一時位皆貪鄙之人，無功而受祿，如未嘗稼穡而取禾，不知愧恥，君子所以自重也。」

按此詩實民間有感於廉能之不見用，而怒斥在位者之貪鄙無度也。（參吳闓生詩義會通）

二、楚辭

㈠楚辭之得名

漢書地理志：「始楚屈原作離騷諸賦，後有宋玉、唐勒、枚乘、鄒陽、嚴夫子之徒，而吳有嚴助、朱買臣貴顯漢朝，文辭並發，故世傳楚辭。」

四庫提要：「裒屈宋諸賦，定名楚辭，自劉向始也。初向集屈原離騷、九歌、天問、九章、遠遊、卜居、漁父、宋玉九辯、招魂，景差大招，而以賈誼惜誓、淮南小山招隱士、東方朔七諫，嚴忌哀時命，王褒九懷及向所作九歎共十六篇，是爲總集之祖。爲王逸以所作九思益之，與班固二敘，爲十七卷，而各爲之注。」，是爲楚辭得名之經過。

㈡楚辭之藝術

楚辭爲中國文學之開新，其特點有三：①駢偶長句，②趨重於浪漫神秘傾向，③借神話表現情緒。

漢志稱屈原所作有廿五篇今傳之王逸本，僅存前述之十七卷；朱熹本則僅有十五篇（不錄九嘆、九思二篇）且其中屬於屈原之作品八篇，據歷代嚴密考證所確定者僅離騷、九章、天問三篇而已。茲錄離騷片段，以觀其精采：

「曾歔欷余鬱悒兮，哀朕時之不當。攬茹蕙以掩涕兮，霑余襟之浪浪！跪敷衽以陳辭兮，耿吾既得此中正，駟玉虬以乘鷖兮，溘埃風余上征……欲少留此靈瑣兮，日忽忽其將暮！吾令羲和弭節兮，望崦嵫而未迫；路漫漫其修遠兮，吾將上下而求索；飲余馬於咸池兮，摠余轡乎扶桑；折若木以拂日兮，聊逍遙以相羊（徜徉）。……吾令鳳鳥飛騰兮，繼之以日夜。飄風屯其相離兮（阻其所求），率雲霓而來御（以惡氣喻佞人欲其變節）。時曖曖之其將罷兮，結幽蘭以延佇（不遇賢士而久立欲還）。……世溷濁而不分兮，好蔽美而嫉妒。朝吾將濟於白水兮，登閬風（岩）而　馬。忽反顧以流涕兮，哀高丘之無女。……世溷濁而嫉賢兮，好蔽美而稱惡。閨中既邃遠兮，哲王又不寤，懷朕情而不發兮，余焉能忍而與此終古！」

此段變樸素而爲抒情長詩—以大自然爲喻依，夾以神話，處處見纏綿婉轉，見一往情深於君國。案離騷全文，①述其家世之美（帝高陽之苗裔兮，……扈江離與薜芷），欲以其修能與賢君及時求治。②述其忠而遇讒并惜君德之無成（荃不揆余之中情兮，及信讒而齎怒）。③述不改其修（畦留夷與揭車兮雜杜衡與芳芷）。④述己之不合時宜而九死無悔（雖不周於今之人兮……雖九死其猶未悔）。⑤述讒人非徒廢其身并污其名（衆女嫉余之蛾眉兮，謠諑謂余以善淫）。⑥述其志久而彌堅，願爲彭咸之意（伏清白以死直兮……及行迷之未遠）。⑦述其興念殺身之無益，而欲相君於四方（忽反顧以遊目兮，將往觀乎四方）。⑧述好修之不諒於世，而復興彭咸之念（薋、菉葹以盈室兮……孰云察余之中情；世並舉而好朋兮，夫何　獨而不余聽！）。⑨述再轉念於賢君之訪求，以禱于天帝。（跪敷衽以陳辭兮……吾將上下以求索）。⑩述賢君之終不可得（忽反顧以流涕兮，哀高丘之無女）。⑪述懷王之不悟（世溷濁而嫉賢兮）……哲王又不寤）。⑫述猶豫於靈氛之吉占，終覺楚之不可留（欲從靈氛之吉占兮，心猶豫而狐疑；時繽紛以變易兮，又何可以淹留？）。⑬又思前此上天下地之訪求，有如男女之無媒作合，而巫咸則盛言好修作無俟於媒，惕以速行無貽庸主之禍（何昔日之芳草兮，今直為此蕭艾？豈其有他故兮，莫好修之害也）。⑭述司馬子蘭與大夫子椒之令人失望（余以蘭為可恃兮，羌無實而容長；……椒專佞以慢慆兮……又何芳之能祇？）。⑮於是決計遠逝。然於周天匝地中，仍不能忘故國；及其楚國在望，復又感懷於「莫足與為美政，而決從「彭咸之所居」。（忽臨睨乎舊鄉，僕吾悲余馬懷兮蜷局顧而不行……已矣哉！國無人莫我知兮，又何懷乎故都？既莫足與為美政兮，吾將從彭咸之所居）。終於投江自沉。前段所錄，即其第⑩段之以熱情奔放，讚美自然生命并自寫其愛國愛鄉之心，其精采可見一斑。

楚辭也是部詩歌集，屈原之後還有宋玉、景差、唐勒等作家。宋玉尤其著名，王逸說是屈原的弟子，與唐勒同為楚人。漢志載有賦十六篇，今本楚辭中只有九辯、招魂二篇。文選中有風賦、高唐賦、神女賦、登徒子好色賦；古文苑中有笛賦、大言賦、風賦、釣賦、舞賦等，都不可靠。但高唐、神女二賦卻是綺艷的佳作。至於唐勒，漢志載有四篇，久佚。

稍後於屈原之荀況，以晚年遊楚，有成相、賦篇二賦。為以賦名篇之第一人。漢志分賦為四部，屈賦之屬二十家，孫卿之屬二十五家，陸賈之屬二十一家，雜賦十二家。屈原賦實為新體詩。荀賦形式以四言為主，有時雜以三言（詳荀子賦篇），一般以為漢賦之祖。

㈢楚辭文學價值

文心：「騷經、九章朗麗以哀志；九歌、九辯，綺靡以傷情；遠遊、天問，瓌詭而慧巧，招魂、大招，耀艷而深華；卜居標放言之致；漁父寄獨往之才；故能氣往轢古，辭來切今，驚采絕艷，難與並能……故其敘情怨，則鬱伊而易感；述離居，則愴怏而難懷；論山水則循聲而得貌；言節候，則披文而見時。是以枚、賈追風而入麗，馬，揚沿波而得奇，其衣被詞人，非一代也。」這是恰得其分的評價，不僅得詩經「自北而南」之化，而且能創立新格，爲後世辭賦之祖。

以上爲先秦之韻文。

三、先秦之散文

先秦的春秋左氏傳與戰國策、國語，與諸子學中的墨子、孟子、莊子、列子、荀子以至韓非子，不僅在史學或哲學上具有崇高的地位，在文學上同樣具有偉大不可抹煞的價值與影響。茲摘錄如次：

㈠左傳之妙文

十年春，齊師伐我，公將戰，曹劌請見，其鄉人曰：「肉食者謀之，又何間焉」？劌曰：「肉食者鄙，未能遠謀」；乃入見，問何以戰。公曰：「衣食所安，弗敢專也，必以分人。」對曰：「小惠未偏，民弗從也。」公曰：「犧牲玉帛，弗敢加也，必以信。」對曰：「小信未孚，神弗福也」；公曰：「小大之獄，雖不能察，必以情。」對曰：「忠之屬也，可以一戰。」戰，則請從，公與之乘。戰於長勺，公將鼓之，劌曰：「未可」！齊人三鼓，劌曰：「可矣！」齊師敗，公將馳之，劌曰：「未可！」下視其轍，登軾而望之，曰：「可矣！」遂逐齊師。既克，公問其故，對曰：「夫戰勇氣也，一鼓作氣，再而衰，三而竭。彼竭我盈，故克之。夫大國難測也，懼有伏焉，我視轍亂，望其旗靡，故逐之」。（

左莊十年）

㈡戰國策之精緻

靖郭君將城薛，客多以諫，靖郭君謂謁者無爲客通。齊人有請者曰：「臣請三言而已矣！益一言，臣請烹！」靖郭君因見之，客趨而進曰：「海大魚！」因反走。君曰：「客有於此！」客曰：「鄙臣不敢以死爲戲。」君曰：「亡，更言之。」對曰：「君不聞夫大魚乎？網不能止，鉤不能牽，蕩而失水，則螻蟻得志焉。今夫齊亦君之水也？君長有齊，奚以薛爲？失齊，雖隆薛之城到於天，猶之無益也。」君曰：「善！」乃輟城薛。（齊策一）

㈢墨子之謹嚴明快

今有一人，入人園圃，竊其桃李，衆聞則非之，上爲政者得則罰之，此何也？以虧人自利也。至攘人犬豕雞豚者，不義又甚……是何故也？以虧人愈多，其不仁玆甚，罪益厚！至入人欄廐，取人牛馬者，其不仁又甚……此何故也？……至殺不辜人，施其衣裘，取戈劍者，其不義又甚……，苟虧人愈多，其不仁玆甚，罪益厚。當此天下之君子，皆知而非之，謂之不義。今至大爲攻國，則弗知非，從而譽之，謂之義，此可謂知義與不義之別乎？殺一人謂之不知……今至大爲不義攻國，則弗之非……從而譽之謂之義，可謂知義與不義之辨乎？是以知天下之君子也，辨義與不義之亂也。（非攻上）

㈣列子之生動

「詹何以獨繭絲爲綸，芒鍼爲鉤，荊篠爲竿，剖粒爲餌，引盈車之魚於百仞之淵，汩流之中，綸不絕，鉤不伸，竿不橈。楚王聞而異之，召問其故。詹何曰：「臣聞先大夫之言蒲且子之弋也，弱弓纖繳，乘風振之，連雙鶬於青雲之際，用心專，動手均也。臣因其事，放而學釣，五年始盡其道。當臣之臨河持竿，心無雜慮，唯魚之念；投綸沉鉤，手無輕重，物莫能亂。魚見臣之鉤餌，猶沉埃聚沫，吞之不疑，所以能以弱制強，以輕致重也。大王治國誠能若此，則天下可運於一握，將亦奚事哉！」楚王曰：「善」（湯問）

此所謂「智之所限，知莫若其所不知，而世齊所見以限物，是以大聖發問，窮理者對也。」（湯問注）

又曰：「人有亡鈇者，意其鄰之子，視其行步竊鈇也，顏色竊鈇也，言語竊鈇也，作動態度無爲而不竊鈇也。俄而扫其谷，而得其鈇。他日復見其鄰之子，動作態度無似竊鈇者。」注曰：「意所偏惑，則隨念想而轉易，及其甚者，則白黑等色，方圓共形，豈外物之變？故語有之，萬物紛錯，皆從意生。」（說苻第八）

(五)莊子之磅礴浪漫

「馬，蹄可以踐霜雪，毛可以禦風寒，齕草飲水，翹足而陸，此馬之真性也。雖有義臺路寢，無所用之也。及至伯樂，曰：『我善治馬。』燒之，剔之，刻之，雒之，連之以羈馽，編之以皁棧，馬之死者十二三矣；饑之，渴之，馳之，驟之，整之，齊之，前有橛飾之患，後有鞭筴之威，而之死者已過半矣……夫馬，陸居則食草飲水，喜則交頸相靡，怒則分背相踶，馬知已此矣。夫加之以衡扼，齊之以月題，而馬知介睨闉扼鷙曼詭銜竊轡。故馬之知而能至盜者，伯樂之罪也……。」（馬蹄）

此篇代表其不以外物害性的思想，與駢拇篇「夫小惑易方，大惑易性。何以知其然耶？自虞氏招仁義以撓天下也，天下莫不奔命於仁義。是非以仁義易其性與？故……天下莫不以物易其性矣。小人則以身殉撓天下也，天下莫不奔命於仁義。是非以仁義易其性與？故……天下莫不以物易其性矣。小人則以身殉家，聖人則以身殉天下……。」之說，同爲莊生思想之妙諦，其文學價值，固無殊於內篇。

(六)荀子之整齊絢爛

日人兒島獻吉郎（荀子考）以爲荀子之文學地位，介於孟、莊、韓非之間，其文尚莊麗，主豐潤，一讀其文，無不嘆其絢爛整齊而有法。茲舉例如次：

(1)比喻對偶法：

木受繩則直，金就礪則利。（勸學）

登高而招，臂非加長也，而見者遠。順風而呼，聽非加疾也，而聞者彰。（勸學）

假輿馬者，非利足也，而致千里。假舟楫者，非能水也，而絕江河。（勸學）

肉腐出蟲，魚枯生蠹。（勸學）

施薪若一，火就燥也。平地若一，水就濕也。（勸學）

質的張而弓矢至焉，林木茂而斧斤至焉。（勸學）

不積跬步，無以至千里。不積小流，無以成江河。（勸學）

行衢道者不至，事兩君者不容。（勸學）

目不兩視而明，耳不兩聽而聰。（勸學）

螣蛇無足而飛，鼯鼠五技而窮。（勸學）

玉在山而草木潤，淵生珠而崖不枯。（勸學）

此皆比喻之對偶法也。如是以比喻成對句，一段一節殆不點出正意，猶後世之連珠體。

(2)三句對偶法　以二句對偶比喻法，加一句正說法，即爲三句對偶法：

不登高山，不知天之高也；不臨深谿，不知地之厚也；不聞先王之遺言，不知學問之大也。（勸學）

積土成山，風雨興焉；積水成淵，蛟龍生焉；積善成德，而神明自得，聖心備焉。（勸學）

百發一失，不足謂善射。千里跬步不至，不足謂善御。倫類不通，仁義不一，不足謂善學。（勸學）

天見其明，地見其光，君子貴其全也。（勸學）

良農不爲水旱不耕，良賈不爲折閱不市，士君子不爲貧窮怠乎道。（脩身）

(3)三句駢對法：

譬之猶以指測河也，以戈舂黍也，以錐飡壺也。（勸學）

禮恭而後可與言道之方，辭順而後可與言道之理，色從而後可與言道之致。（勸學）

權利不能傾也，群衆不能移也，天下不能蕩也。（勸學）

君子行不貴苟難，說不貴苟察，名不貴苟傳。（不苟）

此皆三句駢對，但前一例爲比喻之三疊對偶；後三者，乃實說之疊句對偶。

(4)段節對偶法（長句）：

荀子之對偶，不獨應用於二句三句，又應用於文之一段及一節。其例如左：

南方有鳥焉，名曰蒙鳩，以羽為巢，而編之以髮，繫之葦苕。風至苕折，卵破子死，巢非不完也，所繫者然也。（以上為第一節）西方有木焉，名曰射干，莖長四寸，生於高山之上，而臨百仞之淵。木莖非能長也，所立者然也。（以上為第二節）（勸學）

體恭敬而心忠信，術禮義而情愛人，橫行天下，雖困四夷，人莫不貴。（以上第一節以下第二節）勞苦之事則爭先，饒樂之事則能讓，端愨誠信，拘守而詳，橫行天下，雖困四夷，人莫不任。（以上第一段以下第二段）體倨固而心執詐，術慎墨而情雜汙，橫行天下，雖達四方，人莫不賤。（以上第一節以下第二節）勞苦之事則偷儒轉脫，饒樂之事則佞兌而不曲，辟違而不愨，程役而不錄，橫行天下，雖達四方，人莫不棄。（脩身）

故兒島曰：孟之文如長江，莊之文如大海，韓非之文如急湍，荀子之文如大湖。故由文章規模言之，荀之平澹，不及莊之汪洋，而較之韓非，則局面稍廣。若就技巧觀之，則孟之精采，遠駕於荀，由氣力言之，則韓非光焰萬丈，較荀子亦出一頭地。而徹頭徹尾，苦心修辭，字字金玉，悠揚不迫，實荀子獨得之長技也。

包世臣尤謂「文之奇宕至韓非，平實至呂覽，斯極天下之能事矣，其源皆出於荀子。蓋韓子親受業，而呂子集論諸儒，多荀子之徒也。荀子外平實而內奇宕，其平實過孟子，奇宕不減孫武。」（藝舟雙楫，摘鈔韓、呂二子題詞）

(七) 韓非子之颯爽勁快

韓非子之文，承荀子之論辨推理風格并就據題抒論體更創新格，故吳闓生（古文範）以爲，「論難之文，以韓非爲極則，用筆深刻廉悍，冰解的破，無堅不摧，使對敵者無置喙餘地。而英姿颯爽，勁快無比，千古名家文字，無不導源於此，而莫有能與之抗衡者，可謂絕調矣。梁啟超說：『其文長處在壁壘森嚴，能自立於不敗；以摧敵鋒，非深於名學者，不能幾也。故在今日尤宜學之。』」（國學研讀法三種要籍解題及其讀法）茲節述如次：

(1)難體之首創

「齊桓公時，有處士曰小臣稷。桓公三往而弗得見。桓公曰：『吾聞布衣之士，不輕爵祿，無以易萬乘之主；萬乘之主，不好仁義，亦無以下布衣之士。』於是五往，乃得見之。」

「或曰：桓公不知仁義。夫仁義者，憂天下之害，趨一國之患，不避卑辱，謂之仁義。故伊尹以中國為亂，道為宰于湯；百里奚以秦為亂，道為虜于穆公；（顧廣圻曰：兩于字當作干。）皆憂天下之害，趨一國之患，不辭卑辱，故謂之仁義。今桓公以萬乘之勢，下匹夫之士，將欲憂齊國，而小臣不行見，（王先愼曰：行當作得。）小臣之忘民也，（王先愼曰：小上脫是字。）忘民不可謂仁義。仁義者，不失人臣之禮，不敗君臣之位者也。是故四封之內，執會而朝，名曰臣；臣吏分職受事，名曰萌。今小臣在民萌之眾，而逆君上之欲，故不可謂仁義。仁義不在焉，桓公又從而禮之。使小臣有智能而遁桓公，是隱也，宜刑；若無智能而虛驕矜桓公，是誣也，宜戮。小臣之行，非刑則戮，桓公不能領臣主之理，而禮刑戮之人，是桓公以輕上侮君之俗，教於齊國也，非所以為治也。故曰：桓公不知仁義。」（難一）

「難」有四篇，寫作的體例一致，先敘事後議論。客觀的敘事，不加任何批評責難，以示公正真實。議論部分則以「或曰」二字起頭，發抒己意，責難他人所言所行，用示區分。這時領悟力再差的讀者，也不致於摸不清作者的用意和不明白作者的立場與觀點。至於讀起來富有趣味性，則其餘事。

後代史學家寫史論，就用這種方法。司馬遷史記就是先敘事，敘事時爲示公正客觀，爲保持真象，絕不加入個人的思想和情感。但在面對重要史實時，難免有個人意見，於是司馬遷用「太史公曰」代替「或曰」，發表一些史家自己的觀感；因爲沒有人沒有思想和情感。後代正史的作者，都沿用此一方法，成爲定例。而這種作法，首創於韓非，適合於敘事，也適合於議論。

(2)內外儲說的自為經傳

內儲說上七術：

「主之所用也七術，所察也六微。七術：一曰：眾端參觀。二曰：必罰明威。三曰：信賞盡能。四曰：一聽責下。五曰：疑詔詭使。六曰：挾知而問。七曰：倒言反事。此七者，主之所用也。」「觀聽不參，則誠不聞。聽有門戶，則臣壅塞。其說在侏儒之夢見竈，哀公之稱莫眾而迷，故齊人見河伯，與惠子之言亡其半也。其患在豎牛之餓叔孫，而江乙之說荊俗也，嗣公欲治不知，故使有敵。是以明主推積鐵之類而察一市之患。六微，……。」

參觀一

……………（一—六略）

倒言七術右經（七之傳）

「一、（盧文弨曰：凌本作『傳一』，下做此。）」

「衛靈公之時，彌子瑕有寵，專於衛國。侏儒有見公者，曰：『臣之夢踐矣！』公曰：『何夢？』對曰：『夢見竈，為公也。』公怒曰：『吾聞見人主者夢見日，奚為見寡人而夢見竈？』對曰：『夫日，兼燭天下，一物不能當也；人君兼燭一國，一人不能擁也，（顧廣圻曰：擁當作壅。）故將見人者夢見日。夫竈，一人煬焉，則後人無從見矣。今或者一人有煬君者乎？則臣雖夢見竈，不亦可乎？』」

「魯哀公問於孔子曰：『鄙諺曰：莫眾而迷。今寡人舉事與群臣慮之，而國愈亂，其故何也？』孔子對曰：『明主之問臣，一人知之，一人不知也，如是者明主在上，群臣直議於下。今群臣無不一辭同軌乎季孫者，舉魯國盡化為一，君雖問境內之人，猶不免於亂也。』……」

「齊人有謂齊王曰：『河伯，大神也。王何不試與之遇乎？臣請使王遇之。』乃為壇場大水之上，而與王立之焉。有閒，大魚動，因曰：『此河伯』」

「張儀欲以秦韓與魏之勢伐齊荊，而惠施欲以齊荊偃兵。二人爭之，群臣左右皆為張子言，而以攻齊荊為利，而莫為惠子言。王果聽張子，而以惠子言為不可。攻齊荊事已定，惠子入見。王言曰（王先慎曰：言字不當有。）：『先生毋言矣。攻齊荊之事果利矣，一國盡以為然。』惠子因說：『不可不察也。夫齊荊之事也誠利，一國盡以為利，是何智者之眾也？攻齊荊之事誠不利，一國盡以為利，是何愚者之眾也？凡謀者，疑也。疑也者，誠疑，以為可者半，以為不可者半。今一國盡以為可，是王亡半也。』劫主者，固亡其半者也。」

「叔孫相魯，貴而主斷。其所愛者曰豎牛，亦擅用叔孫之令。叔孫有子曰壬，豎牛妒而欲殺之。因與壬游於魯君所，魯君賜之玉環。壬拜受之而不敢佩，使豎牛請之叔孫。豎牛欺之曰：『吾已爲爾請之矣，使爾佩之。』壬因佩之。豎牛因謂叔孫：『何不見壬於君乎？』叔孫曰：『孺子何足見也。』豎牛曰：『壬固已數見於君矣。君賜之玉環，壬已佩之矣。』叔孫召壬見之，而果佩之，叔孫怒而殺壬。壬兄曰丙，豎牛又妒而欲殺之。叔孫爲丙鑄鐘，鐘成，丙不敢擊，使豎牛請之叔孫，豎牛不爲請，又欺之曰：『吾已爲爾請之矣，使爾擊之。』丙因擊之。叔孫聞之曰：『丙不請而擅擊鐘。』怒而逐之。丙出走齊。居一年，豎牛爲謝叔孫，叔孫使豎牛召之。又不召而報之曰：『吾已召之矣，丙怒甚，不肯來。』叔孫大怒，使人殺之。二子已死，叔孫有病，豎牛因獨養之，而去左右，不內人，曰：『叔孫不欲聞人聲。』因不食而餓死。叔孫已死，豎牛因不發喪也，徙其府庫重寶，空之而奔齊。夫聽所信之言，而子父爲人僇，此不參之患也。」

「江乙爲魏王使荊，謂荊王曰：『臣入王之境內，聞王之國俗曰：君子不蔽人之美，不言人之惡。誠有之乎？』王曰：『有之。』『然則若白公之亂，得庶無危乎？（顧廣圻曰：無庶字。）誠得如此，臣免死罪矣。』」

「衛嗣君重如耳，愛世姬，而恐其皆因其愛重以壅己也，乃貴薄疑以敵如耳，尊魏姬以耦世姬。曰：『以是相參也。』嗣君知欲無壅，而未得其術也。夫不使賤議貴，下必坐上，（王先愼曰：必字衍文。）而必待勢重之鈞也，而後敢相議，則是益樹壅塞之臣也。嗣君之壅乃始。」

「夫矢來有鄉，則積鐵以備一鄉：矢來無鄉，則爲鐵室以盡備之，備之則體不傷。故彼以盡備之不傷，此以盡敵之無姦也。」

「龐恭與太子質於邯鄲，謂魏王曰：『今一人言市有虎，王信之乎？』曰：『不信。』『二人言市有虎，王信之乎？』曰：『不信。』『三人言市有虎，王信之乎？』王曰：『寡人信之。』龐恭曰：『夫市之無虎也明矣，然而三人言而成虎。今邯鄲之去魏也遠於市，議臣者過於三人，願王察之。』龐恭從邯鄲反，竟不得見。」

「二、董閼于爲趙上地守。……（以下傳六微同上文體例）」

此法分爲兩大部分：第一部分是經，說明立論主旨並加申論。由於理論並不深奧，而所欠缺的是說服力，因此必須多舉事實爲證，令人不能不信，不能不服。但是在行文中插入太多的證據，將使前後數段的主旨有相隔太遠，無法連貫，不能一氣呵成的弊病。爲了證據的不可少，爲了文章的連貫性，韓非便把各段所有的證據，集中在後面一起敍述，這就是第二部分：「傳」。爲免重複，在「經」的部分中，只把所舉的證據各用最簡要的一句話點到爲止，像：「侏儒之夢見」。至於此事究竟如何，傳中自有敍述，而傳的部分只說故事，不多申論，經傳配合，構成一個整體。

(3)簡勁之例

「凡說之難，非吾知之有以說之之難也；又非吾辯之能明吾意之難也；又非吾敢橫失而能盡之難也。凡說之難，在知所說之心，可以吾說當之。」

「所說出於爲名高者也，而說之以厚利，則見下節而遇卑賤，必棄遠矣。所說出於厚利者也，而說之以名高，則見無心而遠事情，必不收矣。所說陰爲厚利而顯爲名高者也，而說之以名高，則陽收其身，而實疏之；說之以厚利，則陰用其言，顯棄其身矣。此不可不察也。」（說難）

以上節引，著筆即點明「說難」。但自反面指出遊說之難不在老生常談之三難，而在知其心當其說。以此扣住讀者心弦，乃於二段分三點說明三者之所忌。文字簡潔有力而明快。

(4)工整之例

1.每組一句

「儒以文亂法，俠以武犯禁。」（五蠹）

「相愛者比周而相譽，相憎者朋黨而相非。」（南面）

2.每兩句一組

「去好去惡，臣乃見素；去舊去巧，臣乃自備。」（主道）

「行仁義者非所譽，譽之則害功；工文學者非所用，用之則亂法。」（五蠹）

3.每三句一組

「設民所欲，以求其功，故為爵祿以勸之；設民所惡，以禁其姦，故為刑罰以威之。」（難一）

「今有功者必賞，賞者不得君，（顧廣圻曰：得當作德。）力之所致也；有罪者必誅，誅者不怨上，罪之所生也。」（難三）

4.每兩句一組，兩組連用。

「夫嚴刑者，民之所畏也；重罰者，民之所惡也。故聖人陳其所畏，以禁其邪；設其所惡，以防其姦。」（姦劫弒臣）

「且夫發囷倉而賜貧窮者，是賞無功也；論囹圄而出薄罪者，是不誅過也。夫賞無功，則民偷幸而望於上；不誅過，則民不懲而易為非。」（難三）

5.每兩句一組，三組連用。

「賞莫如厚而信，使民利之；罰莫如重而必，使民畏之，法莫如一而固，使民知之。」（五蠹）

「有智而不以慮，使萬物知其處；有行而不以賢，（王先慎曰：當作有賢而不以行。）觀臣下之所因；有勇而不以怒，使群臣盡其武。」（主道）

6.兩句一組，四組連用。

「賞莫如厚，使民利之；譽莫如美，使民榮之；誅莫如重，使民畏之，毀莫如惡，使民恥之。」（八經）

「其有功也爵之，（盧文弨曰：其上當有以字，與下同。）而卑其士官也；以其耕作也賞之，而少其家業也；以其不收也外之，而高其輕世也；以其犯禁也罪之，而多其有勇也。」（五蠹）

凡此句法，工整之外并可增加韻味與力量。

(5)深刻廉悍之例

「世之顯學，儒墨也。儒之所至，孔丘也；墨之所至，墨翟也。自孔子之死也，有子張之儒，有子思之儒，有顏氏之儒，有孟氏之儒，有漆雕氏之儒，有仲良氏之儒，有孫氏之儒，有樂正氏之儒。自墨子之死也，有相里氏之墨，有相夫氏之墨，有鄧陵氏之墨。」

「故孔墨之後，儒分為八，墨離為三。取舍相反不同，而皆自謂真孔墨，孔墨不可復生，將誰使定後世之學乎？孔子、墨子俱道堯舜，而取舍不同，皆自謂真堯舜，堯舜不復生，將誰使定儒墨之誠乎？」

「殷周七百餘歲，虞夏二千餘歲，而不能定儒墨之真，今乃欲審堯舜之道於三千歲之前，意者其不可必乎！無參驗而必之者，愚也；弗能必而據之者，誣也。故明據先王必定堯舜者，非愚則誣也。愚誣之學，雜反之行，明主弗受也。……」（顯學）

第一段敍述儒墨兩家，在當時分歧的派別。第二段就當時儒墨各派都自稱代表真正的孔子、墨子一事，加以批評。孔子、墨子都只有一個，卻生出那麼多的真孔墨已令人疑，再加上各派之間取舍不同，自我標榜，就更難以辨別何者是真？何者是假？以儒墨之徒的取舍不同，來攻擊他們的自我標榜，這是很厲害的一招。儒墨之至是孔子、墨子，唯有打倒孔子、墨子才是真正勝利，韓非用同一方法，以孔墨的不同，追本溯源地攻擊他們並不見得代表真堯舜。誰能來證明這一切呢？只有堯舜，可惜堯舜已死三千年之久。既無法證明，當事人雙方又各執一辭，第三者只有抱存疑的態度了，而一個明君又那能用無法證實的學術呢？這是根本上的攻擊儒墨，否定了他們的學術傳統。文字上層層的推論，咄咄逼人的氣勢，令人感覺無懈可擊，無言以對。（節自徐漢昌韓非的法學與文學）

(八)孟子的雄辯入勝

「告子曰：『性猶湍水也，決諸東方則東流，決諸西方則西流』。孟子曰：『水信無分於東西；無分於上下乎？人性之善也，猶水之就下也；人無有不善，水無有不下，今夫水，搏而躍之，可使過顙；激而行之，可使在山。是豈水之性也哉？其勢則然也。人之可使為不善，其性亦猶是也。』（孟子告子）」

洪炎秋以爲，「孟子常有根據薄弱的議論，幸而文采華贍，氣勢閎肆，故能引人入勝而無暇細察其內容。上引短文，音調鏗鏘，筆致逍遥，就文論文，確爲散文之傑作；故有雄辯之稱，但論推理論據，則頗有問題；因爲他所立的前提「人性之善也，猶水之就下也」，與所下的結論「人無有不善，水無有不下，都太過武斷。（以上節自洪著文學概論）所以本章留在最後介紹。

第五章　兩漢文學的多元發展

本期文學發展是多元的，一方面是南方文學－賦的獨盛，另一方面則爲北方向南演化的樂府與民歌的發達。次期則有貴族文學－建安文學的崛起，詩文又進入新階段。而小說也由「街談巷議」漸進於短篇創作。同時存在於著作文中的史書文學，也大放異彩。駢文、議論散文，也成爲本期文學的特色。以下將分別述其大要：

一、漢賦

(一)漢賦之源－荀賦

文心：「賦也者，受命於詩人，拓宇於楚辭。」（詮賦）

日知錄：「由三百篇而丕變爲楚辭，由楚辭而不得不變爲漢賦者，勢也。」洪炎秋：「漢賦所受楚辭的影響，還不如所受荀賦的影響大。」（文學概論）他以爲荀賦雖然都是訴諸理性的散文賦，缺乏楚辭那種動人的情感與和諧的韻律，但楚辭的文學形式已達最高成就；而荀賦體裁尚在草創期，大有用武之地，故漢賦襲用了他的半散文的形式與問答體。所以漢初的賈誼、莊忌、東方朔、淮南小山等都仿屈宋，結果都像顧亭林所謂「效楚辭者必不如楚辭。」到景帝時，枚乘作七發，攙入了荀賦形式，在散文中隨意使用駢語、韻語，纔替漢賦建立了發展的新方向。他的七發中的第六發，便是最好的例子：「……太子曰：『善，然則濤何氣哉？』」客曰：「不記也。然聞於師曰：『似神而非者三：疾雷聞百里，江水逆流，海水上潮，山出納雲，日夜不止』。衍溢漂疾，波涌而濤起。其始起也，洪淋淋焉，若白鷺之下翔。其少進也，浩浩澧澧，如素車白馬帷蓋之張。其波涌而雲亂，擾擾焉如三軍之騰裝。其旁作而奔起也，飄飄焉如輕車之勒兵。六駕蛟龍，附從太白…誠奮威武，如振如怒…狀如奔馬…聲如雷鼓…鳥不及飛，獸不及走…魚鱉失勢…神物怪疑…不可勝言…此天下怪異詭觀也，太子能強起觀之乎？」太子曰：「僕病未能也。」

此文寫勸誘太子往觀曲江之濤，頗盡「鋪采摛文」之能事。一時賦家皆力求擺脫楚辭之詩歌窠臼，而產生深帶散文色采之漢賦；相如之子虛、上林；楊雄之甘泉，羽獵以及張衡之兩京，班固之兩都，均有別於漢初（仿騷）作品。

(二) 賦的界定與特質

兩都賦序：「賦者，古詩之流也。」

漢志：「不歌而誦謂之賦。」

文心：「賦者，鋪也；鋪采摛文，體物寫志也。」

賦為中國特有的文學形式，結構非詩非文，內涵卻有詩有文，可說是半詩半文的混合體。初期仿楚辭，故詩多於文；中葉以後採荀賦形式，則文多於詩，故有如上之界說。

(三) 賦之盛於西漢，自東周歷五百餘年戰亂，始有漢代粗定之局，朝野不免歌頌太平而有富麗典雅的文學。由於琢句雕章之足以點綴盛世，而文人作賦又可獲致功名，賦乃盛行於漢代。所以文心說：

「漢初詞人，順流而作，陸賈扣其端，賈誼朔以下，品物畢圖，繁積於宣時，校閱於盛世，進御詞賦，千有餘首。討其源流，信興楚而盛漢矣。」（詮賦）

以下將選述重要的作家及作品：

1. 賈誼

賈誼是漢代做賦最早的一個（公元前二〇一—公元前一六八）。雒陽人。『年十八，以能誦詩書屬文聞於郡中。吳廷尉爲河南守，聞其秀才，召置門下。』（史記）後來文帝召以爲博士，是時賈生二十餘，最少。每詔令議下，諸老先生不能言，賈誼盡爲之對。文帝悅之，一歲中遷至大中大夫。後爲忌者所讒，說他『雒陽之人，少年初學，專欲擅權，紛亂諸事』。乃遷謫爲長沙王太傅。這時他意甚抑鬱，聞長沙卑溼，自以爲不能長壽；乃渡湘水，作賦以弔屈原，便是後來著名的弔屈原賦。後來文帝因梁懷王是他的少子，愛而好書，遂令賈誼做梁懷王太傅。不久懷王騎馬墮死。賈誼哭泣歲餘卒，年才三十三歲。

他做當時的博士，故議論文也非常有名。如過秦論等，收入賈長沙集。關於他的辭賦，還有弔屈原賦和服鳥賦二篇，都很出名。服鳥賦一作鵩鳥賦，據史記說：『楚人命鴞曰服，故名。』今舉一段以見一斑：

『……愚士繫俗兮，窘若囚拘。至人遺物兮，獨與道俱。衆人或惑兮，好惡積億。真人恬漠兮，獨與道息。釋智遺形兮，超然自喪。寥廓忽荒兮，與道翱翔。乘流則逝兮，得坻則止。縱軀委命兮，不私與己。其生兮若浮，其死兮若休。澹乎若深淵之靜，泛乎若不繫之舟。不以生故自寶兮，養空而游。德人無累兮，知命不憂。細故蒂芥兮，何足以疑。』

在他的作品中，這是受很深的老莊影響的了，其餘的多半是摹擬屈原的，所以後來也被歸入楚辭。有許多是描寫自己懷才不遇的鬱抑的感情，而不見雕琢豐縟的浮華氣味。

2. **嚴忌**

嚴忌，本姓莊，後人避明帝諱，才這樣稱呼。會稽人。先事吳王濞，敗後遊梁，和鄒陽、枚乘等居梁孝王門下。漢書藝文志稱他有二十四篇，但楚辭中祇有哀時命一篇。

3. **枚乘**

枚乘也是一位大辭賦家。字叔，淮陰人。初事吳王濞，爲郎中。景帝召用爲都尉，後遊梁，孝王尊爲上客。最後武帝以安車蒲輪徵之，枚已老，道卒。（公元前一四〇）他的賦漢書藝文志說有九篇，現在有柳賦、梁王菟園賦、七發等。七發最有名，後來人摹倣他的極多（如七激、七辯等）。從來作賦完全是主觀的抒寫悲哀憤激之辭，七發卻完全是客觀的描寫態度。雖然替賦別開一條新途徑，但這條途徑也只是形式上的模擬而已。

4. **東方朔**

東方朔，字曼倩，平原人，和司馬相如同時。武帝詔拜以爲郎。他非常詼諧，滑稽可喜，同樣他的作品也富於這種風趣。現在留存着的，有七諫、客難、非有先生等。

5. **嚴助** 嚴助是嚴忌之子，武帝時爲中大夫，後拜會稽守。漢書藝文志中稱有賦三十五篇。

6. **枚皐**，**枚乘之子**。字少孺，武帝時爲郎。他爲人也喜詼諧，能賦頌，文思非常敏捷。時人把他和東方朔比。作賦極多藝文志稱他有賦百二十篇。

7. **王褒**

王褒，字子淵，蜀人。爲宣帝諫議大夫。他的辭賦善用駢儷對偶，最著名的是洞簫賦。漢書藝文志說他有賦十六篇。他還做過一篇白話作品，叫做僮約。是一篇買奴的券文，寫得非常滑稽。這篇東西類書採取的很多，初學記藝文類聚太平御覽等書都有，以續古文苑收錄的最好。它的最後一段序文說：

『讀券文遍訖，詞窮咋索，仡仡叩頭兩手自搏，目淚下落，鼻涕長一尺。「審如王大夫言，不如早歸黃土陌，丘蚓鑽額。早知當爾，爲王大夫酤酒，真不敢作惡！」』

8. 劉向與揚雄

劉向也是一位辭賦家。字子政，漢的宗室。他本來也是個儒家，掌校國家藏書，著有新序十卷說苑等。漢書藝文志稱他有賦三十三篇。現在存的只有一篇九歎

揚雄是西漢最後的辭賦家。字子雲，蜀郡成都人（公元前五三—公元一八）。他的作品沒有什麼創作的精神，成帝召見時作甘泉賦、長楊賦，即摹擬司馬相如的上林、子虛而兩賦。他讀了離騷，就作反離騷，在文學方面沒有表現自己個性的作品。別種著作卻很多，如太玄、法言、方言、訓纂篇等，後兩書對文字訓詁的貢獻很大。辭賦最著者如甘泉賦、河東賦、羽獵賦、長楊賦、解嘲、解難、反離騷等。漢書藝文志稱他有賦十二篇。

(四)東漢的賦家與作品

1. 班固與張衡

班固，字孟堅，扶風安陵人（公元三二—九二）。是東漢辭賦作者的大家。明帝時爲典校秘書，後隨竇憲征匈奴敗，被繫死於獄中。他曾摹效司馬遷的史記成前漢書，是很著名的史籍。他的辭賦以兩

都賦最著名。張衡，字子平，南陽人（公元七八—一三九）。順帝時河間相。他的賦以兩京賦思玄賦最著。兩京賦寫了十年才完成，尤其着名。

2. 蔡邕

蔡邕，字伯喈，陳留人。靈帝時拜郎中，尋以事免。董卓辟爲祭酒，累遷至中郎將。後以卓黨死獄中。他的辭賦要算是東漢的殿軍了。

兩都賦與兩京賦，都有很好的描寫技巧，前者假託西都賓與東都主人相問答，各道其都之勝；後者則假託凱虛公子以賦形容西京，而由安處先生極言東京之盛。玆各節一段，以觀其究竟：

「有西都賓問於東都主人曰：「蓋聞皇漢之初經營也，嘗有意乎都河洛矣；輟而弗康，寔用西遷、作我上都。主人聞其故而觀其制乎？主人曰：未也。願賓……博我以皇道……賓曰：唯；漢之西都，在於雍州，寔曰長安。左據函谷二崤之阻，表以太華終南之山。右界褒邪隴首之險，帶以洪河涇渭之川；衆流之隈汧湧其西，華實之毛，則九州之上腴焉；防禦之阻，則天地之隩區焉，是故橫被六合，三成帝畿，周以龍興，秦以虎視。及至大漢受命而都之也……肇自高而至平，世增飾以崇麗……建金城之萬雉，呀周池而成淵，披三條之廣跨，立十二之通門。內則街衢洞達，閭　且千，九市開場，貨別隧分，人不得顧，車不得旋。闐城溢郭，旁流百廛，紅塵四合，煙雲相連，於是民既庶富，娛樂無疆……其宮室也……放太紫之圓方，樹中天之華闕、豐冠山之朱堂，因　材而究奇……荷棟桴而高驤，雕玉瑱以居楹……於是……重軒三階，閨房周通……以離宮別寢，承以崇台閑館，煥若列宿，紫宮是環……後宮則有掖庭椒房，后妃之室，合歡增城……蘭林蕙草……昭陽特盛……（西都賦）

「東都主人喟然而嘆曰：痛乎風俗之移人也，子寔秦人……信識昭襄而知始皇矣……夫大漢之開元也，奮布衣以登皇位；由數期而創萬代……王莽作逆，漢祚中缺……于時之亂，生民幾亡，鬼神泯絕，壑無完柩，邦罔遺室，原野厭人之肉，川谷流人之血……故……上帝懷而降監……於是聖皇乃握乾符，闡坤珍……赫然發怒，應若興雲，霆擊昆陽，凱怒雷震，超大河，跨北嶽，立號高邑，建都河洛……治近古之所務，蹈一聖之險易。且夫建武之元，天地革命，四海之內，更造夫婦，肇有父子，君臣初建，人倫寔始，斯乃伏羲氏之所以基皇德也……按六經而校德，眇古者而論功，仁聖之事既該，而帝王之道備矣……然後增周舊，修洛邑，扇巍巍，顯翼翼，光漢京，于諸夏，總八方而爲之極，是以皇城之內，宮光室明，闕庭神麗……外則因原野以作苑，順流泉而爲沼，發蘋藻以潛魚，豐圃草以毓獸……若乃順時而蒐狩，簡車徒以講武，則必臨之以王制，考之以風雅……於是，發鯨魚，鏗華鐘，登玉輅，乘時龍，鳳蓋棽麗，和鑾玲瓏，天官景從……雨師泛灑，風伯清塵，千乘雷起，萬騎紛紜，元戎竟野，戈鋌彗雲……日月爲之奪明，丘陵爲之搖震……然後掌烽伐鼓，申令三驅……於是聖上　萬方之歡娛，又沐浴於膏澤，懼其侈心之將萌，而怠於東作，乃申舊章……昭節儉，示太素，去後宮之麗飾，捐乘輿之服御，抑工商之淫業，興農桑之盛務……女修織紝，男務耕耘……捐金於山，沉珠於淵，於是百姓滌瑕盪穢……嗜慾之源滅，廉能之心生，莫不優遊而自得……因相與嗟嘆……咸含和而吐氣頌曰：盛哉乎斯世……且夫僻界西戎，險阻四塞，修其防禦，孰與處乎土中，平夷洞達，萬方輻輳；秦嶺九峻，涇渭之川，曷若四瀆五嶽，帶河泝洛，圖書之淵；建章甘泉，館御列仙，孰與靈台明堂，統和天人；太液昆明，鳥獸之囿，曷若辟雍海流，道德之富；游俠踰侈，犯儀侵禮，孰與同履法度，翼翼濟濟。子徒習秦阿

房之造天，而不知京洛之有制；識函谷之可關，而不知王者之無外。主人之辭未終，西都賓矍然失容」……（東都賦）

「有凱虛公子者……言於安處先生曰：夫人在陽時則舒，陰時則慘，此牽乎天者也。處沃土則逸，處瘠土則勞，此繫乎地者也。……故帝者，因天地以致化，兆民承上以成俗……秦據雍而強，周即豫而弱；高祖都西而泰，光武處東而約；政之興衰，常由此作。……漢氏初都……左有崤函重險，桃林之塞，綴以二華；巨靈贔屓（作力），高掌遠蹠，以流河曲，厥跡猶存。右有隴坻之隘，隔閡華戎，岐梁汧雍，陳寶鳴雞在焉。於前，則終南太一，隆崛崔崒，隱轔鬱律，連岡乎嶓冢，抱杜含鄠，歙灃吐鎬；爰有藍田珍玉，是之自出。於後，則高陵平原，據渭踞涇，澶漫靡迤（走勢），作鎮於近。……後宮則昭陽飛翔，增城合歡，蘭林披香，鳳凰鴛鸞……故其館室次舍，采飾纖縟，裛以藻繡，文以朱綠，翡翠火齊，絡以美玉，流懸黎之夜光……於是鉤陳之外，閣道穹隆，屬長樂與明光，徑北通於桂宮；命般爾之巧匠，盡變態乎其中。於是、後宮不移，樂不徙懸，門衛供帳，官以物辦，恣意所幸，下輦成燕，窮年忘歸，猶弗能偏……」（西京賦）

「安處先生……乃莞爾而笑曰：若客所謂末學膚受，貴耳而賤目……宜其陋今而榮古矣……且夫天子有道，守在海外，守位之人，不恃隘害；苟民志之不諒，何云巖險與襟帶？秦負阻於二關，卒開項而受沛，彼偏據而規小，豈如宅中而圖大？昔先王經邑也……審曲面勢，泝洛背河，左伊右瀍，西阻九阿，東門（旋門）于旋，盟津（孟津）達其後，太谷通其前，迴行道乎伊闕，邪徑乎轘轅（陵名），太室作鎮，揭以熊耳……京邑翼翼，四方所視，漢初弗之宅也，故宗緒中圮，巨猾間釁，竊弄神器……我世祖忿之，乃龍飛白水，鳳翔參墟……區宇艾寧，思和求中……既光厥武，仁洽道豐……永安離宮，修竹冬青，陰池幽流，玄泉洌清，鴨鷗（匹鳥）秋棲，鶻鵃春鳴。鴡鳩麗黃，關關嚶嚶。於南則前殿靈台，龢驩安福……於東則洪池清禦，淥水澹澹……其西則有平樂都場示遠之觀，龍雀蟠蜿，天馬平漢……奢未及侈、儉而不陋，規遵王度，動中得趣……猶謂爲之者勞，居之者逸……」（東京賦）

以上兩家，均以舊襯新，而置重於河洛之德—政教之盛。然就文學藝術而言，皆能各盡形容能事，而首尾問答之體，亦能增其情趣，且寓說理諷託之評。義雖略同，而法有可取，未可以歌功頌德之文視之。

二、漢代的民歌與樂府

㈠大風歌：

上面已經講過，從漢代起，文學的領域分成了兩個不同的趨勢：一方面是文人學士用古文寫成的典雅深奧豐縟富麗的文章，一方面形成了平民文學的範疇。

當一般皇帝的清客在做那些頌揚盛德謳歌太平的辭賦時，一班平民則依舊歌唱他們自己創作，自己了解，真能夠表現他們自己心情喜怒哀樂的歌曲。例如劉邦（漢高祖）的一首大風歌，雖然是皇帝作的歌兒，卻是漢代真正道地的民間歌謠：

『大風起兮，雲飛揚：
威加海內兮，歸故鄉。
安得猛士兮，守四方？』

史記高祖本紀說：「高祖還歸過沛，留，置酒沛宮。悉召故人父老子弟縱酒。發沛中兒得百二十人，教之歌。酒酣，高祖繫筑，自爲歌詩曰……（文見上）令兒皆和習之。高祖乃起舞，慷慨傷懷，泣數行下。」

(二)李延年與樂府

漢代有許多歌唱的俚謠，都經收集到樂府裡。這裡所謂樂府，就像後（唐時）的教坊。漢書禮樂志上說：

「至武帝……乃立樂府，采詩夜誦，有趙代秦楚之謳。以李延年爲協律都尉。多舉司馬相如等數十人造爲詩賦，略論律呂，以合八音之調。作十九章之歌以正月上辛，用事甘泉圜丘。」

李延年是什麼人呢？漢書佞幸傳上說：

「李延年，中山人；身及父母兄弟皆故倡也。延年坐腐刑，給事狗監中。女弟得幸於上，號李夫人，列外戚傳。延年善歌，爲新變聲。是時，上方興天地諸祠，欲造樂。令司馬相如等作詩頌。延年輒承意弦歌所造詩，爲之新曲。……（延年）與上臥起，其愛幸埒韓嫣。久之，延年弟季與中人亂，出入驕恣。及李夫人卒，其愛弛。上遂誅延年兄弟宗族。」

這一班倡工狗監下流社會的人組成的樂府，保存了不少有價值的俚俗歌謠。（詳漢書藝文志）

李延年有一天在武帝前起舞，唱了一隻很美曼的佳人歌：

「北方有佳人，絕世而獨立，
一顧傾人城，再顧傾人國。—

寧不知傾城與傾國？

佳人難再得！』

武帝聽了『歎息曰：「善世豈有此人乎？」平陽公主因言延年有女弟善舞，上乃召見之。實妙麗善舞，由是得幸。』（漢書傳六三）

這一隻歌作得很好。這種舞蹈歌伎歌唱的，也可說是真正的民間歌謠。

㈢反戰的民歌—戰城南與十五從軍征

戰城南是一首反抗戰爭很有價值的民間歌謠，內容描寫異常動人：

『戰城南，死郭北，野死不葬烏可食。為我謂烏：「且為客豪。野死諒不葬，腐肉安能去子逃？」水深激，蒲葦冥冥。梟騎戰鬥死，駑馬徘徊鳴。梁築室，何以南？何以北？禾黍不穫君何食？願為忠臣安可得？思子良臣。良臣誠可回！朝行出攻，暮不夜歸！』

和戰城南同樣寫戰爭慘酷的，還有十五從軍征：

『十五從軍征，八十始得歸。道逢鄉里人：「家中有阿誰？」「遙望是君家，松柏冢纍纍；兔從狗竇入，雉從梁上飛。中庭生旅穀，井上生旅葵。」—烹穀持作飯，采葵持作羹。羹飯一時熟，不知貽何誰？出門東向望，淚落沾我衣。』

㈣男女的豔歌—

1.上邪

漢代的平民歌謠中，寫男女戀情的豔歌也很多。像樂府上邪：

『上邪！我欲與君相知，長命無絕衰。
山無陵，江水爲竭；
冬雷震震，夏雨雪。
天地合，乃敢與君絕！』

有所思寫得也很動人：

『有所思，乃在大海南。何用問遺君？雙珠玳瑁簪，用玉紹繚之。聞君有他心，拉雜摧燒之，摧燒之，當風揚其灰！從今以往，勿復相思！相思與君絕。雞鳴狗吠，兄嫂當知之。妃呼豨！秋風肅肅晨風颸，東方須臾知高之。』

還有燕歌行：

『翩翩堂前燕，冬藏夏來見。兄弟兩三人，流宕在他縣。故衣誰當補？新衣誰當綻？賴得賢主人，覽取爲吾組。夫婿從門來，斜柯西北眄，「語卿且勿眄：水清石自見。」—石見何纍纍！遠從不如歸。』

2.羽林郎

相傳辛延年作的一篇羽林郎，也是描寫豔情的，正當歸入平民文學。

『昔有霍家姝，姓馮名子都。依倚將軍勢調笑酒家胡。—胡姬年十五，春日獨當壚。長裾連理帶，廣袖合歡襦，頭上藍田玉，耳後大秦珠。兩鬟何窕窕，一世良所無；一鬟五百萬，兩鬟千萬餘。不意金吾子，娉婷過我廬，銀鞍何煜爚，翠蓋空踟躕。絲繩提玉壺；就我求珍肴，金盤鱠鯉魚；貽我青銅鏡，結我紅羅裾。「不惜紅羅裂，何論輕賤軀！男兒愛後婦，女子重前夫，人生有親故，貴賤不相踰。多謝金吾子，私愛徒區區！」』

3. **著名的陌上桑**

『日出東南隅，照我秦氏樓。秦氏有好女，自名爲羅敷。羅敷善蠶桑，採桑城南隅。青絲爲籠系，桂枝無籠鉤。頭上倭墮髻，耳中明月珠；緗綺爲下裙，紫綺爲上襦。行者見羅敷，下擔捋髭鬚，少年見羅敷，脱帽著帩頭。耕者忘其犁，鋤者忘其鋤；來歸相怨怒，但坐觀羅敷。

使君自南來，五馬立踟躕。使君遣吏往，問是誰家姝。「秦氏有好女，自名爲羅敷。」「羅敷年幾何？」「二十尚不足，十五頗有餘。」使君謝羅敷：「寧可共載不？」羅敷前致辭：「使君一何愚！使君自有婦，羅敷自有夫。」東方千餘騎，夫婿居上頭。何用識夫婿？白馬從驪駒，青絲繫馬尾，黃金絡馬頭；腰中鹿盧劍，可值千萬餘。十五府小史，二十朝大夫，三十侍中郎，四十專城居。爲人潔白皙，鬑鬑頗有鬚。盈盈公府步，冉冉府中趨。坐中數千人，皆言夫婿殊。』

㈤ **生離死別的民歌**

1. **出東門**

『出東門，不顧歸。來入門，悵欲悲，盎中無斗儲，還視桁上無懸衣。拔劍出門去，兒女牽衣啼。「他家但願富貴，賤妾與君共餔糜。上用滄浪天，故下爲黃口小兒！今時清廉難犯教言，君復自愛爲非！行無去爲遲，平慎行！望君歸。」』最悲哀動人的，要算是孤兒行：

『孤兒生。孤子遇生，命當獨苦。父母在時，乘堅車，駕駟馬。父母已去，兄嫂令我行賈。南到九江，東到齊與魯。臘月來歸，不敢自言苦。頭多蟣蝨，面目多塵。大兄言辦飯，大嫂言視馬。上高堂，行取殿下堂，孤兒淚下如雨。使我朝行汲，暮得水來歸，足下無菲。愴愴履霜，中多蒺藜。拔斷蒺藜，腸肉中愴欲悲。淚下渫渫，清涕纍纍，冬複襦，夏無單衣。居生不樂，不如早去，下從地下黃泉。春風動，草萌芽。三月蠶桑，六月收瓜，將是瓜車，來到還家。瓜車反覆，助我者少，啗瓜者多。「願還我蒂！獨且急歸。兄與嫂嚴，當興校計。」亂曰：里中一何譊譊！願欲寄尺書，將與地下父母，「兄嫂難久居。」』

2. 上山採靡蕪

『上山採靡蕪，下山逢故夫。長跪問故夫：「新人復何如？」「新人雖言好，未若故人姝。顏色類相似，手爪不相如。新人從門入，故人從閣去。新人工織縑，故人工織素。織縑日一匹，織素五丈餘。將縑來比素，新人不如故。」』

這詩僅僅用了八十個字，卻能寫出那一家夫婦三口的情形，和令人痛怨那到處較錙銖貪利的丈夫，是何等經濟。

漢代的民間歌謠，無論形式上，技巧上，都得到了巨大的成功。就故事的體裁方面講，孤兒行、上山採靡蕪都是寫一個人或一家人的故事的。陌上桑更進步到純粹脫離民歌底整齊的故事詩。孔雀東南飛這一首故事詩的傑作產生在東漢末年，也是漢代民歌數百年來不斷發展的果實。

3. 孔雀東南飛

這詩最初錄在徐陵的玉臺新詠（卷一）。他的小序說：

『漢末建安中，廬江府小吏焦仲卿妻劉氏為仲卿母所遣，自誓不嫁。其家逼之，乃沒水而死。仲卿聞之，亦自縊于庭樹。時人哀之，為詩云爾。』

現在把這首詩錄在下面：

『孔雀東南飛，五里一徘徊。」

「十三能織素，十四學裁衣，十五彈箜篌，十六誦書詩，十七為君婦，心中常苦悲。君既為府吏，守節情不移；賤妾留空房，相見常自稀，彼意常依依。雞鳴入機織，夜夜不得息。三日斷五匹，大人故嫌責。非為織作遲，君家婦難為。妾不堪驅使，徒留無所施。便可白公姥，及時相遣歸。」

府吏得聞之，堂上啟阿母：「兒已薄祿相，幸復得此婦，結髮同枕席，黃泉共為友，共事二三年，始爾未為久。女行無偏斜，何意致不厚？」阿母謂府吏：「何乃太區區？此婦無禮節，舉動自專諸，吾意久懷忿，汝豈得自由！東家有賢女，自名秦羅敷。可憐體無比，阿母為汝求。便可速遣之！遣去慎莫留！」

府吏長跪告：「伏維啟阿母，今若遣此婦，終老不復取。」阿母得聞之，槌床便大怒：「小子無所畏！何敢助婦語！吾已失恩義，會不相從許。」

府吏默無聲，再拜還入戶，舉言謂新婦，哽咽不能語。「我自不驅卿，逼迫有阿母！卿且暫還家，吾今且報府；不久當歸還，還必相迎取。以此下心意，慎勿違我語！」

新婦謂府吏：「勿復重紛紜。往昔初陽歲，謝家來貴門，奉事循公姥，進止敢自專？晝夜勤習作，伶俜縈苦辛。謂言無罪過，供養卒大恩。仍更被驅遣，何言復來還？妾有繡腰襦，葳蕤自生光，紅羅復斗帳，四角垂香囊，箱簾六七十，碧綠青絲繩；物物各自異，種種在其中。人賤物亦鄙，不足迎後人，留待作遺施，於今無會因！時時爲安慰，久久莫相忘！」

雞鳴外欲曙，新婦起嚴妝，著我繡裌裙，事事四五通；足下躡絲履，頭上玳瑁光；腰若流紈素，耳著明月璫；指如削葱根，口如含珠丹；纖纖作細步，精妙世無雙。上堂拜阿母，阿母怒不止。「昔作女兒時，生小出野里，本自無教訓，兼愧貴家子。受母錢帛多，不堪母驅使。今日還家去，念母勞家裡。」卻與小姑別，淚落連珠子。「新婦初來時，小姑始扶床；今日被驅遣，小姑如我長。勤心養公姥，好自相扶將。初七及下九，嬉戲莫相忘！」出門登車去，涕落百餘行。

府吏馬在前，新婦車在後，隱隱何甸甸，俱會大道口。下馬入車中，低頭共耳語：「誓不相隔卿，且暫還家去。吾今且赴府，不久當還歸，誓天不相負！」新婦謂府吏：「感君區區懷。君既若見錄，不久望君來。君當作盤石，妾當作蒲葦，蒲葦紉如絲，盤石無轉移。我有親父兄，性行暴如雷，恐不忍我意，逆以煎我懷。」舉手長勞勞，二情同依依。

入門上家堂，進退無顏儀。阿母大拊掌：「不圖子自歸！十三教汝織，十四能裁衣，十五彈箜篌，十六知禮儀，十七遣汝嫁，謂言無誓違。汝今何罪過，不迎而自歸？」「蘭芝慚阿母，兒實無罪過。」阿母大悲摧。

還家十餘日，縣令遣媒來。云：「有第三郎，窈窕世無雙，年始十八九，便言多令才。」阿母謂阿女：「汝可去應之。」阿女含淚答：「蘭芝初還時，府吏見丁寧，結誓不別離；今日違情義，恐此事非奇；自可斷來信，徐徐更謂之。」阿母白媒人：「貧賤有此女，始適還家門，不堪吏人婦，豈合令郎君？幸可廣問訊，不可便相許。」

媒人去數日，尋遣丞請還。說：「有蘭家女，承籍有宦官。云有第五郎，嬌逸未有婚，遣丞爲媒人，主簿通語言，直說太守家，有此令郎君。既欲維大義，故遣來貴門。」阿母謝媒人：「女子先有誓，老姥豈敢言。」

乃兄得聞之。悵然心中煩，舉言謂阿妹：「作計何不量！先嫁得府吏，後嫁得郎君，否泰如天地，足以榮自身。不嫁義郎體，其往欲何云？」蘭芝仰頭答：「理實如兄言。謝家事夫婿，中道還兄門，處分適兄意，那得自任專？雖與府吏要，渠會永無緣。登既相許和，便可作婚姻。」

媒人下床去，諾諾復爾爾，還部白府君：「下官奉使命，言談大有緣。」府君得聞之，心中大歡喜，視曆復開書：便利此月內，六合正相應，良吉三十日。「今已二十七，卿可去成婚。」

交語速裝束，絡繹如浮雲。青雀白鵠舫，四角龍子幡，婀娜隨風轉；金車玉作輪，躑躅青驄馬，流蘇金縷鞍；齊錢三百萬，皆用青絲穿；雜彩三百匹，交廣市鮭珍；從人四五百，鬱鬱登郡門。

阿母謂阿女：「適得府君書，明日來迎汝，何不作衣裳？莫令事不舉。」阿女默無聲，手巾掩口啼，淚落便如瀉。移我琉璃榻，出置前窗下。左手持刀尺，右手持綾羅；朝成繡裌裙，晚成單羅衫；晻晻日欲暝，愁思出門啼。

府吏聞此變，因求假暫歸。未至二三里，摧藏馬悲哀。新婦識馬聲，躡履相逢迎，悵然遙相望，知是故人來。舉手拍馬鞍，嗟嘆使心傷。「自君別我後，人事不可量。果不如先願，又非君所詳。我有親父母，逼迫兼弟兄，以我應他人，君還何所望？」府吏謂新婦：「賀君得高遷！盤石方且厚，可以卒千年；蒲葦一時紉，便作旦夕間。卿當日勝貴，吾獨向黃泉！」新婦謂府吏：「何意出此言！同是被逼迫，君爾妾亦然。黃泉下相見，勿違今日言」執手分道去，各各還家門。生人作死別　恨恨那可論？念與世間辭，千萬不復全。

府吏還家去，上堂拜阿母：「今日大風寒，寒風催樹木，嚴霜結庭蘭。兒今日冥冥，令母在後單。故作不良計，勿復怨鬼神。命如南山石，四體康且直。」阿母得聞之，零淚應聲落：「汝是大家子，仕宦於臺閣，愼勿爲婦死，貴賤情可薄？東家有賢女，窈窕艷城郭，阿母爲汝求，便復在旦夕。」

府吏再拜還，長嘆空房中，作計乃爾立；轉頭向戶裡，漸見愁煎迫。—其日牛馬嘶，新婦入青廬。淹淹黃昏後，寂寂人定初。「我命絕今日，魂去尸長留。」攬裙脫絲履，舉身赴清池—府吏聞此事，心知長別離，徘徊顧樹下，自掛東南枝。

兩家求合葬，合葬華山傍；東西植松柏，左右種梧桐，枝枝相復蓋，葉葉相交通。中有雙飛鳥，自名爲鴛鴦，仰頭相向鳴，夜夜達五更。行人駐足聽，寡婦起傍徨。多謝後世人，戒之愼勿忘！』（據四部叢刊初集影明五雲溪館本）

這是中國古代最偉大的故事長詩，以真摯質樸的文字，寫下纏綿哀艷動人的情節，是空前的創作、亦是反映當代婦女社會生活的史料。

三、建安文學

東漢末年，靈—獻之間爲政治紛亂時代，地方割據，內外交迫，文字的風尚也開始重大的轉變而走向「建安文學」。紛亂的社會生活，使作家們深受民間文字的影響，於是通俗化的詩歌成爲文壇的骨幹，而脫離繁縟的辭賦，以表現慷慨悲壯的感情。此一時期五、七言的詩歌形式，完全由模仿民間樂府歌辭而形成。

㈠舊說之疑　舊說以兩漢的枚乘李蘇爲五言詩之祖，而文心疑之曰：

『至成帝品錄，三百餘篇，朝章國采，亦云周備；而辭人遺翰，莫見五言。所以李陵班婕妤見疑於後代也。……又古詩佳麗，或稱枚叔。』（明詩）

陳徐陵玉臺新詠所收的枚乘古詩九首，像耳熟能詳的第九首：

『明月何皎皎，照我羅裳幃。憂愁不能寐，攬衣起徘徊。行客雖云樂，不如早旋歸。出戶獨彷徨，愁思當告誰？引領還入房，淚下沾裳衣。』

此詩的作者，不僅劉勰懷疑，早於徐陵的鍾嶸，也認爲「眇邈難詳」；蕭統文選的所收的幾首也沒有肯定的作者。

李陵和蘇武的故事，在民間是流傳很廣的。文選中載有陵與蘇武詩三首，蘇武的詩四首（卷廿九）。且舉兩首爲例：

『良時不再至，離別在須臾。屏營衢路側，執手野踟躕。仰視浮雲馳，奄忽互相踰。風波一失所，各在天一隅。長當從此別，且復立斯須。欲因晨風發，送子以賤軀。』

嘉會難再遇，三載爲千秋。臨河濯長纓，念子悵悠悠。遠望悲風至，對酒不能酬。行人懷往路，何以慰我愁。獨有盈觴酒，與子結綢繆。』

這幾首詩我們是不能十分相信。漢書藝文志上仍然找不到什麼根據。

㈡傅毅的冉冉孤生竹

『冉冉孤生竹，結根泰山阿。與君爲新婚，菟絲附女羅。菟絲生有時，夫婦會有宜。千里遠結婚，悠悠隔山陂。思君令人老，軒車來何遲！傷彼蕙蘭花，含英揚光輝；過時而不采，將隨秋草萎。君亮執高節，賤妾亦何爲！』

文心：

『……其孤竹一篇，則傅毅之詞。比采而推，兩漢之作乎？觀見結體散文，直而不野，婉轉附物，怊悵切情，實五言之冠冕也。』（明詩總）

五言詩之始於東漢，似乎比較可信。而「結婚」二字之出現於詩中，更可見民歌的影響。

㈢趙壹的疾邪詩

『河清不可俟，人命不可延。順風激靡草，富貴者稱賢。文籍雖滿腹，不如一囊錢，伊優北堂上，骯髒倚門邊。

勢家多所宜，欬唾自成珠。被褐懷金玉，蘭蕙化爲芻。賢者雖獨悟，所因在群愚。且各守爾分，勿復空馳驅。哀哉復哀哉！此是命矣夫。』

可見幾百年來的醞釀，民間的作風的詩已被一班文人模倣試行了。到了建安時期，詩歌便成了文學中心部分。

㈣建安文學的領袖人物與作品

1. 曹操

曹操字孟德，沛國譙人。（公元一五五—二二〇）他在政治上固然是重要人物，但他一面挾天子以令諸侯，一面卻敬禮文士，羅致了許多人，造成文學史上一個新局面。這個時代文學運動的中心，在制作樂府歌辭，和改古樂府依前曲作新聲，在晉書樂志中我們可以看到許多的功績：

『魏武挾天子而令諸侯，思一戎而匡九服。時逢吞滅，憲章咸盪。及削平劉表，始獲杜夔，揚鞶總干，式遵前記。三祖紛綸，咸工篇什。聲歌雖有損益，愛玩在乎雕章。是以王粲等各造新詩，抽其藻思，吟詠神靈，贊揚來饗。』（卷廿二）

關於杜夔王粲等的記載又有—

『及魏武平荊州，獲漢雅樂郎河南杜夔，能識舊法，以爲軍祭酒，使創定雅樂。時又有散騎侍郎鄧靜尹商善雅樂，……夔悉總領之。』

『（巴渝）舞曲有矛渝本歌曲，安弩渝本歌曲，安臺本歌曲，行辭本歌曲總四篇，其辭既古，莫能曉其句度。魏初，乃使軍謀祭酒王粲改創其辭。粲問巴渝帥李管种玉歌曲意，試使歌，聽之，以考校歌曲，而爲之改爲矛渝新福歌曲，安臺新福歌曲，行辭新福歌曲，以述魏德。』（卷廿二）

晉書樂志下（卷廿三）還說：

『漢時有短簫鐃歌之樂。其曲有朱鷺、思悲翁、艾如張、上之回、雍離、戰城南、巫山高、將進酒……等曲，列於鼓吹，多序戰陣之事。及魏受命，改其十二曲，使繆襲爲詞，述以功德代漢。改朱鷺爲楚之平，言魏也。改思悲翁爲戰滎陽，改艾如張爲獲呂布，言曹公東圍臨淮擒呂布也。改上之回爲克官渡，言曹公與袁紹戰，破之官渡也。……其餘並同舊名。』

曹操在政治上的天才是雄才大略，他的文學作品，自然也受影響而自成一種雄毅沉鷙的作風。我們且看他那首最著名的短歌行：

『對酒當歌！人生幾何？譬如朝露，去日苦多。
慨當以慷，憂思難忘。何以解憂？唯有杜康。
青青子衿，悠悠我心；但爲君故，沈吟至今。
呦呦鹿鳴，食野之苹。我有嘉賓，鼓瑟吹笙。
明明如月，何時可掇？憂從中來，不可斷絕。
越陌度阡，枉用相存。契闊談讌，心念舊恩。
月明星稀，烏鵲南飛，繞樹三匝，何枝可依？
山不厭高，海不厭深。周公吐哺，天下歸心！』

這真是慷慨沈雄豪放之作。他的苦寒行氣魄蒼涼堅毅，如見其人：

『北上太行山，艱哉何巍巍。羊腸阪詰屈，車輪爲之摧。樹木何蕭瑟，北風聲正悲；熊羆對我蹲，虎豹夾路啼。谿谷少人民，雪落何霏霏。延頸長歎息，遠行多所懷。我心何怫鬱，思欲一東歸。水深橋梁絕，中路正徘徊。迷惑失故路，薄暮無宿棲。行行日已遠，人馬同時飢。擔囊行取薪，斧冰持作糜。悲彼東山詩，悠悠令我哀。』

2. 曹丕

曹丕是操的長子，字子桓（公元二二六死）。在政治方面他繼曹操的霸權，篡漢稱帝，也是一位有野心的政治家。但他的詩卻婉娟柔靡，辭藻艷發，饒脂粉氣。更有許多地方，接近於民歌的情調。且舉他燕歌行一首爲例：『秋風蕭瑟天氣涼，草木搖落露爲霜，群燕辭歸雁南翔。念君客遊多思腸，慊慊思歸戀故鄉。君何淹留寄他方？賤妾煢煢守空房。憂來思君不可忘，不覺淚下沾衣裳。援琴鳴絃發清商，短歌微吟不能長。明月皎皎照我床，星漢西流夜未央。牽牛織女遙相望，爾獨何辜限河梁！』

他的臨高臺—刪改民間歌謠而成的。然而他的雜詩二首，同樣的更能表現民歌和文人思想的融合：

『漫漫秋夜長，烈烈北風涼。展轉不能寐，披衣起彷徨。彷徨忽已久，白露沾我裳。俯視清水波，仰看明月光。天漢回西流，三五正縱橫。草蟲鳴何悲！孤雁獨南翔。鬱鬱多悲思，綿綿思故鄉。願飛安翼得？欲濟河無梁！向風長歎息，斷絕我中腸！

西北有浮雲，亭亭如車蓋。惜哉時不遇，適與飄風會。吹我東南行，行行至吳會。吳會非我鄉，安得久留滯？棄置勿復陳，客久常畏人。』

曹丕不僅長於詩，且長於文。典論中的論文，更是文學理論最早的論著—略說了奏議、書論、銘誄、詩賦四體的特質，更提出「文以氣爲主」的理論。其所觸及之品評、體論、理論的文字範疇，尤爲後此有關專著之先河。

3. 曹植

曹植爲丕弟，自幼有文名。三國志有一段很好的記載：『（植）年十歲餘，誦讀詩論及辭十萬言。善屬文，太祖（操）嘗視其文，謂植曰：「汝倩人耶？」跪曰：「言出爲論，下筆成章，顧當面試；奈何倩人？」時鄴銅爵臺新成，太祖悉將諸子登臺，使各爲賦。植援筆立成，可觀。太祖甚異之。』（魏志卷十九）足見他早年的才華。不過他素來任性不羈，史稱他『嘗乘車行馳道中，開司馬門出。太祖大怒。』後來他哥哥（丕）做了皇帝，他便很受猜忌，一生都處在憂鬱悲憤的環境裡。又被遠徙他鄉，『常汲汲無歡，遂發疾薨。時年四十一。』

(1)嚮往自由的野田黃雀行：

曹植這一位封藩的貴族經歷不少憂患，長處在愁困抑鬱的境遇中，故而他的憂愁都借著歌詞來發洩，所寫的作品多悲楚哀怨，充溢著愛慕的思想。像野田黃雀行：『高樹多悲風，海水揚其波。利劍不在掌，結友何須多？不見籬間雀，見鷂自投羅？羅家得雀喜，少年見雀悲。拔劍捎羅網，黃雀得飛飛。飛飛摩蒼天，來下謝少年。』

他的七哀（一作怨歌行）也很好，我們還可以看得出他有許多地方受很深的樂府歌辭影響：

『明月照高樓，流光正徘徊。上有愁思婦，悲歎有餘哀。借問歎者誰？言是客子妻。君行踰十年，孤妾常獨棲。君若清路塵，妾若濁水泥；浮沈各異勢，會合何時諧？願爲西南風，長逝入君懷，君懷時不開，賤妾當何依！』

(2)自嗟命薄的吁嗟篇

我們再看這位薄命詩人寫的吁嗟（又名瑟調飛蓬篇）寫的多麼淒楚哀絕：『吁嗟此轉蓬，居世何獨然？長去本根逝，宿夜無休閑。東西經七陌，南北越九阡，卒遇回風起，吹我入雲間。自謂終天路，忽然下沈泉。驚飆接我出，故歸彼中田。當南而更北，謂東而反西，宕宕當何依？忽亡而復存。飄颻周八澤，連翩歷五山，流轉無恆處，誰知吾苦艱？願爲中林草，秋隨野火燔。糜滅豈不痛？願與根荄連！』

(3) 神仙思想的苦思行

『綠羅綠玉樹，光耀粲相輝。下有兩真人，舉翅翻高飛。我心何踊躍！思欲攀雲追。鬱鬱西嶽巔，石室青葱與天連。中有耆年一隱士，鬚髮皆皓然。策杖從我遊，教我要忘言。』

(五) 建安七子

1. 曹丕的批評文學

當時的文壇除了曹氏父子處於領袖地位外，有所謂鄴下七子(建安七子)同樣負著盛名。七子是魯國人孔融，廣陵人陳琳，山陽人王粲，北海人徐幹，陳留人阮瑀，汝南人應瑒，東平人劉楨。他們多半生漢末建安中，不是曹氏弟兄交遊的文人，便是受曹家俸祿的清客。(孔融早爲曹操殺害)曹丕的典論論文第二段專批評他們優劣的：

『斯七子者，於學無所遺，於辭無所假，咸以自騁驥騄於千里，仰齊足而並馳。以此相服，亦良難矣。……而作論文，王粲長於辭賦，徐幹時有齊氣，然粲之匹也。如粲之初征，登樓，槐賦，征思，幹之玄猿，漏卮，圓扇，橘賦，雖張蔡不過也。然於他文，未能稱是。琳瑀之章表書記，今之雋也。應瑒和而不壯；劉楨壯而不密。孔融體氣高妙，有過人者，然不能持論，理不勝詞；至於雜以嘲戲，及所善，揚班儔也。』

2. 陳琳的飲馬長城窟行

他們的辭當然還是些典雅而豐縟的辭藻文章，(上面提到的今只存登樓一篇，見文選卷十一)沒有什麼特殊的價值。而在詩歌一方面，則確不乏佳作，堪舉例的如陳琳的飲馬長城窟行：

『飲馬長城窟，水寒傷馬骨。往謂長城吏：愼勿稽留太原卒。官作自有程，舉筑諧汝聲。男兒寧當格鬥死，何能怫鬱築長城？

長城何連連，連連二千里。邊城多健少，內舍多寡婦。作書與內舍：「便嫁莫留住。善事新姑嫜，時時念我故夫子。」報書與邊地：「君今出語一何鄙！身在禍難中，何爲稽留他家子？生男愼莫舉，生女哺用餔。君獨不見長城下，死人骸骨相撐拄？結髮行事君，慊慊心意關。明知邊地苦，賤妾何能久自全？」』

這一首寫邊禍之慘，也有些受樂府歌辭重大的影響。

3. 王粲的七哀詩（第一首）

王粲有三首七哀詩，今錄第一首：

『西京亂無象，豺虎方遘患，復棄中國去，委身適荊蠻。親戚對我悲，朋友相追攀。出門無所見，白骨蔽平原。路有飢婦人，抱子棄草間。顧聞號泣聲，揮涕獨不還。「未知身死處，何能兩相完？」驅馬棄之去，不忍聽此言。南登霸陵岸，回首望長安。悟彼泉下人，喟然傷心肝！』

這是社會問題的寫照。杜甫「三吏」「三別」所從出。（見顧實文學史）

4. 阮瑀的駕出北敦門行

『駕出北敦門，馬樊不肯馳。下車步踟躕，仰折枯楊枝；顧聞丘林中，嗷嗷有悲啼，借問啼者誰，何爲及如斯？親母舍我沒，後母憎孤兒。饑寒無衣食，舉動鞭捶施。骨消肌肉盡，體若枯樹皮。藏我空室中，父還不能知。上冢察故處，存亡永別離。親母何可見？淚下聲正嘶。棄我於此間，窮厄豈有貲？傳告後代人，以此爲明規。』

也是社會問題的提出。

㈥建安的女作家—蔡琰

後漢書：

『同郡（陳留）蔡邕之女也。名琰，字文姬。博學有才辨，又妙音律。適河東衛仲道。夫亡無子，歸甯於家。興平中，天下喪亂，文姬爲胡騎所獲，沒於南匈奴左賢王。在胡十二年，生二子。曹操素與邕善，痛其無嗣，乃遣使者以金璧贖之，而重嫁於（董）祀。』（卷百十四）

史稱她『感傷亂離，追懷悲憤，作詩二章』，就是有名的悲憤詩。

『漢季失權柄，董卓亂天常，志欲圖簒弒，先害諸賢良。逼迫遷舊邦，擁主以自強。海內興義師，欲共討不祥。卓衆來東下，金甲耀日光，平土人脆弱，來兵皆胡羌。獵野圍城邑，所向悉破亡。斬截無孑遺，尸骸相拒撑。馬邊懸男頭，馬後載婦女。長驅入西關，迴路險且阻。還顧邈冥冥，肝脾爲爛腐。所略有萬計，不得令屯聚。或有骨肉俱，欲言不敢語。先意幾微間，輒「言斃降虜！要當以亭刃，我曹不活汝！」』

『豈復惜性命？不堪其詈罵。或便加捶杖，毒痛參并下。旦則號泣行，夜則悲吟坐。欲死不能得，欲生無一可。彼蒼者何辜，乃遭此厄禍！邊荒與華異，人俗少義理。處所多霜雪，胡風春夏起：翩翩吹我衣，肅肅入我耳。感時念父母，哀嘆無窮已。』

有客從外來，聞之常歡喜。迎問其消息，輒復非鄉里。邂逅徼時願，骨肉來迎己。己得自解免，當復棄兒子。天屬綴人心，念別無會期。不忍與之辭。兒前抱我頸，問「母欲何之？人言母去當，豈復有還時？阿母常仁惻，今何更不慈？我尚未成人，奈何不顧思？」見此崩五內，恍惚生狂癡。號泣手撫摩，當發復回疑。

兼有同時輩，相送告離別。慕我得獨歸，哀叫聲摧裂。馬爲立踟躕，車爲不轉轍。觀者皆歔欷，行路亦嗚咽。

去去割情戀，遄征日遐邁。悠悠三千里，何時復交會？念我出腹子，胸臆爲摧敗！

即至家人盡，又復無中外。城郭爲山林，庭守生荊艾。白骨不知誰，從橫莫覆蓋。出門無人聲，豺狼號且吠。煢煢對孤景，怛咤糜肝肺。登高遠眺望：魂神忽飛逝，奄若壽命盡。旁人相寬大，爲復彊視息，雖生何聊賴？託命於新人，竭新自勗厲！

流離成鄙賤，常恐復捐廢。人生幾何時？懷憂終年歲！』

此爲建安文學時代的顛峰與尾聲。此詩的悲切，尤足以憑弔漢末社會的殘破與荒涼。

四、漢代的小說

㈠小說的存在與形式

小說，很早就流行於「街談巷語」，於近代更是擁有最衆多讀者的文學作品—據出版統計，在所有出版品中，小說約居六分之一。因爲：

漢志引孔子說：「雖小道，必有可觀者焉……」

桓譚新論說：「……合殘叢小語，近取譬喻，以作短書，治身理家，有可觀之辭。」

溫釆斯德（Winchester）：「它給我們機會，使廣泛的想像巧妙的文學技巧，能發揮出來。同時它是最適合於中流知識階層的平均水準和近代文明特色的讀書習慣所普遍分布的文學形式。」

哈德森（Hufron）：「小說所以存在，是由於世上的男男女女，對各時各地男男女女的情感，行動的全景，無時無地不發興趣而來的。」

坪內逍遙：「小說的任務，在於抉穿人情的奧祕－賢人君子……老少男女善惡正邪的心裡內幕……一無遺漏地加以描寫，使人情周密精到灼然出現。」（小說神髓）

此外，克勞福特（Marion Crowford）還把小說看成「袖珍劇場」。更有人以爲，如果用以處理現代社會以至於人們感情問題，只有小說形式是最自由、靈活、適當的工具，所以會獨霸文壇。

(二)小說的要素與方法

1.哈德遜的要素分析：(1)結構（Plot）(2)人物（Charactere）(3)對話（Dialague）(4)活動的時間場所（Time and place of action）(5)作風（Style）(6)人生觀（View of life）

2.斯蒂文生（R.L. Stevenson）的方法：(1)定好結構再去找人物。(2)或是先有人物再去找尋人物性格展開上所需的事件和局面。(3)或是先有一定的氛圍氣，再去找可以表現或實現這種氣氛的行爲和人物。－運用要素必要的技巧。

(三)短篇

短篇的特質是，要以與最高的強調法合致的最經濟手段，舉出單一的故事的效果。」這種十九世紀以後，阿蘭坡（Edgar Allan Poe）所提倡的新體叫Tales，是要以少許勝多許的。由於適合新聞、雜誌的登載並爲工業社會讀者所歡迎，很快就普遍流行了。

㈣中國的小說與漢代

1.中國小說的起源

西方小說起源於紀元前四千年埃及的威司特卡蘆紙寫本（Westcar Papyrue）。中國則起源於先秦。經書中像檀弓的苛政猛於虎。史書中像左傳、國策、國語、孟子的「齊人」，以及子書中之列子、莊子、韓非子等書中的許多故事，與山海經中的神話，都有很濃厚的說教氣氛，例如列子黃帝篇裡的寓言：

「禾生、子伯，范氏之上客，出行，經坰外，宿於田更商丘開之舍。中夜，禾生、子伯二人，相與言子華之名勢，能使存者亡，亡者存，富者貧，貧者富。商丘開先窘於飢寒，潛於牖北聽之，因假糧荷畚，之子華之門。子華之門徒，皆世族也。縞衣乘軒，緩步闊視，顧見商丘開，年老力弱，面目黧黑，衣冠不檢，莫不輕之。既而狎侮欺詒，攩、挘、挨、抌，亡所不為，商丘開常無慍容，而諸客之技單，憊於戲笑。遂與商丘開俱乘高臺，於眾中漫言曰：『有能自投下者，賞百金。』眾皆競應。商丘開以為信然，遂先投下，形若飛鳥：『揚於地，骪骨無傷。范氏之黨，以為偶然，未詎怪也。因復指河曲之淫隈曰：『彼中有寶珠，泳可得也。』商丘開復從而泳之，既出，果得珠焉。眾昉同疑，子華昉令豫肉食衣帛之次。俄而，范氏之藏大火。子華曰：『若能入火取錦者，從所得多少賞若。』商丘開往無難色，入火往還，埃不漫，身不焦，范氏之黨，以為有道，乃共謝之曰：『吾不知子之有道而誕子，吾不知子之神人而辱子；子其愚我也。子其聾我也，子其盲我也。敢問其道。』商丘開曰：『吾亡道，雖吾之心，亦不知所以。雖然，有一於此，試與子言之。曩子二客之宿吾舍也，聞譽范氏之勢，能使存者亡，亡者存，富者貧，貧者富；吾誠之無二心，故不遠而來。及來，以子黨之言皆實也，唯恐誠之之不至，行之之不及，不知形體之所措，利害之所存也。心一，物亡迕者，如斯而已。今昉知子黨之誕我，我內藏猜慮，外矜觀聽，追幸昔日之不焦溺也，怛然內熱，惕然震悸矣；水火豈復可近哉？』自此以後，范氏門徒，路遇乞兒，馬醫，弗敢辱也，必下車而揖之。」（黃帝）

這篇為表達「精誠所至，金石為開」哲理而設的喻依故事，有人名、地名及直接對話，逼真而饒趣味，在架構質素上都已具小說的風貌。

2. 漢代小說的重要

中國小說的開始早於戲曲，但其完成則後於戲曲；如莊子、列子之已有類似小說的寓言故事。初期的創作如山海經，穆天子傳也流傳於先秦；而偉大的作品如三國演義，水滸傳、西遊記等，卻在元代雜劇小說之後才問世，但在此之前的漢代小說仍然很重要。漢志諸子略載有小說一家，所錄自伊尹說至虞初周說凡十五家，千三百八十篇，書雖全佚，其創作之盛則可見一斑。至今尚存的燕丹子，係敍太子丹遣荊軻刺秦王故事。稍後則有託名東方朔所作的神異經與海內十洲記，託名於班固著的漢武故事與漢武內傳，以及題爲郭憲撰的別國洞冥記，題爲伶玄撰的飛燕外傳，無名氏的雜事祕辛，趙曄的吳越春秋，袁康的越絕書等，俱傳爲漢人作品。其中除雜事祕辛爲明楊慎所僞撰之外，以吳越春秋與越絕書爲最可信。此外還有列仙傳，隋書題爲曹丕著，不過內容是瑣雜的記述，不是真正的小說。（參考郭源新世界文學史綱）一直到唐代才有組織完整的短篇小說—「傳奇」出現如霍小玉傳等（本章從略）。

五、漢代的駢散文

㈠駢散文與合文

世界各國的文學作品，除了韻文之外，都以散文寫成。但中國是個例外，兒島獻吉中國文學概說：「自形式上來說，可以大別爲韻文……不過……還有別樹駢文和律語的必要。」楊啟高中國文學體例談則主張「文學的修辭形式，可分韻文、散文、駢文、合文四種。」但劉麟生的文學概論卻有很好的折中：「總而言之，散文、駢文、韻文是相對的分法，錯綜變化，神而明之，存乎其人。一定要區分顯明，有時是不可能的。南北朝時代，一切都駢文化、律體化，幾無散文之可言；趙宋是散文時代，詩與四六，也是散文化……其實古書中如書經常有很好的韻文，詩經中，也常有散文的句子。」所以遇有「合文」的文筆，但視所含成份，分別歸於三體，以免糾纏。」

㈡散文的方便

在三體中，散文最方便。它可不受拘束，儘量發揮；可以議論、敍述、描寫，還可以用於抒情，只要具備藝術條件，都是文學作品，有如傅斯年所說：「若當做工具時，依然還具有若干藝術性者，，仍不失爲文學……。」中國古代從經、史、子，集中錄出的文學作品，便是好例子。

㈢漢代的史書與文學

史記被譽爲「實較羅馬的李委與秦西托士的著作尤爲偉大」。班固的漢書與劉向的新序、說苑、烈女傳及韓嬰的韓詩外傳，也頗有創格精神，荀悅的漢紀，雖仿左傳，敍述亦有足觀，所以郭源新以爲論漢代文學，早期批評家多稱許漢賦的成就，實則漢賦多無特創精神無真摯情感，其可爲漢之光華者，實不在賦而在史書。

1.史記—始於黃帝，終於漢武，「凡一百三十篇，五十萬六千五百字」（自序），分本紀十二，年表十，書八，世家三十，列傳七十。以本紀爲全書骨幹，其他則分敍時代世序，諸國人物事蹟以及典制學術之沿革。可謂集古代史書之大成，其所創的體制與能力均令人驚異，其影響於史家者達二千餘年。此書不僅於政治史，且括學術史、文學史及人物傳記的性質。八書則自天文學、地理學法律學、經濟學無所不包；而且遍及於哲學、文學、商人、學者以至於遊俠，酷吏。其文字亦無一處不顯其特創的精神。所以郭著世界文學史綱讚美他「串集了無數不同的時代，不同著者的史書，而馳貫冶鑄爲一書，正如合諸種雜鐵於一爐而冶成一段極純整的鋼鐵一樣，使人毫不見其湊集的縫跡」。該書并對其文辭純整之「改削」工夫舉例如次：

尚書：

曰若稽古帝堯，曰放勳，欽明文思安安。允恭克讓，光被四表，格於上下；克明俊德以親九族，九族既睦，平章百姓。百姓昭明，協和萬邦，黎民於變時雍。乃命羲和，欽若昊天，歷象日月，敬授人時。分命羲仲，宅嵎夷，曰陽谷，寅賓出日，平秩東作，日中星鳥，以殷仲春。厥民析，鳥獸孳尾。申命羲叔，宅南交，平秩南訛，敬致，日永星火，以正仲夏。厥民因，鳥獸希革。分命和仲，宅西，曰昧谷……允釐百工，庶績咸熙。帝曰：疇咨若時登庸？放齊曰：胤子朱啟明。帝曰：吁，嚚訟，可乎？帝曰：疇咨若予采？驩兜曰：都，共工方鳩僝功。帝曰：吁，靜言庸違，象恭滔天。……

史記：

帝堯者，放勳，其仁如天，其知如神，就之如日，望之如雲，富而不驕，貴而不舒。黃收純衣，彤車白馬。能明馴德，以親九族。九族既睦，便章百姓。百姓昭明，合和萬國，乃命羲和，敬順昊天，數法日月星辰，敬授民時。分命羲仲，居嵎夷，曰陽谷，敬道日出，便程東作，日中星鳥，以殷仲春。其民析，鳥獸字微。申命羲叔，居南交，便程南為，敬致，日永星火，以正中夏。其民因，鳥獸希革。申命和仲，居西土，曰昧谷……信飭百官，眾功皆興。堯曰：誰可順此事？放齊曰：嗣子丹朱開明。堯曰：吁，頑凶，不用。堯又曰：誰可者？讙兜曰：共工旁聚布功，可用。堯曰：共工善言，其用僻似恭，漫天不可。……

史記此節的材料雖全取之於尚書，然於當時已不用之文字如宅，如厥，如平秩，如疇，以及不易解之句如方鳩僝功之類，無不改寫爲平易之今文。觀此，僅一小節，已改削了如此之多，其他處之如何改定原文亦可推想而知。

2.漢書—爲起於漢興而終於西漢之亡的斷代史。體例幾全仿史記，以帝紀十二，表八，志十，列傳七十，記西漢二百九十年事。其中古今人物表及藝文志爲史記所無，其意似欲以補史記之缺。然人物表竟超越斷代史例而敍及上古人物，藝文志亦總羅古代至漢之書，而貨殖列傳且敍及范蠡、子贛、白珪諸人，實有失其嚴整。其敍漢武以前事，大都直抄史記原文，異處甚少，人亦頗譏其剽竊。然此書潛精積思二十餘年，至建初中乃告成，當世甚重之。八表及天文志爲固妹班昭所補，世稱「曹大家」。

3.韓詩外傳—韓嬰，燕人，文帝時博士，歷官於景，武二世。嬰專攻詩經，漢初傳詩之齊、魯、韓三家，嬰即韓詩創始者。曾作詩經內外傳，內傳今佚，外傳尚存。此書非詩經注解，而與說苑同類「大柢引詩以證事，非引事以明詩」（王鳳洲語）。其文辭簡婉而美。故事亦有佳作。

4.劉向及其作品—前面介紹小說時已提過劉向的作品說苑等，與其說它是早期的小說，不如說它是散文的作品，故於此處予以較詳細的評介：

說苑共二十篇，以許多片段故事分類為君道、臣術、建本、立節、貴德、復恩、政理、尊賢、正諫、數慎、善說、奉使、權謀、至公、指武、叢談、雜言、辨物、修文、反質等二十題目。

新序與說苑同性質，今所傳有十卷，一至五卷為雜事，六卷為刺奢，七卷為節士，八卷為義勇、九、十卷為善謀。

烈女傳專敘古代婦女言行，同以許多故事之於母儀、賢明、仁智、貞順、節義、辯通、壁嬖等總目、每傳附一頌；無頌者為後人所補。

以上三書中，有許多感人故事，可為戲曲詩歌的題材；也有許多可喜的機警譬解。

(四)**漢代的議論散文**—遠不如戰國時代之炳耀，思想幾皆秉孔子遺言，不復有戰國諸子風發雄偉之論難—只有二三人是例外—文辭亦皆冗衍而素樸，不復有先秦文字之辭采。

1.最初的陸賈—為劉邦時人，作新語十二篇，每奏一篇，邦必稱善。今傳非原書。

2.賈誼—曾上治安策，議論曉暢而遒勁，較辭賦更動人。今傳新書五八篇，多取本傳所收文割裂章段，顛倒次序而加以標題；可能因舊本殘佚之故。然其文足以上追諸子，為漢代第一流論文家。

3.鼂錯與鄒陽—景帝時有吳楚七國之變，智謀之事頗多，鼂錯、鄒陽之說辭皆明達而富麗。前者為景帝內史，號曰「智囊」，爲深明天下情實的大政論家。吳楚反，以首倡削藩而犧牲。後者初事吳王濞，以王謀反，上書諫之不聽，遂去之梁從孝王游。左右惡陽於王，王怒，下陽於獄，將殺之，陽上書，辭甚辯而富情感，孝王得書立出之，待爲上客。

4.王充與論衡—曾師事班彪，仕郡爲功曹，以數諫不合去，閉門沉思，絕慶弔之禮，戶牖 壁，各置刀筆，遂成論衡八五篇；漢代最具創見的哲學名著。當時的儒家，爲「定於一尊的顯學，而充則毅然與爲問難；問孔篇說：「世儒學者好信師而是古，以爲聖賢所言皆無非，專精講習，不知問難。夫聖賢下筆造文，用意詳審，尚未可謂盡得實，況倉卒吐言安能皆是？不能皆是，時人不知難；或是而意沉難見，時人不能問。案聖賢之言，上下多相違，其文前後多相伐者，世之學者不能知也。」

物勢篇說：「儒者論曰：天地固生人，此言妄也。夫天地合氣，人偶自生也。猶夫婦合氣，子則自生也。夫婦合氣，非當時欲得生子，情欲動而合，合而生子矣。且夫婦不故生子，以知天地不故生人也。」

論衡之大旨詳於自記篇，蓋傷時命坎坷，世俗多僞而作，要其思想近於道家，尤能廓清讖緯之說，破除迷信，故其書當時未傳。至蔡邕入吳始見以爲異書，藏于帳中。今缺招致一篇。（學術家列傳）

5.漢末的論文家—獻帝時有論文家三人，一爲仲長統，號公理，山陽高平人。少好學、博涉書記，善文辭。年廿餘，游青、徐、幽、冀之間，與友者多異之。幽州刺史高幹頗好士、統過幹，幹訪以時事，統曰：「君有雄志而無雄才，好士而不能擇人，所以爲君深戒也。」幹不納其言，統遂去之。不久，幹反敗，世以是異統。後參曹操軍事，卒於獻帝退位之年。統性倜儻，敢直言，不矜名節。州郡每命召，輒不就。蓋以爲游帝王者、欲以立身揚名耳。而名不常存，人生易滅，優游偃仰，可以自娛，然卒不如其言。因著論三十四篇名昌言。

一爲荀悅，性沉靜，好著述。於前述漢紀之外并著申鑒五篇：一曰政體，二曰時事，皆制法大要及當務之急。三曰俗嫌，爲禨祥讖緯之說。四、五曰雜言，則泛論義理，深切著明。另有崇德正論等數十篇，今並不傳。

一爲徐幹，爲建安七子之一。曹操屢辟俱不就。幹聰識洽聞，操翰成章，詩詞之外著中論廿餘篇，今傳二十篇，大都闡發義理，原本經訓而歸於聖賢之道。

第三篇　演進之篇

第六章　魏晉六朝的遁世、唯美文學

由於漢末三國之爭，延至五胡亂華，南北分治，社會秩序蕩然，百姓流離失所，整個社會的思潮，偏向悲觀；而騷人墨客的思想更敏感地趨於出世的老莊境域。如魏初的夏侯玄等指斥六經爲聖人糟粕；如王弼之以老莊注易；竹林七賢的阮藉更嘲諷儒生不異「蝨之處褌中」；王戎在母喪中酒食無忌。於是魏晉的老莊思想，南北朝的佛教思想分別匯成本期文學的兩大特點：①由接近自然，而表現遁世思想。②放棄「載道」的致用指標，而傾向於唯美的文飾作風。於是而有阮籍以下劇變的作品，而以詩歌駢文爲主流。今述其大要如次：

一、近體詩

㈠、竹林七賢的阮籍

繼建安七子之後，又有稽康、阮籍、山濤、向秀、劉伶，阮咸、王戎等竹林七賢。魏晉的文學，雖不及建安之盛，但仍然有幾個突出的詩家，阮籍便是其中之一。世人但知其狂，而不知其寄謹愼於狂放。晉書本傳說他「志氣豪放；任性不羈；而喜悲不形於色。或閉户視書，累月不出，或登臨山水，經日忘歸……當其得意，忽忘形骸，時人多謂之癡」（晉書卷四九）又說：「籍本有濟世志，屬魏晉之際，天下多故，名士少有全者。籍由是不與世事，遂酣飲爲常。文帝（司馬昭）初欲爲武帝（炎）求婚於籍，籍醉六十日，不得言而止。鍾會數以時事問之，欲因其可否而置之罪，皆以酣醉獲免。……籍聞步兵廚營人善釀，有貯酒三百斛，乃求爲步兵校尉。」但他仍然以天下爲憂，且看他被列爲上品的詩詠懷：

「夜中不能寐，起坐彈鳴琴。薄帷鑒明月，清風吹我襟。孤鴻號外野，翔鳥鳴北林。徘徊將何見？憂思獨傷心！

嘉樹下成蹊，東園桃與李。秋風吹飛藿，零落從此始。繁華有憔悴，堂上生荊杞。驅馬舍之去，去上西山趾。一身不自保，何況戀妻子？凝霜被野草，歲暮亦云已。

昔聞東陵瓜，近在青門外。連畛距阡陌，子母相鉤帶。五色曜朝日，嘉賓四面會。膏火自煎熬，多財爲患害。布衣可終身，寵祿豈足賴？

鴻鵠相隨飛，飛飛適荒裔。雙翮臨長風，須臾萬里逝。朝餐琅玕實，夕宿丹山際。抗身青雲中，網羅孰能制？豈與鄉曲士，攜手共言誓？」

此詩共八十餘首，吟詠的背景是司馬篡魏的政治，委婉而細膩，意境體裁都很新穎。

㈡太康的詩人與詩

西晉統一了混亂的中原，文學也進入太康時代。晉書陸機傳說：

「至太康末，與弟俱入洛，造太常張華。華素重其名，如舊相識；曰：伐吳之役，利獲二俊。」

可見當時的推重文士，所以鍾嶸說：

「太康中，三張二陸兩潘一左，……踵武前王，風流未沫，亦文章之中興也。」（詩品）三張指張華、張載、張協；二陸指陸機、陸雲；兩潘即潘岳、潘尼；左即左思。但此期的詩，除潘岳的悼亡詩」，左思的咏史詩、嬌女詩見佳之外，餘皆重詞而不重意。且看潘左其人與詩：

1. 潘岳

字安仁，滎陽中牟人，嘗爲河陽縣令，累遷黃門侍郎。後被誣謀奉淮南王允，齊王冏爲亂被害。

「少時，常挾彈出洛陽道。婦人遇之者，皆連手縈繞，投之以果，遂滿載以歸。」

岳美丰姿，晉書說他：

他的詩與辭賦均佳，詩以悼亡詩三首爲最著名，例如：

「皎皎窗中月，照我室南端。清商應秋至，溽暑隨節闌。─凜凜涼風升，始覺夏衾單！豈曰無重纊？誰與同歲寒！歲寒無與同，朗月何朧朧？展轉眄枕席，長簟竟床空！床空委清塵，室虛來悲風。獨無李氏靈，髣佛睹爾容。撫襟長歎息，不覺涕霑胸。霑胸安能已？悲懷從中起。寢興目存形，遺音猶在耳。上慚東門吳，下愧蒙莊子。賦詩欲言志，零落難具紀。命也可奈何？長戚自令鄙！

」

2. 左思

字太沖，齊臨淄人。初任秘書郎，齊王冏命爲紀事，辭疾不就。他以辭賦著名，費時十年所作之「三都賦」，辭藻既美，且具辭典作用，是故豪貴之間，競相傳錄，竟使洛陽紙貴。他的詩，亦見「胸次高曠，筆力雄邁」，且看他的咏史詩：

「吾希段干木，偃息藩魏君。吾慕魯仲連，談笑郤秦軍。當世貴不羈，遭難能解紛。功成恥受賞，高節卓不群。臨組不肯緤，對珪寧肯分？連璽曜前庭，比之猶浮雲！

皓天舒白日，靈景耀神州。列宅紫宮裡，飛宇若雲浮。峨峨高門內，藹藹皆王侯。自非攀龍客，何為欻來游？被褐出閶闔，高步追許由。振衣千仞岡，濯足萬里流。」

(三)永嘉的文學中興

西晉因八王之亂而發生五族亂華，元帝（睿）在江南建國（西元三一七年），是為東晉。所謂「永嘉」時期，由於政治的紛亂腐化，一般詩人每懷避世思想而傾向於老莊玄談，此時的詩，不但「淡乎寡味」、「理過其辭」（鍾嶸詩品），而且流為怪誕頹廢，「辭趣一揆」（文心）。但自郭璞起，又轉入「中興」時代。所以文心又說：「……所以景純仙篇，挺拔為俊矣。」鍾嶸詩品更評其詩「始變永嘉平淡之體，故為中興第一。」以下是他遊仙詩十四首中的第二、三兩首：

「青谿千餘仞，中有一道士。雲生梁棟間，風出窗戶裡。借問此何誰？云是鬼谷子。翹跡企穎陽，臨河思洗耳。閶闔西南來，潛波渙鱗起。靈妃顧我笑，借問蜉蝣輩，寧知龜鶴年。粲然玉啟齒。蹇修時不存，要之將誰使？

翡翠戲蘭苕，容冕更相鮮。綠蘿結高林，蒙籠蓋一山。中有冥寂士，靜嘯撫清絃。放情凌霄外，嚼蘂挹飛泉。赤松臨上游，駕鴻乘紫煙。左挹浮丘袖，右拍洪崖肩。」

這是他取材於神話，為遊仙文學大放異采的作品。

(四)晉末的田園詩人

東晉晚年的大詩人陶潛，字元亮，本名淵明，潯陽柴桑人。他的自傳說：

「先生不知何許人，不詳姓字。宅邊有五柳樹，因以爲號焉。閑靜少言，不慕榮利。好讀書，不求甚解，每有會意，欣然忘食。性嗜酒而家貧，不能恆得；親舊知其如此，或置酒招之。造飲必盡，期在必醉，既醉而退，曾不吝情。環堵蕭然，不蔽風日。短褐穿結，簞瓢屢空，晏如也。嘗著文章自娛，頗示己志；忘懷得失以自終。」（晉書卷94五柳先生傳）

這是淋漓盡致的自況，「時人謂之實錄」。他歸隱田園經過，可說婦孺皆知，因此，他的詩意境恬淡超脫，純樸自然，信手拈來，無不傳神；足以一掃建安以來雕琢文飾的習氣，足以令人賞心悅目於自然之美。所以鍾嶸推崇他說：

「文體省淨，殆無長語。篤意真古，辭興婉愜。每觀其文，想其人德。……豈直爲田家語耶？古今隱逸詩人之宗也。」（詩品）

在歷代讚美陶詩的名人之中，可以蘇軾與朱熹爲代表：

1. **蘇軾說**：

「淵明作詩不多，然其詩質而實綺，瘦而實腴。自曹、劉、鮑、謝、李、杜諸人，皆莫及也。」（陶集總論）

2. **朱熹說**：

「淵明詩，人皆說平淡；據某看，他自豪放，但豪放得不覺耳。」

他的詩，大部份是傷時憫亂的，但他的田園氣息，實開後世歌頌自然詩派之先河。如唐之王維、孟浩然、韋應物、柳宗元；北宋之王安石等作品都深受影響。下面且看幾首他的詩：

①歸田園居（五首之一）

「少無適俗韻，性本愛丘山。誤落塵網中，一去十三年。羈鳥戀舊林，池魚思故淵，開荒南野際，守拙歸園田。方宅十餘畝，草屋八九間。榆柳蔭後園，桃李羅堂前。曖曖遠人村，依依墟里煙。狗吠深巷中，雞鳴桑樹巔。戶庭無塵雜，虛室有餘閒。久在樊籠裡，復得返自然。」

②飲酒（廿首其五）

「結廬在人境，而無車馬喧。問君何能爾？心遠地自偏。採菊東籬下，悠然見南山。山氣日夕佳，飛鳥相與還。此中有真意，欲辨已忘言。」

③讀山海經（十三首其一）

「孟夏草木長，遶屋樹扶疏。衆鳥欣有託，吾亦愛吾廬。既耕亦已種，時還讀我書。窮巷隔深轍，頗迴故人車。歡然酌春酒，摘我園中蔬。微雨從東來，好風與之俱。汎覽周王傳，流觀山海圖。俯仰終宇宙，不樂復何如？」

④擬古（九首其八）

「少時壯且厲，撫劍獨行遊。誰言行道近？張掖至幽州。飢食首陽薇，渴飲易水流。不見相知人，惟見古時丘。路邊兩高墳，伯牙與莊周。此士難再得，吾行欲何求？」

⑤問來使

「爾從山中來，早晚發天目。我屋南窗下，今生幾叢菊。薔薇葉已抽，秋蘭氣當馥。歸去來山中，山中酒應熟。」

㈤元嘉文學

取代東晉的劉宋時期，著名的詩人顏延之、謝靈運，鮑照諸人，此期的重要作品，後世稱爲元嘉文學。

1. **顏延之**，字延年，瑯琊臨沂人。

2. **謝靈運**

陳郡陽夏人，謝玄之孫。文筆之美，冠絕江左。襲封康樂公，累遷爲散騎常侍，後出守永嘉，辭歸。性豪放，車服衣裳，多改舊制。後授臨川太守，又爲有司所糾彈，徙廣州後，詔棄市。年僅四九（385－433）。因喜山水，多所題詠，故開山水詩之一派。文心說他：

「宋初文詠，莊老告退而山水滋。儷采百字之偶，爭價一句之奇。情必極貌以寫物，辭必窮力而追新。」（明詩）故而他的詩格過於雕琢，駢偶對仗，缺乏自然沖淡的情趣和意境，像〔遊南亭〕：

「時竟夕澄霽，雲歸日西馳。密林含餘清，遠峰隱半規。久痗昏墊苦，旅館眺郊歧。澤蘭漸被徑，芙蓉始發池。未厭青春好，已覩朱明移。戚戚愁物歎，星星白髮垂。藥餌情所止，衰疾忽在斯，逝將候秋水，息景偃舊崖。我志誰與亮，賞心惟良知。」

3. **鮑照**

照字明遠，東海人。初爲秣陵令，後遷中書舍人。史稱文帝以文章自高，故照不敢盡其才。後爲荆州參軍，死於兵亂。他的詩，受樂府影響頗深。由於天才橫溢，絕不雕飾浮靡，而樂府之仿擬，也激發了盛唐的風氣，所以杜甫「有俊逸鮑參軍」的讚美。

他的詩有：

擬行路難（十八首之一）

「奉君金卮之美酒，玳瑁玉匣之雕琴，七采芙蓉之羽帳，九華葡萄之錦衾。紅顏零落歲將暮，寒花宛轉時欲沉。願君裁悲且減思，聽我抵節行路吟。不見柏梁銅雀，寧聞古時吹音？」

其六：

「對案不能食，拔劍擊柱長歎息：『丈夫生世會幾時？安能蹀躞垂羽翼？』棄置罷官去，還家自休息。朝出與親辭，暮還在親側。弄兒床前戲，看婦機中織。自古聖賢盡貧賤，何況我輩孤且直！」

梅花落：

「中庭雜樹多，偏爲梅咨嗟。問君何獨然？念其霜中能作花，露中能作實，搖蕩春風媚春日。念爾零落逐寒風，徒有霜華無霜質。」

在這劉宋（四二〇—四七八）時代難得的詩人大概要推這位鮑照了！

㈥永明體的形成與詩作

建安的五言詩體，已取代了四言古體，詩句之漸由散漫而趨於工整排偶；內容亦自質樸而走向雕琢。劉宋的顏、謝詩體，更講究整齊、艷麗。

到了齊、梁、陳三朝，由於聲律的提倡，文學風氣更傾向於形式化、古典化。而「永明體」的形成，更居於關鍵地位。

齊初的沈約，爲當代的大聲律家，他繼周顒的四聲切韻，而著四聲譜，創立了詩的新韻律。後來更有謝朓、王融、范靈諸人的共同致力，而「有永明體」的產生（永明爲齊武帝年號。公元483－493）下面先選四人的代表作：

『抱月如可明，懷風殊復清。絲中傳意緒，花裡寄春情。掩抑有奇態，淒鏘多好聲。芳袖幸時拂，龍門空自生。』

—琵琶（王融作）

『嫩娟倚窗北，結根未參差。從風既嫋嫋，映日頗離離。欲求棗下吹，別有江南枝。但能凌白雲，貞心蔭曲池。』

秋竹曲（謝朓作）

『洛陽大道中，佳麗實無比。燕裙傍日開，趙帶隨風靡，領上蒲萄繡，腰中合歡綺，佳人殊未來，薄暮空徙倚。』

—洛陽道（沈約作）

『春草醉春煙，深閨人獨眠。積恨顏將老，相思心欲然。幾回明月夜，飛夢到郎邊。』

—閨思（范雲作）

此詩與元嘉以前的作品有顯著的差異。而且是唐代律詩與絕體詩的先導。以下將介紹此期的重要作家及其作品：

1. 沈約

字休文，吳興武康人。生於宋元帝元嘉十八年（公元441）。幼甚貧苦，以篤志好學，精通群籍名於世。初任爲尚書度支郎。入齊爲步兵校尉，侍太子；嘗出爲東陽太守，此時已爲作家之領袖並倡詩的新韻律。所著四聲譜已佚，但他的韻律主張，仍可在他的宋書、謝靈運傳見其一斑：

「夫五色相宣，八音協暢。由乎玄黃律呂，各適物宜，欲使宮羽相變，低昂互節，若前有浮聲，則後須切響，一簡之內，音韻盡殊，兩句之中，輕重悉異，始可言文。」

後蕭衍奪齊祚，改號梁，約以曾盡力，後封建昌縣侯，卒於梁武帝天監十二年（公元513）。著作甚多，存者有宋書百卷，文集九卷。鍾嶸說：「觀休文衆製，五言最優。」今舉其五言三首：

①石塘瀨聽猿

「噭噭夜猿鳴，溶溶晨霧合，不知聲遠近，惟見山重沓。既歡東嶺唱，復佇西巖答。」

②早發定山：

「夙齡愛遠壑，晚蒞見奇山。標峰綵虹外，置嶺白雲間。傾壁忽斜豎，絕頂復孤圓。歸流海漫漫，出浦水濺濺。野棠開未落，山櫻發欲然。忘歸屬蘭杜，懷祿寄芳荃。眷言采三秀，徘徊望九仙。」

遊仙：

「朝止閶闔宮，暮宴清都闕。騰蓋隱奔星，低鑾避行月。九疑紛相從，虹旌乍升沒。青鳥去復還，高唐雲不歇。若華有餘照，淹留且晞髮。」

謝朓（字玄暉，陽夏人，官至宣城太守。後下獄死。西元四六四－四九九年）：

新亭渚別范零陵：

「洞庭張樂地，瀟湘帝子遊。雲去滄梧野，水遠江漢流。停驂我悵望，輟棹子夷猶。廣平聽方籍，茂陵將見求。心事俱已矣，江上徒離憂」

他原很有些流傳的片斷佳句像「非君不見思，所悲思不見」（別王丞僧儒），「大江流日夜，客心悲未央」（贈西府同僚），但整首值得讚美的就不大容易瞧到。

二、六朝的民歌

㈠貴族文學與平民文學的交流

此期的民歌，有更好的發展，當時的貴族作家紛紛摹仿民歌的形式，反映富貴的生活，甚至帝王也不例外。下面是梁武帝蕭衍父子的仿民歌作品：

1. 子夜歌二首（仿子夜四時歌）：

「恃愛如欲進，含羞未肯前。朱口發艷歌，玉指弄嬌弦。」（其一）

更像（子夜四時歌）裡的（春歌）：

「階上香入懷，庭中花照眼。春心一如此，情來不可限。」

2. 歡聞歌二首也是（仿民間艷歌）：

「艷艷金樓女，心如玉蓮池。持底報郎恩？俱期遊梵天。南有相思木，合影復同心。游女不可求，誰能空息陰！」

3. 蕭綱的仿作。烏棲曲：

「別離四弦聲，相思雙笛引。一去十三年，復無好音信。」（生別離）

「客行秖念路，相爭度京口。誰知堤上人，拭淚空搖手？」（春江曲）

「青牛丹轂七香車，可憐今夜宿倡家。倡家高樹烏欲棲，羅帷翠帳向君低。」（烏棲曲，四首其三）

陳後主的小詩，更仿得唯妙唯俏：

1. 三婦艷詞（十一首，其一）

「大婦避秋風，中婦夜床空。小婦初兩髻，含嬌新臉紅。得意非霰日，可憐那可同。」

2. 舞媚娘（其三）

「春日好風光，尋觀向市傍。轉身移佩響，牽袖起衣香。」

3. 烏棲曲（其三）

「合歡襦薰百和香，床中被織兩鴛鴦。烏啼漢沒天應曙，只持懷抱送郎去。」

這是貴族平民交流的詩體，影響所至，竟使主張聲律的沈約，也不免有擬三婦艷的仿作。下面還有更典型的四句五言的小詩：

「北斗闌干去，夜夜心獨傷。月輝橫射枕，燈光半隱床。」——沈約夜夜曲

「閨閣行人斷，房櫳月影斜。誰能北窗下，獨對後園花？」——何遜閨怨

「夕殿下珠簾，流螢飛復息。長夜縫羅衣，思君此何極！」——謝朓玉階怨

「山中何所有？嶺下多白雲。只可自怡悅，不堪持贈君。」——陶弘景答詔問山中何所有

最後一首，儼然嚴格的絕句，境界尤其可喜。這種自然的發展，一方面使寫宮庭貴族間歌頌艷麗詩體民歌化，一方面也使格律極嚴的律詩民歌化，於是形成了絕句的詩體。

以下再舉幾首文人清客的仿作，以證明此期民歌的盛行。而吳歌雜曲，尤其感人。如：

1. 大子夜歌

「歌謠數百種，子夜最可憐。慷慨吐清香，明轉出天然。絲竹發歌響，假器揚清音。不知歌謠妙，聲勢出口心。」

大子夜歌可算是子夜歌謠的總評。晉書上說：

「子夜歌者，女子名子夜，造此聲。」（卷廿三）

今舉子夜歌數首爲例：

「芳是香所為，冶容不敢當。天不奪人願，故使儂見郎。
宿昔不梳頭，絲髮被兩肩。婉伸郎膝下，何處不可憐！
朝思出前門，暮思還後渚。語笑向誰道，腹中陰憶汝。
犀枕北窗外，郎來就儂嬉。小喜多唐突，相憐能幾時？」

子夜歌有詠四時的，如：

「春林花多媚，春鳥意多哀，春風復情，吹我羅裳開！」（以上春歌）
情知三夏熱，今日偏獨甚。香巾拂玉席，共郎登樓寢。（以上夏歌）
秋風入窗裡，羅帳起飄颺。仰頭看明月，寄情千里光。（以上秋歌）
何處結同心？西陵柏樹下。晃蕩無四壁，嚴霜凍殺我。（以上冬歌）

2. 碧玉歌：

「碧玉小家女，不敢攀貴德。感郎千金意，慚無傾城色。
碧玉破瓜時，相爲情顛倒。感郎不羞郎，回身就郎抱。」

3. 抒寫哀情的華山畿：

「華山畿！君既爲儂死，獨活爲誰施！歡若見憐時，棺木爲儂開！
未敢便相許，夜聞儂家論，不持儂與汝。
相送勞勞渚，長江不應滿，是儂淚成許。
奈何許！天下人何限，慊慊只爲汝！」

(二) 北方的慷慨悲歌

此期的北方，由於雜居的遊牧民族鮮卑、匈奴、羌、羯、氐的侵奪割據，而形成五胡十六國。後來又漸漸統一於鮮卑族裡的拓跋魏，北方社會的生活型態還是農業封建的開始，初期的文學，也反映了獷悍，尚武的戰鬥生活與英雄色彩；例如：

1. 敕勒歌：

「敕勒川，陰山下，
天似穹廬，籠蓋四野。
天蒼蒼，野茫茫，風吹草低見牛羊。」

這是一首描寫塞外情景極美的小詩。「風吹草低見牛羊」是南人夢想不到的意境，看它多麼樸實美妙。樂府廣題說：

「北齊神武（高歡）攻周王（宇文泰）壁，士卒死者十四五。神武恚憤疾發。周王下令曰：『高歡鼠子，親犯王壁。劍弩一發，元兇自斃。』神武聞之，勉坐以安士衆。悉引諸貴，使斛律金唱敕勒，神武自和之。」

這種文學，十足的反映了北方遊牧生活的環境和性格。（參看徐嘉瑞中古文學概論）

2. 企喻歌：

「男兒欲作健，結伴不須多。鷂子經天飛，群雀兩向波。

男兒可憐蟲，出門懷死憂。尸喪狹谷中，白骨無人收。

新買五尺刀，懸著巾梁柱。一日三摩娑，劇於十五女。」

這是被收在梁鼓角橫吹曲裡的短歌之一

3. 折揚柳歌(一)—豪爽率真而自然：

「遙看孟津河，楊柳鬱婆娑。我是虜家兒，不解漢兒歌。」

4. 折揚柳歌(二)—天真爛漫的戀歌：

「門前一株棗，歲歲不知老。阿婆不嫁女，那得孫兒抱？

問女何所思？問女何所憶？阿婆許嫁女，今年無消息！」

5. 木蘭辭—巾幗從軍的長篇故事：

「喞喞復喞喞，木蘭當戶織。不聞機杼聲，惟聞女嘆息。問女何所思？問女何所憶？『女亦無所思，女亦無所憶。昨夜見軍帖，可汗大點兵，軍書十二卷，卷卷有爺名。阿爺無大兒，木蘭無長兒，願爲市鞍馬，從此替爺征。』

東市買駿馬，西市買鞍韉，南市買轡頭，北市買長鞭。朝辭爺孃去，暮宿黃河邊。不聞爺孃喚女聲，但聞黃河水鳴濺濺。旦辭黃河去，暮宿黑山頭。不聞爺孃喚女聲，但聞燕山胡騎聲啾啾。萬里赴戎機，關山度若飛。朔氣傳金柝，寒光照鐵衣。將軍百戰死，壯士十年歸。

歸來見天子。天子坐明堂，策勳十二轉，賞賜百千強。可汗問所欲？『木蘭不用尚書郎，願借明駝千里足，送兒還故鄉。』爺孃聞女來，出郭相扶將。阿姊聞妹來，當戶理紅妝。小弟聞姊來，磨刀霍霍向豬羊。開我東閣門，坐我西閣床。脫我戰時袍，著我舊時裳。當窗理雲鬢，對鏡貼花黃。出門見火伴，火伴皆驚惶：『同行十二年，不知木蘭是女郎！』

雄兔腳撲朔，雌兔眼迷離。兩兔傍地走，安能辨我是雄雌？」

此詩慷慨雄偉而帶溫馨，在北方民間作品中，應是最具文學價值的詩歌。不過，在隋朝統一中國以前，北方的新興民族已完全放棄了胡服胡語而同化於南方的傳統

三、六朝的小說發展

㈠漢代小說中的疑作

漢代的小說，是政府蒐集「街談巷語，道聽塗說」的作品，虞初便是漢武帝時代以方士侍郎號稱「黃車使者」，負責撰述小說的第一人，而他的周說，也是最早的小說。但漢志所錄的小說全部都失傳。現在所傳的神異經及海內十洲記、漢武故事及漢武內傳、別國洞冥記、飛燕外傳等。有人以爲漢人僞託之作的說法也不可靠，而且認爲多出於六朝作家的手筆（參閱胡雲翼文學史）。凡此疑作，只能說是

漢代小說在六朝的繼續發展。所以嚴格說，中國之有小說，實具體於六朝。

㈡六朝的小說分類

兩晉南北朝的小說，大體可分兩大類：

一是神怪小說　此期原爲玄談避世而崇尚老莊思想的時代，不僅不諱言「怪力亂神」，而且上襲秦漢迷信神仙之風，近接小乘佛教暢行江左之盛，於是中國固有的神話傳說乃與佛教文學相結合，而形成神怪派的小說。也是六朝小說的主流。只是大都失傳，除了散見於太平廣記、太平御覽及淸苑珠林外，所存只有晉干寶的搜神記、苻秦王嘉的拾遺記、晉陶潛（？）的搜神後記、梁任昉（？）的述異記、梁吳均的續齊諧記、北齊顏之推的冤魂志等七種。

二是人事小說　中國先秦時代即有關於人事的寓言故事，如禮、擅弓中的孔子過泰山側、列子黃帝篇的商丘開故事等，都是極富小說意味的作品。但六朝的小說，則有部份純客觀的人事記述，而不再注重於寓言的窠臼。其中又可分爲甲乙二種：甲種是描寫宮闈艷事的小說，如漢武故事、漢武內傳、飛燕外傳等。乙種記述逸語奇聞的，如劉義慶的世說新語、無名氏的西京雜記等。

㈢六朝小說舉隅

1.續齊諧記中的鵝籠記：

「陽羨許彥於綏安山行，遇一書生，年十七八，卧路側，云腳痛，求寄鵝籠中。彥以爲戲言。書生便入籠，籠亦不更廣，書生亦不更小，宛然與雙鵝並坐，鵝亦不驚。彥負籠而去，都不覺重。前行息樹下，書生乃出籠謂彥曰：「欲爲君薄設。」彥曰：「善」，乃口中吐一銅奩子，奩子中具諸餚饌。…酒數行，謂彥曰：「向將一婦人自隨，今欲暫邀之。」彥曰：「善。」又於口中吐一女子，年可十五六，衣服綺麗，容貌殊絕，共坐宴。俄而書生醉臥。此女謂彥曰：「雖與書生結妻，而實懷怨，向亦竊得一男子同行，書生既眠，暫喚之，君幸勿言。」彥曰：「善。」女子於口中吐一錦行障遮書生，書生乃留女子共卧。男子謂彥曰：「此女雖有情，心亦不盡，向復竊得一女人同行，今欲暫見之，願君勿洩。」彥曰：「善。」男子又於口中吐一婦人，年可二十許，共酌，戲談甚久。聞書生動聲，男子曰：「二人眠已覺。」因取所吐女人，還納口中。須臾，書生處女乃出謂曰：「書生欲起。」乃吞向男子，獨對彥坐。然後書生起謂彥曰：「暫眠遂久，君獨坐，當悒悒耶？日又晚，當與君別。」遂吞其女子，諸器皿悉納口中，留大銅盤可二尺廣，與彥別曰：「無以藉君，與君相憶也。」彥太元中爲蘭臺令史，以盤餉侍中張散。散看其銘題，云是永平三年作。

2. 飛燕外傳一則

后所通宮奴燕赤鳳者，雄捷能超觀閣，兼通昭儀。赤鳳始出少嬪館，後適來幸。時十月五日，宮中故事，上靈安廟，是日吹塤擊鼓，歌連臂踏地，歌赤鳳來曲。后謂昭儀曰：「赤鳳爲誰來？」昭儀曰：「赤鳳自爲姊來，寧爲他人乎？」后怒，以杯抵昭儀裙，曰：「鼠子能嚙人乎？」昭儀曰：「穿其衣，見其私，足矣，安在嚙人乎？」昭儀素卑事后，不虞見答之暴，熟視不復言。樊嫕脫簪叩頭出血，扶昭儀爲拜后。昭儀拜且泣曰：「姊寧忘共被夜長苦寒不成寐，使合德擁姊耶？今垂得貴皆勝人，且無外搏，我弟其忍內相搏乎？」后亦泣持昭儀手，抽紫玉九鶵釵爲昭儀簪髻。乃罷。帝微聞其事，畏后不敢問，以問昭儀。曰：「后妒我爾。以漢家火德，故以帝爲赤龍鳳。」帝聞之，大悅。

3.世說新語一則

石崇每要客燕集，常令美人行酒，客飲酒不盡者，使黃門交斬美人。王丞相與大將軍嘗共詣崇。丞相素不能飲，輒自勉彊，至於沈醉。每至大將軍，固不飲以觀其變。已斬三人，顏色如故，尚不肯飲。丞相讓之，大將軍曰：「自殺伊家人，何預卿事？」（汰侈）

此期的小說，雖然只是中國小說的序幕，作品也只小說的雛型，只有粗枝大葉記敍，而結構既欠完善，描寫也不夠深刻。但它畢竟打開小說創作的草萊，下啟唐宋創作的風氣，而成爲中國小說的先驅。同時也提供後世許多文學的素材與典故。所以就小說而言，應屬功不可沒的一代。

四、六朝的古文與散文與駢文

㈠古　文

古文的界說，很不明確，如以時代論，則生於民國前一千六百年的陸機，他的作品不能算古文；而生在民國前六十年的曾國藩卻是個大古文家。如果指的是散文，也不盡然；梁章鉅退菴論文卻說：「今人於散體文、輙曰古文。衆口一詞，其實未考也。」以散文爲古文，是因爲韓愈之文，矯六朝纖麗之病，而以五經、史漢爲依歸，所以叫做古文并成爲文體之一。其實「古文」兩字，是指周代史榴的字體。章實齊的文史通義說得好：

「古文之目，始見馬遷（五帝本紀贊：「總之不離古文者近是」。）』名雖託於尚書，義實取於蝌蚪……自後文無定品，俳偶即是從時；學有專長，單行爲古。古文之目，異於古所云矣……」

所以古文實爲託古改造的獨行散文，後來古文門户確立，所有散文不合古文家的意境氣勢與格調的，都是「非古文」。（詳姚節文學研究法、林紓畏廬論文）。

㈡散　文

古代的散文可分兩期，一爲周秦來自經書的散文，一爲漢魏的散文。後者包括史漢所錄的文章。漢魏的散文，以政治論文居多，但對散文發展具特殊貢獻的，乃是敍事的散文－歷史文學。史漢之外，還有荀悅的漢紀、蔡邕的碑碣、崔駰的箴銘贊頌；而王充的論衡更是中國稀有的批評文學。

魏晉時代，只有曹丕的書扎、陶潛的散文是可讀的。此外如諸葛亮的出師表、李密的陳情表，也是很能動人的散文，可惜作品太少。其除的作家都走向駢文之路。

㈢駢體文

駢賦易經中孔子的文言，子夏的詩序，都是駢文的先驅。楚辭與漢賦也是駢文的根源。但駢文的形成與鼎盛卻在南北朝。此時所有文章，上至朝廷詔敕，下至致謝餽贈的牋啟，都是駢體。而在齊梁之際，由於前述聲韻學的大行，「永明體」支配了「詩」也同樣支配了「文」，此時的駢體文，也叫做「永明體」，六朝的詩家如沈約、王融、謝朓等都是駢文的健者。但駢文的完美，要算徐陵、庾信的作品。前者的玉臺新詠序，更是著名的四六文，且看原文：

「凌雲概日，由余之所未窺；萬戶千門，張衡之所曾賦。周王璧臺之上，漢帝金屋之中，玉樹以珊瑚作枝，珠簾以玳瑁為柙，其中有麗人焉。其人也，五陵豪族，充選掖庭；四姓良家，馳名永巷。穎川新市，河間觀津，本號嬌娥，曾名巧笑。楚王宮內，無不推其細腰；魏國佳人，俱言訝其纖手。閱詩敦禮，非宜東鄰之自媒；婉約風流，無異西施之被教。弟兄協律，自小學歌；少長河陽，由來能舞。琵琶新曲，無待石崇；箜篌雜引，非因曹植。傳鼓瑟於楊家，得吹簫於秦女。至若寵聞長樂，陳后知而不平；畫出天仙，閼氏覽而遙妒。且如東鄰巧笑，來侍寢於更衣，西子微顰，將橫陳於甲帳。陪遊馺娑，騁纖腰於結風；長樂鴛鴦，奏新聲於度曲。妝鳴蟬之薄鬢，照墮馬之垂鬟。反插金鈿，橫抽寶樹。南都石黛，最發雙蛾；北地燕脂，偏開兩靨。亦有嶺上仙童，分丸魏帝；腰中寶鳳，授歷軒轅。金星與婺女爭華，麝月共嫦娥競爽。驚鸞冶袖，時飄韓掾之香；飛燕長裾，宜結陳王之佩。雖非圖畫，入甘泉而不分；言異神仙，戲陽臺而無別；真可謂傾國傾城，無雙者也。加以天情開朗，逸思雕華，妙解文章，尤工詩賦。琉璃硯匣，終日隨身；翡翠筆床，無時離手。清文滿篋，非惟芍藥之花；新製連篇，寧止蒲萄之樹？九日登高，時有緣情之作；萬年公主，非無誄德之辭。其佳麗也如彼，其才情也如此。既而椒房宛轉，柘館陰岑，絳鶴晨嚴，銅蠡晝靜。三星未卜，不事懷衾；五日猶賒，誰能理曲？優游少託，寂寂多閒；厭長樂之疏鍾，勞中宮之緩箭。輕身無力，怯南陽之擣衣；生長深宮，笑扶風之織錦。雖復投壺玉女，為歡盡於百驍；爭博齊姬，心賞窮於六箸。無怡神於暇景，惟屬意於新詩，可得代彼萱蘇，微蠲愁疾。但往世名篇，當今巧製，分諸麟閣，散在鴻都，不藉篇章，無由披覽。於是然脂暝寫，弄墨晨書，撰錄艷歌，凡為十卷。曾無參於雅頌，亦靡濫於風人；渭涇之間，若斯而已。於是麗以金箱，裝之寶軸。三臺妙跡，龍伸蠖屈之書；五色花牋，河北膠東之紙。高樓紅粉，仍定魯魚之文；辟惡生香，聊防羽陵之蠹。靈飛六甲，高擅玉函；鴻烈仙方，長推丹枕。至如青牛帳裡，餘曲未終；朱雀窗前，新妝已竟。方當開茲縹帙，散此紹繩；永對晼（玩）於書帷，長循環於纖手。豈如鄧學春秋，儒者之功難習；竇傳黃老，金丹之術不成。固勝西蜀豪家，託情窮於魯殿；東儲甲觀，流泳止於洞簫。孌彼諸姬，聊同棄日；猗與彤管，麗矣香奩。」

六朝的駢賦　由古賦蛻變的駢賦，是魏晉六朝對於古賦流衍於堆砌詞藻的一種反動，此期的賦家努力擺脫「敷陳」之舊習，而代以雅俗共賞而千錘百鍊的詞句，使成清麗而細密的「駢賦」；由於此體之講求音調的和諧與對偶的工整，又稱「俳賦」。孫梅的四六叢話有極正確評價：

「左、陸以下，漸趨整鍊；齊梁而降，益事妍華；古賦一變而為駢賦。江、鮑虎步於前，金聲玉潤；徐庾鴻騫於後，繡錯綺交。固非古音之洋洋，亦求如律體之靡靡也。」

這是駢賦最好的寫照，現在且看一般他所稱道的江淹作品別賦：

黯然魂銷者，惟別而已矣。況秦吳兮絕國，復燕宋兮千里。或春苔兮始生，乍秋風兮蹔起。是以行子腸斷，百感悽惻。風蕭蕭而異響，雲漫漫而奇色。舟凝滯於水濱，車逶遲於山側。櫂容與而詎前，馬寒鳴而不息。掩金觴而誰御，橫玉柱而霑軾，居人愁臥，怳若有亡。日下壁而沉彩，月上軒而飛光。見紅蘭之受露，望青楸之離霜。巡層楹而空揜，撫錦幕而虛涼。知離夢之躑躅，意別魂之飛揚。故別雖一緒，事乃萬族。至若龍馬銀鞍，朱軒繡軸，帳飲東都，送客金谷。琴羽張兮簫鼓陳，燕趙歌兮傷美人，珠與玉兮艷暮秋，羅與綺兮嬌上春。驚駟馬之仰秣，聳淵魚之赤鱗。造分手而銜涕，感寂寞而傷神。乃有劍客慚恩，少年報士，韓國趙廁，吳宮燕市，割慈忍愛，離邦去里，瀝泣共訣，抆血相視。驅征馬而不顧，見行塵之時起，方銜感於一劍，非買價於泉裡。金石振而色變，骨肉悲而心死。

由楚辭而漢賦，走的是詩變而為散文的路線；到了六朝，唯美主義的思潮，又瀰漫於文壇，於是賦的形成又逐漸回到詩的路上來，所以賦的格調，除了如江淹作品之有別於古體之外，更充溢著動人的情趣，例如梁元帝的蕩婦秋思賦：

「蕩子之別十年，倡婦之居自憐，登樓一望，惟見遠含煙；平原如此，不知道路幾千。天與水兮相逼，山與雲兮共色。山則蒼蒼入漢，水則涓涓不測。誰復堪見鳥飛，悲鳴隻翼。秋何月而不清，月何秋而不明？況乃倡樓蕩婦，對此傷情，於時露萎庭蕙，霜封階砌，坐視帶長，轉看腰細。重以秋水文波，秋雲似羅；日黯黯而將暮，風騷騷而渡河。妾怨迴文之錦，君思出塞之歌，相思相望，路遠如何！鬢飄蓬而漸亂，心懷疑而轉歎，愁縈翠眉斂，啼多紅粉漫。已矣哉！秋風起兮秋葉飛，春花落兮春日暉；春日遲遲猶可至，客子行行終不歸。」

此賦所代表的趨勢是，詩賦合流，可以說是由古典主義走向浪漫主義，由詠物紀事走向抒情言志。就文學的流變而言，這是非常可喜的傾向。隋唐以後，由於科舉制度之以賦取士，而產生了只重音律對偶而不顧內容情趣的「律賦」，又把這萌芽未久的文學生機閹割掉。

這種亦詩亦文的賦體，畢竟最適於抒發性靈的形式，所以往後辭賦範圍的擴大應用，已見慷慨激昂的四六句子，玄宗時「燕許大手筆」的張說、蘇頲的公文亦同，遂使大力復古的柳宗元也不得不在他的乞巧文中「有駢四驪六、錦心繡口」的讚美。所以一到宋代，不但討論四六的著作風起雲湧，而所有應用文都以此體制作而風行一時，而且由於內容散文化的丕變。其他所有好作品，十之八九也屬於這種作風趨於自然的駢文；例如歐陽修的蔡州乞致仕第二表：

睿聖丁甯，曲加慰愉；愚衷懇迫，尚敢黷煩。將再干於冕旒，宜先伏於砧鑕。伏念臣世惟寒陋，少苦奇屯。識不達於古今，學僅佑於章句。名浮於實，用之始見於無能；器小易盈，過則不勝於幾覆。徒以早際千齡之亨會，誤蒙二聖之獎知。寵榮既溢其涯，憂患亦隨而至。稟生素弱，顧身未老而先衰；大道甚夷，嗟力不前而難強。每念恩私之未報，兼之疾病之交攻。爰於守亳之初，遂決竄漳之計……」。

仍然成了唐宋以後所盛行的「駢文」。所以，六朝的駢賦，不僅有他由「六藝附庸」而「蔚爲大國」的地位，而且是古代文體與駢偶文體之間的橋樑。

第七章　唐宋的文學盛況

本期的文學，是散文的復古與詩詞的全盛；小說則傳奇盛於唐，白話盛於宋，其流變如左：

一、復古的散文：

㈠唐宋復古的前奏

盛於六朝的駢偶綺艷文學，到了陳、梁時代，已經是強弩之末，這種僅存形式美的浮靡文學，漸爲當代作家所唾棄。喜作艷體詩的蕭綱，對於此期的文風，也有不滿的批評：

「比見京師文體，懦鈍殊常，競學浮疏，爭爲闡緩，……既殊比興，正背風騷。……吾既拙於爲文，不敢輕有掎摭。但以當世之作，歷萬古之才人，……觀其遺辭用心，了不相似。若以今文爲是，則古文爲非；若昔賢可稱，則今體宜棄。……」（與湘東王繹書）。

當時文壇的反感，可見一斑。於是便有以下名家的紛紛響應：

1. 北朝的蘇綽，曾仿尚書作大誥，以矯浮靡。
2. 隋文帝楊堅奪周祚後，廢禁浮華文學，詔令天下公私文翰皆應實錄。泗州刺史司馬幼之即因上書華艷，而被懲。
3. 御史李諤上書請斥浮華之文說：

「魏之三祖（即曹操、曹丕、曹叡），更尚文辭。忽人君之大道，好雕蟲之小藝。下之從上，有同影響。競騁文華，遂成風俗。江左齊、梁，其弊彌甚。貴賤賢愚，唯矜吟咏。遂復遺理存異，尋虛逐微；競一韻之奇，爭一字之巧。連篇累牘，不出月露之形；積案盈箱，唯是風雲之狀。世俗以此相高，朝廷據茲擢士。……文筆日繁，其政日亂。良由棄大聖之軌模，構無用以爲用也。」

李諤的理論顯然是反對魏、晉以來不講致用的純文學，他認定文學必以實用爲主。

4. 王通也說：「文者，苟作云乎哉：必也濟乎義。」他的中說，更全仿論語。

由此可見唐之直前的復古趨勢了。不過由於兩晉六朝的長期影響，此種反對，仍難奏效，所以初唐仍有「上官體」、「四傑體」、「沈宋體」的盛行。

(二)中唐開始的復古

直到中唐的陳子昂，才對古文運動的啟蒙與奠基作有力的提倡，主張漢魏文學的質樸，而反對六朝作品的頹靡。他說：

「文章道弊五百年矣。漢、魏風骨，晉、宋莫傳；然而文獻有可徵者。僕嘗暇時觀齊、梁間詩，采麗競繁而興寄都絕，每以咏歎！竊思古人，常恐逶迤頹廢，風雅不作，以耿耿也。」（東方左史糾修竹篇序）

他的詩歌代表作，感遇詩三十八首，就是此言的實踐—專重意境而不尚辭藻的直追建安之作。他的散文也極少堆砌駢偶的辭句。所以後起的文豪，都對他同聲讚揚。李白在古風中說他「聖代復玄古，垂衣貴清真」。杜甫在陳拾遺故宅中說：「有才繼騷雅，哲匠不比肩。公生揚馬後，名與日月懸。」韓愈說：「國朝盛文章，子昂始高蹈。」柳宗元說：「張說工文章，九齡差比興，兼備者子昂而已。」（詳王序中國文學作家小傳）稍後，又有吳少微、富嘉謨的「吳富體」以及蕭穎士、李華、元結、獨孤及、梁肅諸人之宗法子昂，繼續推動文學之復古；而韓、柳乃得繼往開來的成就。

(三)韓柳的古文運動與晚唐之中斷

1. 韓愈以繼承孔、孟道統自命，因而主張「文以載道」。他說：「非三代、兩漢之書不敢觀，非聖人之志不敢存」。又說：「行之乎仁義之途，遊之乎詩書其原，終吾身而已矣。」（答李翊書）所以他的文章來源有左列的自道：

「上規姚姒，渾渾無涯；周誥殷盤，佶屈聱牙，春秋謹嚴；左氏浮誇；易奇而法；詩正而葩；下逮莊騷，太史所錄；子雲、相如，同工異曲。」（進學解）

2. 柳宗元的「明道」主張與「羽翼夫道」的主張，似乎更近了一步。他說：

「始吾幼且少，爲文章以詞爲工。及長，乃知文者以明道，是固不苟爲炳炳烺烺，務采色、夸聲音，而以爲能也。……故吾每爲文章，未嘗敢以輕心掉之……抑之欲其奧，揚之欲其明，疏之欲其通，廉之欲其節，激而發之欲其清，固而存之欲其重，此吾所以羽翼夫道也。」（答韋中立論師道書）

他的文章來源，也似乎更具古文之大觀。他說：

「本之書以求其質，本之詩以求其恆，本之禮以求其宜，本之春秋以求其斷，本之易以求其動，此吾所以取道之源也。參之穀梁以厲其氣，參之孟、荀以暢其文，參之莊、老以肆其端，參之國語以博其趣，參之離騷以致其幽，參之太史以著其潔，此吾之所以旁推交通而以爲之文也。」（答韋中立論師道書）

由此可知韓柳二人都反對唯美文學，也都以三代、兩漢的經史百家爲取法，自然也洗盡了六朝的「鉛華」而別立其風尚。不過由於繼起之李翺、皇甫湜等之才力聲望都不及韓柳，古文作品又漸次式微；致有晚唐駢偶的復活，而復古運動亦告中斷。

㈣宋代的復古

1. 宋代的四六駢文，宋初承晚唐駢偶之盛，四六駢偶之文亦繼之盛行。「四六」一詞，有人說始於李商隱，他在樊南甲集序說：「作二十卷，喚曰樊南四六。此體形式較早先駢文更求工整—四字句與六字句依平仄聲相間爲用，使文章不致散漫，而有柔和調勻之美，亦使作者有法可循。」

南宋更有「四六」典型的作品，如楊萬里的除吏部郎官謝宰相啟：

「湖海十年，分絕脩門之夢；雲天一札，忽來省户之除。孰云處士之星，復近長安之日。伏念某老當益嬾，病使蚤衰。落葉空山，晝拾狙公之橡栗；寒江釣雪，夜隨聱叟之苓箵。自知甚明，無所可用。方攬牛衣而袁卧，驚聞騶谷之馮招。蓬門始開，山客相慶。載命呂安之駕，旋彈貢禹之冠。搔白首之重來，問青綾之無恙。玄都之桃千樹，花復蕩然；金城之柳十圍，木猶如此！慨其顧影於朝蹟，從此寄身於化工。茲蓋伏遇某官，舜使是君，稷思猶己。謂郎官上應於列宿，任惟其人；而宰相下遂於物宜，人非求舊。眷前魚而罔棄，使去鶴之復歸。某敢不捫心權衡，所職夙夜。豈唯春選，守光庭之聖書；倘或秋毫，贊山公之啟事。」

2. 復古與告成，韓愈的門人李翺之文，爲北宋所宗，柳開爲學韓文的第一人，但又兼修柳文，遂開宋人推重韓柳之端；而古文運動也重新燃起熊熊的薪火。其後穆修亦學韓文，尹洙出其門下，歐陽修從尹洙學古文法；曾鞏、王安石、蘇軾、蘇轍等皆出歐陽門下；加上與二子齊名的蘇洵，遂形成了唐宋八大家的文格而盛極一時，中唐以來的復古運動乃告成功。

(五) 唐宋八大家散文及舉隅

1. 韓愈的議論文如原道、原性、原毀，皆析理條暢，雄辨滔滔，閎偉而具煽動性與說服力；但也有好用險句，佶屈聱牙之病。

2. 柳宗元的思想是多方面的，而且較韓愈來得深湛，宗經明道而不囿於儒家的道，在經史中求道亦具修辭的藝術，所以不但美而且往往能言人所未言，見人所未見。如封建論之抑周與揚秦及「官吏爲民之役」。又如斷刑論、貞符之破除迷信。都可見柳文的風格的一斑。

3. 歐陽修的思想與詩文的主張，大抵可見之於答吳充秀才書及答祖擇之書。他強調「道勝者文不難自至」，「學者當師經，師經必先求其意」。所謂「道純則充於中者實」更重視氣質的修養，以求才有定見，言之有物；所以一反「西崑體」的空洞與「太學體」的荒誕。他的文章更表現平易流暢質樸無華；如朋黨論之切中時弊，如縱囚論之指謫太宗求名而失天下常法。他在五代史宦官傳論中之謂「自古宦者亂人之國，其源於女禍，女，色而已，宦者之禍非一端也……夫人主者非欲養禍於內，而疏忠臣碩士於外，蓋其漸積而勢使之然也」；更能深切指陳時弊以戒人君。

他的記敍文，尤多概括而精煉，如醉翁亭記，如秋聲賦，都是神妙之作。其他如釋秘演詩集序、祭石曼卿文、瀧岡阡表、尹洙墓誌等，都能溫潤曲折，簡明而恰得其分，篇篇都能令人一唱三嘆。

他的謹嚴，尤足爲今日爲文者之師法；每成一文皆掛在牆上反覆斟酌，每至十餘遍，甚至夜半不眠。夫人嘗止之曰：「何自苦如此，尚畏先生嗔耶？」。歐公笑道：「不畏先生嗔，卻怕後生笑」。有此境界，自然會有千錘百煉、字字珠璣的佳作。

4. 蘇洵之文，得力於國策、史記、莊子、韓非。雖爲歐公所識拔，但體制殊異，其筆力則較二子爲堅勁。故謝枋得說他「有法度，有氣力、有精神、有光燄、嚴謹而華蕩者也。」議論文偏重於軍事，代表作有審勢、審敵、權書、衡論、心術、遠慮、管仲論、六國論等。

5. 蘇軾，可謂才氣縱橫的作家。行文飄逸清新，揮灑自如，傳世的詩四千多首，詞賦三百多闋，散文三百餘篇。爲文雖主「必與道俱」，雖謂「文者貫道之器也」，但所謂「道通於藝」，卻與「載道」的觀點有別」所以他融會佛老莊列的思想、爲思想、爲境界，故能下筆如行雲流水，初無定質。

蘇軾不僅爲八大家中最突出人物，而且是詩詞文賦書畫無所不精的大文豪，更是當代最有道德勇氣的政治家。徽宗之相蔡京，在他死後第二年所立的元祐「黨人碑」，以蘇軾爲首。儘管「黨人」的詩文書畫懸爲厲禁，但官民皆珍藏如寶，連攻下汴京的金人也大肆蒐羅。歐陽修讀他的應試文刑賞忠厚之至論說：「讀軾書不覺汗出，快哉！快哉！吾當避此人出一頭地」。他的政敵王安石也說：「不知更有幾百年，方有如此人物」。南宋的孝宗更有異常的推崇：

「……孔子曰臨大節而不可奪，君子人歟！孟子曰我善養吾浩然之氣……忠言讜論立朝大節，一時廷臣無出其右，雄視百代，自作一家。」（文忠蘇軾集贊）又曰：

「……養其氣以剛大，尊所聞而高明……知名自況於孟軻，論事肯卑於陸贄，王佐之才可大用

，恨不同時」。（追贈太師誥詞）

6. 蘇轍之文，汪洋澹泊，一如其人。作品不欲人知，但秀傑之勝，高妙之「氣」，仍不可掩。如上樞密韓太尉書、六國論及黃州快哉亭記，都是典型的名作。（當於下文舉隅）

他的文學觀點略同於父兄，蘇洵自謂「所以取於論語，孟子，韓子及其他聖人之文，不過好其辭而已」。蘇軾則以自漢以來，道術不出孔孟，五百年而後得韓愈，學者以韓愈配孟子……以爲文章如行雲流水，初無定質，但當行於所當行，止於不可不止，文理自然姿態橫生。子由之論文亦同。三人皆重文章之風格氣勢而不及道之有無。更不限於道學家之所謂道，故其文皆遒勁生動，自然而流利。如論專長，則子由自知才不如乃兄，故舍說理而重養氣。故東坡說：「子由之文辭理精確而不及吾，而體氣高妙吾所不及，雖各欲以此勉，而天資所短，終莫能脫」。所以子由自謂「文者氣之所形，然文不可以學而能，氣可以養而致」。

7. 曾鞏被稱「桐城派古文宗師的曾子固，爲文極重義法的謹嚴，全篇的佈局必求層次分明，使人一目了然而有規矩可循。作品內容與歐公明道的取向相同，所謂：「明足以周萬事之理，道足以適天下之用，智足以通難知之意，文足以發難顯之情」。這種由「明道」進於「致用」的境界，得乃師之衣缽，他的致道亦深於三蘇之文。說理處尤見其青出於藍；所以劉壎的隱居通義說：「先儒謂歐文碎如金玉，又以爲有造化在其胸中，而未有以道視之者，然答吳充秀才一書，則知其道可見矣；南豐說理則精於其師。」又說：「歐蘇一變文始趨古，其論……無不造妙，然以理學未及也。當時獨南豐先生……根據性理……先儒言歐公文紆餘曲折，說盡事理，南豐繼之加以謹嚴，字字有法度，此朱文公評文專以南豐爲法者，蓋以其於周、程之先首明理學也」。

曾氏以文章名天下，其心法尤在於壯其氣，劉弇氣說：「其氣完者其文渾，其氣削者局以卑；是故排而躍之非怒張也、綴而留之非懼脅也」。（上通判王司封書）曾氏的代表作如：

(1)讀賈誼傳：「余讀三代兩漢之書，至於奇辭奧古、光輝淵澄、洞達心腑、如登高山以望長江之浩流，而恍然駭其氣之壯也……蓋喜其資之者深，而得之者多也。既而遇事輒發，足以自壯其氣，覺其辭源源來而不雜也。」

(2)書魏鄭公傳：「予觀太宗嘗屈已以從群臣之議，而鄭公之徒喜遭其時，感知己之遇，事之大小無不諫諍，雖忠誠自至，亦得君之然也。則思唐之治，太宗之所以賢，而前世之君所以不及者，其淵源皆出於此也。能知其有此者，以書存也。及觀鄭公之諫諍事付史館，太宗怒，薄其禮，失始終之義，則未嘗不反覆嗟惜，恨其不思而益知鄭公之賢焉。……至於遼東之敗，而始恨鄭公之不在世，未嘗知其悔之萌芽出乎此也。度量恢宏如太宗者，竟不欲將魏徵諫諍事付之史館，而圖掩飾其過失之處。魏徵没後，太宗思之不已，謂侍臣曰：「夫以銅爲鏡可以正衣冠；以古爲鏡，可以知興替；以人爲鏡，可以明得失。朕常保此之鏡以防三過，今魏徵殂逝，遂亡一鏡矣！……」

太宗如此悔恨，曾文猶復嚴詞切責之，蓋爲春秋責備賢者之筆，故前人譽此篇曾文第一，並比之爲古之立言。

(3)唐論：「……代隋者唐，更十八君垂三百年，而其治莫盛於太宗之爲君也。詘己從諫，仁心愛人，可謂有天下之治。以稅庸任民，以府衛任兵，以職事任官，以材能任職，以興義任俗，以尊本任重，賦役有定制，兵農有定業，官無虛名，職無廢事，人習於善行，離于末作。使之操於上者，要而不煩，取於下者，寡而易供……」。

此文雖名曰唐論，而追論古今之興滅繼絕，即論唐於太宗以後，亦無一語及之，可謂專爲太宗而言，本乎義理，發爲的論，可謂處處有真知灼見之作。

(4)墨池記：「臨川之城東，有地隱然而高以臨於溪曰新城。新城之上，有池窪然而方以長，曰王羲之之墨池者；荀伯子臨川記云也。羲之嘗摹張芝臨池學書，池水盡黑，此爲其故跡，豈信然耶？方羲之之不可強以仕，而嘗極東方出滄海，以娛其意於山水之間，豈其徜徉肆恣，而又嘗自休於此耶？羲之之書，晚乃善，則其所能，蓋亦以精力自致者，非天成也。然後世未有能及者，豈其學不如彼耶？則學固豈可以少哉？況欲深造道德耶？……夫人之有一能，而後使後人尚之如此，況仁人莊士之遺風餘思，被於來世者何如哉？」

此文以薄物小篇寓深遠之意，其深切往復，雋永可喜；勉人之心，亦躍然紙上；他的「耶」、「哉」助詞之活用，步步爲營，步步推進，寫作技巧更是妙不可言。

8.王安石 介甫之文，充滿法家思想的功利主義，處處表現經國濟世的政治主張，所以他的文論可與司馬光並稱政治家的文論。不過前者稍近於道學家，後者則爲純粹的古文家，因之爲文也更重實用。所以說：「……曰言之不文行之不遠云者，徒謂辭之不可以已也，非聖人作文之本意也。且所謂文者，務爲有補於世而已矣。」

安石於文學，以政治論文爲最佳。他的議論文，無不謹嚴質樸，而且筆鋒犀利，說理精闢，簡煉有力而氣勢逼人，能束千百言十數行轉於數行之中，祇一二語便可掃卻他人數大段；令人一目了然，絕不拖泥帶水。政治論文的虛實互證，更顯得光芒奪目。他的代表作上仁宗皇帝書便是最好例子。現在且錄他的孟嘗君傳：

「世皆稱孟嘗君爲能得士，士以故歸之；而卒賴其力以脫於虎豹之秦。嗟呼！孟嘗君特雞鳴狗盜之雄耳；豈足以言得士？不然擅齊之強得一士焉，宜可以南面制秦，尚何取於雞鳴狗盜之力哉？夫雞鳴狗盜之出其門，至士之所以不至也。」

此文寥寥數語，超勝於千言萬語，言人所不及言而能一針見血。文末一語，更揭出千古所同悲的反淘汰所由生的權貴心態。

二、唐宋的詩詞

㈠唐詩

唐詩與宋詞元曲同爲膾炙人口的文學，清康熙時所編的全唐詩，有二千二百餘作者，四萬八千九百餘首詩，這是古今中外所沒有的驚人數量。而且都是名家名作。詩體方面，胡適以爲七古詩是唐代的新體詩（見白話文學上卷頁二七二），至少是七古的大成時代。六朝萌芽的近體律絕詩，此時更非常發達。詩的內容造詣，也可說是盡善盡美，詩的一切都登峰造極，所以一般都公認唐代是詩歌的黃金時代－全盛時期。

唐詩之所以「盛」，有下列原因：①近體詩在六朝已具良好的基礎，並有沈佺期、宋之問的提倡。②唐朝的社會，兼南北朝與兩宋的優點－沒有佛教的約束，也不受儒家規範的禁錮，作家都可放言高論，自由表現。③帝王的倡導－如太宗、玄宗、文宗都是詩家。武后的許多獎獎勵措施之外，還有憲宗讀白居易的諷諫詩而召爲學士；穆宗欣賞元微之的詩而徵爲舍人；文宗則因愛好五言詩，特置詩學士七十二人。④以詩賦取士的考試制度。

不過律詩則由於意境情感受拘束，畢竟不是受歡迎的詩體；唐詩之中律詩的好作品也不多。其真可以代表唐詩特色的是五、七言歌行與絕句。因爲前者的平仄與句子之長短都可自由，更不講對仗；後者雖與律詩同稱近體，卻是六朝民歌演化的；雖有聲韻格律，但不必排偶對仗，可以靈活應用。所以唐詩中的好作品，都是歌行與絕句。

明高秉把唐詩分爲「初」、「盛」、「中」、「晚」四期：

初唐－自高祖至玄宗（約六一八－七一二）
盛唐－自玄宗至代宗（約七一三－七六五）
中唐－自代宗至文宗（約七六六－八四六）
晚唐－自文宗至昭宣帝（約八四七－九〇六）

此法爲一般文學史家所沿用，雖然不是很合理，但有討論記憶的便利。本節亦仿此分述其流變之大要：

1. 初唐的詩，仍帶極濃厚的六朝遺風。他的特色有四：①律體大盛，②各極所長，③題材繁富，④學古途廣。像初唐四傑的「王勃高華，楊炯雄厚，照鄰清藻，賓王坦易」，（見詩鏡總編），便是各有韻致，華麗雖似六朝，但流利曉暢，音律鏗鏘，不僅可讀，而且可歌。所以何大復說：「初唐」

四子之作，往往可歌，反在杜少陵之上，說者謂其有功風雅（明月篇敍）。玆錄其作品如次：

(1)王勃詩：（字子安河津人。六四九—六七六）

寒衣思

「久別侵懷抱，他鄉變容色。月夜調鳴琴，相思此何極？」（其一）

「雲間征思斷，月下歸愁切，鴻雁西南飛，如何故人別；」（其二）

思歸

「長江悲已滯，萬里念將歸；況復高風晚，山山黃葉飛！」

(2)楊炯詩：

從軍行

「烽火照西京，心中自不平，牙璋辭鳳闕，鐵騎繞龍城。雲暗凋旗畫，風多雜鼓聲；寧爲百夫長，勝作一書生。」

曲江花

「浮香繞曲岸，圓影覆華池；常恐秋風早，飄零君不知。」

易水

「此地別燕丹，壯士髮沖冠！昔時人已沒，今日水猶寒！」

在獄咏蟬（駱賓主）

「西陸蟬聲唱，南冠客思侵，那堪玄鬢飲，未對白頭吟、霧重飛難進，風多響易沉，無人信高節，誰人表予心！」

以上作品，果然「多擅其勝，而骨氣翩翩，意象老境超然之勝，則優於陳、隋之遺（華靡），四人所並長也」。

後此，沈佺期、宋之問道的近體詩，史稱沈宋體，唐書說：「魏建安後迄江左，詩體屢變。至沈約、庾信以音韻相婉附，屬對精密。及之問、佺期、又加靡靡；而忌聲病，約句準篇，如錦繡成文，學者宗之，號爲沈、宋。」此體之調勻平仄工夫，并使五七言律絕詩相繼成熟。

還有王梵志、王績、寒山、豐干、拾得等、致力於另一詩體，爲純任自然而近於白話的詩。茲錄宋之向、王梵志詩各一首：

陸渾山莊（宋之問）

「歸來物外情，負杖閱巖耕，源水看花入，幽林採藥行。野人相問姓，山鳥自呼名，去去獨吾樂，無能愧此生。」

翻著襪（王梵志）

「梵志翻著襪，人皆道是錯。乍可刺你眼，不可隱我腳。」

南宋詩僧慧供引此詩，「道是」作「謂我」；「乍」作「寧」并加讚美；黃山谷尤其欣賞。陳善捫蝨新話說：「知梵志翻著襪法，則可以作文。知九方皋相馬法，則可以觀人文章。」可見這首小詩在宋朝文人眼裡的地位。

宋末費袞梁溪漫志所錄梵志詩：

其一「他人騎大馬，我獨跨驢子。回顧擔柴漢，心下較些子。」

其二「世無百年人，強作千年調。打鐵作門限，鬼見拍手笑。」

與沈宋同時的詩人，有李嶠、蘇味道、崔融、杜審言，號稱「文章四友」。還有「吳中四士」的賀知章、包融、張旭、張若虛。李嶠的汾陰行，玄宗讀後嘆爲「真才子」。賀知章的回鄉偶書，也是家喻户曉。張若虛的春江花月夜：更是語意迴環，風調清麗的名篇。以下再錄一首無赫赫詩名的劉希夷作品代悲白頭翁，以見其突出：

「洛陽城東桃李花，飛去飛來落誰家？洛陽女兒好顏色，行逢落花長嘆息，今年花落顏色改，明年花開誰復在？已見松柏摧爲薪，更聞桑田變成海。古人無復洛城東，今人還對落花風。年年歲歲花相似，歲歲年年人不同。寄言全盛紅顏子，應憐半死白頭翁，此翁白頭真可憐！伊昔紅顏美少年。公子王孫芳樹下，清歌妙舞落花前。光祿池台開錦繡，將軍樓閣畫神仙。一朝卧病無相識，三春行樂在誰邊？宛轉蛾眉能幾時？須臾鶴髮亂如絲。但看古來歌舞地，唯有黃昏鳥鵲悲！」

相傳他的舅舅宋之問酷愛此詩「年年歲歲花相似，歲歲年年人不同」之工，欲奪爲已有，希夷不肯，乃怒以土囊壓死希夷（臨漢隱居詩話）

此外值得一提的是，初唐之末的陳子昂、張九齡的作品——二人各有感遇詩皆重意境，風骨高古，一掃此期華豔的詩風，下開唐詩之盛。（唐詩三百首詩話薈編首收張九齡感遇二首，翻閱甚便。）

2. 盛唐的詩　盛唐詩作的重心是李、杜兩大詩聖。由於生活形態與觀念的差異，太白是放浪形骸的，而子美卻是憂以終身的；所以詩筆也各異其趣－太白則縹渺空靈，子美則沉鬱淵懿；一以飄逸勝，一以沉痛勝。太白所表現的是，當時奢侈和浪漫的生活；子美則刻畫了兵荒馬亂，政治腐化的時代。前者的詩風是高古的，後者的詩風則是深刻的。對歌行及五言的律絕詩，二人皆有獨到之處，但太白短於七律，子美則雖短於七絕；卻別有風味，爲宋詩之所本。以下爲李、杜作品舉隅：

(1)李白詩：（字太白隴西人，遷綿州，七〇一－七六二）

①行路難（李白）

「金尊清酒斗十千，玉盤珍羞值萬錢。停杯投箸不能食，拔劍四顧心茫然。欲渡黃河冰塞川，將登太行雪滿山。閑來垂釣坐溪上，忽復乘舟夢日邊。行路難！行路難！多岐路，今安在！長風破浪會有時，直挂雲帆濟滄海。

「大道如青天，我獨不得去。羞逐長安社中兒，赤雞白狗賭梨栗。彈劍作歌奏苦聲，曳裾王門不稱情。淮陰市井笑韓信，漢朝公卿忌賈生。君不見昔時燕家重郭隗，擁篲折節無嫌猜。劇辛樂毅感恩分，輸肝剖膽效英才。昭王白骨縈爛草，誰人更掃黃金臺！行路難！歸去來！

」

②將進酒

「君不見黃河之水天上來，奔流到海不復回；君不見高堂明鏡悲白髮，朝如清絲暮成雪；人生得意須盡歡，莫使金樽空對月。天生我材必有用，千金散盡還復來。烹羊宰牛且爲樂，會須一飲三百杯。岑夫子，丹丘生，將進酒，君莫停。與君歌一曲，請君爲我傾耳聽：——鐘鼓饌玉不足貴，但願長醉不願醒。古來聖賢皆寂寞，惟有飲者留其名。陳王昔時宴平樂，斗酒十千恣歡謔。主人何爲言少錢？徑須沽取對君酌。五花馬，千金裘，呼兒將出換美酒，與爾同銷萬古愁！」

③登金陵鳳凰臺

「鳳凰臺上鳳凰遊，鳳去臺空江自流。吳宮花草埋幽徑，晉代衣冠成古丘。三山半落青天外，二水中分白鷺洲。總爲浮雲能蔽日，長安不見使人愁。」

④玉階怨

「玉階生白露，夜久侵羅襪。卻下水晶簾，玲瓏望秋月。」

(2)杜甫詩：（字子美、襄陽人、遷河南。七一二—七七〇）

哀江頭（杜甫）

「少陵野老吞聲哭，春日潛行曲江曲。江頭宮殿鎖千門，細柳新蒲爲誰綠？憶昔霓旌下南苑，苑中萬物生顏色。昭陽殿裡第一人，同輦隨君侍君側。輦前才人帶弓箭，白馬嚼齧黃金勒；翻身向天仰射雲，一箭正墜雙飛翼。明眸皓齒今何在？血污遊魂歸不得。清渭東流劍閣深，去住彼此無消息。人生有情淚霑臆，江水江花豈終極？黃塵胡騎塵滿城，欲往城南望城北。」

兵車行（杜甫）

「車轔轔，馬蕭蕭，行人弓箭各在腰。爺孃妻子走相送，塵埃不見咸陽橋。牽衣頓足攔道器，器聲直上干雲霄。道旁過者問行人，行人但云點行頻。或從十五北防河，便至四十西營田。去時里正與裹頭，歸來頭白還戍邊。邊庭流血成海水，武皇開邊意未已。君不見漢家山東二百州，千村萬落生荆杞。縱有健婦把鋤犁，禾生隴畝無東西。況復秦兵耐苦戰，被驅不異犬與雞。長者雖有問，役夫敢申恨？且如今年冬，未休關西卒。縣官急索租，租稅從何出？信知生男惡，反是生女好。生女猶得嫁比鄰，生男埋沒隨百草。君不見青海頭，古來白骨無人收，新鬼煩冤舊鬼哭，天陰雨濕聲啾啾！」

還有他的「三吏」（新安吏、潼關吏、石壕吏）「三別」（新婚別、垂老別、無家別），都是此類非戰詩歌的名作。且看他描寫戰禍慘酷最深刻的石壕吏：

「暮投石壕村，有吏夜捉人。老翁踰牆走，老婦出門看。吏呼一何怒，婦啼一何苦！聽婦前致詞：『三男鄴城戍。一男附書至，二男新戰死。存者且偷生，死者長已矣。室中更無人，惟有乳下孫。有孫母未去，出入無完裙。老嫗力雖衰，請從吏夜歸，急應河陽役，猶得備晨炊。』夜久語聲絶，如聞泣幽咽。天明登前途，獨與老翁別。」

杜甫的律詩，無論五七律、排律，都極精妙，明王世貞更以其七律爲聖者之作。下面是他的五、七律各一首：

春望

「國破山河在，城春草木深。感時花濺淚，恨別鳥驚心。烽火連三月，家書抵萬金。白頭搔更短，渾欲不勝簪。」

聞官軍收河南河北

「劍外忽傳收薊北，初聞涕淚滿衣裳。卻看妻子愁何在，漫卷詩書喜欲狂！白日放歌須縱酒，青春作伴好還鄉。即從巴峽穿巫峽，便下襄陽向洛陽。」

這兩首詩，是他作品中難得一見的。前者在烽火三月中，意外得到家書，雖然只是短暫的欣喜，但對他的枯槁心靈，總是難得的滋潤。後者的「喜欲狂」的寫照，更可說是他憂患一生之中唯一的喜悅。如果和兵車行的感傷：和「入門聞號咷，幼子飢已卒。……所愧爲人父，無食致夭折。」的淒涼詩句比起來，真是最強烈的對照。這種熱烈誠摯的真情，表現在這種詩作的藝術；尤其在律詩格律限制之下、竟能表現得這樣自然，真是七律之聖，真是中國詩壇光芒閃鑠的巨星。

李白是「十五好劍術，偏於諸侯」的劍客，而且又是「三十成文章，歷抵卿相」的文豪，同時他的詩，恰如其人，有天馬行空的灑脫，有一瀉千里的磅礴，見飄逸、見綺麗、見沉鬱，見狂放，有輕妙雋美，更有雄渾壯闊，處處可見他的天才與熱情。前面所舉的歌行，雖只是冰山一角，但對他所擁有的特質，幾乎都有極難能的表現。七律雖爲所短，而鳳凰臺一首，仍然有最好的寫景、深切的感慨；而最後的「總爲浮雲能蔽日，長安不見使人愁」更是極婉轉、極自然的怨誹。玉階怨一首，讓我們看到了他的特長—絕句的一斑；五鼎的一臠。所以他的詩歌，不僅是唐代文學的瑰寶，他的光芒，更是普照大地，炳烺千秋的。

其他盛唐的詩人可分兩派：一爲閒適自然派，以王維爲首，孟浩然、元結次之。一爲悲壯琦瑰派，高適、岑參、王之渙屬之。其中王維尤受推崇；所以王漁洋論詩，以李、杜爲二聖，王維爲一賢。以下再舉數人作品：

(1)王維詩：（字摩詰，河東人六九九－七五九）

①山居秋暝（五律）

「空山新雨後，天氣晚來秋。明月松間照，清泉石上流。竹喧歸浣女，蓮動下漁舟。隨意春芳歇，王孫自可留。」

②鹿柴（五絕）

「空山不見人，但聞人語響。返景入深林，復照青苔上。」

③竹里館（五絕）

「獨坐幽篁裡，彈琴復長嘯。深林人不知，明月來相照。」

④積雨輞川莊作

「積雨空林煙火遲，蒸藜炊黍餉東菑。漠漠水田飛白鷺，陰陰夏木囀黃鸝。山中習靜觀朝槿，松下清齋析露葵。野老與人爭席罷，海鷗何事更相疑。」

這是清雋筆調所寫的山水之美，在大畫家筆下，真是「詩中有畫，畫中有詩」（東坡語）；他的「詞秀調雅，意新理愜」，一如殷璠所讚美。

(2)孟浩然詩：（襄陽人六九〇－七四〇）

過故人莊

「故人具雞黍，邀我至田家。綠樹村邊合，青山郭外斜。開軒面場圃，把酒話桑麻。待到重陽日，還來就菊花。」

他的詩與王維同具田園氣息，格調清幽而高遠；也以「不才明主棄」的詩句忤犯了玄宗，而老死終南山。

(3)元結詩：（字次山、河南人七一三－七七二）

欸乃曲：（七絕）

「湘江二月春水平，滿月和風宜夜行。唱橈欲過平陽戍，津吏相呼問姓名。」

(4)高適詩：（字達夫，渤海人七〇〇－七六五）

①詠史（五絕）

「尚有綈袍贈。應憐范叔寒。不知天下士，猶作布衣看。」

②塞上聞笛（七絕）

「雪淨胡天牧馬還，月明羌笛戍樓閑。借問梅花何處落？風吹一夜滿關山。」

他的詩風是慷慨壯烈，且多咏邊之作，自爲志在四方所使然。新唐書說他「每一篇已，好事者輒傳布」。咏史是他最好作品之一。

(5)王昌齡詩：（字少伯，京兆人六九八－七五七）

①閨怨（七絕）

「閨中少婦不知愁，春日凝妝上翠樓。忽見陌頭楊柳色，悔教夫婿覓封侯。」

②芙蓉樓送辛漸（二首其一）（七絕）

「寒雨連江夜入吳，平明送客楚山孤。洛陽親友如相問，一片冰心在玉壺。」

昌齡有「詩天子」之稱。他的邊塞、閨怨詩，清溢幽咽，最能感人。七絕詩造詣最深，可於例詩見之。

(6)岑參詩：（江陵人七一五－七七〇）

走馬川行（奉送封大夫出師西征）

「君不見，走馬川行雪海邊，平沙莽莽黃入天。輪臺九月風夜吼」一川碎石大如斗，隨風滿地石亂走。匈奴草黃馬正肥，金山西見煙塵飛，漢家大將西出師。將軍金甲夜不脫，半夜軍行戈相撥，風頭如刀面如割。馬毛帶血汗氣蒸，五花連錢旋作冰，幕中草檄硯水凝。虜騎聞之應膽慴，料知短兵不敢接，車師西門佇獻捷。」

他的詩，風格與高適相同。由於半生參與戎幕，故多邊塞或行軍的特寫。對於西陲熱海情調的刻畫，更能言人所未言。

(7)王之渙：（字季陵，晉陽人六八八－七四二）

①登鸛鵲樓：（五絕）

「白日依山盡，黃河入海流。欲窮千里目，更上一層樓。」

②涼州詞：（七絕）

「黃河遠上白雲間，一片孤城萬仞山。羌笛何須怨楊柳，春風不度玉門關。」

王詩意境壯闊，熱情而優美，爲唐代的珍品，涼州詞爲借樂府舊題描寫塞外風光的新詩－把「黃河」、「白雲」、「孤城」、「萬仞山」以及「折楊柳」曲調的特點作技巧的描繪，真是景中有聲，景中有情；而把哀怨隱藏在「王門關」的「羌笛」之中。故爲唐代所傳頌，且博得唐詩絕句壓卷之作的詩評。

3. 中唐的詩　中唐有創意的詩人，只有韓愈與白居易；二人都學老杜，前者學奇險，後者學平易，都能自立一格。

元稹與樂天的詩，有兩大共同目的：①使人明白易曉，②要寫民間疾苦－實踐子美的詩教，時稱「元白體」。

中唐也有閒適自然的詩派，如韋應物、儲光羲、孟郊、賈島、柳宗元等都是學陶淵明的。沈德潛批評說：「唐人學陶王右丞得其清腴，孟山人得其閒遠，儲太祝得其真璞，韋蘇州得其冲和，柳柳州得其峻潔。」此派的詩風可以蔽言了。

此外如李賀之怪麗，劉長卿的豪邁、張籍、王建之平麗，都是中唐詩中的名作。而常與元、白唱酬的劉禹錫，詩固清麗，他的踏歌詞、竹枝詞、楊柳技詞都是仿民歌極成功的作品。

現在依次列舉以上詩家的代表作：

(2) 白居易詩：（字樂天，下邽人。七七三－八四六）

①賣炭翁

「賣炭翁，伐薪燒炭南山中。滿面塵灰煙火色，兩鬢蒼蒼十指黑。賣炭得錢何所營，身上衣裳口中食。可憐身上衣正單，心憂炭賤願天寒。夜來城上一尺雪，曉駕炭車輾冰轍。牛困人飢日已高，市南門外泥中歇。翩翩兩騎來是誰？黃衣使者白衫兒。手把文書口稱敕，迴車叱牛牽向北。一車炭，千餘斤，官使驅將惜不得。半匹紅紗一丈綾，繫向牛頭充炭直。」

②買花

「帝城春欲暮，喧喧車馬度。共道牡丹時，相隨買花去。貴賤無常價，酬值看花數。灼灼百朵紅，戔戔五束素。上張帳幄庇，旁織笆籬護。水灑復泥封，遷來色如故。家家習爲俗，人人迷不悟。有一田舍翁，偶來買花處。低頭獨長歎，此歎無人諭：一叢深色花，十戶中人賦。」

③村居苦寒

「八年十二月，五日雪紛紛，竹柏皆凍死，況彼無衣民。迴觀村閭間，十室八九貧，北風利如劍，布絮不蔽身。唯燒蒿棘火，愁坐夜待晨，乃知大寒歲，農事猶苦辛。顧我當此日，草堂深掩門，褐裘覆絁被，坐臥有餘溫。幸免饑凍苦，又無壟畝勤，念彼深可媿，自問是何人！」

④香山寺

「空門寂靜老夫閑，伴鳥隨雲往復還。家醞滿瓶書滿架，半移生計入香山」

⑤贈夢得

「前日君家飲，昨日王家宴，今日過我廬，三日三會面。當歌聊自放，對酒交相勸。爲我盡一杯，與君發三願：一願世清平，二願身強健；三願臨老頭，數與君相見。」

在前述兩大目的之下，樂天的詩便近於白話，而表現了民間的疾苦。他的詩以新樂府五十首爲最好，賣炭翁和新豐折臂翁更是很享盛名的作品。以上前三首就是「新樂府」，都以沉痛見稱。香山寺是「

閒適」類的作品。贈夢得的風趣幽默，更是可讀可唱的詩歌。

(2)劉禹錫詩：（字夢得，彭城人七七二－八四二）

①石頭城

「山圍故國周遭在，潮打空城寂寞回。淮水東邊舊時月，夜深還過女牆來。」

他的踏歌詞竹枝詞楊柳枝詞等也是模擬民間文學異常成功的作品，新唐書卷一六八說：

「（朗）州接夜郎諸夷，風俗陋甚。家喜巫鬼，每祠，歌竹枝，鼓吹裴回，其聲傖儜。禹錫謂屈原於沅湘間，作九歌，使楚人以迎送神。乃倚其聲，作竹枝詞十餘篇，於是武陵夷俚悉歌之。」故錄一首：

②竹枝詞：

「山桃紅花滿上頭，蜀江春水拍山流。花紅易衰似郎意，水流無限似儂愁」（其一）

「楊柳青青江水平，聞郎江上唱歌聲。東邊日出西邊雨，道是無晴還有晴。」（其二）

(3)元稹詩：（字微之，河南人。七七九－八三一）

①田家詞

「牛吒吒，田确确，旱塊牛蹄趵趵，種得官倉珠穀。六十年來兵蔟蔟，日月食糧車轆轆。一日官軍收海服，驅牛駕車食牛肉。歸來收得牛兩角，重鑄鋤犁作斤別姑舂婦擔去輸官，輸官不足歸賣屋。願官早勝讎早覆，農死有兒牛有犢，誓不遣官軍糧不足！

②聞樂天左降江州司馬

「殘燈無焰影幢幢，此夕聞君謫九江。垂死病中驚坐起，暗風吹雨入寒窗。」

(4) 韋應物詩：

滁州西澗

「獨憐幽草澗邊生，上有黃鸝深樹鳴。春潮帶雨晚來急，野渡無人舟自横。」

應物稍早於元，白，德宗時曾刺蘇州，世稱韋蘇州。詩具恬淡風格，蘇軾曾說：「樂天長短三千首，卻遜韋郎五字詩。」此詩如其人。

(5) 張藉詩：（字文昌東郡。七六八－五三〇）

① 廢宅行

「胡鳥奔騰滿阡陌，都人避亂唯空宅。宅邊青桑垂宛宛，野蠶食葉還成繭。黃雀啣草入燕窠，嘖嘖啾啾白日晚。去時禾黍埋地中，飢兵掘土翻重重。……亂後幾人還本土，唯有官家重作主。」（按「重作主」一作「作得主」）

② 節婦吟

「君知妾有夫，贈妾雙明珠。感君纏錦意，繫在紅羅襦。妾家高樓連苑起，良人執戟明光裡。知君用心如日月，事夫誓擬同生死。……還君明珠雙淚垂，恨不相逢未嫁時！」

張藉官至水部員外郎，世稱「張水部，詩文格調一如其人。雙目不明而對社會問題卻觀察入微，而且敢於控訴。如築城詞之「家家養男當門户，今日作君城下土」，如野老歌之「税多不得食，輸入官中化爲土……西江賈客珠百斛，船中養犬長食肉。」都深刻地反映當時的黑暗面。」

(6)柳宗元詩：（字子厚，河東人。七七三—八一九）

①江雪

「千山鳥飛絶，萬徑人蹤滅。孤舟蓑笠翁，獨釣寒江雪。」

②漁翁

「夜傍西巖宿，曉汲清湘然楚竹。煙消日出不見人，欸乃一聲山水綠。迴看天際下中流，巖上無心雲相逐。」

子厚以貶官刺柳州，世稱「柳柳州」。詩清逸閒淡，極似陶潛。

(7)韓愈詩：（字退之，南陽人。七六八—八二四）山石（七古）

「山石犖确行徑微，黃昏到寺蝙蝠飛。升堂坐階新雨足，笆蕉葉大梔子肥。僧言古壁佛畫好，以火來照所見稀……，清月出嶺光入扉。天明獨去無道路，出入高下窮煙霏。山紅澗碧紛爛熳，時見松櫪皆十圍。當流赤足踏澗石，水聲激激風吹衣。人生如此自可樂，豈必局促爲人鞿！嗟哉吾黨二三子，安得至老不更歸？」

韓詩的風格是，粗險豪放，不避艱深，而且善於形容陰濕冷僻之景，故詩名不及文名。但歌行中仍有佳品，山石便是其一。也是他的創格詩。

4. 晚唐的詩　文學的流變通病，總是「鮮克有終」的。所以晚唐的詩，也是只重形式而不重意境，而偏向於香豔綺麗。李商隱是此期最傑出的詩家，王荊公說他的詩淵原於杜少陵之處，（見蘇雲林李義山戀愛的事跡）亦爲宋初「西崑體」所詬病。

溫庭筠、杜牧、韓渥都是綺麗派的大作家。庭筠與義山齊名，世稱「溫李」。浪漫的詩風亦相伯仲。牧之的生活，有「十年一覺楊州夢、贏得青樓博倖名」的自況，而能於綺麗中寓豪放，所以可讀。

晚唐的俚語派，有羅隱、杜荀鶴、聶夷中等的白話詩。聶的田家詩被稱爲寫實派的傑作；爲明代「公安體」、「竟陵體」所取法。

以下將分別舉隅：

(1)李商隱詩：（字義山，河內人。八一三—八五八）

①無題

「相見時難別亦難，東風無力百花殘。春蠶到死絲方盡，蠟炬成灰淚始乾。曉鏡但愁雲鬢改，夜吟應覺月光寒。蓬山此去無多路，青鳥殷勤爲探看。」

②常娥

「雲母屏風燭影深，長河漸落曉星沉。嫦娥應悔偷靈藥，碧海青天夜夜心。」

③登樂遊原

「向晚意不適，驅車登古原。夕陽無限好，只是近黃昏。」

義山詩於綺美華艷之外，且外多隱僻曖昧作品，相傳與宮女、女冠之間都有情愛關係，所以有許多戀詩；或謂因與宰相令狐綯不睦所作的喻依。

(2)杜牧詩：（字牧之，京兆人。八〇三—八五二）

②江南春

「十里（多本作千里）鶯啼綠映紅，水村山郭酒旗風。南朝四百八十寺，多少樓臺煙雨中。」

②泊秦淮

「煙籠寒水月籠沙，夜泊秦淮近酒家。商女不知亡國恨，隔江猶唱後庭花。」

牧之詩，以纖麗而饒情致著稱，七絕最佳，後人稱小杜以別於杜甫。

(3)溫庭筠詩詞

①夜看杜丹：

「高低深淺一闌紅，把火殷勤照露叢。希逸近來成懶病，不能容易向春風。」

②南歌子詞

「井底點燈深燭伊，共郎長行莫圍棋。玲瓏骰子安紅豆，入骨相思知不知？」

擁有「溫鍾馗」及「溫八叉」兩個渾號的溫飛卿，雖然奇醜，但才思敏捷，詩詞都艷麗；詞的造詣更深。可惜恃才傲物，輕侮當道，而終難得志。他能在八叉手之間完成試卷，還能替八個人做搶手；而且八人都中，他自己卻名落孫山。

㈡晚唐五代的詞

詞是協樂的新詩體。抒情寫景的作品居多。他的形式是：①長短句，②依「詞牌」填詞，③通韻。所以也稱為「詩餘」。

最初的詞可溯及梁武帝的江南弄、沈約的六憶詩。（徐釚詞苑叢談）可能的起源是由樂府詩及絕句的演化，而加以和聲、散聲等等。或因音樂的新聲而依譜填詞。所以自五代到宋的詞，都可歌的。相傳李白的憶秦娥、菩薩蠻是填詞之祖，但胡氏筆叢、莊嶽委讀說是後人的僞作，真正的起原應是中唐時代作好時光詞的玄宗。他是中唐的文學家而並兼音樂家。

由於玄宗的提倡，韋應物、白居易、劉禹錫、張志和等的響應，於是教坊的樂歌便流播於朝野。到晚唐，詞人漸多；溫庭筠的詞花間集（蜀人趙崇祚編）所選的便有六十六首之多，詞的發達，可以想見。

飛卿的詞，張惠言說他「深美閎約」。王國維卻說「此字惟馮正中（延巳）足以當之；劉融齋（熙載）謂飛卿精艷絕人，差近之耳。」他的菩薩蠻，惠言說是感士不遇而作。但章法雖好，詞旨則稍晦，而不及他的南歌子、更漏子。

晚唐的詞人，還有韓偓、皇甫松等人，也有抒寫艷情的新詞，并繼飛卿而創造許多新調，五代人多受他的影響。

現在自早期傳疑的李白作品起，分別舉隅如次：

1. 李白的憶秦娥：

「簫聲咽，秦娥夢斷秦樓月，年年柳色，灞陵傷別。樂遊原上清秋節，咸陽古道音塵絕。西風殘照，漢家陵闕。」

2. 白居易的憶江南：

「江南好，風景舊曾諳：日出江花紅勝火，春來江水綠如藍，能不憶江南？」

3. 劉禹錫的春去也：

「春去也，多謝洛城人。弱柳從風疑舉袂，叢蘭挹露似沾巾，獨坐亦含顰。」

4. 張志和的漁歌子：

「西塞山前白鷺飛，桃花流水鱖魚肥。青箬笠，綠簑衣，斜風細雨不須歸。松江蟹舍主人歡，菰飯蓴羹亦共餐。楓葉落，荻花乾，醉宿漁舟不覺寒。」

5. 溫庭均的詞：

①更漏子：

「玉爐香，紅蠟淚，偏照畫堂思。眉翠薄，鬢雲殘，夜長衾枕寒。梧桐樹，三更雨，道離情正苦！一葉葉，一聲聲，空階滴到明！」

更舉一兩闋最好的：

②菩薩蠻

「水精簾裡頗黎枕，暖香惹夢鴛鴦錦。江上柳如煙，雁飛殘月天。藕絲秋淺，人勝參差剪。雙鬢隔香紅，玉釵頭上風。」

③更漏子

「柳絲長，春雨細，花外漏聲迢遞。驚塞鴈，起城烏，畫屏金鷓鴣。香霧薄，透簾幕，惆悵謝家池閣。紅燭背，繡簾垂，夢長君不知。」

飛卿是個大詞人，除花間集所選作品之外，還有握蘭集（佚）、金荃集（異於原本）。舊唐書說他

「士行塵雜，不修邊幅」，但極稱他的詞——「能逐絃吹之音，爲側艷之詞。」黃昇的花菴詞選說他「詞極流麗，宜爲花間集之冠。」胡仔苕溪漁隱叢話說他「工於造詣，極爲綺靡。」讀他的作品，可證他不愧爲詞史中的第一詞人。

(6)韓偓的生查子

「侍女動妝奩，故故驚人睡。那知本未眠，背面偷垂淚。嬾卸鳳凰釵，羞入鴛鴦被。時復見殘燈，和煙墜金穗。」

(7)皇甫松的荷葉杯：

「記得那年，花下深夜，初識謝娘時。水堂西面，畫簾垂，攜手暗相期。惆悵曉鶯，殘月相別，從此隔音塵。如今俱是，異鄉人，相見更無因。」

五代，是戰亂不已的黑暗時代，但填詞文學卻非常發達，而且是詞學綻放異采的時代。這種繁興的背景是：①承晚唐的成就而水到渠成。②西蜀與南唐的偏安局面與帝王貴族對填詞作曲的偏好。也可說是笙歌妙舞的助長。所以此期的南唐中主李璟及後主李煜，前蜀後主王衍，後蜀主孟昶，後唐莊宗李存勖，都是天才橫溢的大詞人。他們的政治失敗了，卻造成文學上燦爛光輝的時代。

五代的最大詞家，當推李後主，其次爲馮延巳，再次爲韋莊。其餘如顧敻、毛熙震、孫光憲等詞人則不勝枚舉。且看以下的作品舉隅：

(2)李煜：（字重光。九三六——九七八）

憶江南

「多少恨，昨夜夢魂中？還似舊時遊上苑，車如流水馬如龍。花月正春風！」

搗練子

「深院靜，小庭空，斷續寒砧斷續風，無奈夜長人不寐，數聲和月到簾櫳。」

憶真妃（亦名（相見歡）、烏夜啼，上用後主題原名。）

「無言獨上西樓，月如鉤，寂寞梧桐深院鎖清秋。剪不斷，理還亂，是離愁，別是一般滋味在心頭。」

虞美人

「春花秋月何時了？往事知多少？小樓昨夜又東風，故國不堪回首月明中！雕闌玉砌應猶在，共是朱顏改。問君能有幾多愁？恰似一江春水向東流。」

浪淘沙

「簾外雨潺潺，春意闌珊，羅衾不耐五更寒。夢裡不知身是客，一晌貪歡。獨自莫憑欄，無限關山，別時容易見時難。流水落花春去也，天上人間

李煜於降宋後，封違命侯，太宗即位改隴國公，嘗致書金陵舊宮人說「此中日夕以淚洗面」。最後在青衣行酒的折辱之下被毒死。他的作品，在亡國之前以綺麗勝；但在亡國後的備嘗艱苦折辱之下，他的詞就走進愁鬱悲痛的境界。以上的幾闋，都是亡國後的嘔心之作，所以王國維說：「詞至李後主而眼界始大。」不是帝王，不經亡國，何來如此佳作！如此「眼界」！

(2) 馮延巳：（字正中，廣陵人。）

謁金門

「風乍起，吹皺一池春水。閒引鴛鴦芳徑裡，手挼紅杏蕊。鬥鴨闌干獨倚，碧玉搔頭斜墜。終日望君君不至，舉頭聞鵲喜。」

歸國謠

「江水碧，江上何人吹玉笛？扁舟遠送瀟湘客。蘆花千里霜月白，傷行色，來朝便是關山隔。」

延巳曾仕南唐，李璟曾問：「『吹縐一池春水』，干卿底事？」答道：「未若陛下『小樓吹徹玉笙寒』也。」可見南唐的欣賞文學的風氣。延巳工戀情詞，卻多淡遠而深摯的筆調，而為宋代詞人所葵傾。因此，王國維人間詞話說他「開有宋一代風氣。」

(3) 韋莊：（字端己，杜陵人。）

月冠子

「昨夜夜半，枕上分明夢見，語多時。依舊桃花面，頻低柳葉眉。半羞還半喜，欲去又依依。覺來知是夢，不勝悲。」

端己事蜀王建為散騎常侍，判中書門下事。作品以抒寫戀情的浣花詞（佚）為最著名。女冠子也是婉曲纏綿的名作，相傳因愛妾為建所奪而作。

(4) 顧夐：（里貫未詳，事孟昶為太尉）

訴衷情

「永夜拋人何處去，絕來音。香閣掩，眉斂，月將沈。爭忍不相尋，怨孤衾。換我心為你心，始知相憶深。」

此詞的後兩句，被評爲「透骨精語」；下「開柳七一派」。（歷代詞話引蓉城集）

(5)熙震：（蜀人）

臨江仙：

「金鎖重門荒苑靜，綺窗愁對秋空。翠華一去寂無蹤。玉樓歌吹，聲斷已隨風。煙月不知人事改，夜闌還照深宮。藕花相向野塘中，暗傷亡國，清露泣香紅。」

(6)孫光憲：（陵州貴平人。）

玉蝴蝶：

「春欲盡，景仍長，滿園花正黃。粉翅兩悠颺，翩翩過短牆。鮮飆暖，牽遊伴，飛去立殘芳。無語對簫娘，舞衫沉麝香。」

光憲著有北夢瑣言、荆台筆傭，世以爲詞筆雋永清麗。

㈢宋詩

宋詩之盛不及唐，但他仍然是詩歌發展史上重要的里程碑。

宋初的詩，是承襲中、晚唐的風氣，有「九僧體」、「西崑體」的風靡一時。前者的作家有劍南希晝、金華像暹、南越文兆、天台行肇、沃州簡長、青城惟鳳、江東宇昭、峨眉懷古、淮南惠崇諸人，詩風略同於大歷十子。後者是由楊億所編的西崑唱酬集而得名。作家有楊億、劉筠、錢惟演等十七人，詩仿義山，尚奢靡綺麗。舉隅以示之：

(1)楊億：（字大年，浦城人。）

①七夕（其三）

「蘭夜沈沈鵲漏移，羽車雲幄有佳期。應將機上回文縷，分作人間乞巧絲。」

(2)劉筠的夕陽：（字子儀，大名人）

「夕陽堪極目，況復近秋殘。塞向横煙紫，江青照葉丹。伍胥嗟路遠，潘子念行難。更有蕪城恨，城空過夜寒。」

此派詩風，過事華靡，石介的批評説：「今楊億窮妍極態，綴風月，弄花草，淫巧侈麗，浮華篡組，……其怪大矣。」（怪説）反對此派的劉攽的中山詩話更有一段諷刺剽竊的記載：「祥符天禧中，楊大年……劉子儀以文章立朝，爲詩皆宗李義山，後進多竊義山語句。嘗內宴，優人有飾義山者，衣服裂，告人曰：『吾爲諸館職撏撦至此。』聞者皆笑。」故只能爲宋詩聊備一格。一直到仁宗以後，纔有代表宋詩的作品出現。誠如吳之振宋詩鈔序所説：「宋人之詩，變化於唐，而出其所自得。皮毛畫落，精神獨存。」事實上，宋詩確有好意境，也有清新的句法。

宋詩之盛，始於歐陽修、梅堯臣、蘇舜卿的先導—爲「西崑體」之華靡洗盡鉛華。例如：

(1)歐陽修（字永叔，廬陵人。一〇〇七—一〇七二）的豐樂亭遊春：

「紅樹青山月欲斜，長郊草色綠無涯。游人不管春將老，來往亭前踏落花。」

石林詩話説他「矯崑體，專以氣格爲主。」，此詩更美妙可喜。

(2)梅堯臣詩：（字聖俞，宣城人。一〇〇二—一〇六〇）

「不趁常參久，安眼向舊溪。五更千里夢，殘月一聲雞。適往言猶是，浮生理可齊。山王今已貴，肯聽竹雞啼。」——夢後寄歐陽永叔。

(3)蘇舜欽詩：（字子美，梓州人。一〇〇八——一〇四八）

「愴浪獨步亦無悰，聊上危臺四望中，秋色入林紅黯淡，日光穿竹翠玲瓏。酒旂漂落風前燕，詩社凋零霜後桐。君又暫來還往去，醉吟誰復伴衰翁。」——滄浪懷貫之

宋詩要以蘇軾、黃庭堅、陸游二人的作品為最重要，對後世的影響也最大。東坡與放翁並稱，號「蘇陸體」。東坡詩出入於李、杜、韓之間，而自成其豪邁爽朗一派。沈歸愚說他「窮極變幻」，趙甌北以「才思橫溢，觸處生春」讚美他。

黃庭堅，是「蘇門六君子」之一；詩為江西派之祖。東坡評他的詩說：「魯直詩文，如蝤蛑江瑤柱；格韻高絕，盤餐盡廢，然不可多食，多食則發風動氣。」有人說，油滑的詩，可拿「江西派」醫之；不過「江西派」的流弊（拗峭生硬），也要人醫。

王安石以議論詩見長，筆力能代表他「拗相公」的性格。晚年的小詩，雅麗而謹嚴，有渾然天成之趣。如「不是春風巧，何緣見歲華」，很可見格調的特殊。他的明妃曲二首，也是高人一等的作品。

陸游是南宋最著名的大詩家。他的詩，清新刻露而能圓潤敷腴，自成一格。古體部份的沈雄悲壯，尤具老杜遺意。

此外有陳簡齋的簡嚴，楊誠齋的奇峭，范石湖的清新，姜白石的雋永，都是各有擅場的詩家。

以下是宋詩的繼續舉隅：

(4)蘇軾詩：（字子瞻，眉州人。一〇三六—一一〇一）

入峽

「自昔懷清賞，今玆得縱探。長江連楚蜀，萬派瀉東南。合水來如電，黔波緩似藍。餘流細不數，遠勢競相參。入峽初無路，連山忽似龕。縈紆收浩渺，蹙縮作淵潭。風過如呼吸，雲生似吐含。墜崖鳴窣窣，垂蔓綠毿毿。冷翠多崖竹，孤生有石楠。飛水飄亂雪，怪石走驚驂。澗絕知深淺，樵僮忽兩三。人煙偶逢郭，沙岸可乘籃。野戍荒州縣，邦君古子男。放衙鳴晚鼓，留客薦霜柑。聞道黃精草，叢生綠玉篸。盡應充食飲，不見有彭聃。氣候冬猶暖，星河夜半涵。遺民悲昶衍，舊俗接魚蠶。板屋漫無瓦，巖居窄似菴。伐薪常冒險，得米不盈甔。歎息生何陋，劬勞不自慚。葉舟輕遠泝，大浪固嘗諳。矍鑠空相視，嘔啞莫與談。蠻荒安可駐？幽邃信難躭。獨愛孤棲鶻，高超百尺嵐。橫飛應自得，遠颺似無貪。墜翮遊霄漢，無心顧雀鸛。塵勞世方病，局束我何堪。盡解林泉好，多為富貴酣。試看飛鳥樂，高遁此心甘。」

雪齋

「君不見峨眉山西雪千里，北望成都如井底。春風百日吹不消，五月行人如凍蟻。紛紛市人爭奪中，誰信言公似贊公。人間熱惱無處洗，故向西齋作雪峰。我夢扁舟適吳越，長廊靜院燈如月。開門不見人與牛，惟見空庭滿山雪。」

春日

「鳴鳩乳燕寂無聲，日射西窗潑眼明。午醉醒來無一事，只將春睡賞春晴。」

5. 黃庭堅詩：（字魯直，洪州人。一〇四五－一一〇五）

①題竹石牧牛圖

「野次小崢嶸，幽篁相依綠。阿童三尺箠，御此老觳觫。石我甚愛之，勿遣牛礪角。牛礪角尚可，牛鬥殘我竹。」

②登快閣

「癡兒了卻公家事，快閣東西倚晚晴。落木千山天遠大，澄江一道月分明。朱絃已爲佳人絶，青眼聊因美酒橫。萬里歸船弄長笛，此心吾與白鷗盟。」

6. 王安石（字介甫，臨安人一〇二一－一〇八六）

①明妃曲二首

明妃初出漢宮時，淚濕春風鬢腳垂。低回顧影無顏色，尚得君王不自持。歸來卻怪丹青手，入眼平生曾幾有。意態由來畫不成，當時枉死毛延壽。一去心知更不歸，可憐著盡漢宮衣。寄聲欲問塞南事，秖有年年鴻雁飛。家人萬里傳消息，好在氈城莫相憶。君不見咫尺長門閉阿嬌，人生失意無南北。明妃初嫁與胡兒，氈軍百兩皆胡姬。含情欲說獨無處，傳與琵琶心自知。黃金桿撥春風手，彈看飛鴻勸胡酒。漢宮侍女暗垂淚，沙上行人卻回首。漢恩自淺胡自深，人生樂在相知心。可憐青塚已蕪沒，尚有哀絃留至今。

②江上

「江水漾西風，江花脫晚紅。離情被橫笛，吹過亂山東。」

③竹裡

「竹裡編茅倚石根，竹莖疏處見前村。閒眠盡日無人到，自有春風爲掃門。」

④擬寒山拾得二十首(其一、其二)

「牛若不穿鼻，豈肯推人磨？馬若不絡頭，隨宜而起臥。乾地終不涴，平地終不墮。擾擾受輪迴，祇緣疑這個。

我曾爲牛馬，見草豆歡喜。又曾爲女人，歡喜見男子。我若真是我，祇合長如此。若好惡不定，應知爲物使。堂堂大丈夫，莫認物爲己。」

古來作明妃曲者多，但介甫的作品實多傳神，他的自我寫照處，尤其深刻。如第一首第七句與末句；第二首的第九、十兩句，都是他政治處境的自況。全詩中更有層層的酌比—有寵疏之比，有南北之比，有今昔之比，最後則以「尚有哀絃留至今」與「入眼平生曾幾有」相呼應，道出意態之美，乃與「哀絃」所象徵的思想、感情同其不朽。

他的長詩筆力雄渾之外，短詩六首也可代表詩作的清雋閒澹，深婉不迫。所以吳之振說：「安石少以意氣自許，故詩語惟其所向，不復更爲含蓄。後從宋次道盡假唐人詩集，博觀而約取，晚年始悟深婉不迫之趣。然其精嚴深刻，皆步驟老杜而得。而論者謂其有工致，無悲壯，讀之久則令人格拘而筆退；余以爲不然。安石遣情世外，其悲壯即寓閒澹之中。」(宋詩鈔)

再回顧東坡與山谷詩，卻又是一翻滋味。蘇詩由於才氣的磅礴，胸襟的高曠；書無所不觀，詩風也是多樣的—悲壯、飄逸、峻刻、清癯無所不有。前面所錄的詩，更可看出他的「氣象洪闊，鋪敍宛轉

」（宋詩鈔）

蘇門第子多能詩，然秦觀婉麗清華，而失之纖弱；張耒平淡古逸，而失之才短；晁補之失之峻刻；陳師道則過於艱苦。其能與乃師相提的只有山谷。他的詩，辭句隆嚴而能薈萃衆長。儘管王若霖說他「有奇而無妙」，但從前錄二詩看來，仍然具有獨特的生動與情趣。前一首更不見「拗拙」或生硬晦澀的痕跡。

7. 陸游：（字務觀，山陰人。一一二五—一二一〇）

①書憤

「早歲那知世事艱，中原北望氣如山。樓船夜雪瓜洲渡，鐵馬秋風大散關。塞上長城空自許，鏡中衰鬢已先斑。出師一表真名世，千載誰堪伯仲間？」

②十一月四日風雨大作

「僵臥孤村不自衰，尚思爲國戍輪臺。夜闌臥聽風吹雨，鐵馬冰河入夢來。」

③劍南道遇微雨

「衣上征塵雜酒痕，遠遊無處不銷魂。此身合是詩人未？細雨騎驢入劍門。」

詩、詞並佳的陸游，是南宋第一愛國詩人。他慷慨有燕趙風，而憂國憂時，眷戀故國山河的熱情，更是老而彌豐。但作品之中也可看到兒女情長的一面。他的塡詞釵頭鳳與沈園詩都是傳誦一時的戀歌。前面所錄的詩，都屬於慷慨悲歌的力作。如與左錄的沈園及下文所舉的釵頭鳳詞對照而讀，更可看出他是何等忠於國家，忠於愛情的人物。

沈園：

「城上斜陽畫角哀，沈園無復舊池臺。傷心橋下春波綠，曾是驚鴻照影來。」

8. 范成大：（字致能，號石湖居士，吳人）

①初歸石湖

「曉霧朝暾紺碧烘，橫塘西岸越城東。行人半出稻花上，宿鷺孤明菱葉中。信腳自能知舊路，驚心時復認鄰翁。當時手種斜橋柳，無限鳴蜩翠掃空。」

②橫塘

「南浦春來綠一川，石橋朱塔兩依然。年年送客橫塘路，細雨垂楊繫畫船。」

范成大與尤袤（延之）、楊萬里（建秀）、陸游爲南宋四大家。詩以自然閒適見稱。他是南宋相臣之一，因曾使金，對北方異族統治下人民之渴望光復的血淚，印象至爲深刻，故在詩中有不可遏止的愛國情操；例如：

①會月館

「萬里孤臣致命秋，此身何止一浮漚。提攜漢節同生死，休問羝羊解乳否。」

②州橋

「州橋南北是天街，父老年年等駕回。忍淚失聲問使者，幾時真有六軍來？」

兩宋的詩述，就此打住；且看南宋詩的尾聲的兩首詩：

①楊萬里的蝶：

「籬落疏疏一徑深，樹頭先綠未成蔭。兒童急走追黃蝶，飛入菜花無處尋。」

②戴復古的江村晚眺：

「江頭落日照平沙，潮退魚舠閣岸斜。白鳥一雙臨水立，見人驚起入蘆花。」

㈣宋詞

1. 宋詞的門派

詞盛於宋，亦如詩之盛於唐。詞中的長調、詞派都起於宋代。門派之分如左：

(1)豪放派與婉約派－北宋的蘇軾、南宋的辛稼軒，都是豪放派的領袖。北宋的晏氏父子，南宋的姜白石，都是婉約派的名家。

(2)北宋詞與南宋詞－周濟以爲：①兩宋詞各有盛衰；北宋盛於文士，而衰於樂工；南宋則相反。②北宋主樂章，故情景但取當前，無窮高遠極深之趣；南宋則文人弄筆，彼此爭名，故變化益多，取材益富。然南宋有門逕，故似深而轉淺；北宋則否，故似易而實難。

總之，北宋的詞淺而渾厚，南宋的詞深而細膩。因以豪放者爲「北派」，婉約者爲「南派」。這是一般可以接受的大體之分－是相對的，而不是絕對的。

2. 北宋詞的第一期

宋詞比詩更能發揮創作精神。但宋初的詞，依然未脫五代的婉艷清麗；而體裁也因襲小詞的形式。以下將淺嘗此期的作品：

(1)晏殊詞：（字同叔，臨川人。九一一－一〇五五）

踏莎行

「小徑紅稀，芳郊綠遍，高臺樹色陰陰見。春風不解禁楊花，濛濛亂撲行人面。翠葉藏鶯，珠簾隔燕，罏香靜逐游絲轉。一場愁夢酒醒時，斜陽卻照深深院。」

同叔以神童薦召試，天賦極高，負才名。官同中書門下，卒謚元獻。作品多帶「花間派」婉膩詞風，但不蹈襲。著珠玉詞，劉貢父說「元獻尤喜馮延已歌詞，其所作亦不減延已樂府。」晁旡咎說：「元獻不蹈襲人語，而風調閒雅」。

(2) 歐陽修詞：

訴衷情

「清晨簾幕卷輕霜，呵手試梅妝；都緣自有離恨，故畫作遠山長。思往事，惜流光，易成傷。未歌先斂，欲笑還顰，最斷人腸。」

蝶戀花

「庭院深深深幾許？楊柳堆煙，簾幕無重數。玉勒雕鞍遊冶處，樓高不見章臺路。雨橫風狂三月暮，門掩黃昏，無計留春住。淚眼問花花不語，亂紅飛過秋千去。」

永叔詞與他古文家的風格異趣。詞風酷似延已，二人作品在刻本中亦常相混。他的抒寫真情的艷詞，美到極點，此詞可見一斑。他的名句「人約黃昏後，月上柳梢頭」，更是無人不喜。著六一居士詞。

(3) 晏殊的第七子幾道，字叔原。所作有〈小山詞〉。他的詞辭句婉秀，周濟曾以爲比他父親更好，如：

臨江仙

「夢後樓臺高鎖，酒醒簾幕低垂，去年春恨卻來時。落花人獨立，微雨燕雙飛。記得小蘋初見，兩重心字羅衣，琵琶絃上說相思。當時明月在，曾照彩雲歸。」

3. 北宋詞的第二期

此期是慢詞的黃金時代。因爲小詞已達到巔峰，慢詞也必然應運而生更由許多詞家的努力，遂在此期取代了小令的地位。

關於慢詞（長調）的起源，張炎說：

「慢詞起仁宗朝。中原息兵，汴京繁庶。歌臺舞榭，競睹新聲。柳永以失意無俚，流連坊曲；遂盡取俚言俗語，編入詞中，以便伎人傳習。一時動聽，散播四方。其後蘇軾、秦觀、黃庭堅等相繼有作，慢詞遂盛。」（樂府餘論）

此調之盛，遂如葉夢得避暑錄話中「西夏歸朝官」所說的「凡有井水飲處，即能歌柳詞」。同書又說：「（柳永）爲舉子時，多遊狹邪。喜爲歌詞，教坊樂之，每得新腔，必求永爲詞，始行於世。」陳師道的后山詩話，也有「仁宗頗好其詞」之說。可見柳永至少是慢詞提倡最力的詞人。而且在他之前也不曾出現慢詞的佳作。下面是柳永、張炎、秦觀的詞：

(1) 柳永：（字耆卿，崇安人。元祐進士）

雨霖鈴

「寒蟬淒切，對長亭晚，驟雨初歇。都門悵飲無緒，方留戀處蘭舟催發，執手相看淚眼，竟無語凝咽。念此去千里煙波，暮靄沈沈楚天闊。多情自古傷離別，更那堪冷落清秋節。今宵酒醒何處？楊柳岸曉風殘月。此去經年，應是良辰好景虛設。便縱有千種風情，更與何人說？」

八聲甘州

「對瀟瀟暮雨灑江天，一番洗清秋。漸霜風淒緊，關河冷落，殘照當樓。是處紅衰綠減，苒苒物華休。惟有長江水，無語東流。不忍登高臨遠，望故鄉渺邈，歸思難收。歎年來蹤跡，何事苦淹留？想佳人妝樓顒望，誤幾回天際識歸舟。爭知我，倚闌干處，正恁凝愁。」

四庫全書總目提要說：「詞自晚唐、五代以來，以清切婉麗爲宗，至柳永一變，如詩家之有白居易。」此詞的俚俗，正是他的優長。

(2) 張炎詞：（字子野，吳興人。九九〇—一〇七八）

青門引

「乍暖還輕冷，風雨晚來方定。庭軒寂寞近清明，殘花中酒，又是去年病。樓頭畫角風吹醒，入夜重門靜，那堪更被明月，隔牆送過秋千影？」

子野的小詞，近於晏殊一派，極得晏殊的揄揚。但慢詞卻近柳永。人稱「張三中」，自號「張三影」古今詩話有他的趣譚：

「有客謂子野曰：『人皆謂公張三中，即心中事，眼中淚，意中人也。』公曰：『何不目之爲張三影？』客不曉。公曰：『「雲破月來花弄影」；「嬌柔懶起，簾壓捲花影」；「柳徑無人，墮飛絮無影」。此余平生所得意也。』」

(3)秦觀詞：（字少游，高郵人。一〇四九－一一〇〇）

滿庭芳

「山抹微雲，天粘衰草，畫角聲斷譙門。暫停征棹，聊共引離樽。多少蓬萊舊事，空回首煙靄紛紛。斜陽外，寒鴉數點，流水遶孤村。消魂當此際，香囊暗解，羅帶輕分。漫贏得青樓薄倖名存。此去何時見也，襟袖上空染啼痕。傷情處，高城望斷，燈火已黃昏。」

少游為「蘇門四學士」（另黃庭堅、晁補之、張來）之一，詞受柳永影響，且具秀麗婉嫣風格。此詞之中，他的名句「斜陽外，寒鴉數點，流水遶孤村」晁補之說「雖不識字人，亦知是好言語。」蔡絛說：「子瞻辭勝於情，耆卿情勝於辭。辭情相稱者，唯少游而已。」坡仙集外紀載：「東坡問陳無己：我詞何如少游？無己曰：學士小詞似詩，少游詩似小詞。」凡此都是秦詞的寫照。

4、北宋詞的第三期

此期的特點是，奔放的境界。空間擴大了，律詞的拘束也不再嚴格；作品都突破了前期艷靡的脂粉氣圍，而趨向於壯闊豪放的新境界。這是繼李後主、柳耆卿之後的第三變革，而蘇軾則是此期代表人物的代表。

張炎說：「東坡詞，清麗舒徐處，高出人表。」胡寅說：「東坡一洗綺羅薌澤之態，擺脫綢繆宛轉之度。使人登高望遠，舉首高歌，逸懷浩氣，超乎塵垢之外。於是花間為皂隸，而耆卿為輿臺矣。」東坡對文學的成就，是多方面的，一般都認為兼具豪放和秀逸之美，而前者尤難幾及。

黃庭堅的詞，不但有許多仿民歌的作品，而且能容納諧俗的詞句。這種創格的詞，當時的文學批評家雖然不免微詞，如陳師道、晁補之都嫌他「俚淺」，甚至說是「褻諢不可名狀」（四庫全書總自提要）。但時代愈新，則愈見他的重要。

此外如賀鑄、陳師道、李之儀、晁補之；毛滂、孫洙、張耒等，都是此期各具作風的詞人。

現在就此期作品舉隅如左：

(1)東坡詞

①水調歌頭（中秋歡飲達旦大醉作此篇兼懷子由）

「明月幾時有？把酒問青天。不知天上宮闕，今夕是何年。我欲乘風歸去，又恐瓊樓玉宇，高處不勝寒。起舞弄清影，何似在人間。轉朱閣，低綺戶，照無眠。不應有恨，何事偏向別時圓？人有悲歡離合，月有陰晴圓缺，此事古難全。但願人長久，千里共嬋娟。」

②水龍吟（和章質夫楊花韻）

「似花還似非花，也無人惜從教墜。拋家傍路，思量卻似無情有思。縈損柔腸，困酣嬌眼，欲開還閉。夢隨風萬里，尋郎去處，又還被鶯呼起。不恨此花飛盡，恨西園落紅難綴。曉來雨過，遺蹤何在。一池萍碎，春色三分，二分塵土，一分流水。細看來不是楊花，點點是離人淚。」

③洞仙歌

「冰肌玉骨，自清涼無汗。水殿風來暗香滿。繡簾開，一點明月窺人，人未寢，欹枕釵橫鬢亂。起來攜素手，庭戶無聲，時見疏星渡河漢。試問夜如何？夜已三更。金波澹，玉繩低轉。但屈指西風幾時來，又不道流年暗中偷換」

(2)山谷詞

鼓笛令

「酒瀾命友閒爲戲。打揭兒，非常甙意。各自輸贏只賭是。賞罰采，分明須記。小五出來無事，卻跋翻和九底。若要十一花下死，那管十三不如十二。」

歸田樂引

「對景還銷瘦，被個人把人調戲，我也心裡有。憶我又喚我，見我喚我。天甚教人怎生受！看承幸廝勾，又是樽前眉峰皺。是人驚怪，冤我心甙撋就。拼了又捨了，一定是這回休了，及至相逢又依舊。」

5. 北宋的第四期詞

此期的特色是，樂府的發達。因爲「慢詞」成熟了，作品自然都能按譜填腔，句句協律。周邦彥是此時最有成就的大詞人。注重樂府的徽宗皇帝，頒大晟樂，命他爲提舉大晟府。宋史說他「製樂府長短句，詞韻清蔚。」著有清真集

宋徽宗也是此期一流的詞人。被虜後，更有極動人的作品。

李清照，更是中國文學史上擁有極崇高地位的女作家，號易安居士，著有漱玉詞。

本期作家有晁端禮、万俟詠、向子諲、曹組、葉夢得、王灼、陳與義等大詞人；其中部份介於兩宋之間。

以下爲本期作品的舉隅：

(1)周邦彥詞：（字美成，錢塘人。六五七—一一二一）

六醜（薔薇謝後作）

「正單衣試酒，悵客裡光陰虛擲。春歸如過翼，一去無跡。爲問家何在？夜來風雨，葬楚宮傾國。釵鈿墮處遺香澤；亂點桃蹊，輕翻柳陌，多情更誰追惜？但蜂媒蝶使，時叩窗槅。東園岑寂，漸蒙籠暗碧。靜遶珍叢底，成歎息。長條故惹行客，似牽衣待話，別情無極。殘英小，強簪巾幘。終不似一朵，釵頭顫裊，向人欹側。漂流處，莫趁潮汐。恐斷紅尚有相思字，何由見得？」

(2)宋徽宗詞：

燕山亭

「裁剪冰綃，輕疊數重，冷淡胭脂勻注。新樣靚妝，豔溢香融，羞殺蕊珠宮女。易得凋零，更多少無情風雨。愁苦！問院落淒涼，幾番春暮？憑寄離恨重重，這雙燕何曾會人言語。天遙地遠，萬水千山，知他故宮何處？怎不思量，除夢裡有時曾去。無據！和夢也新來不做。」

(3)李清照詞：（濟南人一〇八一—？）

①聲聲慢

「尋尋覓覓，冷冷清清，悽悽慘慘戚戚，乍暖還寒時候，最難將息。三杯兩盞淡酒，怎敵他晚來風急。雁過也，正傷心，卻是舊時相識。滿地黃花堆積，憔悴損，而今有誰堪摘？守著窗兒，獨自怎生得黑！梧桐更兼細雨，到黃昏點點滴滴。這次第，怎一個愁字了得。」

②鳳凰臺上憶吹簫

「香冷金猊，被翻紅浪，起來慵自梳頭。任寶奩塵滿，日上簾鉤。生怕離懷別苦。多少事，欲說還休。新來瘦，非關病酒，不是悲秋。休休！這回去也，千萬遍陽關，也只難留。念武陵人遠，鎖秦樓。唯有樓前流水，應念我終日凝眸。凝眸處，從今又添一段新愁。」

清照的父（格非）毋皆能文。夫大學士趙明誠亦詞家，然不及清照。明誠出游，清照時以小詞寄給他，重陽解花陰就是其中之一。後明誠謝客忘寢食三日夜，成五千除闋，把清照作品雜示友人陳德夫。德夫獨讚「莫道尤消魂，簾卷西風，人比黃花瘦。」三句，以爲絕佳，原來卻是清照作品。後金兵南侵，明誠病死，傷心的晚年，也使她離別閨怨的詞作，寫得更逼真。以上兩闋便是此型的最佳作品。

6. 南宋前期的詞

南宋期士大夫的流亡感受，是慘痛難忘的。感覺銳敏的詞人、詩人，眼見大好河山，淪亡半壁，而偏安的政權又是岌岌可危，於是作品也綺靡而反映了剛毅、雄壯、慷慨激昂的風格。以下將分別舉辛棄疾、陸游、劉克莊、朱淑真的代表作：

(2) 辛棄疾詞：（字幼安，號稼軒濟南歷城人。一一四〇—一二〇七）

① 永遇樂（京口北固亭懷古）

「千古江山，英雄無覓，孫仲謀處。舞榭歌臺，風流總被雨打風吹去。斜陽草樹，尋常巷陌，人道寄奴曾住。想當年，金戈鐵馬，氣吞萬里如虎。元嘉草草，封狼居胥意，贏得倉皇北顧。四十三年，望中猶記，燈火揚州路。可堪回首？佛貍祠下，一片神鴉社鼓。憑誰問，廉頗老矣，尚能飯否？」

②破陣子（爲陳同甫賦壯詞以寄之）

「醉裡挑燈看劍，夢回吹角連營。八百里分麾下炙，五十弦翻塞外聲，沙場秋點兵，馬作的盧飛快，弓如霹靂弦驚。了卻君王天下事，贏得生前身後名；可憐白髮生。」

稼軒詞多激昂豪邁之氣，而且能把嫵媚，曼艷之風與閒適、淡遠的自然情趣，冶於一爐而別具一格。故與蘇軾並稱，號爲「蘇辛」。著有稼軒集，以上兩闋，即爲結集之力作。

(2)陸游詞

釵頭鳳

「紅酥手，黃籐酒，滿城春色宮牆柳。東風惡，歡情薄，一懷愁緒，幾年離索，錯，錯，錯！春如舊，人空瘦，淚痕紅浥鮫綃透。桃花落，閒池閣。山盟雖在，錦書難託，莫，莫，莫！」

放翁的詞與詩，都膾炙人口，詞的境界也是多元的。後村詩話說他：「激昂感情者稼軒不能過；飄逸高妙者與陳簡、朱希真相頡頏；流麗綿密者，欲出晏叔原、賀方回以上。」釵頭鳳與他的沈園詩，都爲他的戀人而作，讀了自可據以反三。

(3)劉克莊詞：（字潛夫，莆田人。一一八七－一二六九）

沁園春（夢浮若）

「何處相逢，登寶釵樓，訪銅雀臺。喚廚人斫就，東溟鯨膾；圉人呈能，極奇才。飲酣，畫鼓如雷，誰信被晨雞輕喚回。歎年光過盡，功名未立；書生老矣，機會方來。使李將軍遇高皇帝，萬戶侯何足道哉！推衣起，但淒涼感舊，慷慨生哀。」

潛夫是辛派詞人，此詞如詩似文，雄壯而別具風味。

(4)朱淑真詞：（海寧人，號幽棲居士）

謁金門

「春已半，觸目此情無限。十二闌干閒倚偏，愁來又不管。好是風和日暖，輸與鶯鶯燕燕。滿院落花簾不卷，斷腸芳草遠。」

她的今傳作品有斷腸詞一卷，記略說她：「匹偶非倫，弗遂素志，賦斷腸集十卷以自解。」可見今本已非全豹；所反映的婚姻慘痛，也是不可多見的作品。同時也是良工琢磨之下的美玉，清雋溫馨不亞於清照。

7. 南宋後期的詞

南宋的後期詞，又回到注重樂律的路上。這是金患暫告安定，而滋生享樂主義的結果。此期作品，自然也一反前期的豪放激昂而以艷麗爲尚。姜夔是時最出色詞家，張炎則爲南宋最後名詞家。介此之間，則有吳文英、史達祖、高觀國、王沂孫、周密、蔣捷，都是名家。以下是此期作品的擷華：

(1)姜夔詞：（字堯章，號白石鄱陽人。）

暗香（石湖詠梅，自度曲）

「舊時月色，算幾番照我。梅邊吹笛，喚起玉人，不管清寒與攀摘。何遜而今漸老，都忘卻春風詞筆。但怪得，竹外疏花，香冷入瑤席。江國，正寂寂。歎寄與路遙，夜雪初積。翠樽易泣，紅萼無言耿相憶。長記曾攜手處，千樹壓西湖寒碧。又片片吹盡也，幾時見得。」

姜夔著有白石詞，曲調多自創並注譜；其中多以空靈筆調抒寫幽憤的作品。

(2) 史達祖詞：（字邦卿，號梅溪，開封人。）

綺羅香（春雨）

「做冷欺花，將煙困柳，千里偷催春暮。盡日冥迷，愁裡欲飛還住。驚粉重蜨宿西園，喜泥潤燕歸南浦。最妨他，佳約風流，鈿車不到杜陵路。沈沈江上望極。還被春潮晚急，難尋官渡。隱約遙峰，和淚謝娘眉嫵。臨斷新綠生時，是落紅，帶愁流去。記當日，門掩梨花，翦燈深夜語。」

(3) 吳文英詞：（字君特，號夢窗，四明人。）

唐多令

何處合成愁？離人心上秋。縱芭蕉不雨也颼颼。都道晚涼天氣好，有明月，怕登樓。年事夢中休，花空煙水流，燕辭歸客尚淹留。垂柳不縈裙帶住，漫長是，繫行舟。」

以上三人，張炎都稱道他的「格調不凡，句法挺異，俱能特立清新之意，刪削靡曼之詞，自成一家。」

(4) 張炎詞：（字叔夏，號玉田臨安人。一二四八—？）

臺城路

「十年前事翻疑夢，重逢可憐俱老！水國春空，山城晚，無語相看一笑。荷衣換了，任京洛塵沙，冷凝風帽。　說吟情，近來不到謝池草。懽遊曾步翠窈，亂紅迷紫曲，芳意多少。舞扇招香，歌橈喚玉，猶憶錢塘蘇小，無端暗惱。又幾度留連，燕昏鶯曉。回首妝樓，甚時重去好。」

張炎爲名將張俊五世孫，宋亡不仕。著有玉田詞。此詞可見他的風青。

宋代的詞曲，略如上述。發展的過程，也不外是綺美與豪放的更迭而已。

三、唐宋的小說

(一) 小說於唐代

文學之起源於神話與傳說，蓋無例外。中國也是先有山海經所收的許多原始神話，然後有秦漢以後方士神仙之說的文學，例如山海經內半人半獸的西王母，在漢武內傳裡便成爲美麗的女仙。後來更由於兩晉、六朝小乘佛教之傳入，印度民族的豐富想像及富麗堂皇的文學形式，更把中國文學領上小說創作的新境域。但六朝只是小說的濫觴時代，作品只是隨筆所錄的「變異」之談。至唐，才有人「作意好奇，假小說以寄筆端的真正小說」（胡應麟少室山房筆叢）。而唐代的許多傳奇小說，更被視爲「不可不熟」的「一代之奇」（見洪邁蓉齋隨筆）。所以唐代不僅是小說史上的開始時代，同時也是傳奇小說的鼎盛時代。

在敦煌文庫未打開以前，論小說都只限於唐的傳奇，宋之渾詞小說與元明之四大奇書（水滸傳、三國志演義、西遊記、金瓶梅）。但據日人鹽谷溫研究敦煌史料的結論，卻以爲「傳奇在唐末五代之頃，於優雅典麗的傳奇小說之外，還有一種極俚俗的爲一般民衆所玩賞的平民文學……」（洪著中國文學概論第六章）；可見諢詞小說不始於宋而始於唐末。所以唐代也是俗文學的發源地。

現在我們先敍唐代的傳奇作品：

1. 傳奇小説的略分類：

(1) 別傳……長恨歌傳

(2) 劍俠……虬髯客傳、紅線傳、劉無雙、崑崙奴、聶隱娘、謝小娥傳

(3) 艷情……霍小玉傳、李娃傳、柳氏傳、會真記、遊仙窟

(4) 神怪……柳毅傳、杜子春傳、南柯記、枕中記、離魂記

以上作品多在唐人説薈或太平廣記之中。近年的世界文壇，研究唐代小説最成功的英人E. D. Edwards教授，他所譯的唐代傳奇，使歐洲學者如入寶山，而唐代的散文的命名，更説明了傳奇在中國散文中的重要地位。以下將分別舉要説明各類小説的背景與主題。

2. 傳奇小説的舉要：

①列傳類中的長恨歌傳，是元和中，陳鴻爲白居易的詩長恨歌所作的傳述，寫楊貴妃在開元時入宮到馬嵬坡賜死的故事。

作者陳鴻，貞元時爲主客郎中。

背景：安史之亂的戰禍

主題：以宮怨喻依政治的無情

②劍俠類中的虬髯客—寫紅拂與李靖、虬髯客之間的故事。大意是：隋末，大臣楊素倨敖慢客。李靖往謁，素不大理會。歌妓紅拂知靖有爲，遂夜奔李靖，李擕之走太原。路遇虬髯客，友善如故交。髯聞太原有異人，央靖引見，遂見李世民。髯一見世民，知天下不可爭，遂以資產贈靖，囑助世民起事

。髯後在扶餘國稱王。

故事不超逸歷史，而作小說的穿插、取材、描寫的技巧都很高妙。左列兩段，尤其動人：

(1)髯客見世民

「輒致使迎之，使迴而至。不衫不履，裼裘而來。神氣揚揚，貌與常異。　髯默居末坐，見之心死。飲數杯，招靖曰：『真天子也！』」

(2)某道士見世民

「文靜飛書迎文皇看棋。道士對奕，虬髯與公傍侍焉。俄而文皇到來，精彩驚人，長揖而座，神氣清朗，滿座風生，顧盼煒如也。道士一見，慘然下棋子曰：『此局全輸矣。於此失卻局哉！救無路矣！』」

作者：杜光庭，僖宗時爲麟德殿文章應制，後事蜀王建、王衍。

背景：五代之群雄逐鹿。

主題：人才與知人識時。

③艷情類的會真記（鶯鶯傳）—故事寫張生動心於女子崔鶯鶯的美麗，託崔婢紅娘通欵曲。後崔另嫁，張亦別娶，乃終身不復見。故事是作者戀愛生活的自述，文筆委婉而流麗，對後世文學有深遠的影響。類似的作品有：金董解元西廂記諸宮調、元王實甫西廂記、明李白華南西廂記等多不勝舉。

作者：元稹（中唐詩人）

背景：門第制度與婚姻習尚。

主題：忍情補過的悲劇

④神怪類中的柳毅傳—寫柳毅落第返相濱，道經涇陽，遇牧羊女自稱龍女，爲翁姑所虐待，託毅傳書其父洞庭君。叔錢塘君性剛烈，竟教婿攜女歸，欲以配毅，毅辭謝。後柳毅兩度喪妻，再娶范陽盧氏，竟爲龍女化身，乃相攜歸洞庭而成仙。下面的兩段，是全書的抽樣：

「見有婦人，牧羊於道旁。毅怪視之，乃殊色也。而娥臉不舒，巾袖無光，凝聽翔立，若有所伺。」

看他寫悲戚楚楚的佳人，只用十幾個字便完全刻劃出來。再看他寫朱鱗火鬣突飛怒騰的赤龍—錢塘君，又另是一種神氣：

「詞未畢而大聲忽發，天拆地裂，宮殿擺簸，雲煙沸湧，俄有赤龍長千餘尺，電目血舌，朱鱗火鬣，項掣金鏁，鏁牽玉柱，千雷萬霆，繳繞其身，霰雪雨雹，一瞬皆下，乃擘青天而飛去。毅初恐蹶仆地，君親起持之曰：『無懼，固無害。』毅良久稍安，乃獲自定，因告辭曰：『願得生歸以避復來。』」

這是何等生動而細膩的筆觸！

作者：李朝威，隴西人。

背景：道家思想的神仙幻想與喜劇性的人生觀。

主題：道德的執著。

3.俗文小說與遊仙窟　小說體中有「俗文」小說，亦有「變文」小說。俗文，是源於佛教禪門基於傳道的要求，所譯佛經必須易曉，「不求文飾……不失本義；於是而有」「俗文」、「變文」的作品，前者意指不厭俚俗的通俗文體；後者則因通俗的需要而將散（古）文、韻語、甚至駢偶文加以折衷的文體。兩者與今日的白話口語體，仍然有距離，所以此期的小說，只能稱「俗文」或「變文」而不能算是白話小說。就其源流而言，傳奇小說的根源是爲糾正浮華的古文運動的結果，俗文或變文小說則爲佛教爲求宣導大衆化的俗文運動的結晶。

最先把遊仙窟自傳奇小說中抽出而歸於通俗小說的是，譚正壁的中國小說發達史，其中論及遊仙窟說：「唐士大夫在拼命提倡古文運動時，流行士大夫階級的傳奇小說，也趨向於古文化。但他們所打落的駢文體，卻反流入民間而通俗化。張鷟遊仙窟以駢文體寫通俗小說，流到日本後，日本文壇大受影響。今日所見之敦煌「變文」，其散文部份幾皆以駢文應用（按以散文應用者亦不少），足見作品的通俗與否，不在文字的形式，而在內容。（劉開榮唐代小說研究）」

4. 遊仙窟的變體文，由兩部合組而成：一是散文部份而以駢偶文寫的；二是韻語部份，以三言至七言詩寫的。例如：

『下官翕然而起謝曰：「十娘詞句，事盡入神，乃是天生，不關人學。」五嫂曰：「張郎到，無可散情，且遊後園，暫適懷抱。其園內雜果萬株，含青吐綠，叢花四照，散紫翻紅。激石鳴泉，疏巖鑿磴。無冬無夏，嬌鶯亂於錦枝。非古非今，花魴躍於銀池。婀娜蓊茸，清冷颼颼，鵝鴨分飛，芙蓉間出。大竹小竹，誇渭南之千畝。花合花開，笑河陽之一縣。青青岸柳絲條，拂於武昌。赫赫山楊箭幹，稠於董澤。余乃詠曰：

風吹遍樹紫，日照滿池丹。

若爲文暫折，擎就掌中看。』

又其四五七言雜用的詩句，如：

奇異妍雅　貌特驚新

眉間月出疑爭夜　頰上華開似鬥春

細腰偏愛轉　笑臉特宜頻

真成物外奇稀物　實是人間斷絶人

自然能舉止　可念無比方

能令公子百重生　巧使王孫千迴死

黑雲裁兩鬢　白雪分雙齒

織成錦袖麒麟兒　判繡裙腰鸚鵡子

觸處盡開懷　何曾有不佳

機關太雅妙　行步絶娃妍

傍人一一丹羅襪　侍婢三三綠線鞋

黃龍透入黃金釧　白燕飛來白燕釵

這是「變文」小說存在於唐代的一例，同時顯示小說走向白話的趨勢。

㈡小說於宋代

宋代的傳奇小說幾無可觀。略佳的作品，亦僅楊太真外傳、趙飛燕別傳、譚意歌傳、王幼玉傳、王謝傳、梅妃傳、李師師傳等數篇。但是新興於民間的白話小說，卻爲在宋代的文壇大放光芒。

白話小說始於唐的變體的通俗小說，今傳之唐太宗入冥紀、孝子董永傳、秋胡小說、維摩結所說往俗文、釋迦八相成道記及目蓮入地獄故事等書（燉煌千佛洞所發見），皆唐人所作。入宋以後，漸漸形成號稱「諢詞」（平話）的白話小說。灌園耐得翁都城紀勝分類如次：

1. 銀字兒—煙粉靈怪傳奇。
2. 說公案—搏拳提刀趕捧及發跡變態之事。
3. 說鐵騎兒—士馬金鼓之事。

銀字兒，仍然屬於傳奇的延伸。後二類才是宋代的小說，與今日之說書相似，是說話一科。就是向聽衆講半真半假—經過渲染的故事。爲了講得有聲有色，必須有完善的底本，叫做「話本」。宋人的話本，今傳有左列二種：

1. 新編五代史平話—爲中國長篇演義小說最早的一部，作者不詳。內容爲五代的戰爭史話，每代二卷，首尾皆有詩。今本之梁史、漢史皆缺下卷。
2. 京本通俗小說—今存第十至十六卷及第廿一卷，每卷一篇，計有碾玉觀音、菩薩蠻、西山一窟鬼、志誠張主管、拗相公、錯斬崔寧、馮玉梅團圓、金虜海寧王荒淫等八篇。這是短小說所組成的小說集，與前一類的長篇小說不同。這種可能是南宋作品的短篇，開頭都有詩詞和一些類似的故事做引子，以引入正文—所謂「書歸正傳」。

碾玉觀音敍紹興年間某群王府有碾玉觀音的待詔崔寧與府中養娘秀秀相愛而逃走，並在潭州組織小家庭。後被王府郭排軍所見，秀秀被活埋於王府後花園。但她的鬼魂仍與崔寧做夫妻，直到郭排軍暴斃而逝，崔寧亦偕故。

菩薩蠻述少年陳守常，因多才而三舉不第，遂入靈隱爲僧。以能詩極得群王之寵。後被誣與王府侍女新荷有私，幾斃杖楚。及案情白，守常已圓寂。

西山一窟鬼、志誠張主管亦鬼妻故事（從略）。

拗相公是反映王安石新法之書。中敍王罷相後由京師至江寧途中所見百姓痛恨情形。

錯斬崔寧是講高宗時的劉貴爲盜所殺，其妾陳氏及少年崔寧因嫌疑被誣同謀殺夫，皆處死。不久劉妻王氏亦爲此盜靜山大王所劫爲妻，然不知其爲殺夫之仇，而頗相愛好。後盜懺悔道寔情，乃訴於官，終殺盜以平冤獄。

馮玉梅團圓亦爲賊所虜終獲團圓的離亂故事，情節從略。

金虜海陵王荒謠是金主亮的荒謠故事，描寫之佳，在宋人「話本」中首屈一指。

此外尚有大唐三藏取經詩話及大宋宣和遺事二種，皆模擬「話本」的作品。前者分三卷十七章。每章均有詩有話，故名詩話，實記途中遇妖故事，爲西遊記之所本。後者分前後二集，中含十節故事：①敍歷代帝王荒淫之失；②敍王安石變法之禍；③敍安石引蔡京入朝至童貫、蔡攸之巡邊；④敍梁山英雄聚義本末；⑤敍徽宗幸李師師家之艷聞；⑥敍道士林靈素故事；⑦敍京師元宵燈彩之盛；⑧敍京師之失陷；⑨敍二聖蒙塵之痛苦屈辱；⑩敍南宋高宗之定都臨安。其中二、三、八、九、十各節爲文言，餘皆白話。第四節更被作爲水滸傳的底本。此書史料甚豐，備受後世重視。

至此，宋代小說史的質與量都可得其梗概。但嚴格說，此期的白話小說還只是草創時期，而談不上深長的文學意義。不過他的逼真、通俗與小說的規模、畢竟是元以後章回小說的開路先鋒。

第八章　遼金元的漢化文學

本期作品，爲非漢族的漢化文學。由於歷史的短暫，作家與作品的量並不多。但論質仍然可觀，而元曲尤其獨步今古。以下分別加以舉要：

一、遼代文學

㈠遼史入傳的作家

遼爲契丹建立於東北地區的政權，自太祖耶律億於五代後梁貞明二年（九一六）稱帝，至宋徽宗宣和七年（一一二五）爲宋、金聯軍所滅，享祚二百九年。

「遼起松漠，太祖以兵經略方內，禮文之事固未遑及。太宗入汴，取圖書禮器而北，然後制度漸以修舉，至景聖間則科目聿興，士有由下僚擢陞侍從，駸駸崇儒之美。但其風氣剛勁，三面臨敵，歲時以蒐獮爲務，而典章文物視古猶闕然。二百年之業非數君子爲之綜理，則後世惡所考述哉。」這是遼史文學傳首的簡述。也是遼史對於文學的強調。但是二百年之間，入傳的文學家只有以下七人：

蕭韓，字休堅，涅剌部人。少好學，博覽經史，通遼、漢文字。統和十四年始仕。曾任同知三司使，遷天成軍節度使，與帝爲詩友。帝嘗問異聞，對曰：「臣惟知炒粟，小者熟則大者必生，大者熟則小者必焦，必使大小均熟，始爲盡美。」帝大笑，詔作四時逸樂賦，善之。

帝問「盜賊之害，何可以止？」對曰：「伏見比年以來，高麗來賓，阻卜猶強……乃選富民防邊，自備糧糗，道路修遠…比至屯所，所費已過半，雙牛單轂，鮮有還者。其無丁之家，倍直傭僦，人憚其勞，半途亡竄，故戍卒之食多不能給，求假于人則十倍其息，有鬻子割田不能償者……況渤海、女真、高麗、合從連橫，不時征討，富者從軍，貧者偵侯，加以水旱菽粟不登，民以日困，勢使之然也。……臣聞唐太宗反問群臣治盜之方，皆曰嚴刑峻法。太宗笑曰：『寇盜所以滋反者，由賦歛無度，民不聊生，今朕內省嗜欲，外罷游幸，使海內安靜，則寇自止。』由此觀之，賊盜多寡，皆由衣食豐儉，徭役重輕耳。今宜徙可敦城於近地……罷黑嶺二軍……益東北戍軍及南京總管兵，修壁壘……治城隍，以爲邊防，此方今之急務也。……」帝擢以爲翰林都林牙兼修國史并修禮書。史臣以爲「休堅對策，落落累數百言，概可施諸行事，亦遼之晁、賈……。」

李澣初仕晉，晉亡歸遼……授翰林學士，累遷工部侍郎。澣兄濤在汴爲翰林學士，密遣人召澣，澣易服欲遁歸汴，至涿爲巡者所得，送南京下吏復械赴上京，帝欲殺之。樞密高勳言澣本非負恩，以母年八十急於省親致罪。且澣富於文學，少與倫，若留掌詞命，可以增光國體。帝怒稍解。後欲建太宗功德碑，高勳奏非澣不可，文成上悅釋囚，尋加禮部尚書宣政殿學士。

王鼎，字虛中，涿州人。幼好學，居太寧山數年，博通經史。時唐俊有文名於燕薊間，以修禊水濱，酌酒賦詩，鼎偶造席，俊見鼎樸野置下坐，欲以詩困之。鼎援筆立成，俊驚其敏妙，因與定交。清寧五年擢進士，當代典章，多出其手。上書言治道十事，帝以鼎達政體，事多諮訪。鼎正直不阿，人有過必面詆之。壽隆初升觀書殿學士，宴主第，醉與客忤，怨上不已。坐是下使，杖黥奪官流鎮州數年，有赦獨不免。會守臣召鼎爲賀表，因以詩貽使者，有「誰知天雨露，獨不到孤寒」之句。上聞而憐之，即召復其職。

耶律昭，字述寧。博學善屬文。以兄國留事流西北部。時蕭撻凜爲招討使，愛之，奏免其役，禮致門下欲召用，以疾辭。凜以阻卜伺隙而動，討之則路遠難至，縱之則邊民被掠，戍兵則餽飯不給，欲苟一時之安，不能終保無變」問計於昭，昭答以書：

「竊聞治得其要，則仇敵為一家；失其術，則部曲為行路。……為今之計，莫若振窮薄賦，給以牛種，使遂耕穫，置游兵以妨盜掠，頒俘穫以助伏臘，散畜牧以就便地，期以數年，富庶可望。然後練簡精兵，以備行伍，何守之不固，何動之不克哉？然必去其難制者，則餘種自畏。若捨大而謀小，避強而攻弱，非徒虛費財力，亦不足以威服其心。此二者利害之機，不可不察。昭聞之，古之名將安邊立功，在德不在眾。故謝玄以八千破符堅百萬，休哥以五隊勝曹彬十萬，良由恩結士心，得其死力也。閣下膺非常之遇，專方面之寄，宜遠師古人以就勳業，上觀乾象，下盡人謀，察地形之險易，料敵勢之虛實，慮無遺策，利施後世矣。」

撻凜深然之，蓋才識文學俱卓然也。

劉光輝好學善屬文，疏簡有遠略。太康五年第進士，大末爲太子洗馬，上書言邊事以爲：西邊諸番爲患，士卒遠戍，中國之民，疲於飛輓，非長久之策。爲今之務，莫若城於鹽濼，實以漢户，使耕田聚糧以爲西北之實。」言雖不行，識者韙之。

耶律孟簡，字復易。性穎悟。六歲，父晨出獵，使賦曉天星月詩；孟簡應聲而成，父大奇之。長善屬文，以讒放逐，不形辭色。過林泉勝地，終日忘歸。明年流保州，及聞太子被害，以詩哀之作放懷詩二十首。自序云：

「禽獸有哀樂之聲，螻蟻有動靜之形；在物尤然，況於人乎？然賢達哀樂，不在窮通禍福之間。易曰『樂天知命』故不憂。是以顏淵簞瓢自得，此知命而樂者也。予雖流放，以道自安，又何疑耶？」

大康中始得歸，詣闕上表以本朝之興幾二百年，宜有國史以垂後世，乃編耶律曷魯、屋質、休哥三人行爲以進，上命置局編修。孟簡謂餘官曰：「史筆天下之大信，一言當否，百世從之，苟無明識，好惡徇情，則禍不測。故左氏、司馬遷、班固、范曄俱罹殃禍（按韓愈所謂「夫史官豈易爲哉；不有人禍，必有天刑」也），可不慎歟！」乾統中遷六院部太保，處事不拘文法，時多笑其迂。孟簡聞之曰：「上古之時無簿書法令而天下治，蓋簿書法令適足以滋姦幸，非聖人致治之本。」其言實老子所謂「法令滋章，盜賊多有」之註腳。

耶律谷欲，亦字休堅，六院部人。遼史稱其沖澹有禮法，工文章。能鞫疑獄。官至聖軍節度使，爲興宗詩友，數問治要，多所匡建。

以上七人，除李澣僅以詞章見稱之外，餘皆深明政體，多有建言，所以史論說：「孰謂文學之士無益於治哉！」

㈡遼后妃作品　遼主及后妃多能文，以下特錄蕭觀音及蕭瑟瑟的詩詞：

蕭觀音（一〇四〇——一〇七五），遼第八傳主道宗之宣懿皇后，工詩，擅琵琶，能自製曲歌，後被誣自盡。且看她的回心院詞：

「裝繡帳，金鉤未敢上。解卻四角夜光珠，不教照見愁模樣。」

「剔銀燈，須知一樣明。偏是君來生彩暈，對妾故作青熒熒。」

蕭瑟瑟（一一〇一一一二五），爲遼第九傳之天祚皇帝之元妃，善詩歌。且看她的諷諫歌：

「勿嗟塞上兮暗紅塵，勿傷多難兮畏夷人。不如塞奸邪之路兮，選取賢臣。直須臥薪嘗膽兮，激壯士之捐身。可以朝清漠北兮，夕枕燕雲。」

「丞相來朝兮劍佩鳴，千官側目兮寂無聲。養成外患兮嗟何及，禍盡忠臣兮罰不明。親戚並居兮藩屏位，私門潛畜爪牙兵。可憐往代兮秦天子，猶向宮中兮望太平。」

二、金代文學

金是女真族建立的國家，在宋徽宗政和五年（一一一五）建國，在宋理宗端平元年（一二三四）爲蒙古所滅。起初與宋聯合滅遼，然後攻宋。宋室被迫南渡，是爲南宋。

論文化交流，遼國與北宋的對峙是絕對阻隔的；但是金國與南宋的對峙卻是相反的。尤其是雙方和局已定的數十年間，金國的君主還接受漢族文化以助統治，後來便有不少文學家，其中最傑出的是元好問。

(一)元好問

元好問（一一九〇一一二五九）字裕之，號遺山，太原秀容（今山西忻縣）人，祖系出自出拓拔魏。二十七歲時，蒙古南下，流亡至河南。三十二歲中進士，曾任行都尚書省左司員外郎等職，金亡不仕。工詩文，爲當時文壇領袖。散文結構嚴密，且長於碑誌；詩詞蒼涼幽鬱，頗多傷感時事之作。在文學批評方面，有論詩絕句三十首，對建安以來的詩歌，作有系統的論述，都出於推崇自然，反對雕琢的主張。茲錄其詩詞五首：

「道旁僵卧滿纍囚，過去旃車似水流。紅粉器隨回鶻馬，爲誰一步一回頭。」（癸巳五月三日北渡）。

「瘦竹藤斜掛，幽花草亂生。林高風有態，苔滑水無聲。」（山居雜詩）

「河外青山展卧屏，并州孤客倚高城。十年舊隱抛何處？一片傷心畫不成。谷口暮雲知鄭重，林梢殘照故分明。洛陽見説兵猶滿，半夜悲歌意未平。」（懷州子城晚望少室）

「淅江歸路杳，西南羨卻投林高鳥。升斗微官，世累苦相縈繞。不似麒麟殿裡，又不與巢由同調。詩時笑，虛名負我平生吟嘯。擾擾馬足車塵，被歲月無情暗消。年少鐘鼎，山林一事，幾時曾了！四壁秋蟲夜雨，更一點殘燈斜照。清鏡曉，白髮又添多少？」（玉漏遲—詠懷）

「擁岧岧雙闕，龍虎氣鬱崢嶸。想暮雨珠簾，秋香桂樹，指顧臺城。臺城爲誰西望？但哀弦淒斷似平生。只道江山如畫，爭教天地無情。風雲奔走十年兵，慘淡入經營。問對酒當歌，曹候墓上，何用虛名？青青故都喬木，悵西陵遺恨幾時平。安得參軍健筆，爲君重賦蕪城？」（木蘭花慢—游三台）。

(二) 王若虛

和元好問同時的王若虛，也是著名的文學家，尤以文學批評著稱。

王若虛（一一七四—一二四三）字從之，號慵夫，河背藁城人。博學強記而有創見。承安二年（一一九七）進士，官至翰林直學士，金亡不仕。善詩文，兼長經史考證之學。著有滹南遺老集，其中文辨四卷詩話三卷裡的論文論詩都有一貫的理論，也有精闢的見解；例如論文章，他說：

「或問文章有體乎？曰：無。又問無體乎？曰：定體則無，大體須有。」（文辨四）。

既然文章沒有定體，那麼便不能在詞句上或形式上訂定任何標準，重點是在內容，要求達到一個「真」字。而一般古文家所謂的文章之法，祇是在刻板的形式上繞圈子，在他是都不以爲然的。他講的章法是文理，相當於現在所謂的文法和修辭，目的在使內容能確切地表達，不失其真。所以他批評揚雄解嘲的「爲可爲於可爲之時則從，爲不可爲於不可爲之時則凶」、庾信哀江南的「崩於鉅鹿之沙，碎於長平之瓦」都不成文理（文辯一），而推崇宋人的文章：

「揚雄之經，宋祁之史，江西諸子之詩，皆斯文之蠹也。散文至宋人始是真文字。」（文辯四）。

王若虛論詩，除文理外，也強調性情上的真，認爲「哀樂之真發乎情性，此詩之正理也。」（詩話上）論詩既求內涵的真和文理的真，自然就反對雕琢和模仿的模仿的詩風了，也因之對黃庭堅最爲不滿。黃庭堅的「奪胎換骨」、「點鐵成金」等方法，他就直截了當說是剽竊（詩話下）。

(三) 董朗與西廂記諸宮調

金國最出色的詞曲家是**董解元**，以西廂記諸宮調著稱於世。可惜董的籍貫生平都無可考，甚至連名字也不能確定。但他所寫西廂記諸宮調則是現在研究諸宮調最完整的材料。

董解元是金章宗（一一九〇—一二〇八）時候的人，「解元」只是當時讀書人的泛稱。明湯顯祖評本董西廂說他名朗；除了寫西廂記諸宮調以外，其他事蹟，一無所知。

西廂記諸宮調習慣上簡稱董西廂，又名弦索西廂搊彈詞，是以唐元稹的戀愛故事鶯鶯傳爲本，加以重組重寫；文辭華美，刻劃細膩，戲劇性極高。在情節上，改張生的始亂終棄為有情人終成眷屬，男女主角共同為爭取幸福而奮鬥，使故事有新主題；並且突出了紅娘，成為元代王實甫西廂記雜劇的底本。茲節錄長亭送別一段：

〔大石調〕玉翼蟬）蟾宮各赴帝闕，相送臨郊野。恰俺與鶯鶯鴛幃暫相守，被功名使人離缺。好緣業，空悔悒，頻嗟歎，不忍輕離別。早是恁悽悽涼涼受煩惱，那堪值暮秋時節。雨兒乍歇，向晚風如凜冽，那聞得衰柳蟬鳴悽切。未知今日別後，何時重見也。衫袖上盈盈搵淚不絕，幽恨眉峰暗結，好難割捨，縱有半載恩情，千種風情，何處說。

（尾）莫道男兒心如鐵，君不見滿川紅葉，盡是離人眼中血。……生與鶯難別。夫人勸曰：「送君千里，終有一別。」

〔仙呂調〕戀香衾）苒苒征塵動行陌，杯盤取次安排，三口兒連法聰外更無別各。魚水似夫妻正美滿，被功名等閒離拆。然終須相見，奈時下難捱。君瑞啼痕污了衫袖，鶯鶯粉淚盈腮。一個止不定長吁，一個頓不開眉黛。君瑞道閨房裡保重，鶯鶯道路途上寧耐。兩邊的心緒，一樣的愁懷。

（尾）僕催促，怕晚了天色。柳提兒上把瘦馬兒連忙解。夫人好毒害，道孩兒每回取個坐車兒來。生辭夫人及聰，皆曰好行。夫人登車，生與鶯別。

〔大石調〕驀山溪）筵已散，再留戀應無計。煩惱的是鶯鶯，受苦的是清河君瑞。頭西下控著馬，東向馳坐車兒，辭了法聰，別了夫人，把樽俎收拾起。臨行上馬，還把征鞍倚。低語使紅娘，更告一盞以為別禮。鶯鶯君瑞，彼此不勝愁，廝覷者，總無言，未飲心先醉。

（尾）滿酌離杯長出口兒氣，比及道得個我兒將息。一盞酒裡，白冷冷的滴殻半盞來淚。

夫人道：「教郎上路，日色晚矣。」鶯啼哭，又賦詩一首贈郎。……

仙宮調（賞花時）落日平林噪晚鴉，風袖翩翩催瘦馬，一徑入天涯。流涼古岸，衰草帶霜滑。瞥見個孤林端入畫，離落蕭疏帶淺沙。一個老大伯捕魚蝦，横樹流水，茅舍映荻花。

（尾）駝腰的柳樹上有漁槎，一竿風旆茅簷上挂，澹煙瀟灑，横鎖着兩三家。生投宿於村店……」

三、元代文學

㈠元的詩詞

元代詩詞的成就雖不及散曲，但頗能自闢蹊徑，而具新風格。此期作家多先朝遺民，故品作多具真性情，不侈談心性，也不故作山林矯語。故初期頗受元好問影響，中期則宗唐，重詞釆、講對仗，晚期則多流於豔巧。玆舉要如次：

趙孟頫（一三五四—一三二二）字子昂，湖州人宋宗室。宋末以父蔭補官。元至元二十三年年授兵部郎中，遷翰林承旨、卒封魏國公（一）有松雪齋集。詩清奇而多蒼涼哀怨之情，如：

「宿雲初散青山溼，落紅繽紛溪水急。桃花源裡得春多，洞口春煙搖綠蘿。綠蘿搖煙挂絕壁，飛流淙下三千尺。瑶草離離滿澗阿，長松落落凌空碧。雞鳴犬吠自成村，居人至老不相識。瀛洲仙客知仙路，點染丹青寄輕素。何處有山如此圖，移家欲向山中住。」（題商德符學士桃源春曉圖）

明胡應麟詩藪評說：「雄渾流麗，步驟中程。」這是子昂清麗的詩。

「溪頭月色白如沙，近水樓臺一萬家。誰向夜深吹玉笛，傷心莫聽後庭花。」（絕句）

「鄂王墳下草離離，秋日荒涼石獸危。南渡君臣輕社稷，中原父老望旌旗。英雄已死嗟何及，天下中分遂不支。莫向西湖歌此曲，水光山色不勝悲。」（岳鄂王墓）

這些詩，都是興故國之思，帶有深痛的感情。又如：

「故人贈我江南句，飛盡梅花我未歸。欲寄相思無別語，十枝寒玉澹春暉。」（題所畫梅竹贈石民瞻）

這首詩更在清麗之中帶哀感。

白樸（一二二六——？）字仁甫，後改字太素，號蘭谷先生。生於金哀宗正大三年，元世祖二十八年（一二六七）尚健在，卒年不詳。仁甫讀書穎悟異常，又親炙於遺山，所以文學根柢深厚。金亡後，仁甫常鬱鬱不樂，於是放浪形骸，以求自適。中統初，開府史天澤薦之於朝，婉辭不就。元一統後，徙家金陵，從諸遺老怡情山水之間，每日以詩酒優游。四庫提要評說：「清雋婉逸，意愜韻諧。」以爲可與張炎相匹。可惜他的曲名掩蓋了詞名。如：

「可惜一川禾黍，不禁滿地螟蝗」（朝中措），就非常清新樸質的。像「千古神州，一旦陸沈，高岸深谷。夢中雞犬新豐，……幾回飲恨吞聲哭。歲暮意如何？怯秋風茅屋。」（石州漫書懷）便是非常沈痛的名句。

劉因（一二四九——一二九三）字夢吉，號靜修，保定容城（今河北容城縣）人。生於宋理淳祐九年，世治儒學，後專研理學，元世祖至元十九年，徵拜右贊善大夫，不久即辭歸。二十八年再徵爲集賢殿學士，固辭不就。

劉因是理學家，又通經學，詩文都有深厚的根柢。他的詩風格健而高邁，七古歌行都非常豪邁，七律也能表現遒勁之氣，看起來頗似元好問，實際上是受元好問的影響很深。五古則有意學陶淵明，有學陶詩一卷，都是詠懷之作。他的咏物作品，非常豪邁。如：

「高亭雲錦繞清流，便是吾家太一舟。山影酒搖千疊翠，雨聲窗納一天秋。襟懷灑落景長勝，雲影空明天共遊。笑向白鷗問塵世，幾人曾信有滄洲。」（高亭）

不但寫出爽麗的景色，更寫出洒脫襟懷。

「太行麟甲搖晴空，層樓一夕蟠白虹。天光物色驚改觀，少微今在青雲中，初疑平地立梯磴，清風西北天門通。又疑三山浮海至，載我欲去扶桑東。雯華寶樹忽當眼，拍肩愛此金仙翁。金仙一夢一千載，騰擲變化天無功。萬象繞口恣噴吐，坐令四海皆盲聾。千池萬沼盡明月，長天一碧無遺蹤。我生玄感非象識，此眼此臂將安庸。海岳神光埋禹鼎，人間詭態何由窮。金天月窟爾鄉國，玉毫萬丈須彌峰。一杯徑欲呼與語，爲我返駕隨西風。堂堂全趙思一豁，江山落落吾心胸。中原左界此重鎮，形勢彷彿餘兵衝。歌舞遺臺土花碧，旗幟西山霜葉紅。乾坤割裂萬萬古，烏鳶螻蟻爲誰雄●滹水悠悠自東注，落日渺渺明孤鴻。」（澄鎮州隆興寺閣）

這首歌行，氣勢磅礴，雄健豪邁，直抒胸臆。詩藪說這首詩「老筆縱橫」，其洗鍊可見。

他的五言小詩也非常自然清新，如：

「鄰翁走相報，隔窗呼我起，數日不見山，今朝翠如洗。」

劉因雖然曾一度出仕元朝，但他對宋朝一直是念念不忘，尤其對宋的亡國，更是沈痛異常，所以很多悼念的詩，例如：

「寶符藏山自可攻，兒孫誰是出群雄。幽燕不照中天月，豐沛空歌海內風。趙普元無四方志，澶淵堪笑百年功。白溝移向江淮去，止罪宣和恐未公。」（白溝）

這首詩寫宋太祖曾謀取幽燕，可惜兒孫不能繼承遺志。趙普的諫阻太祖取燕，真宗澶淵親征，得勝而反加歲幣求和，都是軟弱無能的。而靖康南渡的禍根，正是歷來積弱妥協所種下的，所以只罪徽宗是不公平的。不但傷痛宋的敗亡，更對歷史作深入的批判。又如：

「卧榻而今又屬誰，江南回首見旌旗。路人遙指降王道，好似周家七歲兒。」（書事）

這首詩也同樣是歎慨宋朝的敗亡與王道的無恥。「北風初起易水寒，北風再起吹江干。北風三吹白雁來，寒氣宜薄朱崖山。乾坤噫氣三百年，一風掃地無留殘。萬里江沛想瀟灑，佇看春水雁來還。」（白雁行）西湖誌餘：「先是臨安有謠云：江南若破，白雁來過。蓋伯顏之讖也。」宋度宗咸淳十年（一二七四）元丞相伯顏大舉進攻南宋，恭帝德祐二年（一二七六）伯顏入臨安。後年陸秀夫、文天祥擁立趙昺遷崖山。次年，元兵，秀夫負趙昺投海死，宋亡。宋自太祖建國（九六〇）。至崖山陷（一二七九），凡三百十九年，詩中所慨歎的，正是這段亡國的悲痛。

仇遠和**白挺**，在宋末齊名，人爲呼爲「仇白」。張翥、張羽都出在仇遠的門下，在元代都以詩名。遠（一二六一—？）字仁近，一字仁父，錢塘（含浙江杭縣）人，至元中，爲溧陽州儒學教授，自號近村，又號山村，有山村遺稿。風格清婉高雅。如：

「西湖春碧淨無泥，畫舫珠簾傍岸移。寒食清明初過後，杏花楊柳乍晴時。教從西日催歌鼓，莫放東風轉酒旗。只恐明朝成雨去，暗驚濃綠上高枝。」（同段吉甫泛湖）

還有他的秋日西湖園亭，都非常清麗。

他的閒居十詠，以十首絕句寫閒居生活，氣和詞暢，頗見優游瀟灑之趣。如：

「樹隔殘鐘遠欲無，野雲莫莫雨疏疏。飛蚊盡逐南風去，父子燈前共讀書。仰屋著書無筆力，閉門覓句費心機。不如花下冥冥坐，靜看蜻蜓蛺蝶飛。」

他的詞雋雅清新，百讀不厭，在元人詞中當屬第一。像他的點絳唇：

「黃帽棕鞋，出門一步如行客。幾時寒食，岸岸梨花白。馬首山多，雨外青無色。誰禁殘鵑孤驛，僕地春雲黑。」

虞集（一二七二——一三四八）字伯生，自號邵庵，蜀郡人，父汲僑寓臨川崇仁（今江西崇仁縣），大德初，薦爲大都路儒學教授，仕至翰林直學士兼國子祭酒。順帝至正八年卒，謚文靖。有道園學古錄。

虞集和楊載、范梈、揭傒斯，號稱「四大家」。而集爲四家之冠。集稱自己的詩如漢廷老吏，而評載詩如百戰健兒，梈詩如唐人臨晉帖，傒斯詩如三日新婦。（元詩紀事卷十一引江西通志謂虞曾作范德機詩序。亦有謂「傒斯詩如美女簪花」者）詩藪則說：「百戰健兒，悍而蒼也；三日新婦，鮮而豔也；唐臨晉帖，近而肖也；漢法令師，刻而深也。」馬仲常則又說：「揭君典重，楊君雄渾，虞君雅麗，范君清高。」（元詩紀事卷十一虞集條下引）由此可知四家詩的風格。

虞集的詩，以典實雅麗見稱，李東陽懷麓堂詩話評論說：「若藏鋒斂鍔，出奇制勝，如珠之走盤，馬之行空，始不見其妙，而探之愈深，引之愈長，則於虞有取焉。」如：

「雨浥輕塵道未乾，朝回隨處借花看。牆東千樹垂楊柳，飛絮來時近馬鞍。」（訪杜宏道長史不值道中偶成）。

「日出風生太液波，畫橋影裡綵船過。橋過柳色深如許，應是偏承雨露多。」（與趙子期趍閣）

這一類的詩，細細品味，都是爽口可愛的。又如：

「屏風圍坐鬢毿毿，銀燭燒殘照暮酣。京國多年情盡改，忽聽春雨憶江南。」（聽雨）

此詩透出居官多年意欲歸隱的心情。他同時還有一首風入松詞，詞中有句云：「杏花春雨江南」，正是用的詩意。明瞿佑歸田詩話云：「曾見機坊以詞織成帕，為時所貴重如此。」

他又有挽文丞相詩：

「徒把金戈挽落暉，南冠無奈北風吹。子房本為韓仇出，諸葛安知漢祚移。雲暗鼎湖龍去遠，月明華表鶴歸遲。何須更上新亭飲，大不如前灑淚時。」

這首詩表現了他的崇敬，同時也道出他對亡宋的悼念。結語尤為沈痛。

楊載（一二七一——一三二三）字仲弘，浦城（今福建浦城縣）人。延祐初登進士第，官至寧國路總管府推官。有仲宏集。

楊載詩有法度，嘗語學者云：「詩當取材於漢魏，而音節則以唐為宗。」（見元史卷一百九十本傳）范梈仲宏集序云：「仲宏之天稟曠達，氣象宏朗，開口議論，直視千古。每大衆廣席，占紙命辭，敖睨橫放，盡意所止。衆方拘拘，已獨坦坦：衆方紆徐，已獨馳駿馬之長坂，而無留行。」載之氣象宏朗，所以詩也雄渾流麗。如：

「老君堂上涼如水，坐看冰輪轉二更。大地山河微有影，九天風露寂無聲。蛟龍並起承金榜，鸞鳳雙飛載玉笙。不信弱流三萬里，此身今夕到蓬瀛。」（宗陽宮望月分韻得聲字）

楊載以這首詩得名，的確清新爽麗。又如：

「建炎白馬渡江時，循王以身佩安危。疏恩治第壯輿衛，縮板載榦繇偏碑。下鍤江城但沙鹵，往夷赤山取焦土。帳前親兵力如虎，一日連雲興百堵。引錐刺之鐵石堅，長城在此勢屹然。上功幕府分金錢，歡聲如雷動地傳。爾來瞬息踰百年，高崖爲谷驚推遷。華堂寂寞散文礎，喬木慘淡棲寒煙。我入荒園訪遺古，所見惟存丈尋許。廢壞終嗟麋鹿游，飄零不記商羊舞。王孫欲言淚如雨，爲言王孫毋自苦。子孫再世驤門戶，英公尚及覩房杜。如君百不一二數。人生富貴當自取，況有長才文甚武。公侯之後必復初，好把家聲繼其祖。」（古牆行）

這首歌行，古樸蒼涼，雄渾瀟灑，和他的梅梁歌同格調，都很被當代所推崇。

范梈（一二七二—一三三〇）字德機，清江（今江西清江縣）人．薦爲佐衛教授，官至湖南嶺北廉訪司經歷。人稱文白先生，著有燕然東方等稿。

范梈的詩，虞集評說是「如唐臨晉帖」，揭溪斯則補充說：「余獨謂范德機詩以爲唐臨晉帖，終未逼真。今故改評之曰，范德機詩如秋空行雲，晴雷卷雨，縱橫變化，出入無朕。又如空山道者，辟穀學仙，瘦骨崚嶒，神氣自若。又如豪鷹掠馬，獨鶴叫群，四顧無人，一碧萬里，差可彷彿耳。」（元詩紀事卷十二范梈條下引）又如：

「昨日舊塚掘，今朝新冢成。塚前兩翁仲，送舊還迎新。舊魂未出新魂入，舊魂還對新魂泣。舊魂丁寧語新魂，好地不用多子孫。子孫綿綿如不絕，曾孫不掘元孫掘。我今掘矣良可悲，不知君掘又何時。」（掘塚歌）

此詩流露自然，寓意深長。

揭傒斯（一二七四——一三四四）字曼碩，龍興富州（今雲南富州縣）人。延祐初薦授翰林國史院編修，官至翰林侍講學士。卒謚文安，有秋宜集。

虞集評傒斯詩如「美女簪花」，指其明麗可喜，其實傒斯的詩邃峭處尤在虞集之上。如：

「雨髯背立鳴雙櫓，短篷開合滄江雨。青山如龍入雲去，白髮何人并沙語。船頭放歌船尾和，篷上雨鳴篷下坐。推篷不省是何鄉，但見雙雙白鷗過。」（夏五月武昌舟中觸目）。

另外他的女兒浦歌二首，也非常整麗，格調不在虞集之下。

「女兒浦前湖水流，女兒浦前過湖舟。湖中日日多風雨，湖邊人人還白頭。大孤山前女兒灣，大孤山下浪如山。山前日日風和雨，山下舟船自往還。」（女兒浦歌二首）

這兩首似竹枝詞寫的民歌，的確婉轉清麗，別有風韻。

張雨（一二七七——一三四八）是一位道士，一名天雨，字伯雨，別號貞居子，錢塘人。嘗和虞集、楊維楨相酬答，有句曲外史集。

張雨的詩詞多有清逸之處。如：

「造物於我厚，一切使我薄。瓶中有儲粟，持此卧雲壑。弊衣取句完，得味在藜藿。花鳥予友于，樽酒不獨酌。床頭堆故書，敗履置床腳。未嘗身沒溺，何與世濁惡。正如散馬牛，不識穿與絡。異時老髑髏，會有南面樂。」（道言）

這樣自白的詩，真是清逸超乎塵凡。又如：

「我有草堂南洞門，常時行坐虎同群。丹光出林掩明月，至氣上天爲白雲。遙憶田泉洗蒼求，更思陶潤采香芹。歸來閉戶償高卧，莫遣人書白練裙。」（懷茅山）

言首詩誠如西湖竹枝集所云：「其詩俊逸淸贍，儕輩鮮及，有如『丹光出林』云云，不目之爲仙才不可也。」（元詩紀事卷三十三張雨條下引）

薩都剌（一三〇〇——一三五五）字天錫，別號直齋，本答失蠻氏，後爲雁門（今山西代縣）人。登泰定丁卯進士第，官至河北廉訪司經歷。有雁門集。

天錫以賦宮詞得名，長於詠物，其詩風格俊逸淸新，歌行近體亦時有佳處。如：

「楊柳樓心月滿床，錦屏繡褥夜生香。不知門外春多少，自起移燈看海棠。」（宮詞）

另外還有四時宮詞的富麗爽闓，令人百讀不厭。還有他的南臺看月歌：

「城南江上逢中秋，城南石梁初截流。長虹一道貫秋色，中分百里江南州。殘霞燒盡魚尾黑，金蛇翻動三江白。冰輪展出碧玻璃，照見釣龍臺上客。臺中之客懷古心，黃河泰華三登臨。今年攜月醉臺畔，越水越山爲月吟。無諸城裡人如海，無諸故城堆殘靄。無諸臺上草離離，龍去臺空幾千載。昔龍已去江悠悠，今龍雖在人未求。懷珠豈立此臺下，腰下黃金臺上鉤。乾坤四顧渺空闊，詩書元氣行勃勃。合沙古讖此其時，天下英雄求一決。南臺月照男兒面，豈照男兒心與肝。燕山買駿金萬斛，萬里西風一劍寒。」

像這類詩，更顯得非常豪邁。

他的樂府名作如芙蓉曲、燕姬曲，都非常細膩，也非常自然。如：

「秋江渺渺芙蓉芳，秋江女兒將斷腸。絳袍春淺護雲暖，翠袖日暮迎風涼。鯉魚吹浪江波白，霜落洞庭飛木葉。盪舟何處采蓮人，愛惜芙蓉好顏色。」（芙蓉曲）

他的上京即事五首，寫塞外風光，也非常明爽。今舉一首：

「大野連山沙作堆，白沙平處見樓臺。竹人禁地避芳草，盡向曲闌斜路來。」

博若金（一三〇四—一三四三）字與礪，本字汝礪，新喻（今江西新喻縣）人，官至廣州文學教授。有清江集。詩藪以爲汝礪詩出於虞集等之上。詩藪云：「元人力矯宋弊，故五言律多草草，無復深造。虞楊間法王岑，而神骨乏；范揭時參韋孟，而天韻疏；新喻晉陵二子，稍自振拔，雄渾悲壯，老杜遺風，有出四家上者。」像他的渾沌石行：

「渾沌以來不可數，萬八千歲生盤古。絪縕乃在巻石間，光怪潛通落星渚。來從魚腹人盡訝，坐念武侯心獨苦。八陣圖成泣鬼神，三江石轉凋寒暑。蒼波噴浸圓且堅，雞子結成生理全。久當化鳥非爲怪，大未成羊亦可仙。玉精隱月相照射，金液流霞紛繞纏。輕清已判中黃外，元氣猶函太素前。英雄事往唯存石，天衡地軸今誰識。江上嘗疑霧雨寒，坐中欻恐風雷黑。摩挲直如見溟涬，位置豈肯同沙礫。長路相將拂劍隨，天陰勿使精靈得。」（渾沌石行）

如他的登南岳詩，也非常雄麗。

「萬壑千峰次第開，祝融最上氣崔嵬，九江水盡荊揚去，百粵山連翼軫來。入樹恐侵玄帝宅，牽蘿思上赤靈臺。

張翥（一二八七——一三六八）字仲舉，晉寧（今雲南晉寧縣）人。至正初召爲國子助教，官至翰林學士承旨。從仇遠學，以詩文名海內。有蛻菴集。詩雄渾流麗，詞也很婉曲工穩。如：

「楊花吹春一千里，獸艦如雲錦帆起。咸洛山河真帝都，君王自愛揚州苑。軍裝小隊皆美人，畫龍韉汗金麒麟。香風搖蕩夜遊處，二十四橋珠翠塵。騎行不用燒紅燭，萬點飛螢炫川谷。金釵歌度苑中來，寶帳香迷樓上宿。醉魂貪作花月荒，肯信戰劍生宮牆。斕斑六合洗秋露，尚疑怨血凝晶光。至今落日行人路，鬼大孤鳴隔煙樹。腐草無情亦有情，年年爲照雷塘墓。」（螢苑曲）又如：

「天子臨軒授鉞頻，東南無地不紅巾。鐵衣遠道三軍老，白骨中原萬鬼新。義士精靈虹貫日，仙家談笑海揚塵。都將兩眼淒涼淚，哭盡平生幾故人。」（寄浙省參政周玉坡）。

楊維楨（一二九六——一三七〇）字廉夫，號鐵笛道人，會稽（今浙江紹興縣）人，泰定四年進士，宮至江西等處儒學提舉。著有鐵崖古樂府等集。

他的詩被傳誦仿作，一時成風，號爲「鐵崖體」。張雨序其樂府云：「上法漢魏，而出入於少陵二李之間，隱然有曠世金石聲，又時出龍鬼蛇神，以眩蕩一世之耳目，斯亦奇矣。」（列朝詩集引）鴻門會便是一例：

「天迷關，地迷戶，東龍白日西龍雨。撞鐘飲酒愁海翻，碧火吹巢雙猰猰。照天萬古無二鳥，殘星破月開天餘。座中有客天子氣，左股七十二子連明珠。軍聲十萬振屋瓦，拔劍當人面如赭。將軍下馬力拔山，氣卷黃河酒中瀉。劍光山上寒彗殘，明朝畫地分河山。將軍呼龍將客走，石破青天撞玉斗。」（鴻門會）

他的竹枝詞多仿劉禹錫如：

「蘇小門前花滿株，蘇公隄上女當壚。南官北使須到此，江南西湖天下無」（西湖竹枝歌）

「三箬春深草色齊，花間蕩樣勝耶溪。採菱三五唱歌去，五馬行春駐大隄」（吳下竹枝歌）

漫與七首，更有意仿杜，情性之語，尤為肖似。

「楊花白白綿初迸，梅子青青核未生。大婦當壚公似瓠，小姑喫酒口如櫻。今朝天氣清明好，江上亂花無數開。野老殷勤送花至，一雙蝴蝶趁人來。」

這類詩既風趣，又有情致。又如：

「買妾千黃金，許身不許心。使君自有婦，夜夜白頭吟。」（詠史）

四庫提要稱這首詩「有三百篇風人之旨」。

倪瓚（一三〇一——一三七四）字元鎮，無錫人。嘗自謂嬾瓚，亦曰倪迂。有清閟閣稿。瓚性情孤傲迂闊。素有潔癖，後爲朱元璋所得，囚於獄中，獄卒送食，命其舉案齊眉，恐其唾沫流飯中。卒怒，鎖之溺器之側。終爲太祖所誅。（見修稿）他的詩和畫均有高名，他的山水詩寫的清麗脫俗，可謂「詩中有畫」。如：

「能詩何水部，愛石米南宮。允矣英才最，居然外祖風。約絲煙霧外，船影畫圖中。他日千金積，陶朱術偶同。」

幾夢山陰王右軍，筆精妙墨最能文。每憐竹影搖秋月，更愛山居寫白雲。祕笈封題饒古趣，雅懷蕭散逸人群。今年七夕聞多事，曝畫繙書到夕曛。」（寄王叔明）

王叔明名蒙，吳興人，隱於仁和黃鶴山，善詞翰，畫學王維，與倪瓚齊名。詩多清麗絕俗，如：

「松陵第四橋前水，風急猶須貯一瓢。敲火煮茶歌白苧，怒濤翻雪小亭橈。」（絕句）

「池泉春漲深，徑苔夕陰滿。諷詠紫霞篇，馳情華陽館。晴嵐拂書幌，飛花浮茗碗。階下松粉黃，窗間雲氣暖。石梁蘿蔦垂，翳翳行蹤斷。非與世相違，冥棲久忘返」（春日雲林齋居）

「玉山樹色隱朝陽，更着漁莊近草堂。何處唱歌聲欸乃，隔雲濯足向滄浪。珍羞每送青絲絡，佳句多投古錦囊。幾問櫂船尋好事，辟疆園圃定非常。」（因吳國良過至山草堂輒賦長句過寄）

「春愁如雪不能消，又見清明賣柳條。傷心玉照堂前月，空照錢塘夜夜潮。」（竹枝詞）

王冕字元辛，號煮食山農，諸暨人。本為農家子，自幼好學，刻苦自修，後從韓性受學，遂成通儒。曾應進士舉不中，遂下東吳，入淮楚，又北游大都，至正八年（一三四八）始南歸。晚年避兵亂浙東九里山，他的詩文繪畫篆刻皆名世。著有竹齊集。

王冕的詩，樸直自然，縱橫奔放。劉基評說：「蓋直而不絞，質而不俚，豪而不誕，奇而不怪，博而不濫，有忠君愛民之情，去惡拔邪之志，懇懇悃悃見於詞意之表，非徒作也。」（竹齊詩集原序）宋濂評說：「賦詩千百不休，皆騰海怒，讀者毛髮為聳。」（宋濂王冕傳）他的詩，可說是縱逸，奔放之極。如：

「我家洗硯池頭樹，個個花開淡墨良。不要人誇好顏色，只留清氣滿乾坤。」（墨梅）

「荒苔叢篠路縈迴，繞澗新栽百樹梅。花落不隨流水去，鶴歸常帶白雲來。買山自得居山趣，處世渾無濟世材。昨夜月明天似洗，嘯歌行上讀書臺」（梅花屋）

他的勁草行，更能表現他的勁節：

「中原地古多勁草，節如劍竹花如稻。白露灑葉珠離離，十月霜風吹不倒。萋萋不到王孫門，青青不盡讒佞墳。游根直下土百尺，枯榮暗抱忠臣魂。我問忠臣爲何死，元是漢家不降士。白骨沉埋戰血深，翠光瀲灩腥風起。山南雨晴蝴蝶飛，山北雨冷蝴蝶悲。寸心搖搖爲誰道，道旁可許愁人知。昨夜東風鳴羯鼓，髑髏起作搖頭舞。寸田尺宅且無論，金馬銅駝淚如雨。」（勁草行）

戴良（一三一七——一三八三）字叔能，浦江（今浙江浦江縣）人，至正間薦授儒學提舉，入明不仕，自號九靈山人。朱元璋曾遺使物色之，洪武十五年召至京師，固辭官不就，翌年遂自裁於寓舍。著有九靈山房集。

他的詩歌詠山水之外，多寄寓，他的集中有九靈自贊，自謂：「識字不如揚子雲，摛辭不似沈休文；胡爲而有沈之瘦，胡爲而有揚之貧？歌黍離麥秀之音，詠剩水殘山之句，則於二子庶幾乎無愧。」可以看出他的旨趣。插秧婦便是一例：

「青袱蒙頭作野妝，輕移蓮步水雲鄉。裙翻蛺蝶隨風舞，手學蜻蜓點水忙。緊束暖煙青滿地，細分春雨綠成行。村歌欲和聲難調，羞殺揚鞭馬上郎。」

顏瑛（一三一〇——一三六九），一名阿瑛，別名德輝，字仲英，崑山人。舉茂才，署會稽教諭，辟行省屬官，皆不就。家富有，亭館有三十六處，楊維楨、張雨、倪瓚皆爲座上客。後遭亂，家財散盡，遂削髮爲在家僧。有玉山璞稿。顏瑛的詩詞都清雋有致。如：

「飛軒下瞰芙蓉渚，檻外幽花月中吐。天風寂寂吹古香，清露冷冷溼秋圃。雲梯萬丈手可攀，居然夢落清虛府。庭中擣藥玉兔愁，樹下乘鸞素娥舞。瓊樓玉殿千娉婷，中有癯仙淡眉宇。問我西湖舊風月，何似東華軟塵土。寒光倒落影娥池，的皪明珠承翠羽。但見山河影動搖，獨有清輝照今古。覺來作詩思茫然，金粟霏霏下如雨。」（以玉山亭館分題得金粟影）

顏瑛的詞，像蝶戀花：「春江暖漲桃花水，書舫珠簾，載酒東風裡。四面青山青如泥，白雲不斷山中起。」也是清麗可喜的。

還有戴表元、郝經、王惲、吳澄、袁桷、馬祖常、張養浩、黃溍以及黃鎮成等，都有很好的詩。

(二)元的散文

元初的散文，元好問的弟子郝經、王惲，爲文不離其師規矩，在當時頗有聲勢。另外承宋賢之學，以性理爲宗而寫古文的，以許衡、劉因、吳澄、金履祥最爲有名，而吳澄的散文較重詞藻，可稱散文正宗。另外戴表元受業於王麟，力振南宋末季文章的頹風，稱東南文章大家。元代中葉，則以吳澄的弟子虞集、許衡的弟子姚燧以及馬祖常等最爲知名。中葉以後，則以柳貫、黃溍。吳萊三人最爲重要。

許衡（一二〇九—一二八一）字仲平，河內（今河南沁陽縣）人。元世祖時徵授京兆提學，官至集賢殿大學士、兼國子祭酒。謚文正，學者稱魯齋先生，有魯齋集。

許衡與吳澄同時，衡在北，澄在南，衡「主篤實以化人」，澄「主詞華以布教」。衡既爲理學大師，又通經學，爲文無意修飾，而自然明白雅正。他的奏議時務五事：一、立國規摹，以爲古今立國規摹大要在得天下心，得天下心無他愛與公而已。又論當日之形勢，以爲非用漢法不可。二、中書大要，在用人立法，二者而已。三、爲君難，舉踐言、防欺、任賢、去邪、得民心及順天道五項爲論。四、農桑學校，以爲能是二者，則萬目皆舉，堯舜之道也。五、愼微，舉定民志、崇退讓、愼喜怒及守信四項爲論。許衡這篇奏議是在至元二年召至京師議事中書時所上，長幾達四千字，議論典實，文詞雅正。書奏，帝甚嘉納。可惜奏稿多自毀，故甚少傳世。

劉因也是理學大師，言理極程朱之長。他的文章遒健在許衡之上，而雅正也不減於許衡。他的孝子田君墓表更是大義凜然，議論宏偉。

嗚呼！天地至大，萬物至衆，而人與一物於其間，其爲形至微也；自天地未生之初，極天地既壞之後，前瞻後察，浩乎其無窮，人與百年於其間，其爲時無幾也。其形雖微，而有可以參天地者存焉；其時雖無幾，而有可以與天地相終始者存焉。故君子當平居無事之時，其一身之微，百年之頃，必須守而深惜，惟恐其或傷而失之，實非有以貪夫生也，亦將全而已矣。及其當大變，處大節，其所以參天地者，以之而立；其所以與天地相終始者，以之而行；而回視夫百年之頃，一身之微，曾何足爲輕重於其間哉！然其所以參天地而與之相終始者，皆天理人心之不容已。而人之所以生者也，於此而全焉。一死之餘，其生氣流行於天地萬物之間者，凜千載而自若也。使其舍此而爲區區歲月筋骸之計，而禽視鳥息於天地間，而其心固已死矣，而其所不容已者，或時發焉，則自視其身，亦有不若死之爲愈者，是欲全其生而實未嘗生，欲免於一死而繼以百千萬死，嗚呼，可勝哀也哉！

……」

吳澄（一二四九—一三三三）字幼清，撫州崇仁人，宋末領鄉薦。至元二十三年徵至京師，以母老辭歸。後官至翰林學士。謚文正。有草廬集。吳澄也專精理學，稱爲大家，和許衡一北一南，領袖群儒。他的文章典雅華美，成就在許衡之上。作詩主張「以性情之真」，「發乎自然而非造作」（見潭晉明詩序），詩也很典雅自然。他寫自己的小贊：「身形瘦削，春林獨鶴。眼睛閃爍，秋霄一鶚。遠絕塵滓，大同寥廓。自鳴自和，自歌自樂。」（臨川野老自贊）可以看出他的高雅清逸。他在元學士文藁序中，更提出他對文章的看法。

「儒者以文章爲小伎，然而豈易能哉！能之不易，而或視之以爲易焉，昌黎韓子之所不取也。且其爲不易何耶？未可以一言盡也；非學非識，不足以厚其本也；非才非氣，不足以利其用也。四者有一之不備，文其能都以純備乎！或失則易，或失則艱，或失則淺，或失則晦，或失則狂，或失則萎，或失則俚，或失則靡，故曰不易能也。……」

郝經（一二二三—一二七五）字伯常，澤州陵川（今江西陵川縣）人。憲宗元年，元世祖在潛邸召見，遂留王府。世祖即位，曾派使宋。官至翰林待讀學士。師事元好問，有陵川集。他的文章，遵守遺山規矩。爲文主張實用而明理。他在文弊解中說：

「事虛文而棄實用，弊已久矣。……天下之道，以實爲用，有實而無文，未有文而無實者也。易之文，實理也；書之文，實辭也；詩之文，春秋之文，實政也；禮文實法；而樂文實音也。」

他又在續後漢書序中說：「古之爲書，大抵聖賢道否，發憤而作，屈平離騷、馬遷史記皆是也。

」由他的話，可以知道，他是主張爲文著書，主要是彰顯聖道，一切要以六經爲典範，以離騷、史記爲取法。他由於重實，所以在答友人論文法書中說：

「爲文則固自有法。……雖然，理者，法之原；法者，理之真；理致夫道，法工夫技；明理，法之本也。……故古爲文，法在文成之後，辭由理出，文由辭生，法由文著，相因而成也。非求法而自作之也。……故後之爲文，法在文成之前，以理從辭，以辭從文，以文從法，一資於人而無我。是以愈工而愈不工，愈有法而愈無法。……故今之爲文者，不必求人之以爲法，明夫理而已矣。精窮天下之理，而造化在我。以是理，爲是辭，作是文，成是法。……」

戴表元（一二四四—一三一〇）字帥初，慶元奉化（今浙江奉化縣）人。宋咸淳中登進士乙科，官臨安教授。入元，爲信州教授。有剡源集。他是王應麟的弟子，能古文，稱東南文章大家。元史說他見宋末文章「氣萎而辭骫」，於是以振起斯文爲己任，並說他的文章「清深雅潔，化陳腐爲神奇，蓄而始發，間事摹畫，而隅角不露。」（見二山史卷一百九十本傳）

金履祥（一二三二—一三〇三）字吉父，婺之蘭谿（今湖北蘄水縣）人。其先本劉氏，後避吳越錢武肅王嫌名更爲金氏。履祥幼時敏睿異常，也很能自己策勵，凡天文、地形、禮樂、田乘、兵謀、陰陽律曆之學，無不究研。壯年，從王柏學，又登何紹基之門，於是成爲通儒。德祐初，以功郎史館編校起用，辭不就。後避兵患，居金華山中。入元亦不仕，後居仁山之下，學者稱爲仁山先生。至正中，謚文安。履祥學問淵博，也是一位理學家，所以文章以醇正典雅爲主。

袁桷（一二六七—一三二七）字伯長，慶元（今浙江慶元縣）人。大德初，薦爲翰林史院檢閱官，仕至待講學士。謚文清。有清容居士集。他是戴表元的弟子，在元代盛際，以學問詞章，名震天下。當時朝廷的制策、勳臣碑銘，多出其手著，文章雅潔。例如他的邵菴記：

「雍虞伯生，界其居之偏，爲菴廬焉。温清之隙，則怡怡然飽食以歌，宴休於中。其廬温密樸質，且粹且深，中而虛之，若壁而環，若鑑而明，樞圓而扉方，闔闢以動止。其温燥也，裼以舒其清焉；其淒厲也，隩以休其知焉。左顧右矚，神止氣寂，晝握其動，不丏飾外，據萬物之會，以極其榮觀者焉。廬不廣尋丈，旁設易圖，圖除其卦五十有六；瞪而視之，首繫而尾應；迎而存之，風至而水涌。審聲遺形，益原其情。忽然控浮游以上征，則搏制控伏，囿於其內，而不能以自恣。……」

姚燧（一二三九——一三一四）字端甫，號牧庵，其先柳城（今熱河朝陽縣）人，後徙洛陽。至元八年，爲秦王府文學，歷官江東廉訪使，江西行省參知政事，翰林學士承旨，卒謚文著有牧庵集。姚燧十三歲時拜見許衡，十八歲始受學於長安，當時未嘗爲文，但見一般士子所作文章，不如古人，不以爲是。二十四歲始讀韓愈文，試習作文，人以爲有作者風。燧文章學問都得之於許衡，爲當時名儒。他以能古文，名重當時，元史稱他「爲文閎肆該洽，豪而不宕，剛而不厲，春容盛大，有西漢風。」（見元史卷一百七十四本傳）他的碑文墓銘序跋文章很多，都能平實爲之，不過溢美。黃宗羲推崇他說：「唐之韓柳，宋之歐曾，金之元好問，元之虞集、姚燧，其文皆非有明一代作者所能及。」（見明文案序）除長古文以外，他的詩詞曲也很有名。

姚燧在送楊純甫序一文中，詳述習文的經過，和他對文章的看法：

歐陽子為宋一代文宗，一時所交海內豪俊之士，計不千百而止，及謝希深、尹師魯二人者死，序集古錄，遂無謝知音之恨。嗚呼！豈文章也，作者難而知之者尤難歟！余嘗思古人之心，唯其言之可以行後為恃，以待他日子雲者出，將不病夫舉一世之人不余知也。今乃若是，亦以有知者為快，而失之為悲歟！余冠首時，未嘗學文，視流輩所作，惟見其不如古文者，雖不敢輕非諸口，而亦未嘗輕是於心也。過而自思，人之能者余操慮持論且然，余不能之，何以免人無嫉賢之譏乎！年二十四，始取韓文讀之，走筆試為，持以示人，譬如童子之鬥草，彼能是余亦能是，彼有是余亦有是，特為士林樂侮之一技焉耳。或謂有作者風，私心益不喜，以為彼忠厚者不欲遽相斥笑，始為是諛言以愚之，不然，殆鼓舞之希進其成也。自是蒙恥益作，既示之，且就正於先師，先師亦賞其辭，而戒之曰：弓矢為物，以待盜也」使盜得之，亦將待人。文章固發聞士子之利器，然未能有一世之名，將何以應人之見役者哉！非其人而與之，與非其人而拒之，鈞罪也。非周身斯世之道也。余用是廢作，有亦不以示人。……」

虞集也以古文雄於當時，一時朝廷典册皆出於其手。史稱「集學雖洽，而究極本源，研精探微，心解神契，其經緯彌綸之妙，一寓諸文，藹然慶曆乾淳風烈」（見元史卷百八十一本傳）集的文章法度謹嚴，詞章典實，文筆健利。他在南昌劉應文文藁敍中論文說：

「江西之境，其山奇秀，而水清瀉，委折演注，至於南昌，則山益壯，水益大，故生人稟是氣者，多能文章，而其為文，又能脫其鄙樸之質，振作其委靡之體。故言文者，未有先於江西。然習俗之弊，其上者，常以怪詭險澀，斷絕起頓，揮霍閃避為能事，以竊取莊子釋氏緒餘，造語至不可解為絕妙。其次者，汎取耳聞經史子傳，下逮小說，無問類不類，剿剽近似而雜舉之，以多為博，而蔓延草積，如醉夢人，聽之終日，不能了了。而下者，迺突兀其首尾，輕重其情狀，若俳優諧謔，立此應彼，以文為事。嗚呼，此何為者哉！大抵其人，於學無所聞，於德無所蓄，假以文其寡陋，而從之者，亦樂其易能，無怪其禍之至此不可收拾也。嗚呼！為文章者，未暇縱論古今天下也即江西論之，歐陽文忠公、王文公、曾南豐，非其人乎，執筆之君子，亦嘗取其書而讀之，凡己之所為，合於此三君子否也？苟不合，則己之謬可知也已，而曾不出此何也，蓋三君子之文，非徒然也，非止發於天資而已也，其通今博古，養德制行，所從來者遠矣，宜乎樂為寡陋而為能者，不知思也。此三君子之文，猶不足以知之，況三君子之上，有當此者尚遠也，豈復知之乎！如此而欲以文自命，則亦惜乎秀氣之委者矣，悲夫！……」

由這段文章，我們知道虞集是反對詭怪險澀、剿剽龐雜以及誹優諧謔的。同時爲文不僅憑藉天資，更要有學識和德業爲根基。

馬祖常（一二七九—一三三八）字伯庸，世爲永古特部，居靖州之天山。高祖爲鳳翔兵馬判官，子孫因號馬氏。延祐初，鄉貢會試皆第一，廷試第二，官至御史中丞。謚文貞。有石田集。祖常文章宏麗，一洗柔曼卑冗之習，在延祐時文名極盛。他在卧雪齋文集序中論文說：

「人之有文，猶世之有樂也。樂之有高下，節奏、清濁音聲，及和平舒緩焦殺短促之不同，因以卜其世之休咎，象其德之小大。人之於文亦然，然不能疆為也，賦天地中和之氣，而又充以聖賢之學，大順至仁，浹洽而化，然後英華之著見外者，無乖戾邪僻忿懥淫哇之辭，此皆理之自然者也，雖物亦然，華之大豔者必不實，器之過飾者必不良，必也稱乎。求乎稱也，則舍詩書六藝之文，吾不敢他求焉。……」

可見他也反對華豔不實的。

吳萊（一二九七—一三四〇）字立夫，浦江（今浙江浦江縣）人。延祐七年，有司以奉秋薦，下第後，薦爲書院山長、未行，卒。私謚淵穎先生，有淵穎集。吳萊受業於方鳳，自幼穎慧，爲文規擬秦漢，雄深卓絕。詩也很有名，大篇歌行氣骨可觀。他和柳貫、黃溍齊名，他雖較晚出，但成就卻最高。他嘗論文說：「作文如用兵，兵法有正有奇；正是法度，要部伍分明；奇是不爲法度所縛，舉眼之頃，千變萬化，坐作進退擊刺，一時盡起，及其欲止，什伍各還其隊，元不曾亂。」（見元史卷百八十一黃溍傳後附傳）他這種主張，正和他的文章的雄奇是一致的。林泉隨筆說：「吳立夫諭倭書，規模倣司馬相如諭蜀文，其末所述諭其王之言，雖古之辯士，莫能過也。其他大游、觀日兩賦，與夫形釋泰誓論、補牛尾歌辭等篇，皆雄深卓絕。」（見元詩紀事卷十四吳萊條下引）可惜他中年即逝。

黃溍（一二七七—一三五七）字晉卿，婺州義烏縣人，登延祐二年進士第，官至侍講學士，謚文獻。有日損齋集。黃溍學問淵博，史稱其「博其天下之書，而約之於至精。剖析經子疑難及古今因革制度名物之屬，旁引曲證，多先儒所未發。」又稱讚他的文章說：「文辭布置謹嚴，援據精切，俯仰雍容，不大聲色，譬之澄湖不波，一碧萬頃，魚鼈蛟龍潛伏不動，而淵然之光自不可犯。」（見元史卷一百八十一本傳）危僕撰神道碑稱：「世之議者，謂公操行孤潔，類陳履常；文辭嚴簡，類王介甫；筆札俊逸，類薛嗣通。」

柳貫(一二七〇—一三四二)字傳道,浦江人。大德間用察舉爲江山教諭,官至翰林待制。自號烏蜀山人,有文集四十卷。他曾受業於金履祥,主要習性理之學。他和黃溍、虞集、揭傒斯號稱「儒林四傑」。元史說他「作文沉鬱舂容,涵肆演迤,人多傳誦。」(見元史卷一百八十一黃溍傳後附傳)

蘇天爵(一二九四—一三五一)字伯修。真定(今河北正定縣)人。由國子學公試第一釋褐,授從仕郎、大都路蘇州判官。官至江浙行省參知政事。他是虞集的弟子,元史說他「爲學博而知要,長於紀載。嘗著國朝名臣事略十五卷,文類七十卷。其爲文長於序事,平易溫厚,成一家言。而詩尤得古法。」(見元史卷百八十三本傳)。

陳旅(一三〇〇—一三五九)字衆仲,莆田人,薦除國子助教,官至國子監丞。有安雅堂集。御史中丞馬祖常出使泉南,一見稱奇,勸游京師。於是至大都,當時翰林侍講學士虞集,見到他的文章,歎說:「此所謂我老將休,付子斯文者矣。」此後遂同講習學問。元史稱許他的文章說:「旅於文自先秦以來,至唐宋諸大家,無所不究。故其文典雅峻潔,必求合於古作者,不徒以拘世好而已。」(見元史卷一百九十本傳)

元代散文作家還有劉詵、歐陽玄、元明善等知名於當時。

(三)元曲

元代的年祚,只有八十餘年,但異軍突起的戲曲,卻是中國文學的奇珍。

1. **元曲的源流**,可從先秦楚國的優孟說起,他的扮演孫叔敖,已開飾演的先河。至兩漢,則有歌舞戲謔的排優。六朝已有較具體的故事扮演的歌舞—如北齊「蘭陵王入陣曲」之模仿長恭以「代面」對敵指揮刺擊狀（舊唐書音樂志）：如崔令欽教坊記中踏搖娘之表演北齊人蘇鼂鼻之不仕而自號郎中，嗜酒虐妻故事；每醉，（輒毆其妻，妻銜悲訴於鄉里。時人悲之，丈夫著婦人衣徐步入場行歌，每一疊旁人齊聲和之云：「踏搖和來，踏搖娘苦和來。」）又如象徵孝子殺猛獸哭以報父仇的「撥頭舞」，以及隋末「蘇中郎舞」等。至唐後有歌舞戲與滑稽戲兩種，扮演上述古劇及「樊噲排君難」等雜劇，都是元曲的上游。

2. 元曲之衍成與發展

宋人讌集，多以歌詞侑酒。每歌本以一闋爲度，以詞調所限，不適於詠事，故有繼續一曲乃至數曲以詠一事的，謂之「疊詞」。如北宋趙得麟，曾以四首蝶戀花詠會真記。此種詞曲，宋人多以之合鼓而歌，謂之「鼓子詞」，而盛行於南宋民間，陸游有詩：

斜陽古柳趙家莊，負鼓盲翁正作場。死後是非誰管得，滿村聽說蔡中郎。

由「鼓子詞」衍進爲歌舞相兼的「傳踏」，再進爲用曲較繁的「曲破」、「大曲」、「鼓吹曲」、「賺詞」等皆作亦歌亦舞的表演。至「諸宮調」的產生，合數種言詞中各曲以詠一事，用曲尤繁，故漸近於元曲。

宋代的雜劇，在元曲的發展中更重要。北宋的雜劇只是滑稽嘲笑的表演，南宋才有搬演故事的雜劇；有晚曲、說白，角色亦較複雜。此時的劇角「已有「戲頭」（末泥）、「引戲」、「次淨」、「副末」、「裝旦」、「裝孤」諸目，漸具戲劇的規模。劇本亦多至二百八十餘本（見周密武林舊事）。至金代，則「院本」（妓院演唱唱本）與「諸宮調」（小說之支流，而被之以樂曲者）盛行；院本之多，竟達六百九十種。惜全佚，遂使宋金新劇，無一倖存。今傳董解元西廂搊彈詞，雖非劇本，但有曲有白，甚近元曲。且元曲中牌名，多本於董詞。後來在元代又在劇中加上動作，而唱白全用代言，才衍成完全的戲曲。」

3. 元曲的分類

元曲分散曲、雜劇與傳奇三種。散曲又分小令與套數。小令只用一曲，合一宮詞中諸曲以成套數，又稱散套。再由套數組成雜劇。傳奇則爲更進一步的繁衍。

元曲以新劇最盛，結構上較前代爲進步。王國維說：

「元雜劇…之進步…有二…宋雜劇中用大曲者幾半。大曲…通前後一曲，次序不容顛倒、字句不容增減…運用亦頗不便。其用諸宮調者……移宮換韻，轉換至多，故於雄肆處，稍有欠焉。元雜劇則不然，每劇皆用四折，每折一宮調，每調中之曲，必在十曲以上，其視大曲爲自由，而較諸宮調爲雄肆。其於正宮之端正好…等十四曲，皆字句不拘，可以增損……。其二，則由敘事體而變爲代言體…於科白中敘事，而曲文全爲代言。……此二者之進步，一屬形式，一屬材質二者兼備，而產生我中國之真戲曲。（宋元戲曲史）元曲之結構與組織之特徵，亦可於此段引述中見其一斑。

4. 元曲之勃興與優點

元代廢科舉，文人多寄情於文學，以馳才華。戲曲爲通俗文學，易抒胸臆，而廣流傳，故多樂於投注，乃有元曲之勃興。

初期的元曲，爲正統文學家所卑視。至明韓文靖，始以關漢卿的析劇與司馬遷的史記相比擬；清人焦循則以與唐詩、宋詞並稱；近人王國維更有以下的的讚美：「元曲之優點之自然而已矣。古今之大文學無不以自然勝，而莫著於元曲。蓋元曲的作者……但摹寫其胸中的感想與時代的情狀，而真摯之理與秀傑之氣，時流露於其間，故謂元曲爲中國最自然之文學、無不可也。」

「感想」是自然的，「時代情狀」是自然的；表現於戲劇，更可無所瞻顧而自然揮洒，盡情刻畫。而由於舞台對白的話體與故事的真實，市井反映的真實，當然是自自然然爲戲劇而戲劇的寫實作品。

5. 元曲的三時期

王國維就今傳作品的四十三家中有時代可考的，分爲左列三期：

第一期　蒙古時代（元一二三四年—一二七六年）有：

關漢卿、楊顯之、張國賓（一作國賓）、石子章、王實甫、高文秀、鄭廷玉、白樸、馬致遠、李文蔚、李直夫、吳昌齡、武漢臣、王仲文、李壽卿、尚仲賢、石君寶、紀君祥、戴善甫、李好古、孟漢卿、李行道、孫仲章、岳百川、康進之、孔文卿、張壽卿等。

第二期　一統時代（西元一二七七年—一三四〇年）有：

楊梓、宮天挺、鄭光祖、范康、全仁傑、曾瑞、喬吉等。

第三期　至正時代（西元一二四一年—一三六七年）有：

秦簡夫、蕭德祥、朱憑、王曄等。

(1) 第一期：

第一期是元曲的草創時代，也就是元曲的黃金時代，名手最多，成績最繁。其中尤以關漢卿、王實甫、白樸、馬致遠四家爲最傑出。

關漢卿號已齋叟，大都人。金末，以解元貢於鄉，後爲太醫院尹。金亡不仕（？）。他是元曲的開山大師，與白樸、馬致遠、鄭光祖齊名，號稱「元曲四大家」。王國維稱他：「一空依傍，自鑄偉詞。其言曲盡人情，字字本色，故當爲元人第一。」所作雜劇至多，共計六十三種。今僅存十三種。以竇娥冤及救風塵二劇最佳。竇娥冤爲有名的悲劇，敍竇娥被殺後，天忽降大雪以鳴冤，爲今京劇六月雪之所本。救風塵則敍妓女趙盼兒從周舍手裡把她的密友宋引章救出來。此劇的結構與描寫均至佳，今舉其第三折至第四折中一段雋妙的說白爲例：

〔正旦（即趙盼兒）云〕周舍，你來了也。
〔周舍云〕我那裡曾見你來；我在客火裡，你彈著一架箏，我不與了你個褐色紬段兒？
〔正旦云〕小的，你可見來？
〔小閒云〕不曾見他有什麼褐色紬段兒。
〔周舍云〕哦，早起杭州散了趕到陝西，客火裡喫酒，我不與了大姐一分飯來？
〔正旦云〕小的們，你可見來？
〔小閒云〕我不曾見。
〔周舍云〕我想起來了，你敢是趙盼兒麼？
〔正旦云〕然也。
〔周舍云〕你是趙盼兒，好好，當初破親也是你來。小二，關了店門，則打這小閒。

〔小閒云〕你休要打我，俺姐組將著錦繡衣服一房一卧來嫁妳，你倒打我。

〔正旦云〕周舍，你坐下，你聽我說：你在南京時，人說妳周舍名字，說的我耳滿鼻滿的，則是不曾見你。後得見你呵，害的我不茶不飯，只是思想著你。聽的你娶了宋引章，教我如何不惱？周舍，我待嫁你，你卻著我保親。我好意將著車輛鞍馬奩房來尋你，你划地將我打罵。小閒，攔回車兒，咱家去來。

〔周舍云〕早知姐姐來嫁我，我怎肯打舅舅？

〔正旦云〕你真個不知道？你既不知，你休出店門，只守著我坐下。

〔周舍云〕休說一兩日，就是一兩年，您兒也坐的將去。

（宋引章上，罵了趙盼兒，下）

〔正旦云〕周舍，你好道兒！好這裡坐着，點的你媳婦來罵我這場。小閒，攔回車兒，咱回去來。

〔周舍云〕好奶奶，請坐，我天知道他來。我若知道他來，我就該死！

〔正旦云〕你真個不曾使他來？這妮子不賢惠，打一棒快毬子。你捨的宋引章，我一發嫁妳。……

〔周舍云〕小二，將酒來。

〔正旦云〕休買酒，我車兒上有十瓶酒哩。

〔周舍云〕還要買羊。

〔正旦云〕休買羊，我車兒上有個熟羊哩。〔周舍云〕好好好，待我買紅去。

〔正旦云〕休買紅，我箱子裡有一對大紅羅。周舍，你爭什哪？你的便是我的，我的就是你的。

（周舍回家，休了宋引章。宋攜休書與趙盼兒同逃。爲周舍所覺察了，追至。周騙回休書，咬碎。）

〔外旦（即宋引章）云〕姐姐，周舍咬了我的休書也！

〔旦上救科〕。

〔周舍云〕你也是我的老婆。

〔正旦云〕我怎麼是你的老婆？

〔周舍云〕你喫了我的酒來？

〔正旦云〕我車上有十瓶好酒，怎麼是妳的？

〔周舍云〕你可受我的羊來。

〔正旦云〕我自有一隻熟羊，怎麼是你的？

〔周舍云〕妳受我的紅定來。

〔正旦云〕我自有大紅羅，怎麼是妳的？——引章妹子，你跟將他去。

〔外旦怕科云〕姐姐，跟了他去就是死。

〔周舍云〕休書已毀了，你不跟我去，待怎麼？

〔外旦怕科〕

〔正旦去〕妹妹休慌莫怕，咬啐的是假休書！

關漢卿最長於描寫妓女的心情，有人把他比詞中的柳永。此外他所作雜劇之存者，尚有續西廂、西蜀夢、拜月亭、謝天香、金線池、望江亭、單刀會、玉鏡臺、調風月、蝴蝶夢、魯齋郎諸劇。

王實甫，大都人。其生平不詳，年代與關漢卿略同。寧獻王太和正音譜稱其劇詞：「鋪敘委宛，深得騷人之趣；極有佳句，若玉環之出浴華清，綠珠之采蓮洛浦。」所作雜劇十四種，今存西廂記與麗春堂二種。西廂記是元曲裡面最偉大作品，其事實係根據元稹的會真記而加以補充，復以董西廂的曲文爲藍本而編撰成的偉著。其詞藻的美艷，罕有倫比。例如：

越調拙魯速

對著盞碧熒熒短檠燈，倚著扇次清清舊幃屏，燈兒又不明，夢兒又不成，窗兒外淅零零的風兒透疏櫺，忒楞楞的紙條兒鳴，枕頭兒上孑孤另，被窩兒裡寂靜，即便是鐵石人；鐵石人也動情！（二本三折）。

雁兒落

綠依依牆高柳半遮，靜悄悄門掩清秋夜，疏剌剌林梢落葉風，昏慘慘雲際穿窗月！（四本三折）。

要在西廂記裡面找尋盪人心魄的文字，真是美不勝收。其描寫最哀艷動人的，要算第四本第三折中敍別情的一幕：

正宮端正好

碧雲天，黃花地，西風緊，北雁南飛。曉來誰染霜林醉？總是離人淚！

滾繡球　恨相見得遲，怨歸去得疾。柳絲長，玉驄難繫。恨不倩疏林挂住斜暉。馬兒迍迍的行，車兒快快的隨，卻告了相思迴避，破題兒又早別離。聽得一聲去也，鬆了金釧；遙望見十里長亭，減了玉肌。此恨誰知！

叨叨令　見安排著車兒馬兒，不由人熬熬煎煎的氣。有什麼心情，花兒靨兒，打扮的嬌嬌滴滴的媚！准備著被兒枕兒，則索昏昏沈沈的睡。從今後衫兒袖兒，都揾做重重疊疊的淚。兀的不悶殺人也麼哥！兀的不悶殺人也麼哥！久以後書兒信兒，索與我悽悽惶惶的寄。

四煞　這憂愁訴與誰？相思只自知，老天不管人憔悴。淚添九曲黃河溢，恨壓三峰華岳低。晚來悶把西樓倚，見了些夕陽古道，衰柳長堤。……

一煞　青山隔送行，疏林不做美，淡煙暮靄相遮蔽。夕陽古道無人語，禾黍風聽馬嘶。我爲什麼懶上寶兒內？來時甚急，去後何遲！

收尾　四圍山色中，一鞭殘照裡。遍人間煩惱填胸臆，量這些大小車兒如何載得起！

王作共計四本，最後敍述至劇中的主角張生與崔鶯鶯訂婚，而以悲慘的離別作結，結構至美。關漢卿作續西廂，殿以才子佳人成婚的大團圓，固爲畫蛇添足；然其麗詞俊語，亦不減王本，例如：

沉醉東風

不見時准備著千言萬語，得相逢都變做短嘆長吁，他急穰穰卻纔來，我羞答答怎生覷？充將腹中愁恰待申訴，及至相逢，一句也無，剛道個：「先生，萬福！」（第四折）

這段短短的描寫，把兒女的情懷完全吐露出來了。

白樸字太素，一字仁甫，號蘭谷，陝州人，後居真定。金亡後，不仕，著有天籟詞二卷。所作雜劇有十七種，今存梧桐雨與牆頭馬上二種。牆頭馬上係一篇愛情的喜劇，無甚特色；梧桐雨最負盛名，其內容係本於陳鴻的長恨歌傳，敘述唐明皇與楊貴妃的戀愛史事。最好的是第四折，唐明皇於貴妃死後，秋夜獨聽梧桐雨的一段，最爲出色動人，例如：

笑和尚

原來是滴溜溜，遶閑敗葉飄；疏剌剌，刷落葉被西風掃；忽魯魯，風閃得銀燈爆；廝琅琅，鳴蔌蔌，動朱箔；吉丁當，玉馬兒向簷間鬧。

叨叨令

一會價緊呵，似玉盤中萬顆真珠落；一會價響呵，似玳筵前幾簇笙歌鬧；一會價清呵，似翠岩頭一派寒泉瀑；一會價猛呵，似繡旗下數面征鼙操。兀的不惱殺人也麼哥，兀的不惱殺人也麼哥，則被他諸般兒雨聲相聒噪。

三煞

潤濛濛，楊柳雨，淒淒院宇侵簾幕；細絲絲，梅子雨，妝點江干滿樓閣；杏花雨，紅濕欄干；梨花雨，玉容寂寞；荷花雨，翠蓋翩翩；豆花雨綠葉瀟條；——都不似妳驚魂破夢，助恨添愁，徹夜連宵！莫不是水仙弄嬌，蘸楊柳，洒風飄？

論者稱白樸的曲「高華雄渾」，如「鵬搏九霄」；而其言情處，則備極哀艷婉曲，自是元曲第一流作家。

馬致遠字東籬，大都人。曾任江浙行省事務官。他的散曲有名，所作秋思，論者咸稱爲套數中第一。其小令天淨沙亦爲千古絕唱，詞云：

枯藤老樹昏鴉，小橋流水人家，古道西風瘦馬，夕陽西下，斷腸人在天涯！

馬氏雜劇舊傳十四種，今存六種，即漢宮秋、青衫淚、岳陽樓、陳摶高卧、薦福碑與任風子。最有名的傑作是漢宮秋，敍的漢元帝時的王昭君出塞的故事。特別是第三折中寫元帝別其所愛的昭君後，迴駕宮廷的淒涼情狀，最爲出色，如：

梅花酒

呀，對這迴野淒涼，草色已添黃，兔起早迎霜，犬褪得毛蒼，人搠起纓鎗，馬負著行裝，車運著餱糧，打獵起圍場。她，她，她，傷心辭漢主；我，我，我，攜手上河梁。她部從，入窮荒；我鑾輿，返咸陽。返咸陽，過宮牆；過宮牆，繞迴廊，近椒房；近椒房，月昏黃，夜生涼；夜生涼，泣寒螿；泣寒螿，綠紗窗；綠紗窗，不思量。

收江南

呀，不思量，便是鐵心腸；鐵心腸，也愁淚滴千行！

馬致遠之曲，典雅清麗，情深文明，寧獻王品曲列爲元人第一實爲元曲之代極可矜貴的劇作者。

⑤元代第一時期的劇壇，除上述諸名家外，其較次的作者，尚有楊顯之傳臨江驛與酷寒亭二種，張國寶傳汗衫記、薛仁貴與羅李郎三種，石子章傳竹塢聽琴一種文秀傳雙獻功、誶范叔及遇上皇三種鄭廷玉傳楚昭王、後庭花、忍字記、看錢奴及崔府君五種李文蔚傳燕青博魚一種，李直夫傳虎頭牌一種，吳昌齡傳風花雪月與東坡夢二種，武漢臣傳老生兒、玉壺春及生金閣三種，王仲文傳救孝子一種，李壽節傳伍員吹簫及月明和尚二種，尚仲賢傳柳毅傳書、二奪槊、氣英布及尉遲恭四種，石君寶傳秋胡戲妻、曲江池及紫雲庭三種紀君祥傳趙氏孤兒一種，戴善甫傳風光好一種，李好古傳張生煮一種，孟漢卿傳魔合羅一種李行道傳灰闌記一種孫仲章傳勘頭巾一種，岳百川傳鐵拐李一康進之傳負荊一種，孔文卿傳東窗事犯一種，張壽卿傳紅梨花一種。

(2)第二期：

第二時期的元劇作家，能稱爲第一流名手的只有鄭光祖一人，次之則有宮天挺與喬吉。

鄭光祖字德輝，平陽襄陵人。以儒補杭州路吏。他的作風清麗馨逸，爲後世所宗。寧獻王正音譜稱：「其詞出語不凡，若咳唾落乎九天，臨風而生珠玉，誠傑作也。」所作雜劇十九種，今存縐梅香、倩女離魂、周公攝政及王粲登樓四種。前二種最佳。搊梅香係敍一段戀愛故事，情節頗似西廂記。倩女離魂的內容則全本於唐人陳元祐的離魂記，描寫至爲佳美，如第三折中的：

迎仙客

日長也，愁更長；紅稀也，信尤稀；春歸也，奄然人未歸。我則道相別也數十年，我則道相隔著數萬里，爲數歸期，則那竹院裡刻遍琅玕翠。」鄭氏才華，即此可見一端。

宮天挺字大用，大名開州人。歷學官，除釣台書院山長。他的作品以雄勁著名，王國維宋元戲曲史稱他：「瘦硬通神，獨樹一幟。」所作雜劇六種，今僅存范張雞黍一種。

②喬吉（一作吉甫）字夢符，號笙鶴翁，又號惺惺道人，太原人。卒於至正五年（西元一三四五年）。他的小令很著名，有惺惺道人樂府一卷。所作雜劇十一種，今存金錢記、揚州夢與玉蕭女三種。

③此外，這時期的作家，尚有楊梓傳霍光鬼諫一種，范康傳竹葉舟一種，金仁傑傳蕭何追韓信一種，曾瑞傳留仙記一種。

(3)第三期：

至正時代，元曲轉入第三時期，已經衰敗不堪了。今所知者，僅秦簡夫傳東堂老與趙禮讓肥二種，蕭德祥傳殺狗勸夫一種，朱憑傳昊天塔一種，王曄傳桃花女一種，皆爲平庸之作。

除上述以外，時代不明者還有四家，即王伯成傳貶夜郎一種，狄君厚傳介之推一種，李致遠傳還牢末一種，楊景傳劉行首一種。另有作家姓名不詳者，有七里灘、博望燒屯、替殺妻、小張屠、陳州糶米鴛鴦被、風魔蒯通、爭報恩、來生債、珠砂擔、合同文字、凍蘇秦、小尉遲、神奴兒、謝金吾、馬陵道、漁樵記、舉案齊眉、梧桐葉、隔江鬥智、盆兒鬼、百花亭、連環計、抱妝匣、貨郎旦、碧桃花、馮玉蘭，共二十七種。

以上總錄曲本一百十六種，爲元劇之今存之本。（詳見胡適中國文學史）。

第九章　明清文學的演化與洄流

本期文學，有豐縟的展現，也有復古的洄流。性靈說的具體，更是「五四」改革的訊息。

一、明代文學

㈠明初散文

明初的散文，是很盛的。正如黃宗羲在明文案序中所說：

「有明文章莫盛於國初。……當大亂之後，士皆無意於功名，埋身讀書，而光芒卒不掩。其中大家，當首推宋濂。」

宋濂（一三一〇—一三八一）字景濂號潛溪。金華潛溪（今浙江金華）人。他的三個老師：吳萊、柳貫、和黃溍，都是元末名家，所以宋氏的學問根柢，自有淵源。元至正九（一三四九）年，一度薦翰林院編修，宋氏辭親老，隱居於青蘿山，得鄭氏書數萬卷，盡閱盡記，潛心鑽研，學問更是大進。至正十七年（一三五七），開始跟隨明太祖朱元璋，成為明代的開國元勳，他曾任江南儒學提舉、贊善大夫、學士承旨，是太祖的近臣，並於洪武二年（一三六九）奉詔修元史，在八個月內完成。第二年續修元至統以後的一段，費時半年，深得太祖的贊許。

宋氏詩文，有宋學士全集。他的文章，雍雍大度，自有開國文臣的氣象。宋氏論文，力主宗經，所以他散文是宗法唐、宋的，有文原上下篇，曾說：

余之所謂文者，乃堯、舜、文王、孔子之文。

又說：

六籍之外，當以孟子為宗，韓子次之，歐陽子又次之。

他寫情寫景，簡潔清雅，跟歐陽修之文體更爲相似，今錄其桃花澗修禊詩序的一段：

還至石潭上，各敷裀席，夾水而坐。呼童拾斷樵，取壺中酒溫之，實髹觴中。潭有舟，隨波沉浮，雁行下稍前，有中斷者，方次第取飲。其時輕飆東來，舟盤旋不進，甚至逆流而上，若相獻酬狀。酒三行，年最高者，命列觚翰，必皆賦詩二首，即有不成，罰酒三巨觥。衆欣然如約，或閉目潛思；或拄頰上視霄漢；或與連席者耳語不休；或運筆如風雨，且書且歌；或按紙伏崖石下，欲寫復止；或句有未當，搔首蹙頞向人；或口吻作秋蟲吟；或群聚蘭坡，奪觚爭先；或持捲授鄰坐者觀，曲肱看雲而臥；皆一一如畫。已而詩盡成，杯行無算。迨罷歸，日已在青松下。

劉基（一三一一—一三七五）字伯溫，處州青田（今浙青田）人。元末進士，官至浙東行省郎中，後遷官歸。至正二十年，歸明太祖朱元璋，爲開國功臣。累仕太史令、御史中丞，弘文館學士，封誠意伯。爲胡惟庸所構，憂憤而卒。正德中追謚文成。有誠意伯文成公文集行世。

劉基的散文，世稱氣盛而奇，寫景幽秀，敍情豐腴，而說理又極明快。用詞簡潔，而不失雄邁之氣。他曾在太祖前論文，自擬第二，而推宋濂爲第一。

他的文章集中有郁離子一部，是元末隱居青田時所作。郁、文也；離、明也。郁離子的意思，謂從其言則可致天下於太平文明之域。書中多以寓言神話的形式，以抉風俗、人情、政治、教化之微。辭譎義正；指近喻遠。是很可讀的小品文。茲舉一則於下：

> 工之僑得良桐焉。斲而為琴，弦而鼓之，金聲至應，自以為天下之美也。獻之太常，使國工視之。曰：「勿古。」還之。
>
> 工之僑以歸。謀之漆工，作斷紋焉；又謀諸篆工，作古窾焉，匣而埋諸土。期年出之，攜以適市。貴人過而見之，易之以百金。獻諸朝，樂官傳視，皆曰：「希世之珍也。」
>
> 工之僑聞之，歎曰：「悲哉，世也！豈獨一琴哉？莫不然矣。而不早圖之，其與亡矣。」遂去，入於宕冥之山，不知其所終。

劉氏其他的散文，如賣柑者言，樵漁子對等，都是古筆犀利，寓意很深的作品。

宋、劉以外，明初的散文大家，尚有王褘和方孝孺。

王褘（一三二一—一三七二），字子充，義烏人。明太祖徵爲中書省椽，修元史，拜翰林待制，同知制誥。使雲南，抗節死。追諡文節，改忠文。有王忠文公集行世。王氏與宋濂同師事柳貫與黃溍，誼屬同門。太祖曾稱宋濂與王氏，爲江南二儒，以爲學問之博，王氏雖不如宋濂，而才思之雄，則在宋濂之上。

他的文章，平易切實，體製明潔，而條理清楚，惟氣勢稍弱。所以鄭瑗井觀瑣言評他的文章「精密而氣弱」。

方孝孺（一三五九—一四〇二），字希直，一字希古，號正學，天台人。建文中，官翰林侍講學士，改文學博士。成祖纂位，抗節死。有遜志齋集行世。

方氏是宋濂的學生，他的文章修養，雖然沒有他老師那樣醇粹，但是他作文主張「神會於心」

，所以文筆縱橫豪放，筆墨之間，自有一股毅然自命之氣，爲他人所不及。

宋、劉、王、方之外，明初的散文家，尚有：陶安，字子敬，當塗人，著有陶學士集。危素，字太樸，金谿人。著有說學齋集、雲林集。蘇伯衡，字平仲，金華人，著有蘇平仲集。胡翰，字仲子，金華人，著有胡仲子集。徐一夔，字大章，天台人，著有始豐稿。王彝，字常宗，嘉定人，著有王常宗集。張丁，字孟兼，浦江人，著有白石山房逸稿。孫作，字大雅，江陰人，自號東家子，宋濂曾爲其作東家子傳。趙古則，後名之謙，字撝叔，餘姚人，著有考古文集。烏斯道，字繼善，慈谿人，著有奉草齋集。龔斅，鉛山人，著有鵝湖集。鄭宜，字千子，鄞縣人有滎陽外史集。陶宗儀字九成，黃巖人著有輟耕錄、說郛等。其中吳佑，字伯宗，金谿人，著有榮進集。他的文章雍容典雅，很有開國的氣象與規模，實爲三楊臺閣體的濫觴。

朱元璋，他的詔令文章，頗具本色，不事修飾純出自然，所以感情真摯，往往令人感動，郎瑛七修類稿，載有他的皇陵碑，今錄其一小段以見一斑：

「值天無雨，遺蝗騰翔。里人缺食，草木為糧。予亦何有？心驚若狂。乃與兄計，如何是當？兄云去此，各度凶荒。兄為我哀，我為兄傷。皇天白日，泣斷心腸。兄弟異路，哀慟遙蒼。」

(二)明初詩歌

劉基除了散文以外，在明初也有詩名。劉早年見知於虞集，虞氏稱讚他的詩「發感慨於性情之正，存憂患於敦厚之言，是不可及。若其體製音韻，無愧盛唐。」沈德潛明詩別裁，也推劉氏爲一代之冠。可見劉氏的詩名，在明代的確是不下於他的文名的。大略劉氏的詩，以古樸、豪放見長所以他的詩中，也以五言古詩爲最好：

結髮事遠遊，逍遙觀四方。天地一何闊，山川杳茫茫，衆鳥各自飛，喬木空蒼涼，登高見萬里，懷古使心傷。佇立望浮雲，安得凌風翔？（感懷其三）

汪端說他「醇古遒鍊，抗行杜陵。」（見明三十家選詩），可說詢非虛語。

劉基的樂府詩也是極出色的，如吳歌、採蓮歌、江上曲、竹枝歌、江南曲、楊柳枝詞等，都有民歌清新自然的情調。買馬詞、畦桑詞、神祠曲、雨雪曲等，反映現實，可說是跟唐代元稹、白居易的新樂府相應了。所以也有人認爲，他的樂府詩成就，實在還高於他的古詩。（見明詩別裁）

詩文之外，劉基的詞，也獨步明初。明初詞人，本來只有瞿佑、張肯、楊基，及劉基等寥寥數人，而劉基的詞，溫柔敦厚，而又有情致，寫來清新脫俗，由此言之，劉氏實是明初的全能文人。

沈德潛稱劉基爲一代之冠，不免有點過份，因爲事實上能稱明初詩人第一的，乃是比劉基晚生二十五年的高啟。

高啟（一三三六—一三七四）字季迪，號青丘子，長洲（今江蘇蘇州）人。自幼博學工詩，。洪武初，召修元史，授翰林院國史編修館，復命教授諸王。擢户部侍郎，堅辭不就，明太祖遂賜白金放還。高氏歸吳後，仍居青邱，授書自給，與知府魏觀交往甚篤。魏氏以改修府志獲罪被誅，高啟曾爲魏觀撰府志上梁文，併逮至京，處以腰斬之刑。

前人以爲高氏肇禍之因，在於他的詩。

女妓扶醉踏蒼苔，明月西園侍宴回，小犬隔花空吠影，夜深宮禁有誰來？（題宮女圖）

犬兒初長尾茸茸，行響金鈴細草中，莫向瑤階吠人影，羊車半夜出深宮。（題畫犬）

這兩首詩，意在言外，顯是諷刺太祖好色的。究竟是否因詩賈禍，今已不能證實。試觀他的青邱子歌：

青邱子，臞而清，本是五雲閣下之仙卿。……不肯折腰為五斗米，不肯掉舌下七十城。……

這種自鳴清高，狂傲不撓的態度，不為太祖所喜，自是必然的事。加以他的詩裡，又常流露出對於故朝的眷戀。如「重見化開非舊賞，初聞麥秀是新謠。」「山川寂寞衣冠淚，今古消沈簡冊塵。」黍離麥秀，盡在弦外以明太祖的刻薄寡恩，猜忌毒辣，這才是高氏賈禍的主因。

高啟的詩，才華絕代，不但在明初的詩人中，高居第一，而實在有明一代詩人，也無與倫比的。所以王世貞藝苑卮言說：「才情之美，無過季迪。」而四庫提要更評高氏的詩：

擬漢、魏如漢魏；擬六朝似六朝；擬唐似唐；擬宋如宋，凡古人所長，無不兼之。……特其摹仿古調之中，自有精神意象存乎其間，譬之褚臨禊帖究非雙黃硬鉤者可比。

又如古樂府將進酒：

……愛妾已去曲池平，此時欲飲焉能傾；地下應無酒壚處，何苦寂寞孤平生。一杯一曲，我歌君續；明月自來，不須秉燭。五岳既遠，三山亦空；欲求神仙，在杯酒中。

這首詩放豁達，氣清神透，可以直逼李白的將進酒，無怪前人要把高氏的詩，跟李白相比了。趙翼說：

李青蓮詩從未有能學之者，唯青邱與之相上下，不惟形似，而且神似。（甌北詩話卷八）

高啟的詩，有江館、青邱、吹臺、鳳臺、南樓、槎軒、姑蘇、雜詠等集，凡二千餘首。高氏自選定爲缶鳴集九百餘首，其侄高立刻於永樂初。景泰初，徐庸綴拾遺逸，合爲一編，題曰高青邱大全集，共十八卷。清代金壇復加校注，并其文鳧藻集，詞扣舷集，凡二十四卷，重刻於世。

楊基（一三三二？—？）字孟載號眉菴，蘇州吳縣人。著有眉菴集十二卷。他的詩秀藻清潤，風格頗高，神致俊爽，而無晦澀填砌之病。寫景咏物，其清新可讀。現在錄其登岳陽樓望君山一首如下：

洞庭無煙晚風定，春水平鋪如練淨；君山一點望中青，湘女梳頭對明鏡。鏡裡芙蓉夜不收，水光山色兩悠悠；直教流下春江去，消得巴陵萬古愁。

張羽，字來儀，更字附鳳，著有靜居集四卷。**徐賁**字幼文，著有北郭集六卷。張氏的詩，以近體爲優，清遒淡逸，尤有餘味。徐氏亦才調嫻雅，絕無俗韻。

明初蘇州的詩風極盛，除了大詩人高啟出自吳中外，另有所謂「吳中四傑」和「北郭十友」之稱。「吳中四傑」，指高啟、楊基、張羽、和徐賁。

「吳中四傑」，除去楊基，再加上王行、高遜志、唐肅、宋克、余堯臣、呂敏、陳則七人，稱「北郭十友」，因爲他們都住在吳城北郭的齊門一帶，交情非常密切。

明初詩人可分爲五派。胡應麟詩藪說：

國初越詩派的劉伯温；吳詩派的高季迪；閩詩派的林子羽；嶺南派的孫仲衍；江右詩派的劉子高，五家才力，咸足雄據一方，先驅當代。

越劉、吳高、已如前述，今略述其他三派：

閩派也稱普安派，林鴻爲其開山祖。林氏字子羽，福清人。所著有鳴盛集四卷。他與閩中善詩者王恭、王偁、高棅、陳亮、鄭定、王褒、唐奉、周玄、稱「閩中十子」。

明史文苑傳載林鴻論詩的大旨：

「漢、魏氣骨雖雄，而菁華不足。晉祖玄虛，未尚條暢。齊、梁以下，但務春華，少平實；惟唐作者可謂大成。然貞觀尚沿故習，神龍漸變常調。開元、天寶間，聲律大備，學者當以是爲楷式。」

高棅（一三五〇——一四二三），一名廷禮，字彥恢，號漫士，長樂人。他更選唐詩論之，分正始、正宗、大家、名家、羽翼、接武、正變、餘響、旁流等九品，編成唐詩品彙九十卷，唐詩拾遺十卷，建立了詩必開元、天寶的準則，終明之世，館閣宗之。

閩派詩人，作詩既以盛唐爲依歸，一味摹仿唐詩，連字面句法，甚至題目也不免，以致生氣索然。錢謙益列朝詩集說：

自閩詩一派盛行永（永樂）、天（天順）之際六十餘載，柔音漫節，卑靡成風。風雅道衰，誰職其咎，自是厥後，弘（弘治）、正（正德）之衣冠老杜嘉（嘉靖）、隆（隆慶）之嚬笑盛唐，轉變滋多，受病則一。

可見擬古的風氣，實起於閩詩派，而弘、正、嘉、隆之際，更變本加厲而已。

嶺南詩派也稱粵派，孫蕡爲其開山祖。

孫蕡（一三三四——一三八九），字仲衍，順德人。孫氏著有西菴集九卷，論詩也以盛唐爲歸，不過與林鴻比較，詩的風格孫不如林，才情則林不勝孫。

孫蕡居嶺南時，曾與黃哲、王佐、李德、趙介、結南園詩社，時稱「南園五先生」，也稱「嶺南五先生」。

黃哲著有雪蓬集；王佐著有聽雨軒、瀛洲等集；李德著有易菴集，唯多散佚不傳。嘉靖時，閩人陳暹搜輯李德殘稿，與孫蕡、黃哲、王佐、趙介詩合刻之，共四卷，稱南國先生集。趙介著有臨清集。黃、王、李、趙的詩，都不及孫蕡。

江右詩派也稱西江派，劉崧爲開山祖。

劉崧（？—一三八一）初名楚，字子高，奉和人。洪武初，以薦授職方郎中，累官至吏部尚書。著有槎翁集十卷。他的詩，取法中唐、南宋，姸靜疏爽，而不流於佻淺，但氣格稍弱。

袁凱，也是明初名家。字景文，華亭人。洪武中，以人薦授監察御史，懼太祖之苛刻，裝瘋放歸。元至正時，楊惟慎嘗與客共賦白燕詩，袁詩云：

「故國飄零事已非，舊時王謝見應稀；月明漢水初無影，雪滿梁園尚未歸。柳絮池塘香入夢，梨花庭院冷侵衣；趙家姊妹多相忌，莫向昭陽殿裡飛。」

大得衆人之贊賞，遂有「袁白燕」之稱。

袁氏著有海叟集四卷，集外詩一卷。他的詩，古體學魏晉，而近體擬杜甫。後來何景明因袁氏持論與他相符，於是在大復集中說：「我朝諸名家集，獨海叟詩爲長。」

(三) 臺閣體與「三楊」

臺閣體的代表，是當時有「三楊」之稱的楊士奇、楊榮和楊溥。他們都拜相入閣，身居高位，而所作詩文又都平正典雅，所以後來館閣著作，都以三楊爲宗，沿爲流派，稱臺閣體。

楊寓（一三六五—一四四四）字士奇，以字行，泰和人。建文中，翰充林編修官。成祖永樂初，入內閣典機務，官至華蓋殿大學士，卒謚文貞。所著有東里全集九十七卷，別集四卷。三楊中以士奇之文名最著，制誥碑版，多出其手。他的文章雖不能別出新裁但不師古意，而有歐陽修的雍容氣度，所以能領數十年的文壇。他的詩紆餘平易，恰如其文，如漢江夜泛：

泛舟人玄夜，奄忽越江干。員景頹西林，列宿燦以繁。凝霜飛水裔，回飆蕩微瀾。孤鴻從北來，哀鳴出雲間。時遷物屢變，游子殊未還。短褐不掩脛，歲暮多苦寒。悠悠念行邁。慊慊懷所懽。豈不因時命，苦辛誠獨難。感彼式微時，喟然興長歎。」

楊榮（一三七一—一四四〇），字勉仁，建安人。建文二年進士及第，授編修。成祖永樂初，入直內閣，楊氏初名子榮。此後累仕工部尚書，兼謹身殿大學士，卒謚文敏。時謂楊氏生當盛世，歷事四朝，恩寵不衰，身所感受，發爲詩文，乃多富貴福澤之氣，著有楊文敏集二十五卷。

楊溥（一三七二—一四四六）字弘濟，石首人。與楊榮同舉進士，授編修。官至武英殿大學士，卒謚文定。他與二楊相比，位望相匹。但因在永樂時，曾因事繫錦衣衛獄，幽囚十餘年，故遭遇不如二楊，所爲詩文，豐澤之氣，自亦不及。著有楊文定文集十二卷詩九卷。

三楊之外，臺閣一派的作家，尚有金幼孜（名善，以字行）、黃淮、周述、王直、夏原吉、李時勉（名懋，以字行）、倪謙、韓雍、柯潛等人。這一派的詩文，平正有餘，精勁不足，到了末流，膚廓冗長，千篇一律，遂爲復古派攻擊的對象，四庫全書總目提要說：

「（士奇等）秉國既久，晚進者遞相模擬，城中高髻，四方一尺。餘波所及，漸流爲膚廓肌長，千篇一律。物窮則變，於是何（景明）、李（夢陽）崛起，倡爲復古之論，而士奇等遂爲藝林之口實。平心而論，凡文章之力足以轉移一世者，其始也，必能自成一家，其久也，亦無不生弊。微獨東里一派，即前後七子亦孰不皆然。不可以前人之盛，併回護後來之衰；亦不可以後之衰，併掩沒前人之盛也。」不以臺閣末流，而全盤否定三楊之價值，這的確是持平之論。在臺閣體流行的時期，還有許多作家，能夠表現創作特色，而不屑隨臺閣詩文的，如解縉、陳璉、梁潛、李昌祺，曾棨、薛瑄、于謙、吳惠、郭登、陳獻章、平顯、童軒、邱濬、彭澤、謝晉、趙迪、劉績等人，都是名家。

解縉（一三六九——一四一五）字大紳，吉水人。洪武進士，永樂初官翰林學士。成祖修永樂大典，解氏實爲總裁官。出爲江西參議，改交阯，爲漢王高煦所譖，下獄死。著有文毅集十六交卷。他的詩放縱高逸，富於才氣，當時有才子之稱。如西行一首。

「八千里外河湟客，烏鼠山頭望故鄉，欲問別來多少恨，黃河東去與天長。」

梁潛（？——一四一七）字用之，泰和人，洪武舉人。成祖時曾會修永樂大典，官至侍讀，中譖死。梁氏著有泊庵文集十六卷，泊庵詩鈔一卷。他的文章，格調清秀，而不失縱橫浩翰之氣，而在永樂作家中，自成一格。詩以五言選體爲多，近體詩以唐人格律爲主，時參宋派，清新可誦，在永樂詩家中，最爲傑出。

于謙（一三九四——一四五七）字廷益，錢塘人。永樂二年進士，累官河南、山西、江西等地巡撫、兵部尚書。英宗復辟後，爲徐有貞、石享等所誣，被殺。弘治初，追謚肅愍。萬曆中改謚忠肅。著有于忠肅集十三卷。他的詩，意象深遠，志存濟世，而大節凜然。不求格律工整，卻有一般文士所沒有的氣勢品格。今錄其上太行短詩一首於下：

「驟雨風落日斑斑，雲薄秋容鳥獨還，兩鬢霜華千里客，馬蹄又上太行山。」

郭登（？—一四七二）字元登，濠人。官至右都督、封定襄伯。著有聯珠集二十二卷。他的詩，李東陽推他爲有明武臣之冠，朱彝尊靜志居詩話則說：「豈惟武臣，一時臺閣諸公，孰出其右？」，今舉哀征人一章，以見其氣勢格調的一斑：

「天迷離，水嗚咽。戰馬無聲寶刀折，冤鬼悽酸啼夜月。青燐熒熒明又滅，照見征夫戰時血。」

劉績，字孟熙，山陰人。深於經學，不干仕進。家貧，時徙居無常地，賣文所得，則沽酒而飲。某日，客至待茶，久呼不應，進廚下一看，其妻正以破紙代薪，劉氏僅付一笑而已，其曠達如此。著有崇陽集，他的詩，以雄健豪爽著稱，可爲當時田野詩人的代表。又因他深悉民間的疾苦如征夫詞及征婦詞直可與杜甫新婚別、兵車行諸詩相比擬：

征夫語征婦：生死不可知；欲忍泉下魂，但視襁中兒。（征夫詞）

征婦語征夫：有身當殉國，君爲塞下土，妾作山頭石。（征婦詞）

劉氏家有西江草堂，人稱西江先生，今再舉結客行一首：

結客千金盡，酬恩一劍存，羞與狗盜伍，不傍孟嘗君。

豪人豪語，可見其氣概與抱負。

㈣茶陵詩派的崛起

明代詩文，在憲宗成化以後，因爲臺閣體已到了末流的程度，陳陳相因，千篇一律。於是有李東陽崛起，以深厚雄渾的詩體，一掃臺閣嘽緩冗沓的習氣，成爲從臺閣體到前後七子的重要過渡人物。

李東陽（一四四七—一五一六）字賓之，號西涯，湖南茶陵人。天順八年進士，官至謹身殿大學士，卒謚文正。李氏在孝宗弘治年間，已參預機務，至武宗即位，又受遺命，輔翼武宗。立朝五十年，清風亮節，冠絕一時。加以扶掖後進不遺餘力，致門生滿朝，大都卓然有所成就。明代以宰臣領袖詞章的，三楊以後，當推李氏了。於是時人翕然宗之，稱爲「茶陵詩派」。

李氏著有懷麓堂集，共一百卷。其中懷麓堂詩話一卷，爲論詩之作。主要內容，特別強調詩歌的音響格律、遣字的虛實，以及結構的起承轉合。在古今詩人中，最推重杜甫：

> 唐詩類有委曲可喜之處，惟杜子美頓挫起伏，變化莫測，可駭可愕，蓋其音響與格律正相稱，回視諸作，皆在下風。（懷麓堂詩話）

認爲宋、元之詩，皆不足爲法，而可法者，只有盛唐之詩。唐詩之優點，在於善用虛子，音節悠揚委曲：

> 詩用實字易，用虛字難。盛唐人善用虛字，其開合呼喚，悠揚委曲，皆在於此。用之不善，則柔弱緩散，不復可振，亦當深戒（懷麓堂詩話）

他這種唯唐可法的論調，實際上對於前後七子的擬古主義，有很明顯的影響所以王世貞在藝苑巵言中說：「長沙（指李氏）之於何（景明）、李（夢陽）也，其陳涉之啟漢高乎？」

他的詩，才情上雖不及高啟，但是深厚雄渾，法度森嚴，不作驚人之語，而氣度自雍容，固有一派宗師之風。今舉其遊岳麓寺一首如下：

危峯高瞰楚江干，路在羊腸第幾盤？萬樹松杉雙徑合，四山風雨一僧寒。平沙淺草連天遠，落日孤城隔水看；薊北湘南俱入眼，鷓鴣聲裡獨憑欄。

錢謙益列朝詩集，把東陽門下傳茶陵詩派的石珤、邵寶、顧清、羅玘、魯鐸、何孟春等六人，比爲「蘇門六君子。」

玆分述如次：

石珤，字邦彥，槁城人。官文淵閣大學士，卒謚文隱，改文介。著有熊峯集十卷。珤爲李東陽及門弟子。李氏每稱後進可托柄斯文者，唯珤一人。

邵寶，字國寶，無錫人。官至南京禮部尚書，卒謚文莊，學者稱二泉先生。著有春容堂集。他的詩文，都宗法東陽，學東陽的詩，更有神似之處，東陽比之以歐陽修之知蘇軾。

顧清，字士廉，華亭人。官至南禮部侍郎，卒謚文僖。著有東江家藏集四十二卷。他的詩，在茶陵詩派中，最爲清新婉麗。

羅玘，字景明，南城人。著有圭峯集三十卷。他曾勸李氏不要和劉瑾等小人同朝，給李的信中，有「伏望痛割舊志，勇而從小。不然，請削門生之籍」等語。他的詩文，綽有矩度，四庫全書總目提要，評他的詩文，說是「振奇側古，必自己出。」

魯鐸，字振之，景陵人，著有文恪集十卷。

何孟春，字子元，郴州人，者有燕泉集十卷。在六君子中，當以魯何二人爲較弱。

(五)明代散文的再復古與秦漢派

1. **復古原因**——元代戲曲文的新興，完全取代了中國一脈相承的傳統文學，而象徵通俗文學的方興未艾。但到明代卻又興起極大的反動—文學思潮的復古。此一潮流幾乎支配了二百多年的明代文壇。原因是，除受八股文取士的影響；更重要的是，此朝的文人仍然抱持承先啟後正統文學觀，而卑視元曲所代表的新文學。

2. **復古主張**——明初的散文家如宋濂、王褘、方孝孺；詩人如劉基、高啟、張羽、徐賁（「吳中四傑」）、劉基、袁憑等，作品皆自成一家，但仍然屬於正統文學。至李東陽，始正式倡爲唐、宋文。而稍後李夢陽、何景明之繼起，更以復古爲號召，而主張「文主秦漢、詩規盛唐」。

3. **復古人物**——復古的中堅李夢陽以爲，詩文不厭摹擬；他說：「今人摹臨古帖，不嫌大似；詩文何獨不然？」他的見解是，「漢以後無文，唐以後無詩。」何景明也主張「復秦漢之古」，並以「古文之法亡於韓（愈）」，而呼籲應讀唐以後文。二人遂爲復古「前七子」的領袖，與徐禎卿，邊貢、唐海、王九思、王廷相五人共同努力。

復古的「後七子」李攀龍、王世貞、謝榛、宗臣、徐中行、吳國倫、梁有譽，以李、王二人爲領袖。其中李、宗、梁、徐、吳諸人，亦稱「前五子」；乃有「後五子之余白德、魏裳、汪道昆、張佳元、張九一」諸人。繼有「廣五子」之俞元文、盧柟、李先芳、吳維岳、歐大任及「續五子」之王道行、石星、黎民表、朱多煃、趙用賢；又有李維楨爲首的「末五子」都是此期先後從事復古的主流人物。

4. **此期復古的意義**——唐宋的復古，是反對駢文的綺麗浮靡，而提倡矯正此弊合乎時尚的散文，所以被認爲是屬於進化的流向(胡適中國文學史)。明代的復古，則爲阻礙進化的逆流。兩派互爭的無謂，已經浪費了進化的精力與時間。互爭的主題，也是五十步與百步的反潮流。前者欲以秦漢之文行於千餘年後的明代，固然是「庸妄」，自然是學而無功。後者之主以唐宋爲宗，時代雖較秦漢爲近，但仍然是缺乏前瞻的主題；其所致力模擬的結果，也只是略有可觀。後期的強烈傾軋，益使文壇一如政壇，而入主出奴的心態，更嚴重地影響了明代詩文的生機。顧炎武所指出：「有明一代之著述，無非竊盜」，雖然是出於沉痛而偏激，但非常接近於事實。

(六) 唐宋派的興起

1. 沈周與吳中詩人

在復古運動中，另一派吳中詩人，卓然自立，以抒寫性靈爲主，不拘成法而不失其率真。此派由沈周於茶陵詩派全盛期中即已獨樹一幟，後由唐寅等繼起，而以唐寅爲中心。茲分述如次：

沈周(一四二七—一五〇九)，字啟南，蘇州人。隱居不仕，著有石田詩選十卷、耕石齋石田集九卷。他本是畫家，所以題畫之作，往往詩畫可以相輝映。如溪亭小景：

幽亭臨水稱冥棲，蓼渚莎坪咫尺迷。山雨乍來茆溜細，谿雲欲墮竹梢低。檐頭故壘雄雌燕，籬腳秋蟲子母雞。此段風光小韋杜，可能無我一青藜。

虛壁疎燈一穗紅，閑階隨處亂鳴蟲。明河有影微雲外，清露無聲萬木中。澤國蒼茫秋水滿，居民流落野煙空；不知誰解拋憂患，獨對青山憶贊公。

唐寅(一四七〇—一五二三)字伯虎，一字子畏，蘇州人。弘治十一年(一四九八)鄉試解元，坐獄，放歸，即絕意仕進。寧王宸濠曾用厚幣籠絡他，他知道寧王心懷異志，即佯狂使酒。寧王不能堪，才放還吳中。唐寅歸鄉後，即歸心釋氏，自號六如居士，著有六如居士集。

唐寅也以畫名，對於詩文，不甚措意，往往以口語入詩，如他的言志詩：

不煉金丹不坐禪，不爲商賈不耕田。閒來寫就青山賣，不使人間造孽錢。

王世貞曾批評他說：「唐伯虎詩如乞兒唱蓮花落。」「不知此正是他的詩高處」。到了晚年，詩境更爲純熟，所以錢謙益列朝詩集說他：「子畏詩，晚益自放，不計工拙，興寄爛熳，時復斐然。」

唐寅既以畫名，所以的題畫詩也是一流的，如曉起圖：

獨立茅門懶拄笻，鬢絲涼拂豆花風。曉鴉無數盤旋處，綠樹枝頭一線紅。

祝允明（一四六〇——一五二六），字希哲。弘治五年鄉試中式，除興寧知縣，遷應天通判，自免歸。允明右手枝指，故自號枝指生，他和唐寅都以疏放爲世指目，唐寅善畫，而他善書，皆名震一時，他的散文蕭洒自如。而詩則取材宏富，造句妍麗，如秋日閑居：

逃暑因能暫閉關，不須多把古賢攀。并抛杯勺方爲嬾，少事篇章未礙閑。風墮一庭鄰寺葉，雲開半面隔城山；浮生只說潛居易，隱比求名事更艱。

文徵明（一四七〇——一五五九），名璧，以字行。更字徵中，號衡山。以歲貢薦授翰林院待詔。著有甫田集三十五卷。他的書畫俱有名於時，而詩則整飭之中，時饒逸韻。他與唐寅、祝允明俱醉心山林，不求仕進。尤識大體，有病起遺懷兩律，卻寧王宸濠的延攬：

「潦倒儒官二十年，業緣仍在利名間。敢言冀北無良馬，深愧淮南賦小山。病起秋風吹白髮，雨中黃葉暗松關，不嫌窮巷頻回轍，消受爐香一味閒。經時臥病斷經過，自撥閒愁對酒歌。意外紛紜如命在，古來賢達患名多。千金逸驥空求骨，萬里冥鴻肯受羅？心事悠悠那復識，白頭辛苦服儒科。」

辭婉而意峻，可見其爲人之一斑。

張靈字夢晉，也是常州人。他也有書名，而爲人狂放更在唐寅、祝允明之上。他的詩風犀利，縱橫不羈，與他爲人相合，如對酒及春暮送友：

隱隱江城玉漏催，勸君須盡掌中杯。高樓明月清歌夜，知是人生第幾回？（對酒）

三月正當三十日，一壺一榼一孤身。馬蹄亂踏楊花去，半送行人半送春。（春暮送友）

其淋漓豪宕之氣，清狂傲世之態，都力透紙背。

此外尚有**孫一元**（**一四八四—一五二〇**），字太初，籍貫不可考，但在吳中住過很久，與劉麟、吳琉、陸昆、龍霓，稱「苕溪五隱」，可見也是山林隱逸之流，也與文徵明等時相唱和，後與施氏女結婚，便終老吳興。他的詩，骨清神秀。如山中一首：

來往不逢人，家住山深處。獨鶴忽飛來，風動月中樹。

汪端明三十家詩選，說他的詩「如山紅澗碧，冷豔可人。」真是的評。

2. 唐宋派的濫觴

在前七子領袖文壇之時，散文方面不和李夢陽等同流，而取法唐宋的，有王鏊、馬中錫、王守仁等人。可謂唐宋派的濫觴。

王鏊（一四五〇—一五二四），字濟之，江蘇吳縣人。成化進士，著有震澤集。王鏊是個經學家，但是所作古文，也取法唐、宋的名家，平正而有法度。

馬中錫，字天祿，故城人，成化十一年（一四七五）進士，累官至兵部侍郎。劉瑾用事，中錫被斥爲民。劉瑾伏誅後，起撫大同，遷右都御史，提督軍務，進左都御史，以師老無功，下獄，瘦死。著有東田集六卷。

中錫是康海的老師，生活時代與前七子同時，卻不與他們同流。他的中山狼傳，全文採取寓言的形式，以狼比作負心的人物，而諷刺李夢陽的忘恩負義。最後借丈人之口說：「禽獸負恩如是，而猶不忍殺，子固仁著，然愚亦甚矣。……」更是感慨系之。

王守仁（一四七二—一五二八），字伯字，浙江餘姚人。弘治十二（一四九九）年進士，授刑部主事，後改兵部。忤劉瑾，謫貴州龍場驛丞。劉瑾伏珠後，守仁復用，歷官至太僕寺少卿、鴻臚寺卿、兵部尚書等，封新建伯，卒諡文成。著有王文成全書，共三十八卷。

王守仁是有明一代的政治家和軍事家，他曾平定大帽山、斷藤峽諸賊及寧王宸濠之亂，勳業彪炳。謫遷龍場之時，又潛心向道，悟得格物致知，知行合一的真諦，成爲一代理學大師。他嘗築室陽明洞，自號陽明子，學者稱陽明先生，門人遍佈天下。他的散文，雅健典正，工鍊飾，不求工而自工。尤其和李夢陽諸子交遊，卻不受他們的污染。在有明一代散文作家中，上承宋濂、方孝孺之緒，下開王愼中、唐順之、歸有光之先。

今錄其瘞旅文中一段：

……嗚呼傷哉！翳何人？翳何人？吾龍場驛丞餘姚王守仁也。吾與爾皆中土之產，吾不知爾郡邑，爾烏爲乎來爲茲山之鬼乎？古者重去其鄉，遊宦不踰千里，吾以竄逐而來此，宜也。爾亦何辜乎？聞爾官吏目耳，俸不能五斗，爾率妻子躬耕可有也。曷爲乎以五斗而易爾七尺之軀，又不足而益以爾子與僕乎？嗚呼傷哉！爾誠戀茲五斗，則宜欣然就道，曷爲乎吾昨望見爾容蹙然，蓋不任其憂者？夫衝冒霧露，扳援崖壁，行萬峰之頂，飢渴勞頓，筋骨疲憊；而又瘴癘侵其外，憂鬱攻其中，其能無死乎？吾固知爾之必死，然不謂若是之速；又不謂爾子爾僕，亦遽爾奄忽也！皆爾自取，謂之何哉！……

情文並茂，不由人不流眼淚。

在詩歌方面，不同前七子合流的，有楊慎、薛蕙、王廷陳等。對唐宋派來說也是承先啟後的作家。

楊慎（一四八八——一五五九），字用修，新都人。正德六年（一五一一）廷試第一，授翰林院修撰。嘉靖間，以議禮杖謫永昌。天啟初，追謚文憲。

楊慎的著作很多，有升菴集八十一卷、遺集二十六卷。他的詩，宏深淵博，獨立於李、何等七子之外，如宿金沙一首：

往年曾向嘉陵宿，驛樓東畔闌干曲。江聲徹夜攪離愁，月色中天照幽獨。豈意飄零瘴海頭，嘉陵回首轉悠悠。江聲月色那堪說，腸斷金沙萬里樓。

他的缺點，在專講格調，未免和李夢陽等同墮擬古魔道。所以錢謙益說他：「援據博則舛誤多；

摹倣慣則瑕疵互見。」（列朝詩集小傳丙集）

薛蕙（一四八九—一五四一）字君采，亳州人。正德九年（一五一四）進士，授刑部主事，遷吏部郎中，以議大禮下詔獄。尋復職，未幾罷歸，著有考功集十卷。他的詩，婉約瀟灑，不與擬古諸子同流。如月夜坐憶：

明月三五時，流光千里外。虛館風冷冷，寒墀霜靄靄。不見南樓客，徒憶西園蓋。歡酒無盈觴，憂襟有餘帶。沉吟靜夜思，緬邈佳人會。

薛蕙的詩，即擬古諸子亦亟稱之。王世貞即說他的詩「如宋人葉玉，幾奪天巧；又如倩女臨池，疏花獨笑。」（藝苑巵言）

王廷棟，字稚欽，黃岡人，正德進士，官至吏部給事中，以諫南巡杖摘裕州知府，免歸。著有夢澤集二十三卷。他的詩意足語圓，軒然出俗，如其烏母謠：

烏母謂烏子：弋人在傍汝勿啼，弋人得知將汝歸，我但高飛起，安能救汝爲？

華察（一四九七—一五七四）字子潛，號鴻山，江蘇無錫人。嘉靖五年（一五二六）進士，官至侍讀學士。他與同里施漸、王懋明、姚咨，有「錫山四友」之稱，著有巖居稿八卷。他的詩，沖淡閒曠，深得淵明自然之風趣。如秋日觀稼樓曉望：

日出天氣清，山中悵幽獨。登高一眺望，風物凄以肅。流水映郊扉，炊煙散林匡。秋原一何曠，薄陰翳荒竹。時聞鳥雀喧，因念禾黍熟。悠悠沮溺心，千載猶在目。

高叔嗣（一五〇一—一五三七）字子業，祥符人。嘉靖二年（一五二三）進士，官至湖廣按察使。著有蘇門集八卷。

叔嗣的詩，能直抒胸臆，擺脫擬古窠臼，不拘於一家一格，而且詩品清逸，沈婉雋永。所以王世貞說他的詩，「如空山鼓琴，沈思忽往，木葉盡脫，石氣自清。又如衛洗馬言愁，憔悴婉篤，令人心折。」（藝苑卮言）今錄其分水嶺晚行一首：

客輿日無奈，兵荒歲屢加。少年曾許國，多難更移家。遠水通春騎，孤城起暮笳。憑高一回首，何處是京華？

其時吳中有皇甫四兄弟沖、涍、汸、濂，並以詩名，號「四皇甫」。沖（一四九〇—一五三八）字子浚，著有華陽集六十卷。涍（一四九七—一五四八）字子安，著有少玄集二十六卷。汸（一四九八—一五八三）字子循，別號百泉子。著有司勳集六十卷。濂（一五〇八—一五六四）字子約，一字道隆。著有水部集二十集。四人之中，以皇甫汸的詩最爲特出，整飭雍容，不事雕琢。如對月答子浚兄見懷諸弟之作：

南北何如漢二京，迢迢吳越兩鄉情。謝家樓上清秋月，分作關山幾處明。

3. **唐宋派的具體與作品舉隅**

以上所述的作家，在前七子領袖文壇之時，雖然都能卓然自立，不同群合流，而能與之對抗卻沒有公開的理論主張，以駁斥擬古派。及王愼中、唐順之出，始有堅決反對擬古的主張。王、唐都是散文家，他們的理論主張，也就偏重於散文方面。更由於他們反對盲目尊古，進而提倡唐宋古文，所以世稱「唐宋派」

王愼中（一五九——一五五九）字道思，福建晉江人。嘉靖五年（一五二六）進士，官至河南布政使參事，著有遵巖集二十五卷。他在早年也深受前七子的影響，認爲秦漢以下之文不足取。二十八歲以後，漸漸喜歡唐宋諸家的文章。以爲「學六經史漢最得旨趣根源者，莫如韓、歐、曾、蘇諸名家。」（寄道原弟書九）他特別推重曾鞏，謂鞏文「信乎能道其中之所欲言，而不醇不該之蔽亦已少矣。」（曾南豐文粹序）所以他的文章，學曾鞏之處最多，而得力於曾鞏者也最多。

唐順之（一五〇七——一五六〇）字應德，一字義修，江蘇武進人。嘉靖八年（一五二九）進士，官室僉都御史，崇禎初，追謚襄文。著有荆川先生文集十七卷。外集三卷。

他和愼中齊名，世稱「王唐」。在理論上受愼中的影響極深，而表達上卻更深刻明快。他的文章學歐、曾、但比愼中更爲出色，所以提倡唐宋散文的口號，雖出自愼中，但在理論主張、創作實踐上，順之都居於更重要的地位。他有答茅鹿門知縣論文書，他論文的重要理論如次：

……只就文章家論之，雖有繩墨布置奇正轉折，自有專門師法，至於中間一段精神命脈骨髓，則非洗滌心源，獨立物表，具古今隻眼者，不足以與此。今有兩人：其一心地超然，所謂具千古隻眼人也。即使未嘗操紙筆呻吟學爲文章，但直據胸臆，信手寫出，如寫家書。雖或疏鹵，然絕無煙火酸餡習氣，便是宇宙一樣絕好文章。其一人猶然塵中人也，雖其顓顓學爲文章，其於所謂繩墨布置則盡是矣。然翻來覆去，不過是這幾句婆子舌頭語，索其所謂眞精神與千古不可磨滅之見，絕無有也。則文雖工而不免爲下格，此文章本色也。……

，順之主張文章應該直抒胸臆，如寫家書，絕無煙火氣，才是絕好文章。所以反對句摹字擬，翻來覆去的婆子舌頭語。而且認爲是「蓋頭竊尾，如貧人供富人之衣，莊農作大賈之飾，極力裝做，醜態盡露，是以精光枵焉，而言不久湮廢。」

王愼中、唐順之旣倡論一洗當時剽擬之習，復有李開先、陳束、趙時春、任瀚、熊過、呂高等六人，爲之羽翼，合稱嘉靖八才子。其後「後七子」擬古運動再起，王世貞獨主文壇之時，則有茅坤、歸有光起，標榜唐宋散文，與世貞相頡頏。

茅坤（一五一二—一六〇一）字順甫，別號鹿門，歸安（今浙江吳興）人。嘉靖十七（一五三八）年進士，官至大名兵備副使。他著有白華樓藏稿十一卷、吟稿八卷、玉芝山房稿二十二卷、耆年錄七卷。又選唐宋八大家文爲唐宋八大家文鈔，一百六十四卷。茅坤最欽佩唐順之，此書便是反對擬古的直接表現。後人唐宋八大家之說，即始於此。而在大家文鈔總序、文旨等文章裡的文學理論和主張，都比唐順之更具體更有全面性。

歸有光（一五〇六—一五七一）字熙甫，江蘇崑山人。八上春官不第，在嘉定安亭江上，讀書談道，學徒常數百人，稱爲震川先生。他六十歲始成進士，官至太僕寺丞。著有震川先生文集三十卷、別集十卷。

有光喜歡韓愈、歐陽修之文，斥擬古派爲妄，時王世貞主盟文壇，有光即斥其爲「妄庸巨子」，世貞回答說：「妄誠有之，庸則未敢聞命。」有光說：「唯庸故，未有妄而不庸者也。」其詞鋒銳利皆類此。

有光之文，如先妣事略、亡兒䎘孫壙志、思子亭記、女如蘭壙志、女二二壙志、寒花葬

志、寒花葬志、項脊軒志等，都清淡自然，感情真摯，寫家庭骨肉瑣事，委婉細致，情韻洋溢，極其傳神。又如亡兒䎖孫壙志：

……嗚呼！孰無父母妻子，余方孺慕，天奪吾母。知有室家，而吾妻死。吾兒幾成矣，而又亡。天之毒于余，何其痛耶！吾兒之孝友聰明，與其命相，皆不當死。三月而喪母，十六而棄余，天之于吾兒，何其酷耶！……

他的先妣事略：

……諸兒見家則隨之泣，然猶以爲母寢也。傷哉！於是家人延畫工畫，出二子命之曰：『鼻以上畫有光，鼻以下畫大姊。』以二子肖母也。

讀了更是令人感動。誠如王錫爵在明太僕寺丞歸公墓誌名中所說：「無意於感人，而歡愉之思，溢於言語之外，嗟嘆之，淫佚之，自不能已已。」

有光鄉居很久，出仕以後，特別注重民間疾苦，他在一般贈序的文章裡，如送同年丁聘之之任平湖序，送同年李觀甫之任江浦序、送同年光之英之任真定序、送張子忠之任南昌序、送陳子達之任元城序諸文，無不以民生國事爲重，所以他的文章，另有一番濟世利民的境界。

有光與王慎中、唐順之並稱嘉靖三大家，或益宋濂、方孝孺、王守仁而稱明代六大家，徐謂稱他爲「今之歐陽子」，黃宗羲以爲「議者以震川爲明文第一，似矣。」可見他在當時的文名。他生當「後七子」極盛之時，以優秀的創作與擬古派相抗衡，雖不能完全轉變當時的風氣，但在散文創作上的成就，已經潛移了後世的文風。

不過，兩派在互爭過程中，都仍有許多的論，今舉典型之作各一篇：

(七)兩派的典型文論

(1)秦漢七子派的屠隆文論——此文論歷代文學，以明「文必秦漢」之旨：

「世人談六經者，率謂六經寫聖人所稱道術，醇粹潔白，曉告天下萬世燦然如揭日月而行，是以天下萬世貴之也。夫六經之所貴者道術，固也，吾知之。即其文字奚不盛哉？易之沖玄，詩之和婉，書之莊雅，春秋之簡嚴，絕無後世文人學士纖穠佻巧之態，而風骨格力，高視千古；若禮檀弓，周禮考工記等篇，則又峰巒峭拔，波濤層起，而姿態橫生，信文章之大觀也。六經而下，左國之文高峻嚴整，古雅藻麗，……賈馬之文疏朗豪宕，雄健篤古。……其他若屈大夫之詞賦，……莊列之文，……亦天下之奇作矣。譬之大造，寥廓清曠，風日熙明，時固然也，而飄風震雷，揚沙走石，以動威萬物，豈可少哉？諸子之風骨格力，即言人人殊，其道術之醇粹潔白，皆不敢望六經，乃其爲古文辭一也。由建安下逮六朝，鮑謝顏沈之流，盛粉澤而掩質素，繪面目而失神情，繁枝葉而離本根，周漢之聲，蕩焉盡矣。然而穠華色澤，比物連彙，亦種種動人。譬之南威西子麗服靚妝雖非姜姒之雅，端人莊士，或棄而不睨，其實天下之麗，洵美且都矣。

他完全站在文學的見地，以說明六經之文章技巧，以說明左國賈馬屈宋莊列諸子之文學價值，乃至建安六朝之文之所以可取之處。於是他再說明唐後無文之意。他說：

文體靡於六朝而唐昌黎氏反之，然而文至昌黎氏大壞焉。……昌黎氏蓋所謂文起八代之衰者，今讀其文，僅能摧駢儷爲散文耳。妍華雖去，而淡乎無采也；醲腴雖除，而索乎無味也；繁音雖削，而瘖乎無聲也。其氣弱，其格卑，其情緩，其法疏，求之六經諸子，是遵何以哉？世人厭六朝之駢儷，而樂昌黎之疏散，翕然相與宗師之。是以韓氏之文，遂爲後世之楷模，建標藝壇之下，一夫奮臂，六合同聲，斯不亦任耳而不任目之過乎？六經而下，古文詞咸在，正變離合，總總夥矣，然未有若昌黎氏者。昌黎之文，果何法也。藉令昌黎氏之文出於周漢則不得傳何者？周漢之文無此者，周漢誠無用此文爲寫也。昌黎氏之所以爲當時宗師而名後世者，徒散文耳。今姑無論其他。即如兩漢制誥誰非散文沖夷平淡，都無波峭之氣，而朴茂深嚴，遠而望之，則穆然光沉，迫而視之則神采隱隱，風骨格力，往往而在。昌黎氏之文若是邪？論者謂善繪者傳其神，善書者模其意，昌黎氏之文蓋傳先哲之神，而脫其軀殼，模古人之意，而迂其形畫者也；奚必六經，必諸子哉！且風骨格力，韓子焉不有也！嗟乎！令韓子不屑屑於擬古，而古意矯然具存，即奚必如六經如諸子，而自爲韓子一家之言可也。今第觀其文，卑者單弱而不振，高者詰屈而聱牙，多者裝綴而繁蕪，寡者率略而簡易，雖有他美，吾不得而知之矣。尚焉取風骨格力於其間哉！厥後歐蘇曾王之文，大都出於韓子，讀之可一氣盡也，而翫之則使人意消。余每讀諸子文，蓋幾不能終篇也。標而趨之者，非韓子與？」

『文靡於隋，韓力振之，然古文之法亡於韓。』這原是何景明的話，不過何氏於此，未曾加以發揮，長卿則稱其「淡乎無采」「索乎無味」「瘖乎無聲」；多者裝綴而繁蕪，寡者率略而簡易，尚焉取風格骨力於其間哉！於是覺得昌黎之文與六經諸子之文氣象全不合，而所謂古文之法亡於韓者。長卿再有一篇與友人論詩文，（由拳集二十三）也曾發揮此意。人家說：『昌黎蓋文章家之武庫也，何所不有矣，』他則說：『謂昌黎何所無耶？』人家說：『昌黎文抵雅馴不詭於大道』他則說：『謂昌黎不詭於大道，周漢與大道詭耶？』兩兩相較，高下自顯，所以他以為只有立剖判之先，出六合之外高自出奇，纔可全不學古。否則，『獨柰何能舍周漢而學昌黎也。』

這樣說明，真所謂能立能破，在李何李王的文論中確未曾見如此博辯閎肆之文，可謂復古潮流中的健將。不僅如此，他於李何李王末流之弊亦痛切言之。他說：

明興，北地李獻吉，信陽何仲默，姑蘇徐昌穀，始力興周漢之文，詩自三百篇而下，則主初唐。厥後諸公繼起，氣昌而才雄，徒眾而力倍，古道遂以大興，可謂盛矣。然學士大夫之奮起其間者，或抱長才，而陶鎔之力淺。學左國者得其高峻而遺其和平；法史漢者，得其豪宕而遺其渾博；模辭擬法，拘而不化。獨觀其一，則古色蒼然，總而讀之，則千篇一律也。愚嘗取以自諗，蓋亦時時有之，有之而思變之，猶未得其要領焉。嗟乎，文難言哉！愚意作者必取識者自知其為周漢之文，不作昌黎以下語，斯其至乎？今文章家獨有周漢句法耳，而其渾博之體未備也，變化之機未熟也，超妙之理未臻也，故吾願與海內諸君子勉之矣。夫文不程古則不登於上品，見非之超妙，則傍古人之藩籬而已。……二三君子，苟非得之超妙無輕議古，無輕訾韓歐也。夫挾天子以令諸侯，諸侯將奔走焉；麋而虎皮，人得而寢處之矣。深於古以訾韓歐是挾天子以令諸侯也。影響古人而求勝之，則麋而虎皮矣。諸君子其無為韓歐寢處哉」

(2) 唐宋派艾南英（千子）文論：

經籍而後必推秦漢，為其古雅質樸，典則高貴，序裁生動，使人如睹。然以其去古未遠，名物方言不甚近人；必盡肖之，則勢必至節去語助，不可句以為奧。疏枝大葉，離合隱現，寓法於無法之中；必盡肖之，則必決裂體局，破壞繩墨，而至於無法。故韓歐蘇曾數大家存其神而不襲其糟粕，二千餘年獨此數公，能秦漢而已。（與周介生論文書）

夫足下不為左氏司馬則已，若求真為左氏司馬，則舍歐曾諸大家，何所由乎？夫秦漢去今遠矣！……役秦漢之神氣而御之者，舍韓歐奚？由譬之於山，秦漢則蓬山絕島也，去今既遠，猶之有大海隔之也；則必借舟楫焉而後能至。夫韓歐者，吾人之文所由以至於秦漢之舟楫也。由韓歐而能至於秦漢者，無他，韓歐得其神氣而御之耳。若僅取其名物器數職官地理方言里俗，而沾沾然遂以為秦漢，則足下之所極賞於元美于鱗者爾。不佞方由韓歐以師秦漢，足下乃謂不當舍秦漢而求韓歐；不佞方以得秦漢之神氣者尊韓歐，而乃以竊秦漢之句字者尊王李，不亦左乎？（答陳人中論文書）

他稱王李之學，僅竊秦漢之句字，誠中王李之病。不過他所謂韓歐得秦漢之神氣者，又不免太說得抽象。實則他所謂神氣，與荊川之所謂「法」，正是同一意義；說得具體一些則爲法，抽象一些則爲神氣。法也，神氣也，二而一，一而二者也。

重在法、重在神氣、故以首尾結撰爲辭而不以句字爲辭；（見答陳人中論文書）以平淡古質不爲煩華者爲古文，而不以辭章爲古文。（見答夏彝仲論文書）這樣，所以可由「唐宋」與「秦漢」之爭，一變而爲駢散文之爭。爲此問題，他與陳人中爭得很激烈。據陳氏自撰年譜稱：『崇禎元年戊辰秋，豫章孝廉艾千子有時名，甚矜誕，挾諼詐以恫喝時流，人多畏之。與予晤於婁江之弇園，妄謂秦漢文不足學，而曹劉李杜之詩皆無可取。其詈北地濟南諸公尤甚。衆皆唯唯。予年少在末坐，攝衣與爭，頗折其角；彝仲輩稍稍助之，艾子詘矣，然猶作書往返辨難不休。』是則此事之起只是口頭之爭，到後來纔引起文字的辯難。可惜在陳忠裕全集中不見反駁千子之文。據李延是南吳舊話謂人中以受彝仲之勸阻而止。所以現在於此問題，只能片面的在千子文中看出一些討論的核心而已。

他答夏彝仲論文文書中謂『古人之所謂辭命辭章者，指其通篇首尾開闔而言，非以一黃一白，一朱一黑，儷字駢音，而謂之辭。』又謂『昔人以漢末至唐初偶排摘裂，塡事粉飾宣麗整齊之文爲時文，而反是者爲古文。』這樣確定了古文辭的意義，於是再確定了古文辭的性質。他說『每見六朝及近代王李崇飾句字者輒覺其俚；讀史記及昌黎永叔古質典重之文，則輒覺其雅。然後知浮華與古質則俚雅之辨也。』在此種爭論中，可以說爲「桐城文派」預先解決了許多問題。（節自郭紹虞文學批評史）

(八)晚明的小品散文—性靈說的具體

挽回復古頹風的晚明小品，是文學流變中重要的一環。此期「獨抒性靈」的文論，正與六朝的性靈文風相呼應，而使中國文學在社會口語的自然流變之下，擺脫了秦漢派及唐宋派復古的枷鎖，走出八股的窠臼，而奔向文學的康莊。此期的人物，有公安、竟陵二派：

1. 公安派：

此派的領袖爲袁中郎，公安人，兄宗道，字伯修，弟中道，字小修爲此派之鉅子，號袁氏三傑。明史、文苑傳說：「王李之學盛行，袁氏兄弟獨心非之。宗道在館中與同館黃輝力排其說。至宏道益矯以淸新輕俊，學者多舍王、李而信之，目爲『公安體』。」此派之得此成就，實由文論之進步，與淸新流麗散文小品的廣受歡迎。袁氏文論的重點是：①主張文學是進化的，②反對模擬，③獨抒性靈，不拘格套，④作品須有內容，⑤重視小說戲曲的價值；而以「真」與「變」爲核心。他的小品，便是「獨抒性靈，不拘格套的實踐」。真工夫卻在「真與變」，「韻與趣」。

⑴真與變之說

他的文論核心是真與變。前者是基於戲曲、小說及一切俗文學的認識，後者是基於時文的認識。他的時文敘說：「才江之僻也，長吉之幽也，錦瑟之蕩也，丁卯之麗也，非獨其才然也，體不更則不艷……時爲之也。」此即主風格之變。雪濤閣集序說：「夫古有古之時，今有今之時，襲古人語言之跡而冒以爲古，是處嚴冬而襲夏之葛也。騷之不襲雅也，雅之體窮於怨，不騷不足以寄也。……至蘇、李述別及十九首等篇，騷之音節體致皆變矣，然不謂之真騷不可也。」此主體之不可不變。

主變所以存真，因謂：「古有古之時，今有今之時」，故宜存時之真；又謂「我面不能同君面，而況古今之面貌乎？」故必存人之真。所以說「唐自有詩也，不必選體也；……李杜……下迨元白……各有詩也，不必李、杜……陳歐蘇黃諸人有一字襲唐者乎？又有一字相襲者乎？」（與介邱長孺尺牘）必須在變中乃能求其真。所以不立格套所以各極其變，各窮其趣。他說：

> 足跡所至，幾半天下，而詩文亦因之日進。大都獨抒性靈，不拘格套，非從自己胸臆流出不肯下筆。有時情與境會，頃刻千言，如水東注，令人奪魄……即疵處亦多本色獨造語……蓋詩文至近代而卑極矣，文則必欲準秦漢，詩則必欲準於盛唐……曾不知……秦漢而學六經，豈復有秦漢之文？盛唐而學漢魏，豈復有盛唐之詩？夫唯代有升降，而法不相沿，各極其變，各窮其趣，所以可貴，原不可以優劣論也。（袁中郎全集敍小修詩）

中郎更主張存真所以盡變，要「頂天立地，見從已出」，所以愈真亦愈變，愈變亦愈奇。他說：

至於詩，不肖聊戲筆耳，信心而出，信口而談。世人喜唐，僕則曰唐無詩；世人喜秦漢，僕則曰秦漢無文。世人卑宋黜元，僕則曰詩文在宋元諸大家。昔老子欲死聖人，莊生譏毀孔子，然至今其書不癈。荀卿性惡，亦得與孟子同傳。何者？見從已出，不曾依傍半個古人，所以他頂天立地。今人雖譏訕得，卻是癈他不得……。（全集二與張幼于尺牘）

(2)韻與趣

中郎所主張的「真與變」，必須配合「韻與趣」。他說：「世人所難得者唯趣。趣如山上之色，水中之味，火中之光，女中之態，雖善說者，不能下一語，唯會者知之。……夫趣，得之自然者深，得之學問者淺。當其爲童子也，不知有趣，然無往而非趣也。面無端容，目無定睛，口喃喃而欲語，足跳躍而不定，人生之至樂，無逾於此時者矣。孟子所謂「不失赤子之心」，老子所謂「能嬰兒」，蓋指此也……愚不肖之近趣也，以無品也。品愈卑，故所求愈下，或爲酒肉，或爲聲伎，率心而行，無所忌憚，自以爲絕望於世，故舉世非笑之不顧也。此亦一趣也。迨夫年漸長，官漸高，品漸大……入理愈深，然其去趣愈遠矣。」（全集一）

關於「韻」，他以爲必須解脫才能真，而「韻」才是大解脫之場。他說：

山有色，嵐是也；水有文，波是也；學道有致，韻是也。山無嵐則枯，水無波則腐，學道無韻則老學究而已。昔夫子之賢回也，以樂；而其與曾點者，以童冠歌詠。夫樂與歌詠，固學道人之波瀾色澤也。……大都士之有韻者，理必入微；而理又不可以得韻。故叫跳反擲者，稚子之韻也；嬉笑怒罵者，醉人之韻也。醉者無心，稚子亦無心，無心故理無所托，而自然之韻出焉。由斯而觀，理者是非之窟宅，而韻者大解脫之場也。（全集二壽存參張公七十序）

中郎有此境界，所以他能「一變而去辭，再變而去理，三變而吾爲文之意忽盡，如水之極於澹，而芭蕉之極於空，機境偶觸，文忽生焉。風高響作，月動影隨，天下翕然而文之……。」（全集三素園存稿引）

他的詩，以澹爲主，更顯「性靈」的重要，他說：「蘇子瞻酷嗜陶令詩，貴其淡而適也。凡物釀之得甘，炙之得苦，惟淡也不可造；不可造，是文之真性靈也。濃者不復薄，甘者不復辛，唯淺也無不可造，是文真變態。風值水而漪生，日薄山而嵐出，雖有顧、吳，不能設色也，淺之至也。……」（全集咼氏家繩集序）

2.竟陵派

鍾惺，字伯敬；譚元春，字友夏，皆竟陵人；以選詩歸齊名，時稱其作風爲「竟陵派」。鍾著有隱秀軒集，譚著有譚友夏全集。

晚明詩文小品的發展是，「公安」欲矯七子之膚熟，而「竟陵」則欲矯「公安」之俚俗，所以鍾惺詩歸序說：「今非無學古者，大要取古人之極膚極狹極熟便於口手者以爲古人在是。使捷者矯之，必欲於古人外自爲一人之詩以爲異，要其異又皆同乎古人之險且僻者，不則其俚者也，則何以服學者之心？」（隱秀軒文昃集序一）譚也說：「古人大矣，往印之輒合，遍散之各足，人咸以所愛格，所便之調，所易就之字句，得其滯者熟者，木者陋者：曰我學之古人，自以爲理長味深，而傳習之久，反指爲大家、爲正宗……夫滯熟木陋，古人以此收渾沌之氣，今人以此表精神之原；古人不廢此爲藏神奇藏靈幻之區，今人專借此爲仇神奇仇靈幻之物。」

這是鍾譚選詩歸之旨。所以郭紹虞說得好：

「公安矯七子之膚熟誠有弊，然而學古不能爲七子之罪。竟陵又矯公安之俚僻，俚僻誠有弊，然而性靈又不能爲公安之非。竟陵正因要學古而不欲墮於滯熟，所以以性靈救之，竟陵又正因主性靈而不欲陷於俚僻，所以又欲以學古矯之。他們正因這樣雙管齊下……二者兼顧，所以要於學古之中得古人之精神……自然不會襲其面貌，而同時也不會陷於輓近。學古則與古人之精神相冥合，而自有性情；抒情與一己之精神相映發，而自中法度」（中國文學批評史）

竟陵文論可盡於此。而晚明文學趨勢，也大柢可盡於此。現在且看袁宏道的小品山居鬥雞記與張岱的湖心亭小記以概其餘：

山居鬥雞記

余向在山居。南鄰一姓金氏，隱於掾，愛畜美雞。一姓蔣氏，隱於商，從燕地歸，得一巨雞。燕地種原巨，而此巨特甚。足高尺許，粗毛厲嘴，行遲遲有野鶴狀，婆娑可人。群雞見之，避去。獨掾隱家一家雞，縱步飲啄如常。玉羽金冠，娟然更可人。然其體狀，較之巨雞，止可五之一，巨雞遇之，侮其小，隨意加啅。美雞體狀雖小，氣不肯下便躍然起鬥。巨雞張翅雄視，時欲即下。美雞惟凝意抵防，不敢輕發。於是各張武勇，且前且後，兩兩相持，每費時刻。巨雞或逞雄一下；美雞自分不能當，即乘來勢，從匿巨雞跨下，避其衝甚巧。巨雞一時不知美雞置身何所；美雞從巨雞後騰起，乘其不意，亦得一加於巨雞。巨雞纔一受毒，便怒張撲來；美雞巧不及避，乃大受荼毒。余自初觀鬥至此，大抵見美雞或得一捷，則大生歡喜，且睜睜盼美雞或再捷而率不可得。而亦終不想及爲之所，美雞將不堪。

余正在煩惱間，有童子從東來，停足凝眸。既而抱不平，乃手搏巨雞，容美雞恣意數啅，復大揮巨雞幾掌。巨雞失勢遁去，美雞乘勢躡其後，直抵其家。須臾，巨雞復還追美雞至門所，童子仍前，如是如是再四。適兩書生見童子諄諄用意爲此，乃笑曰：「我未見人而乃與畜相搏以爲事也。」童子曰：「較之讀書帶烏紗帽，與豪家橫族共搏小民，不猶愈耶？」兩書生愧出。

余久病，未嘗出里許，世間鋤強扶弱，豪行快舉，了不得見；見此以爲奇，逢人便說。說而人笑，余亦笑；人不笑，余亦笑。說而笑，笑而跳，竟以此了一日也。

按「掾」古佐貳官之通稱。「婆娑」，往來蹀　貌。「可人」，謂快人意也。「啅」，同啄。「荼毒」，荼、苦菜；毒，螫蟲，皆惡物并言荼毒，以喻苦也。書：「罹其凶害，弗忍荼毒。」「諄諄」，忠謹貌。漢書：「勞心諄諄。」「烏紗帽」，東晉時宮官著烏紗帽，即烏紗帽也。其後貴賤於宴私皆著之。

湖心亭小記：

崇禎五年十月，余在西湖。大雪三日，湖中人鳥聲俱絕。是日，更定矣，余拏一小舟，擁毳衣爐火，獨往湖心亭看雪。霧淞沆碭，天與雲與山與水上下一白。湖上影子，惟長堤一痕，湖心亭一點，余舟一芥，舟中人兩三粒而已。到亭上，有兩人鋪氈對坐，一童子燒酒鑪正沸。見余，大驚，喜曰：「湖上焉得更有此人！」拉與同飲，余強飲三大白而別。問其姓氏，是金陵人客此。及下船舟子喃喃曰：「莫說相公癡，更有癡似相公者。」

按「霧淞」或作霧淞，曾鞏冬夜即事詩自注：「齊寒甚，夜氣如霧，凝於水上，旦視如雪，日出飄滿階庭，齊人謂之霧淞。」又字林：「寒夜結水如珠，見晛乃消，齊魯謂之霧淞。」「沆碭」「漢郊祀歌：「西顥沆碭，秋氣肅殺」注：沆碭，白氣之貌也。

(九)明代的南曲與傳奇

南曲及其孿生之傳奇戲曲，與明代的小說，同爲宋，元文學的演進，而且具許多特色、而被視爲明代文學的主幹。以下特分述其特色、作品及南曲之流變：

1. 傳奇的特點——元曲一名北曲，以作者多人，作曲多採胡人樂調及音韻之故。北曲發展至南方，南人嫌其樂調與音韻均不諧，明代的南曲乃應運而生。其戲曲並稱「傳奇」，以別於元代之雜劇。兩者的差別是：

①元戲劇多限四折，傳奇則否，其多可至數十齣。

②元劇金曲由一人獨唱，傳奇則登場角色皆可唱。

③元劇每折一調一論利底，傳奇不限一調，且可換韻。

元戲多有楔子，傳奇只把第一齣叫做「開場」或「家門」，說明劇情篇的大意。

此體之由束縛而自由，由簡單而繁富，都是可喜的衍化與特點。

2. 傳奇的作品—今傳之明代傳奇，不下一二三百種，著名佳作約四五十種。各期名著約如次：

(1) 初　期

①琵琶記爲南曲之祖，明初高明所著。明字則誠，永嘉人，元至正進士。明太祖曾以爲，「五經四書如五穀，家家不可缺；須明琵琶記如珍饈百味，富貴可缺耶？」此曲共分四十二齣，敍蔡邕與趙五娘故事；婚後才五月，奉父命應試。中狀元後，牛太師又以女妻之。家甚貧困，賴五娘勤工奉二老，已則吃糠充飢。後五娘翁姑皆死，乃靠彈琵琶遠赴京師尋夫，終在牛府團圓。文字以清雅勝，有「水墨梅花圖」之譽。王世貞說：「南曲以琵琶記爲冠，是一道陳情表，讀了使人欷歔欲涕。」全曲以吃糠爲最感人，例如：

商調過曲山坡羊

亂荒荒不豐稔的年歲，遠迢迢不回來的夫婿，急煎煎不耐煩的二親，軟怯怯不濟事的孤身。己衣盡典，寸絲不掛體。幾番拚死了奴身己。爭奈沒主，公婆誰看取？思之，虛飄飄，命怎期？難捱，實丕丕，災共危！

前腔

酸溜溜難窮盡的珠淚，亂紛紛難寬解的愁結，骨崖崖難扶持　的病身，戰兢兢挫捱過的時和歲。這糠，我待不喫他呵，教奴怎忍飢？待喫他呵，教奴怎生喫？思想起來，不若奴先死，圖得不知他親死時。思之虛虛飄飄，命怎期？難捱，實丕丕，災共危！

雙調過曲孝順兒

嘔我肝腸痛，珠淚垂，喉嚨尚兀自牢嗄住。糠呵！你遭礱，被舂杵，篩你，簸揚你，喫盡控持，好似奴家身狼狽，千辛萬苦皆經歷。苦人喫著苦味，兩苦相逢，可知欲吞不去！

前腔糠和米，本是相依倚，被簸颺作兩處飛。一賤與一貴，好似奴家與夫婿，終無相見期。丈夫你便是米呵，米在他方没處尋；奴家恰便似糠呵，怎的把糠來救得人饑餒？好似兒夫出去，怎的教奴供膳得公婆甘旨？

②「荊、劉、拜、殺」四大傳奇—這是繼琵琶記之後的著名作品。荊釵記爲寧獻王朱權所撰。權號丹丘，精研戲曲，著太和正音譜。此記共四十八齣，敘宋王十朋與錢玉蓮婚姻故事—二人新婚，以荊釵爲聘禮。後十朋中狀元，修書回家，適同窗孫汝權落第返鄉，欲奪玉蓮，乃私改王信，謂王已娶丞相女，特修書離婚。玉蓮繼母迫其改嫁汝權，不從而被迫投江，爲錢安撫所救。後幾經波折，終與十朋結婚。劉知遠又名白兔記，爲無名氏所作，敘劉知遠賤時與富家女李三娘結婚。後知遠爲妻兄所逐，李三娘亦爲兄嫂所虐待。三娘尋生一子，自己將臍帶咬斷，命之爲咬臍郎。因兄嫂欲害此子，她只得託老僕子送至劉知遠處撫養。時知遠已另婚於岳氏，以討賊有功，陞爲九州安撫使矣。咬臍郎長成後，通武藝，某日因追逐一白兔，遇三娘，終得夫妻母子團圓。拜月亭一名幽閨記，明初人作。此劇共四十齣，係金時有大臣之子興福因避朝廷之捕躍入蔣氏園中，與書生蔣世隆結爲兄弟。興福尋落草爲盜首。不久蒙古軍南下，世隆與妹瑞蓮避難出走，同行者有宮女瑞蘭及其母親。後瑞蓮和瑞蘭的母親都在人群中散失，只剩著世隆與瑞蘭同行，因而結婚。不料在旅次遇瑞蘭的父親，對於他倆的婚姻堅持反對，強領

瑞蘭回家。蒙古軍退，興福遇赦赴京應試，道遇世隆偕行，分中文武狀元。後興福與瑞蓮結爲夫婦，世隆與瑞蘭亦破鏡重圓。殺狗記，徐㽔作。㽔字仲由，淳安人。此劇內容係襲自元德祥的殺狗勸夫。敍富翁孫華沈湎酒色，虐待其弟孫榮，而與一般勢利小人爲伍。其妻楊氏賢良，欲諫阻其夫的非行，乃設計以殺狗爲殺人，夫醉歸而告之，使求朋友幫助於夜中拋棄門前的死屍，朋友不應。後得其弟榮之助，始運屍郊外掩埋。華頓悟前非，兄弟和好如初。朋友二人則以孫華不與招待，以殺人罪控之於官。但楊氏直白法庭以殺狗勸夫之計，赴城外驗之，果然是狗。於是兩個壞朋友被罰，而孫一門得蒙朝廷褒封的恩榮。

劇的結構甚佳。李漁以爲，一般傳奇，病在頭緒繁多，而四大傳奇之得傳於後，「止爲一線到底。拜月亭之質樸通俗又爲四劇之冠，與琵琶記足稱爲南曲二大傑作。」

(2)中葉作品

元代及明初的戲曲，作者多非名人。至明中葉，文人作品漸多，作者如邱濬、楊愼、王世貞、鄭若虛、沈璟、湯顯祖、屠隆、祝明允、唐寅等都是當代的詩文作家，於是「傳奇之文愈工，而戲曲之本色愈失。」

湯顯祖更說：「余意所至，不妨拗折天下人嗓子」，此時已偏重於文學發展，而無意於歌唱功能了。

此期作品可以湯顯祖的臨川四夢爲代表。顯祖字義仍，號若士，臨川人。萬曆進士，累官禮部給事，因事被罷後，以詞曲自娛垂二十年，享譽遠超於詩文。今傳作品，以臨川四夢爲最著，即牡丹亭、南柯記、邯鄲記與紫釵記四種。牡丹亭一名還魂記，爲顯祖最得意的一部傑作。凡五十五齣。敍少女杜麗娘因讀詩經．關關雎鳩篇而懷春，心情悒鬱，遊花園歸而倦卧，夢遇少年柳夢梅，互相愛戀，遂成婚好。不料好夢易失，醒來一切皆幻。自此麗娘罹相思病，自畫春容，以寄所懷。不久病亡，葬於後花園之梅花觀。柳夢梅者本實有其人，因遇風雪投宿於梅花觀。偶於遊園時拾得麗娘畫像，異常驚喜，日夜敬禮不絕。恰逢麗娘之魂來遊，遂得重續舊好。其後麗娘得慶再生，夢梅亦中狀元，並於亂平後遇著麗娘的父母，一家團圓，而此劇以終。全劇的文字香艷濃郁，真今人齒頰生香。今舉第十齣驚夢爲例：

遶地遊

夢回鶯，亂煞年光遍。人立小亭深院，炷盡沈煙，拋殘繡線，今春關情似去年。

醉扶歸

你道翠生生出落的裙衫兒茜，艷晶晶花簪八寶填，可知我常一生兒愛好是天然，恰三春好處無人見，不隄防沈魚落雁鳥驚諠，則怕的羞花閉月花愁顫。

皀羅袍

原來姹紫嫣紅開遍，以這般都付與斷井頹垣。良辰美景奈何天，賞心樂事誰家院？朝飛暮捲，雲霞翠軒，雨絲風片，煙波畫船，錦屏人忒看得這韶光賤！

好姐姐

遍青山啼紅了杜鵑，荼蘼外煙絲醉眠。牡丹雖好，他春歸怎占的先？閑凝盼，生生燕語明如剪，嚦嚦鶯歌溜的圓。

隔尾

觀之不足由他繾，便賞遍了十二亭臺是枉然，倒不如興盡回家閒遣！

牡丹亭是宣洩女性戀愛熱情的一部奇書，特別是青年男女們所愛讀的。相傳當時有婁江女子俞二娘爲酷愛牡丹亭的詞句，至斷腸而死。由此便可見此書感動人的能力了。

以上南柯記，係本於唐公佐的南柯太守傳；邯鄲記本於唐沈既濟的枕中記；紫釵記（乃紫簫記改定稿），本於唐蔣防的霍小玉傳。皆係根據原作的情節而加以補充，以成爲長篇的傳奇。此三劇詞藻精美，紫釵記尤以艷麗稱，然都不及牡丹亭。

(3) 末葉

阮大鋮是明代傳奇作家的後勁，字集之號圓海，又號百子山樵，懷寧人。官至兵部尚書。因依附魏忠賢，爲士林所痛絕。然其作品之雋美，則雖反對者亦交口稱譽。所著有燕子箋、春燈謎、雙金榜、牟尼合及忠孝環五劇，以燕子箋爲最佳。此劇凡四十二齣。敍唐時少年霍都梁與妓金華行雲相戀，因書二合像，不料因裱裝店的錯送，爲一酷肖行雲的宦家酈飛雲所得。飛雲見畫中美少年倚於酷肖自己者之旁愛慕非常，因題詞以寄意。詞箋爲燕子啣去，恰落於梁處。其後飛雲因避亂與家人散失，爲父執賈南仲所收容而認爲義女，適都梁亦在南仲的幕中，旋得南仲的主持，二人乃結爲婚姻。行雲亦於亂離中與飛雲母相遇，被認爲義女，後亦歸都梁。

此劇扮演登場，歲無虛日？下面是第十一齣寫箋中的四節：

步步嬌：

甚風兒吹得花零亂？你看雙蝶兒依稀面掠雲鬟，紅紫梢頭，恁般留戀。欲去又飛還，將粉鬚兒釘住裙午線。

風馬兒：

瑣窗午夢線慵拈，心頭事，忒廉纖。晴簷鐵馬無風轉，被啄花小鳥弄得影珊珊。

鶯啼序：

似鶯啼恰恰到耳邊。那粉蝶酣香雙翅軟。入花叢若個兒郎，一般樣粉蝶兒衣香人面。若不是燕燕于歸，怎便沒分毫腼腆？難道是橫塘野合雙鴛？

貓兒墜：

飛飛燕子，雙尾貼妝鈿，啣去多情一片箋。香泥零落向誰邊？天天莫不是玄鳥高媒，輻湊姻緣？

此外還有春燈謎，僅次於燕子箋。

3. **南曲的流變**　傳奇所依據的南曲，也有它的流變，不可不知。雨村曲話說：

「明時雖有南曲，祇用絃索官腔。至嘉隆間，崑山有魏良輔者，乃漸改舊習，始備衆樂器，而劇場大成。至今遵之。所謂南曲，即崑曲也。」

崑曲經過魏良輔等的倡導，流行於明中葉以後，尤以明末清初，最爲盛行。其樂調低而緩，特別的顯示著溫雅高尚的趣味。然此種趣味只爲少數懂樂律的智識階級所能欣賞，非大衆所能了解，故至清高宗乾隆以後，即爲新興的較爲通俗的二黃西皮戲平劇所取代。

(十)明代的長篇小說

此期的小說，不僅與傳奇的同爲明代文學的主幹，而且被視爲是一代文學的菁華。始於六朝的中國小說，至唐而有短篇的見稱，兩宋便更有中篇白話小說產生。再經過元代明代，才有長篇的章回小說的問世。至此它的發展史已達千餘年，形式與內容都漸見成熟──一流的小說家能匯集許多故事，組合爲有系統而結構良好的長篇創作。今傳作品的量雖有限，但多爲著名的傑作。如水滸傳、三國志演義、西遊記、金瓶梅等號稱小說中的「四大奇書」而躋世界名著之林。以下特分類簡述此期小說的作品：

1.英雄類──此類小說有粉妝樓、英烈傳、真英烈傳、精忠全書、忠義水滸傳等創作，而以後者爲最佳。

忠義水滸傳是中國長篇章回體最初的鉅著。內容爲宋、元數百年民間關於梁山聚義故事傳統的菁華。原稿傳爲施耐菴或羅貫中所撰。施爲元末明初錢塘人，生平不詳。據傳羅貫中爲其弟子，或就耐菴初稿加以改定。然此稿仍然簡略，僅敍聚義及招撫與討伐方臘爲止。至明中葉嘉靖間，郭勳家傳出之百回本水滸傳，才有較詳的內容并在出征方腊之前加入征遼故事。作者署名天都外臣，一般疑爲作序的汪太函（字伯玉、徽州人）。後來又出見百廿十回本「新鐫李氏藏本忠義水滸全書，於征遼之後，更加入征田虎，王慶一段，而成爲最完備的水滸傳。疑爲楚人楊定見改作。今本只有七十一回的水滸傳，未載招安以後事，爲清人金聖嘆（人瑞）的删節本，而以漂渺的惡夢爲結局。金人瑞並評爲「天下文章無出水滸右者」。原著的前七十回，真可當之無愧，而四十回以上的描寫，如魯智深大鬧五臺山等更是絕妙文章。」

2. **歷史類**—此類以羅貫中所作的三國志演義爲最佳。貫中字本中，杭州人。生於元末清初，著作甚豐并傳有十七史演義的巨著。今傳有隋唐演義、北宋三遂平妖傳及粉妝樓三種。

三國志演義是以正史陳壽三國及裴松三國志補注爲骨幹雜以宋、元兩代流傳故事，而成爲具有軍事與政治特質的歷史小說。今本爲清人毛宗崗所改定。近三百年來最流行、影響最大的歷史小說，應推此書。後人以此書多事實趣味，而寡於藝術價值。不過其中的「三顧茅廬」、「赤壁之戰」、關羽的「敗走麥城」，仍不失爲佳品。

3. **神魔類**—此類小說爲繼宋、元短篇、雜劇之後的近代作品。除了羅貫中的平妖傳之外，還有吳元泰的上洞八仙傳，金象斗的五顯靈光大帝華光天王傳、北方真武玄天上帝出身志傳及楊志和的西遊記，合稱「四遊記」，其中以西遊記爲最具藝術價值。

西遊記共一百回，爲吳承恩所作（舊傳誤爲邱真人處機）。承恩字汝忠，號射陽山人嘉靖貢生，官吳興縣丞，以家貧無子，遺稿多散失，僅西遊記傳世。他寫西遊記，幻想力非常富，文章也極委婉細緻，例如八十一難的描寫，沒有絲毫重複，人物也活潑真切，人物各有性格，即使是窮兇極惡的妖怪，也賦予極真摯的人性，所以被公認爲中國絕無僅有，而富有浪漫精神的好作品，而且是非常轟動的好童話。在神話中寓佛理，立意尤其深切。

封神演義也是極富幻想的名著，作者不詳。此書共百回，敍武王代紂故事，而以仙佛鬥法，昇高它的情趣。鬥法所用的許多法寶如席雲帕、翻天印等，都近乎近代科學發明的預言。全書的特色是「奇幻」二字。

此外董說的西遊補十六回，結構奇偉，文字雋美，也是此期小說的珍羞。

4. **艷情類**—金瓶梅是此類極重要的作品，可說是聞名中外，而毀譽不一的名著。全書共百回，敍水滸中西門慶與潘金蓮的故事，是一部寫實諷刺的小說。水滸的唯一缺點是不能描寫婦女；此書則取其中一段插曲，加以渲染而成。所寫皆奸夫淫婦的言行，因有「天下第一淫書」之稱且列爲禁書。但也因爲刻畫的逼真，曲盡人情的機巧流暢的行文，也被視爲說部中不可多見的小說。

此書相傳爲明朝文學家王世貞譏諷嚴世蕃而著的。又傳世貞的父親王抒，當巡撫時因一幅古畫拒絕嚴嵩的索取，以摹本敷衍他，唐順之告以非真，嵩遂計殺王抒。世貞知世蕃好讀淫書，且有以手指蘸書葉頁翻書的習慣，因以毒藥浸書葉中，世蕃遂中毒而死。又說死的不是世蕃而是唐順之，世貞施毒的對像也是他。後者更有許多筆記以爲可信。

此外如玉嬌李（今佚）續金瓶梅、廉花影等皆在禁書了列。好逑傳、玉嬌李、（又名雙美姻緣）及平山冷燕，都是艷情而不涉淫穢的小說，以屬於千篇一律的喜劇，庸俗無可觀。但後三種有德、法文的譯本，流行於西洋文壇。

二、清代文學

清代有長期的昇平與文化的累積，所以是學術極盛的時代。更由於愛好文學的帝王如康熙、乾隆等的大力提倡，各體也百花齊放了；文學的作家之多，作品之精且繁，都遠超於前代。

此期文學，可分正統文學與社會文學兩大部份。前者括駢散文詩詞等貴族文學；後者則指戲曲、小說彈詞等平民文學。以下將分述其綱要：

(一)正統文學——清文學的主流，傾向於復古。

1. 駢文——中斷於明代的駢文，至清又見其再起。此期的著名作者，有陳其年、(維崧)吳綺、章藻功等爲駢文復興的初倡。稍後，由於漢學家的學術立場是對於宋、明的；對於宋、明古文，自然也極力反對。於是駢文又以異軍突起姿態再現於明代。汪琬讚美陳其年作品說：「唐以前所不敢知，自開寶以來，七百年無此等作矣。」這是提倡以盛唐爲法的駢文復古。影響所至，不獨漢學家以駢文爲貴，一般文人亦不例外。乾嘉年間，自有胡天游之繼起，接踵而來的便是號稱駢文八大家的邵齊燾、袁枚、吳錫麟、洪亮吉、孔廣森、孫星衍、劉星煒、曾燠等。其中洪亮吉更是著名的極端駢文家，他的經學論文，也是駢體的。此派在形式修辭之外，更重視思想與感情。如孔廣森論駢文曾說：「文以達意明事爲主，當開闔縱橫，一與散文同。」曾燠更倡以脫俗駢文取代古文。他說：「古文喪真，反遜駢體，駢體脫俗，即是古文。」汪中的作風，則使散文駢文化。至阮元、阮福父子之力主六朝駢文及「文」「筆」分立，以「沉思翰藻」的(駢)「文」，始足稱文學，而以「筆」爲非文學；駢文更被強調爲唯美主義的純文學。

此期駢文的重要作品，如紀昀四庫全書進呈表、胡天游一統志表、禹陵銘、胡浚論桑植土官書、陸繁吳山伍員廟碑文、吳兆騫孫赤崖詩序、袁枚與蔣苕生書、汪中自敍、漢上琴臺之銘、孔廣森戴氏遺書序、阮元葉氏盧墓詩文序、張惠言黃山賦、七十家賦鈔序、孫星衍防護昭陵之碑文、樂鈞廣儉不至說等十五篇，浙人譚獻以爲「皆不塊八代高文，唐以後不能爲也。」其中汪中的作品尤其清麗可喜，王念孫述學序說：「至其爲文則合漢、魏、晉、宋作者，而鑄一家之言，淵雅醇茂，無意摹放而神與之合，宋以後無此作矣。」

此外還有劉開、梅曾亮、董基誠、董祐誠、方履錢、傅桐、周壽昌、趙銘、王闓運、李慈銘等十大家，都是駢文的中興功臣。如果能把曾賓谷的國朝駢體正宗、吳鼎的八家四六鈔及王先謙的十家四六文鈔等書游覽一番，更可發現駢文作品的洋洋大觀。下面是台灣的駢文名家洪棄生的游珠潭記：

「臺海之勝，有珠潭焉。去九闉十里間，居萬山一岡宸、山繞一潭，當屏風之護鏡；水環孤嶼，倚波心而點珠。蠡湖十里，有是孤山；雁宕二湫，無茲群嶂。圖成揚子，即縮本之金焦；寫入洞庭；亦小型之君岫。重重峰鎖，曲曲流通。境超世外，地接天中。龍客入之，胡麻失天臺之路；居人住者，雞犬同武陵之風。種茶千樹，亦種桃花；生稻滿田，別生菱芰。憶在曩初，此爲蠻窟。卉服巢棲，侏禽野處。青箬裹鹽，蔞蕉作飯。曾無墟里，悉是攸居。桐師葉嶲，往還洱海之間；板楯竹郎，躑躅仇池之上。箐密而山深，峰迴而水窵。妙絕脩禊之場，等諸幽靈之閟。仙藥所殖，山圖所都，入而至焉。迨夫皈章拓宇，王化改襟；或輿轎以踰嶮，時冠帶之溝通。五溪之蠻，徙諸別壑；八排之貌，入乎前山。山靈露髻，谷神開顏。巒看浮玉，水出連環。流澄山上，宛然天目之池；峰蘸用中，差比武夷之幔。水志方諸日月，山經謂近神仙。於是珠潭之號，日月潭之名，馳於世界。雖鳥徑羊腸十八盤之路，遊之難若登天；而龍門（原注：臨潭大龍輪嶺）象潩三百頃之淵，見者驚其拔地。余以乙卯（民國七年）季春，約伴選侶，自二水首途。一路青山，幾重碧水。夕陽如畫，嬌鳥啼煙。於焉馭輕車而上嶺，循山谷以迴盤。遠近之峰，若迎若送；高低之蹬，或卻或前。望獨溪之高瀉，洶其洪河；指清澗之交流，明如秦渭。既入山街，爰投黟閣。月上危巔，夜來山雨。辨曙出門，冒雲戴笠。車陘已斷，乃換筍輿。擘水剔苔，別新眼界。挂半壁之瀑龍，儼同匡阜；走連峰之雲馬，不異岷峨。石硔之濤似雪，林壑之翠欲流。余與諸子，顧而樂之。境之奇，不知山之嶮也；景之變，不覺神之移矣。過水裡坑（原注：地名），涉土地岡（原注地名。）登臨平頂，已是雲間；迴視來途，依稀井底。載瞻前程，仍在天上。中間壑容，竟多方罫之田；下界雲山，渾作蟻封之垤。急詢珠潭，則曰峨峨者近是矣，然而淼淼未遽至也。有客問名，驚愕胎視，遂居前導，願主東方。入林已密，入山且深。仙蝶扶輿，靈蟬鼓瑟。再踰一嶺（原注：即龍輪嶺），突見一白黏天，萬翠匝地，而泓泓者在目中，青青者在足下矣。爰刳獨木之舟，攜雙槳而櫂。循潭以往，望嶼而登，飄飄乎，僊僊乎！南望則石堆雲，疑衡陽之六柱；東望則嶽蓮矗地，恍華表之三峰。躡謝公屐，恨未穿山；少陶峴舟，空來戲水。徘徊未已，殘陽西下。石印北窟（原注：地名），茅茨古巢，千巖萬壑，望之而已，乃入水社村，宿黃山人家。蘭渚勝遊，雖未心滿；桃源真境，幸已身逢。宿春再來，俟諸異日。」

按珠潭即日月潭，潭中小島名珠嶼，潭以嶼得名。這是一篇很典型的清代的駢文，舉凡駢文之重對偶，重韻律、重詞藻，重典故等特色，幾乎無美不臻。

上引爲遊記之例。以下再舉序跋類的汪中自敘：

「昔劉孝標自敘平生，以爲比跡敬通，三同四異；後世誦其言而悲之。嘗綜平原之遺軌，喻我生之靡樂，異同之故，猶可言焉。

夫亮節慷慨，率性而行，博極群書，文藻秀出；斯惟天至，非由人力；雖情符曩哲，未足多矜。余元髮未艾，野性難馴；麋鹿同遊，不嫌擯斥；商瞿生子，一經可遺：凡此四科，無勞舉例。

孝標嬰年失怙，藐是流離，託足桑門，棲尋劉實；余幼罹窮罰，多能鄙事，賃春牧家，一飽無時：此一同也。孝標悍妻在室，家道轗軻；余受詐興公，勃谿累歲，里類言於乞火，家構畔於蒸梨，蹀東西，終成溝水：此二同也。孝標自少至長，戚戚無懽；余久歷艱屯，生人道盡，春朝秋夕，登山臨水，極目傷心，悲則恨：此三同也。孝標夙嬰羸疾，慮損天年；余藥裡關心，負薪永曠，鰥魚嗟其不瞑，桐枝惟餘半生，鬼伯在門，四序非我：此四同也。

孝標生自將家，期功以上，參朝列者，十有餘人，兄典方州，餘光在壁；余衰宗零替，顧景無儔，白屋藜羹，饋而不祭；此一異也。孝標倦游梁楚，兩事英王，作賦章華之宮，置酒睢陽之苑，白璧黃金，尊爲上客，雖車耳未生，而長裾屢曳；余簪筆傭書，倡優同畜，百里之長，再命之士，苞苴禮絕，問訊不通；此二異也。孝標高蹈東陽，端居遺世，源冥蟬蛻，物外天全；余卑棲塵俗，降志辱身，乞食餓鴟之餘，寄命東陵之上，生重義輕，望實交隕：此三異也。孝標身淪道顯，籍甚當時，高齋學士之選，安成類苑之編，國門可縣，都人爭寫；余著書五車，數窮覆瓿，長卿恨不同時，子雲見知後世，昔聞其語，今無其事：此四異也。孝標履道貞吉，不干世議；余天讒司命，赤口燒城，笑齒啼顏，盡成辠狀，跬步方蹈，荊棘已生此五異也。

嗟乎！敬通窮矣，孝標比之，則加酷焉，余於孝標，抑又不逮。是知九淵之下，尚有天衢；秋荼之甘，或云如薺；我辰安在？實命不同！勞者自歌，非求傾聽；目瞑意倦，聊復書之。」（述學內外篇）

本文爲汪氏學述之補遺，亦爲生平之自述。世皆稱其雅淡工整，而能盡其意。

最後再就書啟類選錄一篇本期駢文最受讚美的陳其年作品清周翼微篆刻圖章啟：

「月晴紫陌，只照青衫；秋老渾河，漸添黃葉。荊軻一去，市中饒感慨之人；樂毅無歸，台畔足飄搖之客。爰有汝南才子，婁水名流；摛文則翡翠盈箱，織句則葡萄竟幅。固已江東僑肸，推爲君宗；河北溫邢，呼爲祭酒。爰觀石鼓，偶客金台。劉公幹之逸氣，籍甚都中；王輔嗣之清談，斐然轂下。五侯接席，都爲樓護傳鯖；千里知名，競以陳蕃下榻。

昨與同人，爲言剩技。周瑜顧曲之暇，間涉說文；伯仁飲酒之餘，兼摹繆篆。爛銅破玉，頻蝌蚪之形；漢印秦章，屢畫蛟螭之狀。然此微長，原無足述；如斯小道，亦又何奇！僕笑而言：君何不達！今夫華章麗句，或偏知己之難逢；鉅製鴻裁，恆慮賞音之莫遘。若夫見蔡中郎之鳥篆，則傳觀盡訝其精；觀戴安道之雞碑，則好事群驚其妙，蓋形而下者易爲知，形而上者難爲喻也。然而聊爲遊戲，何妨暫揮郢客之斤；姑與周旋，何須不刻宋人之葉。

嗟乎！絕技可傳，多能有屬。紙論一藝，顧諸君無失此人；若問其他，恐當世竟無其亞。譬訪君平卜筮，亟趁其百錢罷肆之前；如求五宰丹青，幸需之十日一山而後。」

2. 散文

清代的散文，以唐宋八大家爲宗，始於清初的侯方域，魏禧、汪琬，號三大家（清史稿四八九卷）。繼之而有桐城、陽湖、湘鄉三派之先後崛起，茲簡介如次：

(1) 清初的三大家

侯方域，字朝宗，號雪苑，河南商邱人。性豪放不拘小節。順治時，舉鄉試第一；與桐城方以智、如皋冒襄、宜興陳貞慧游，均以才名，號「四公子」。作品爲文宗韓歐，詩學老杜，有壯悔堂文集、壯悔堂詩集。

魏禧（一六二四－一六八〇）字冰叔，號裕齋，江西寧都人。兄魏祥，弟魏禮，都有文名，時稱「寧都三魏」。而禧才氣縱橫，尤爲著名，人稱「魏叔子」。明亡以後，隱居寧都西北翠微峰。著有「左傳經世」、「魏叔子集」等書。

魏禧朋輩互勉作「志士之士」，不作「文人之文」。茲節錄其「大鐵椎傳」最後一段，以見其志節：

「魏禧論曰：子房得力士，椎秦始皇帝博浪沙中，大鐵椎其人歟！天生異人，必有所用之。予讀陳同甫「中興遺傳」，豪傑、俠烈、魁奇之士，泯泯然不見功名於世者，又何多也！豈天之生才，不必爲伐用歟？抑用之自有時歟？子燦遇大鐵椎，爲壬寅歲，當年三十；然則大鐵椎今四十耳！子燦又嘗見其寫市物帖子，甚工楷書也。」

汪琬（一六二四－一六九〇）字苕文，號鈍庵，晚年居堯峰，因以自號。江蘇常州人。順治乙未進士。以戶部主事舉康熙己未博學鴻詞，授翰林院編修，與修明史，後因病告歸。著有鈍翁前後類稿。

三大家論文章的共同觀點是「法」。侯氏主張才與法合。他認同倪文正公元璐「爲文必先馳驅縱橫，務盡其才而後軌於法」的文論，以爲法由才生而才能運法，故能盡其才即所以軌於法，所以說：「天下之真才未有肯畔於法者。凡法之亡，由於才之僞也。」（壯悔堂文集倪函谷文序）魏禧以爲：「今下治古文衆矣，好古者，株守古人之法，而中一無所有，其弊爲優孟之衣冠；天資卓犖者，師心自用，其弊爲野戰無紀之師，動而取敗……。」（魏叔子文集八卷宗子發文集序）故重情理，氣勢與煉識。汪琬則以新奇爲戒，所謂「新奇則畔於經旨」，故文須有道，道不變，故不當新奇；而文之形式，必須有法，法爲規矩，故不當新奇，而「不昧於辭義」。故三家之論，實爲桐城義法之源。

(2)桐城派

清初的文風，大體是以恢復唐宋格調爲主流。由於喜好駢文的風流，隨著清朝政局的逐漸穩定而流行，有壓倒古文的趨勢。於是而有古文家的反動，爭取文學「正宗」的領導權。遂由方苞，創立「義法」之說，講求文章格律，主張「雅潔」。「繼有主張講求音節的劉大櫆，以及劉的弟子姚鼐等桐城名家而形成桐城宗派，在乾、嘉年間，惲敬、張惠言領導的「陽湖派」，在道、咸年間，則有曾國藩所領導的「湘鄉派」，都傾心於桐城之文，相互提倡標榜。尤其是曾國藩，他以中興名臣的地位，領導這種文風，更是桐城能貫澈它的影響，直到清末的主因。

「桐城派」所以會有這麼大的魅力，支配清代二百年的文壇，是因爲創立這派古文的早期三位名家，替他們所倡導的古文，樹立了較爲良好的理論根據。同時，他們本身的作品，也大致能夠配合其理論，達成宣揚、影響的效果。故後世尊方、劉、姚三人爲三祖。王先謙續古文辭類纂序說：「自桐城方望溪氏，以古文專家之學，主張後進，海峰承之，遺風遂衍。姚惜抱稟其師傳覃心冥追益以所自得，推究閫奧，開設戶牖天下翕然號爲正宗。」

方苞（一六六八—一七四九）字鳳九，號靈皋，晚號望溪，桐城人。年三十二，舉鄉試第一，七年後，中進士。曾因牽涉到戴名世南山集的文字獄，下獄論死罪，後被康熙特赦，官至禮部侍郞。享年八十二歲。他因爲性情剛直，又有了文字獄的紀錄，因此自知在宦途上不能有太大的發展，而致力於經學研究和古文創作。著有周官集註、禮記析疑、望溪文集等。

方氏對「桐城派」古文的貢獻是，「義法」的引申。他在「書貨殖傳後」說：

「春秋之制義法，自太史公發之，而後之深於文者亦具焉；義即易之所謂言有物也，法即易之所謂言有序也，義以為經而法緯之，然後為成體之文。」

方氏討論「義法」並強調「雅潔」。沈廷芳的書方先生傳後說：

「望溪嘗告以南宋、元、明以來，古文義法不講久矣，吳、越間遺老尤放恣，或雜以小說，或沿翰林舊體，無一雅潔者。古文中不可入語錄中語，魏晉六朝人藻麗俳語，漢賦中板重字法，詩歌中雋語，南北史佻巧語」

可見方氏之重視雅潔。以下是方文的抽樣—左忠毅公軼事的兩段：

「先君子嘗言：鄉先輩左忠毅公視學京畿。一日，風雪嚴寒，從數騎出；微行，入古寺。廡下，一生伏案臥，文方成草。公閱畢，即解貂伏生，為掩戶。叩之寺僧，則史公可法也。及試，使呼名，至史公，公瞿然注視。呈卷，即面署第一。召入，使拜夫人，曰：『吾諸兒碌碌，他日繼吾志事，惟此生耳。』」

及左公下廠獄，史朝夕窺獄門外。逆閹防伺甚嚴，雖家僕不得近。久之，聞左公被炮烙，旦夕且死；持五十金，涕流謀於禁卒，卒感焉。一日，使史更敝衣草屨，背匡，手長鑱，為除不潔者，引入，微指左公處，則席地倚牆而坐，面額焦爛不可辨，左膝以下，筋骨盡脫矣。史前跪，抱公膝而嗚咽。公辨其聲，而目不可開，乃奮臂以指撥眥，目光如炬，怒曰：『庸奴，此何地也，而汝來前！

國家之事，靡爛至此。老夫已矣，汝復輕身而昧大義，天下事誰可支柱者！不速去，無俟姦人構陷，吾今即撲殺汝。』因摸地上刑械，作投擊狀。史噤不敢發聲，趨而出。後常流涕述其事以語人曰：『吾師肺肝，皆鐵石所鑄造也！』」

劉大櫆（一六九八—一七七九）字才甫，號海峰，桐城人。生平不得意，晚年才做黟縣教諭，有海峰集行世。

他對古文的主張，是強調以神氣高妙爲上，以音節抑揚爲佳。他特別欣賞莊子和韓愈，那是因爲唯莊、韓二家，才能做出「奇」與「變」的文章。他在論文偶記中說：

「文貴奇，所謂珍愛者必非常物。然有奇在字句者，有奇在意思者，有奇在筆者，有奇在邱壑者，有奇在氣者，有奇在神者。字句之奇不足為奇，氣奇則真奇矣。讀古人文，於起承轉接之間，覺有不可測識處，便是奇處。」

「文貴變，易曰『虎變文炳，豹變文蔚。』又曰：『物相雜故曰文』故文者變之謂也。一集之中篇篇變，一篇之中段段變，一段之中句句變，神變，氣變，境變，音變，節變，句變，字變，惟昌黎能之。」

劉氏的才氣，很得方苞的賞識，方曾對人說：「某何足算，邑子劉生乃國士耳。」而劉的弟子姚鼐，晚年享有盛名，對劉氏推崇備至，因此確定他在「桐城派」中的地位。

他教學生的方法，更是成功的。不止姚氏對他崇拜，那繼桐城派而起的別支陽湖派，就同他有很深的淵源，陸祁孫七家文鈔序說：「乾隆間，錢伯坰魯思，親受業於海峰之門，時時誦其師說於其友惲子居、張皋文二子者，始盡棄其考據駢儷之學，專志以治古文。」

張皋文曾說：「余友王悔生見余黃山賦而善之，勸余爲古文，語余以所受其師劉海峰者，爲之一二年，稍稍得其規矩。」

由此可見劉海峰對於古文的「善誘」。

姚鼐（一七三一——一八一五）字姬傳，一字夢穀。晚年以陶淵明「素抱深可惜」詩意爲他的軒名，學者因此稱他爲惜抱先生。安徽桐城人。乾隆進士，歷官翰林院庶吉人、兵部主事、刑部郎中。姚氏學經學於伯父姚範，學文於劉海峰。他鄙棄漢學與宋學派的相互詆毀，而倡言「天下學問之事，有義理、詞章、考據三者之分，異趨而同爲不可廢」。在經學方面他著有九經說十九卷，三傳補注三卷，老子章義十卷古文方面，他融合方苞的「義法說」和劉大櫆的「神氣說」，以「精粗說」來說明作文的要訣。他在古文辭類纂序中說：

「凡文之體類十三，而所以爲文者八，曰：神、理、氣、味、格、體、聲、色。神理氣味者，文之精也，格律聲色者，文之粗也。然苟舍其粗，則精者亦胡以寓焉？學者之於古人，必始而遇其粗，中而遇其精，終則御其精，而遺其粗者。」

對於古文創作，他以爲文無今古，惟其當而已。他說：

「夫文無所謂古今也，惟其當而已。得其當，則六經至於今日，其爲道一也。知其所以當，則於古雖遠，而於今取法，如衣食之不可釋。不知其所以當，而敝棄於時，則存一家之言，以資來者，容有俟焉。」

他在詩文方面的著作有：惜抱軒文集十六卷，後集十卷，詩集十卷，又選有古文辭類纂，分古今「至文」爲十三類，即「論辨、序跋、奏議、書說、贈序、詔令、傳狀、碑誌、雜記、箴銘、頌贊、辭賦、哀祭」，這部古文辭類纂，爲「桐城城派」的學文範本。以下的「五不可」，更是桐城的戒律：

①不可入語中；

②不可入魏晉六朝人藻麗；

③不可入漢賦中板重字法；

④不可入詩歌中雋語；

⑤不可入南北史佻巧語。

梅曾亮（一七八六——一八五六）字伯言，江蘇上元人。道光進士，曾官戶部郎中。告歸以後，主講於揚州書院，著有柏峴山房文集及解體文二卷。

梅氏早年好駢文後師事姚鼐，改攻古文，與劉開同爲桐城的龍象。他在復陳伯游書中說：

「某少好駢體之文，近始覺班馬韓柳之文爲貴，蓋駢體之文，如俳優登場，非絲竹金鼓佑之，則手足無所措，其周旋揖讓非無可貴，然以之酬接，則非人情也。」

劉開（一七八一——一八二一）字明東，號孟塗，桐城人。他是個窮書生，能詩，能駢文爲姚鼐的及門弟子，所以也作古文。有文集多卷，駢體文二卷，詩二卷。他也治經，有論語補注三卷，大學正旨二卷，中庸本三卷、孟子廣釋二卷。他和梅曾亮的情形大致相同，先治駢文，以後受姚氏的影響，而改作古文，但是他對駢文的看法，卻與梅氏有別。劉氏「與王子卿書」說：

「夫辭豈有別於古今，體亦無分於疏整。」「駢之與散，並派而爭流，殊塗而合轍。千枝競秀，乃獨木之榮；九子異形，本一龍之產。故駢中無散，則氣壅而難疏，散中無駢，則辭孤而易瘠。兩者但可相成而不能偏廢。」

其他桐城門下，流衍江西、廣西、湖南各地，名家輩出；在曾國藩的歐陽生文集序中有極扼要的敍述，其中尤稱管同、梅曾亮、方東樹、姚瑩等四人爲「高第弟子」。

(3) 陽湖派

陽湖派的領袖人物惲敬，張惠言都間接薰陶於桐城。（詳前引陸祁孫七家文鈔序）

惲敬（一七五九—一八一七）字子居，號簡堂，江蘇陽湖人。乾隆癸卯舉人，以教習官學生選知縣，官至江西吳城同知，以事罷官。著有大雪山房文稿。惲氏學古文的情形，是下過一番苦工的，他在上曹儷笙侍郎書中說：

「後與同州張皋文、吳仲倫，桐城王悔王游，始知姚姬傳之學出於劉海峰，劉海峰之學出於方望溪。及求三人之文觀之，又未足以饜其心所欲云者。由是由本朝推之於明，推之於宋唐，推之於漢與秦，斷斷焉析其正變，區其長短，然後知望溪所以不滿者，蓋自厚趨薄，自堅趨瑕，自大趨小，而其體之正，不特遵巖、震川之下，未有之變，即海峰、姬傳，亦非破壞典型，沈酣淫詖者，不可謂傳之盡失也。」

由此可知惲氏對桐城三祖，亦頗有微詞。清史稿說：

「惲敬既罷官，益肆其力於文，深求前史興壞治亂之故，旁及縱横、名、法、兵、農，陰陽家言。

會其友惠言歿，於是慨然曰：『古文自元明以來，漸失其傳，吾向所以不多爲者，有惠言在也。今惠言死，吾安敢不併力治之。』其文蓋出於韓非、李斯，與蘇洵爲近。」

可見惲氏想從「修六藝之文，觀九家之言」出發，欲以振興文學爲務，而自立門戶。此派作家有陸繼輅、黃士錫、李北洛等。

(4) 湘鄉派

在道咸以後，桐城派、陽湖派古文都有中衰現象，這時曾國藩以中興名臣的地位，出來提倡古文，他的朋友、幕僚、弟子以及再傳弟子，一時都作古文，薛福成敍曾文正公幕府賓僚，所記共八十三人之多，其中絕大部份都是知名的文士，如溆浦向師棣、遵義黎庶昌、無錫薛福成、薛福保、南豐劉庠、武昌張裕釗，桐城吳汝綸等。張、吳二氏門下，又有武強、賀鑄、新城王樹稱，泰興朱銘盤，濉縣孫傑田，通州范當世，桐城烏其昶，姚永樸、姚永概等，都受曾氏的影響，故稱湘鄉派。

曾國藩（一八二—一八七二）字滌生，號伯涵，湖南湘鄉人。道光進士，累官禮部侍郎，丁憂歸，再起台兵事，平太平天國之亂，封一等毅勇候，以大學士任兩江總督卒於任，謚文正。有曾文正全集凡百數十卷。

曾氏對於古文，不隱瞞他對桐城派的嚮往，以及桐城派給予他的影響。他對姚鼐，尤其傾倒之至。他曾一再說過：

「國藩之粗解文字，由姚先生啟之也。」

「自方氏而後，惜抱固當爲百年正宗。」

「夢見姚姬傳先生，頎長清癯，而生趣盎然。」

「余之不聞桐城諸老之謦欬也久矣！」

咸豐九年，曾氏命其子紀澤，畫了他所最敬佩的古今聖哲三十二人的像，自己寫一篇序，說明這三十二人爲什麼值得尊敬，就是有名的聖哲畫像記，姚鼐爲其中之一，可見曾氏對姚氏的尊崇了。所以王先謙續古文辭類纂序說：「曾文正以雄直之氣，宏肆之識，發爲文章，冠絕古今，其於惜抱遺書，篤好深思，雖謦欬不親，而涂轍並合。」

從曾國藩的選本「經史百家雜鈔」，修正姚氏「古文辭類纂」的十三類文體爲十一類，可以看出他們之間的大同小異。曾氏經史百家雜鈔的序列說：

「姚姬傳氏之古文辭，分爲十三類，余稍更易爲十一類，曰論著，曰詞賦，曰序跋，曰詔令，曰奏議，曰書牘，曰哀祭，曰傳誌，曰雜記，九者，余與姚氏同焉者也。曰贈序，姚氏所有，而余無焉者也。曰敍記，曰典志，余所有，而姚氏無焉者也。曰頌贊，曰箴銘，姚氏所有，余以附入詞賦之下編。曰碑誌，姚氏所有，余以附入傳誌之下編。」

「姚姬傳氏選次古文，不載史傳，其說以爲史多不可勝錄也。然吾觀其奏議類中，錄漢書至三十八首。詔令類中，錄漢書二十四首，果能屏諸史而不錄乎。余今所論次，采輯史傳稍多，命之曰經史百家雜鈔云。」

此外還有重要的差異：

(1)曾氏對於駢儷文字，較爲優容，曾氏好詩，有十八家詩鈔，「唐之李杜、宋之蘇黃」，是他最崇拜的；曾氏又好對聯一類完全以對仗見功夫的技巧文字，他留下的名聯不少，如「養活一團春意氣，撑起兩根窮骨頭」，「大柢浮生若夢，姑從此處銷魂」之類，故比較同意駢散互用之說。他在送周荇農歸序中說：「一奇一偶者，天地之用也，文字之道，何獨不然。」可見他的態度比較客觀。

(2)他認爲詞章家須有小學訓詁的根底，這是以往古文家沒有注意過的問題。曾氏在「家書」中說：「余觀漢人詞章，未有不精於小學訓詁者，如相如、子雲、孟堅，於小學皆著一書。文選於此三人之文，著錄最多。余於古文，志在效法此三人，并司馬遷、韓愈五家，以此五家之文，精於小學訓詁，不妄下一字也。」

(3)他建立了自己的「陽剛」「陰柔」兩分法的美文理論。他在「日記」中曾說：

「嘗慕古文境之美者，約有八言。陽剛之美者曰：雄直怪麗；陰柔之美者曰：茹遠潔適。蓄之數年，而余未能發爲文章。略得八美之一，以副斯志。是夜將此八言者，各作十六字贊之，至次日辰刻作畢。」他的贊詞如下：

「**陽剛之美**：

雄：列然軒昂，盡棄故常；
跌宕頓挫，捫之有芒。

直：黃河千曲，其體仍直；
山勢如龍，轉換無跡。

怪：奇趣橫生，人駭鬼眩；
　易玄山經，張韓互見。
麗：青春大澤，萬卉初葩；
　詩騷之韻，班揚之華。

陰柔之美：

茹：衆義輻湊，呑多吐少；
　幽獨咀含，一求共曉。
遠：九天俯視，下界聚蚊；
　寤寐周孔，落落寡群。
潔：冗意陳言，類字盡芟；
　愼爾襃貶，神人共監。
適：心境兩閒，無營無待；
　柳記歐跋，得大自在。

在他的日記中，并作左列說明：

「吾嘗取姚姬傳先生之說，文章之道，分陽剛之美，陰柔之美。大抵陽剛者氣勢浩瀚，陰柔者韻味深美，浩瀚者噴薄而出之，深美者呑吐而出之。就吾所分十一類言之：論著類、詞賦類宜噴薄，序傳類宜呑吐。其一類中微有區別者，如哀祭類雖宜噴薄，而祭郊社祖宗則宜呑吐；詔令類宜呑吐，而檄文則宜噴薄；書牘類雖宜呑吐，而論事則宜噴薄；此外各類，皆可以是意推之。」按剛柔之說，實始於六朝，如沈約的宋書謝靈運傳論之謂：「民稟天地之靈，含五常之德，剛柔迭用，喜慍分情。」劉勰文心雕龍鎔裁篇也說：「情理設位，文采行乎其中，剛柔以立本，變通以趨時。」不過，都沒有曾氏發揮得這麼徹底。

關於桐城的戒律，曾氏更有精闢的引申：

「大柢剽竊前言，句摹字擬，是爲戒律之首。稱人之善，依於庸德，不宜褒揚溢量，動稱奇行異徵，鄰於小說妄誕者之所爲。貶人之惡，又加慎焉。一篇之內，端緒不宜繁多。譬如萬山旁礴必有主峰；龍袞九章，但挈一領。否則首尾橫決，陳義蕪雜，滋多戒也。識度曾不異人，或乃竟爲僻字澀句，以駭庸俗，斲自然之元氣，斯又才士之所同蔽，戒律之所必嚴。明茲數者，持守勿失，然後下筆造次，皆有法度，乃可專精以理吾之氣。」（復陳右銘書）。

凡此文論，都是出於桐城而新於桐城的基本精神，而爲湘鄉文派之圭臬。由此以達簡樸、清新、辭達之境，更是最好的門徑。義法過嚴，雖然會影響才思的馳騁，但如能得心應手，也可能有更好的發揮。例如此派除前述弟子之外，更有曾國藩及其門下張裕釗、吳汝綸、黎庶昌、薛福成等的先後崛起，都有情文並茂舒卷自如的作品，遂使桐城湘鄉二派之盛，方興未艾；超勝了風靡一時的駢文，也使惲敬、張惠言所創的「陽湖派」爲之遜色。以下是姚曾二氏的作品舉隅：

①姚鼐登泰山記（惜抱軒文集）

泰山之陽，汶水西流；其陰，濟水東流。陽谷皆入汶，陰谷皆入濟。當其南北分者，古長城也。最高日觀峰，在長城南十五里。

余以乾隆三十九年十二月，自京師乘風雪，歷齊河、長清，穿泰山西北谷，越長城之限，至於泰安。是月丁未，與知府朱孝純子穎，由南麓登。四十五里，道皆砌石為磴，其級七千有餘。泰山正南面有三谷；中谷遶泰安城下，酈道元所謂環水也。余始循以入，道少半，越中嶺，復循西谷，遂至其巔。古時登山，循東谷入，道有天門。東谷者，古謂之天門谿水，余所不至也。今所經中嶺，及山巔，崖限當道者，世皆謂之天門云。道中迷霧，冰滑，磴幾不可登。及既上，蒼山負雪，明燭天南。望晚照城郭，汶水徂徠如畫，而半山居霧若帶然。

戊申，晦。五鼓，與子穎坐日觀亭，待日出。大風揚積雪擊面。亭東、自足下皆雪漫，稍見雪中白若樗蒱數十立者，山也。極天雲一線異色，須臾成五采。日上，正赤如丹，下有紅光動搖承之，或曰：『此東海也。』迴視日觀以西峰，或得日，或否，絳皓駁色，而皆若僂。

亭西有岱祠，又有碧霞元君祠。皇帝行宮在碧霞元君祠東。是日觀道中石刻，自唐顯慶以來，其遠古刻盡漫失；僻不當道者，皆不及往。

山多石，少土。石蒼黑色，多平方，少圜。少雜樹，多松；生石罅，皆平頂。冰雪，無瀑水。無鳥獸音迹。至日觀，數里內無樹，而雪與人膝齊。

②曾國潘原才

風俗之厚薄奚自乎？自乎一二人之心之所嚮而已。民之生，庸弱者戢戢皆是也；有一二賢且智者，則衆人君之而受命焉；尤智者，所君尤衆焉。此一二人者之心向義，則衆人與之赴義；一二人之心向利，則衆人與之赴利。衆所趨，勢之所歸，雖有大力，莫之敢逆。故曰：「橈萬物者莫疾乎風。」風俗之於人之心，始乎微而終乎不可禦者也。

先王之治天下，使賢者皆當路在勢，其風民也皆以義，故道一而俗同。世教既衰，所謂一二人者不盡在位，彼其心之所嚮，勢不能不騰爲口說而播爲聲氣；而衆人者勢不能不聽命而蒸爲習尚，於是乎徒黨蔚起，而一時之人才出焉。有以仁提倡者，其徒黨亦死仁義而不顧；有以功利倡者，其徒黨亦死功利而不返。水流溼，火就燥，無感不售，所從來久矣。

今之君子之在勢者，輒曰天下無才。彼自尸於高明之地，不克以己之所嚮，轉移習俗，而陶鑄一世之人，而翻謝曰無才，謂之不誣可乎？否也。十室之邑，有好義之士，其智足以移十人者，必能拔十人中之尤者而材之；其智足以移百人者，必能拔百人中之尤者而材之。然則轉移習俗而陶鑄一世之人，非特處高明之地者然也。凡一命以上皆與有責焉者也。有國家者得吾說而存之，則將慎擇與共天位之人；士大夫得吾說而存之，則將惴惴乎謹其心之所嚮，恐一不當，以壞風俗而賊人才。循是爲之，數十年之後，萬有一收其效者乎！非所逆睹已。

不過，桐城派也不免末流之弊—重形式而內容空疎。所以民初文壇曾有打倒「桐城謬種」的口號。

3. 偏重格律的詩詞

清代的詩壇，沒有流派，各不相師；通病是喜歡雕琢鏤刻，只在格律上下工夫。此期的詩人，以錢謙益與吳偉業爲最著名。謙益號牧齋、常熟人。詩以沈鬱藻麗見稱，有人說是清初第一人。偉業號梅村，太倉人。作品華艷風流，後以喪亂興亡之變，作風也轉趨激越蒼勁。作品中的長歌行、固固都極負時譽。

後於錢吳的施潤章、宋琬，前者作品有南國溫柔之風，而宋琬的詩則具北地剛健之氣，因有南施北宋之稱。再後又有領袖詩壇的王士禎，（即漁洋山人）他反對模仿宋詩的質直無文，而倡「神韻」之說，主張興會神至，而以意在言表爲工，所以說「不著一字，盡得風流。」此論曾傾動一時。他的詩長於近體，時稱「旖旎風華，含情綿渺。」他的七絕，頗多佳作，例如：

真州絕句

曉上高樓最上層，去帆婀娜意難勝！白沙亭下潮千尺，直送離心到秣陵。

夜雨題寒山寺寄西樵禮吉

日暮東塘正落潮，孤篷泊處雨蕭蕭。疏鐘夜火寒山寺，記過吳楓第幾橋？

反對「神韻」說的詩家，有趙執信、沈德潛、袁枚等。趙氏主「聲調」說。沈氏主「格調」，他說：「詩貴性情，亦須論法，亂雜而無法，非詩也。」袁枚則力反沈說，而以「性靈」爲主。他說：「詩者各人之性情耳，與唐、宋無與也。若拘拘焉持唐、宋以相敵，是已之胸中有已亡之國號，而無自得之性情，於詩之本旨已失矣。」又說：「今之詩流有三病焉。其一，填書塞典，滿紙死氣，自矜淹博；其一，全無蘊藉，矢口而道，自夸真率。近又有講聲調，而圈平點仄以爲譜者。……必欲繁其例，狹其徑，苛其條規，桎梏其性靈，使無生人之樂，不已傎乎？」

乾隆全盛時期的江左三大家　梁啟超曾說：「其（指清代）文學，以言夫詩，真可謂衰落已極。吳偉業之靡曼，王士禎之脆薄，號爲開國宗匠。乾隆全盛時，所謂袁枚、蔣士銓、趙翼三大家，臭腐迨不可嚮邇……」。（清代學術概論）

其實，三大家中的**袁枚**，卻是近代爭取純文學地位上、在承繼晚明浪漫文學思潮上的重要人物。（王序中國文學作家小傳）枚字子才，號簡齋，杭州人。於南京少倉山築隨園，人稱「隨園先生」。對於詩，主張詩歌要有真實的感情與個性的表現；他：「詩者，人之性情也。作詩不可以無我，無我則剿襲敷衍之弊大。……唐、宋一代之國耳，與詩無與也。詩只是各人之性情，與唐宋無與也。」因此人稱他是性靈詩派的首創者。他的詩清新流麗，但有浮淺油滑之譏。他的代表作爲隴上作：

憶昔童孫小，曾蒙大母憐。勝衣先取抱，弱冠尚同眠。髻影紅燈下，書聲白髮前。倚嬌頻索果，逃學免施鞭。敬奉先生饌，親裝稚子棉。掌珠真護惜，軒鶴望騰騫。行藥常扶背，看花屢撫肩。親鄰驚寵極，姊妹妒恩偏。玉陛臚傳夕，秋風榜發天。望兒終有日，道我見無年。渺渺言猶在，悠悠歲幾遷。果然宮錦服，來拜墓門煙。反哺心雖急，含飴夢已捐。恩難酬白骨，淚可到黃泉。宿草翻殘照，秋山泣杜鵑。今宵華表月，莫向隴頭圓。

蔣士銓的詩以七古爲勝，詩風「蒼蒼莽莽，不立故常」，如落葉：

古道無人拾墮樵，啼烏來往獨魂銷。一林冷月露山寺，十里清霜生板橋。舊事幾添搖落感，離情不記短長條。高樓試奏哀蟬曲，滿耳秋風咽玉簫！

趙翼字雲松，號甌北，陽湖人。作品多說理，但能以諧趣出之；例如：

曉起

茅店荒雞叫可憎，起來半醒半懵騰。分明一段勞人畫，馬嚙殘芻鼠瞰燈。

漫興

絕頂樓臺人倦後，滿堂袍笏戲闌時。與君醉眼從旁看，漏盡鐘鳴最可思。

清詩最盛時期爲乾嘉之際。時有王鳴盛、王昶、錢大昕、曹仁虎、黃文運、趙文哲、吳泰，號稱「吳中七子」。另有「嶺南四家」的黎簡、張舒芳、黃丹書、呂堅諸人。以及號爲「三君」的舒位、王曇、孫源等。此外的詩人，除黃景仁之外多無可述。

黃景仁字仲則，武進人。他的詩與洪亮吉齊名。而賢於亮吉。他的雨當軒詩集，當爲情詩之冠。作品多悲壯雄肆，可追李太白，而凄涼哀怨則有過之。例如：

短歌別華峰

前年送我吳陵道，三山潮落吳楓老。今年送我黃山遊，春江花月征人愁；啼鵑聲聲喚春去，離心催掛天邊樹。垂楊密密拂行裝，芳草萋萋礙行路。嗟予作客無已時，波聲拍枕常相思，雞聲喔喔風雨晦，此恨別久君自知。

途遘病頗劇愴然作詩

搖曳身隨百丈牽，短檠孤照病無眠。去家已過三千里，墮地今將二十年。事有難言天似海，魂應盡化月如煙。調糜量水人誰在？況值傾囊無一錢。

此詩真如是「秋蟲咽露，病鶴舞風」（洪亮吉語）

中葉以後的詩壇，漸趨於落寞，只有鄭珍的巢金集詩鈔，金和的秋蟪吟館詩鈔，黃遵憲的人境廬詩草，算是清詩最後的點綴。

清詞在詞史上被稱爲詞的復興時期。詞的發達，兩宋尚無此盛。不過詞的時代早已過去，清詞的發展只是量的擴張。

最初的清詞還是繼續明代的詞風，尊奉「花間草堂」爲作詞的聖經。至朱彝尊改宗南宋，作風始變，後來便造成所謂「浙派」的詞。浙派詞的首倡還要算曹溶。他痛心詞學失傳，乃搜集遺集，崇爾雅，斥淫哇。至朱彝尊力倡其說，便形成後來「浙西填詞者，家白石而户玉田」的風氣。

朱彝尊字錫鬯，號竹垞，秀水人。著作甚富。詞有江湖載酒集三卷、靜志居琴趣一卷、茶煙閣體物集二卷、蕃錦集一卷。中以靜志居琴趣詞，能自出機杼，描寫艷情，價值最大。不過，都是模擬張炎的作品。看他的詞：

十年磨劍，五陵結客，把平生涕淚都飄盡。老去填詞，一半是空中傳恨。幾曾圍燕釵蟬鬢？不師秦七，不師黃九，倚新聲玉田差近。落拓江湖，且分付歌筵紅粉。料封侯，白頭無分。（解珮令，自題詞集）

同時屬於浙派的詞人，有李良年、沈皥日、李符、沈登、龔翔麟諸家，其後又有厲鶚、郭麐、王策、項鴻祚等。浙派詞至厲鶚而最盛。鶚字太鴻，錢塘人。有樊榭山房詞二卷、續集二卷。他的詞算浙派中的翹楚。項鴻祚字蓮生，錢塘人。有憶雲詞甲乙丙丁稿。亦爲浙派中之健將。此外，浙派更無值得稱道的詞人了。

自清初至乾嘉時期，最值得讚許的並不是浙派詞，而是浙派以外，自具風格詞人。清初如吳偉業與王士禎，都是以詩人兼詞人。吳有梅村詞，王有衍波詞，皆以清新雋美名於世。隨後則有偉大的詞家，如納蘭性德、陳維崧及女詞人吳藻。

納蘭性德是清代第一大詞人。原名成德，字容若。其祖先原居葉赫地。他十七歲補諸生貢入大學，授三等侍衛。年少多才，頗得清帝之隆遇。所作有飲水詞與側帽詞。其風格平易清新，描寫能深入淺出，遠出浙派諸古典詞人之上。例如：

憶江南

昏鴉盡，小立恨因誰？急雪乍翻香閣絮，輕風吹到膽瓶梅。心事已成灰！

采桑子

而今才道當時錯，心緒淒迷，紅淚偷垂，滿眼春風百事非。

情知別後來無計，強說歡期。一別如斯，落盡梨花月又西。

納蘭性德的詞最多傷感之作。陳維崧稱其詞：「哀感頑艷，深得南唐二主之遺。」他的個性與作品都與李後主相伯仲。他的小詞尤其突出。

陳維崧字其年，宜興人。著迦陵詞三十卷。他的詞與朱彝尊齊名而風格不同。特色是波瀾壯闊，氣象萬千，具有蘇、辛的豪壯精神。但不免於粗率。

吳藻字蘋香，仁和人。嫁同邑黃某。晚年寡居，生涯淒苦。著有花簾詞與香南雪北詞。小詞最多雋美清麗之作，例如如夢令：

燕子未隨春去，飛到繡簾深處。軟語話多時，是要和儂住？延佇，延佇，含笑回他不許！

她是道光年間的作家，當時詞譽遍大江南北，爲清代女詞家中第一人。

此外如曹貞吉有珂雪詞、吳綺有藝香詞、顧貞觀有彈指詞、彭孫遹有延露詞，皆不囿於一派，而稱大家。

乾嘉道光時代，詞人濟濟。但作品平庸。浙派則陷溺愈深，武進張惠言、張琦兄弟力矯其弊，宗尚北宋，一時從之，於是又造成所謂「常州派」的詞。張惠言字皋文（西元一七六一年—一八〇二年）。著有茗柯詞及詞選。其詞以深美閎約爲旨。尊周邦彥薄姜夔、張炎。嘉慶以後詞人，皆從此風。至周濟力主張惠言之說表而出之，常州派詞乃益盛，支配了嘉慶、道光以後整個的詞壇。周濟字保緒，一字介存，號止庵，荆溪人。有止庵詞、詞辨及論詞雜著。作品大都失之凡庸，故譚廷獻稱之爲「學人之詞」。

當常州派詞盛行的時候，值得注意的詞人蔣春霖。字鹿潭，江陰人。這是一位富有才氣，常州派所不能牢籠的作者。所著水雲樓詞，能自立境界，頗多清新之作。論者稱之爲「詞史」。

此外的詞人，如周之琦有金梁夢月詞，莊棫有蒿庵詞，戈載則著翠薇花館詞均無足取。

清末，如潭廷獻、王鵬運、況周頤、鄭文焯、朱祖謀等的詞，可說都是仿製品。至此清詞便隨王朝的年祚而衰落。

(二)社會文學

1. 戲曲的全盛

清曲的發展是明代傳奇的延伸；由康熙至乾隆之間，更是傳奇的全盛時期。作家與作品的質與量，幾乎都可超越明代。傳世作品最著名的要算以下的四大名家：

李漁字笠翁，蘭溪人，康熙時流寓金陵。爲人滑稽，好治遊，人稱李十郎。他的作品中有最著的憐香伴、風箏誤、意中緣、蜃樓、凰求鳳、奈何天、比目魚、慎鸞交、巧團圓、玉搔頭，號稱十種曲。一般文人對於李漁曲文的批評，往往譏嘲其太俗。其實他的曲本最適宜於扮演，最適合於觀衆心理要求。如風箏誤第二十六齣中的搗練子詞：「長夏靜，小庭空，扇小羅輕卻受風。一枕早涼初睡起，簟痕猶印海棠紅。」這樣的句子也是很美的。他的作品最不喜歡抄襲古人的，他在比目魚十九齣的餘文說得好：「文章變，耳目新，要竊附雅人高韻，怕的是抄襲從來舊套文。」因此他作傳奇，致其全力於創造方面。所作各曲的情節多新奇脫俗。如憐香伴的寫女子同性愛，意中緣的講到男子同性愛，凰求鳳的寫女子追求男子，比目魚的戲中做戲，都是超乎俗意凡想的。他的文字通俗易解，詼諧尖新，能暢所欲言。爲一般戲曲家所不能企及。至於其曲本結構的緊湊，排場的熱鬧，處處均能顧及排演上的調適，更是李漁傳奇獨具的特色。且看他的北水仙子（比目魚三十二齣）：

怪無端，履禍危；怪無端，履禍危，這的是福並神仙來瞰鬼。去去去，避清風，躲明月，辭樂事，懺悔前非；減減減，減淡飯，撤粗衣；破破破，破箬笠，僅俺頭皮；釣釣釣，釣魚竿，少向路邊垂；怕怕怕，怕閑人尾入桃源地，另另另，另選個僻靜漁磯。

孔尚任字季重，號東塘，又號雲亭山人，曲阜人。著作甚富，有岸塘文集、湖海詩集、會心錄、闕里新志等，他最得意而負盛名的傑作，只是一部桃花扇傳奇。全劇共四十二齣，以南京爲背景，以名士侯方域與名妓李香君的故事做全劇的線索，而注意在抒寫明末亡國的慘痛。是根據侯方域的李姬傳、癸未去金陵日與阮光祿書、答田中丞書、與寧南侯書等文而作之寫實的曲本也。中敘姦邪誤國，忠臣殉難，極爲動人。尤以最末一齣餘韻把幾個遺老扮作漁翁樵夫，哀歌故都的蕭條頹敗，以作這篇悲劇的收場，描寫至爲哀艷動人。下面是最後的一段：

〔唱〕不瞞二位說：我三年没到南京，忽然高興進城賣柴，路過孝陵，見那寶城高殿，成了芻牧之場。

〔丑〕呵呀呀！那皇城如何？

〔唱〕那皇城牆倒宮塌，滿地蒿萊了。

〔副末掩泣介〕不料光景至此！

〔唱〕俺又一直走到秦淮，立了半晌，竟没個人影兒。

〔丑〕那長橋舊院是俺們熟遊之地，你也該去瞧瞧。

〔唱〕怎没瞧！長橋已無一片，舊院剩了一堆瓦礫。

〔丑搥胸介〕咳！拋死俺也。

〔唱〕那時疾忙回首，一路傷心，編成一套北曲，名爲哀江南，待我唱來。敲板唱弋陽腔介俺樵夫呵！

北新水令：

山松野草帶花挑，猛抬頭秣陵重到。殘軍留廢壘，瘦馬卧空壕。村郭蕭條，城對著夕陽道。駐馬聽野火頻燒，護墓長楸多半焦。田羊群跑，守陵阿監幾時逃？鴿翎蝠糞滿堂拋，枯枝敗葉當街罩，誰祭掃？牧兒打碎龍碑帽。

沈醉東風橫：

白玉八根柱倒，墮紅泥半堵牆高。碎玻璃瓦片多，爛翡翠軒窗櫺少。舞丹墀燕雀常朝，直入宮門一路蒿。住幾個乞兒餓莩。

折桂令：

問秦淮舊日窗寮，破紙迎風，壞檻當潮。日斷魂消。當年粉黛，何處笙簫？罷燈船，端陽不鬧；收酒旗，重九無聊。白鳥飄飄，綠水滔滔。嫩黃花有些蝶飛，新紅葉無個人瞧。

沽美酒：

你記得跨青谿半里？舊紅板沒一條。秋水長天人過少。冷清清的落照，剩一樹柳彎腰。

太平令：

行到那舊院門，何用輕敲？也不怕小犬哰哰。無非是枯井頹巢，不過些磚苔砌草。手種的花條柳梢，盡意兒採樵。這黑灰是誰家廚灶？

離亭宴最歇犯煞：

俺曾見金陵玉殿鶯啼曉，秦淮水謝花開早，誰容易冰消？眼看他起朱樓，眼看他讌賓客，眼看他樓塌了！這青苔碧瓦堆，俺曾睡風流覺。將五十年興亡看飽。那烏衣巷不姓王，莫愁湖鬼夜哭，鳳凰臺棲梟鳥。殘山夢最真，舊境丟難掉。不信這輿圖換稿。謅一套哀江南，放悲聲唱到老。

桃花扇本是寫亡國哀感的一部歷史劇，故事已經夠動人；加上作者的生花妙筆，所寫的悽愴頑艷；最後又加上一大段觸目愴傷的血淚傾吐，真不愧是文學史上不朽的悲劇名著。

洪昇字昉思，號稗畦，錢塘人。善爲樂府，名滿京師。所著長生殿與孔尚任的桃花扇是號稱清代戲曲中的雙璧的。相傳他在國忌日導演此劇，被革斥。然長生殿卻因此益負盛名。全劇共五十齣，係根據唐白居易的長恨歌及陳鴻的長恨歌傳，寫唐玄宗與楊貴妃的故事。其文字之明艷，亦與桃花扇相伯仲。特別是後半部寫楊貴妃的死後，用極其神韻飄渺的筆，表現出極真摯悱惻的戀情。其藝術上的造詣實遠在白樸的梧桐雨之上。例如第三十七齣的尸解：

梁州令

風前蕩漾影難留，歎前路誰投？死生離別兩悠悠。人不見，情未了，恨無休！

二犯漁家傲

躊躇，往日風流。記盒釵初賜，種下這恩深厚，癡情共守。又誰知慘禍分離驟。——並沒有人登畫樓，並沒有花開並頭，並沒有奏新謳；端的有荒涼，滿目生愁。悽然，不由人淚流！……

二犯傾盃序

凝眸，一片清秋。望不見寒雲遠樹峨眉秀。苦憶塵，影孤體倦，病馬嚴霜，萬里橋頭。知他健否？縱然無恙，料也爲咱消瘦。……

錦纏道犯

漫回首。夢中緣，花飛水流。只一點故情留，似春蠶到死尚把絲抽。劍門關，離宮自愁；馬嵬坡，夜臺空守。想一樣恨悠悠。幾時得金釵鈿盒完前好，七夕盟香續斷頭？

長生殿裡面最好的描寫，要算第二十八齣〔彈詞〕。尤其馬嵬坡兵變的一段：

六轉

恰正好嘔嘔啞啞霓裳歌舞，不提防撲撲突突漁陽戰鼓，剗地裡出出律律紛紛攘攘奏邊書，急得箇上上下下都無措。早則是喧喧嗾嗾驚驚遽遽倉倉卒卒挨挨拶拶出延秋西路，鑾輿後攜著個嬌嬌滴滴貴妃同去。又只見密密匝匝的兵，惡惡狠狠的語，鬧鬧炒炒轟轟 四下喳呼，生逼散恩恩愛愛疼疼熱熱帝王夫婦。霎時間畫就了這一幅慘慘悽悽絕代佳人絕命圖！

像這樣富有刺激性的劇作，真是稀世的奇珍。也是他成名的作品。此外的還有迴文錦、迴龍院、錦繡圖、鬧高唐、節孝坊、舞霓裳、沈香亭等力作。

蔣士銓是清代一個很有名氣的詩人，已在前面講過。但他在戲曲方面的成就遠超過他的詩作。所作曲本共十五種，最有名的一片石、空谷香、桂林霜、四絃秋、香祖樓、臨川夢、第二碑雪中人、冬青樹九種，號稱藏園九種曲。空谷香是敘顧瓚園與其妾姚夢蘭由離而合的故事，香祖樓是敘仲約禮與其妾李若蘭由合而離的故事，四絃秋是演白居易的琵琶行，臨川夢是演湯顯祖的臨川四夢，冬青樹是寫宋末亡國的史事。這五種本是蔣氏最傑出的代表作。今舉四絃秋中的秋夢爲例：

霜天曉角

空船自守，別恨年年有。最苦寒江似酒，將人醉過深秋。

小桃紅

曾記行一江春水向東流，忽忽的傷春後也。我去來江邊，怎比他閨中少婦不知愁。纔眼底，又在心頭；捱不過夜潮生，暮帆收。雁聲來趁著蟲聲逗也，靠牙牆數遍更籌。難道我教他，教他去封侯。

黑麻令

拋撇下青樓翠樓，便飄零江州外州，訴不盡新愁舊愁。做了個半老佳人，廝守定蘆洲荻洲，渾不是花柔柳柔。結果在漁舟釣舟，剩當時一面琵琶，斷送了紅妝白頭。

江神子

我道是低迷燕子樓，卻依然身落扁舟。爲此枕邊現出根由，聽孤城畫角咽江流。問誰向夢兒中最久？

尾聲

少年情事堪尋究，一淚珠兒把闌干紅透。咳！不知他那幾擔的新茶可曾賣去否？

四大名家之外的吳縣**李玉**，作曲三十二種。其中一棒雪、人獸關、永團圓及占花魁四劇，也就是傳誦一時的「一、人、永、占」，可以媲美湯顯祖的「四夢」。

以下還有許多名家：

楊潮，號笠湖，吳錫人。著吟風閣短劇三十種。以黃石婆授計逃關、快活山遊歌九轉、偷桃捉住東方朔、邯鄲郡錯嫁才人、汲長孺矯詔發倉五種爲最佳。文壇評價甚高，有謂凌駕蔣士銓之上。

萬樹，號紅友，宜興人。著有風流棒、空青石、念八翻、錦塵帆、十串珠、萬金甕、金神鳳及資齊鑑八種。此外如黃憲清的倚晴樓十種曲，袁于令的西樓記，吳炳的情郵記、吳梅村的秣陵春，尤侗的鈞天樂，董榕的芝龕記，都是名著。而乾隆以後，由於傳奇所依據的崑曲爲西皮二黃所取代，盛極一時的傳奇，也不得不趨於絕響。

代之而起的皮黃劇曲，也有許多具有藝術價值的作品，如珠砂痣、捉放曾、打漁殺家、秦瓊買馬、馬前潑水、擊鼓罵曹、武家坡、玉堂春等都是完善而極具有水準的劇本。清代的戲曲發展，也終止於此。

2. 小說的黃金時代

經過明代的發展，與清代的突飛猛進，乃造成長篇小說的黃金時代。這時，小說的產量已愈見其多，比水滸傳和三國志演義的篇幅更浩繁的長篇大著作也陸續問世。宋、明的著名文人向來是不理會小說的，到了清代的開明的文人（如袁枚、紀昀等），也欣賞小說，並進而創作小說了。小說的批評家（如金人瑞）也誕生了，由此可知：小說的勢力已從平民社會伸展到文人貴族社會裡來；通俗的白話文學不僅爲廣大的民衆所歡迎，而慢慢地來蠶食了正統派的古典文學、民族文學的地位。

以下是清代長篇小說的四類：

(1) 言情小說。

專寫才子佳人悲歡離合的言情小說，在清代頗爲流行。

特別可述的紅樓夢，是清代小說中首屈一指之作，更是中國章回小說的巔峰。研究的學人，多不勝舉，因而形成頗爲熱門的「紅學」。此書的作者袁子才。後來多認爲是曹雪芹。主要的根據是隨園詩話的一段：「康熙間曹楝亭爲江寧織造……其子雪芹，撰紅樓夢一書，備記風月繁華之盛。」

雪芹名霑，鑲黃旗漢軍人。祖寅、父頫，皆江寧織造。後以貧死。晚年著此書、石頭記、情僧錄、風月寶鑑、十二釵都是它的別名。版本有八十回本及百二十回本，後者爲通行本。但胡適卻說八十回是雪芹手筆，後四十回是高蘭墅（鶚）所增訂（紅樓夢考鑑）。壽棨林的紅樓夢本事辨證更引樗散軒叢談，以爲此書爲康熙間某府西席某孝廉所作。

此書內容以賈寶玉爲中心，配以「金陵十二金釵」。寶玉鍾情黛玉，而受家庭及婚姻習俗的限制，終不能不娶寶釵，林黛玉遂死於賈薛結婚之日。而寶玉也受戒爲僧。故事只是二女爭寵的三角戀愛，而穿插的人物共寫男子達二百三十五人，女子二百十三人之多。真是錯綜複雜，極盡變化的言情小說。描寫的藝術，可謂空前，也可能是絕後的。尤其是人物的刻劃，如寫賈府的子弟，有共同的墮落，卻存在個別的性格與弱點。又如大觀園裡的姐妹，同是冰雪聰明，卻有不同的風格、才華與韻緻。所有書中人之間的細微差異，都表現得恰如其分；甚而大觀園的建築設計也恰如書中人物的身分與性格。更難得的是，所寫書中人的作品，竟能文如其人。如果不是多才多藝的曹霑；如果不是身臨其境的曹霑，絕不會有這樣的創作。所以張船山贈高蘭墅詩，有「艷情人自說紅樓」的句子。

續百二十回紅樓夢者很多，如後紅樓夢、紅樓後夢、續紅樓夢、紅樓復夢、紅樓夢補、紅樓補夢、紅樓重夢、紅樓再夢、紅樓幻夢、紅樓圓夢、增補紅樓、鬼紅樓、紅樓夢影等皆係承高鶚續書而補其缺陷，結以團圓。描寫多拙劣異常，遠不能和紅樓夢比擬了。

紅樓夢流行後，言情小說便如雨後春筍。如魏子安的花月痕、陳球的燕山外史等，皆寫才子佳人的悲歡離合。至後來乃流爲狹邪猥褻的故事。如陳森書的品花寶鑑是寫北平的妓女化的男伶，俞達的青樓夢與韓子雲的海上花列傳都寫的妓女。只有海上花列傳，完全是用蘇州方言寫的，描寫極爲逼真而自然，實爲清末小說中之傑作。仿此書而作者有九尾龜，描繪亦佳。此外尚有青樓寶鑑、海上繁華夢、繪芳園等書，皆以妓女生活爲主題，但無特點可言。

(2) 俠義小說。

民間最重英雄故事，故水滸傳在一般社會中最爲流行。至清代則小說中所敘英雄類多以任俠義勇見長，當然是反映當代民衆的社會心理。如兒女英雄傳、三俠五義、小五義、七劍十三俠、施公案等，皆爲清代俠義小說之著名者，但遠遜於水滸傳。

兒女英雄傳評話原本有五十三回，今殘存四十回。道光時人文康作。康爲費莫氏，字鐵仙，滿洲鑲紅旗人。相傳他晚年困居一室，僅存筆墨。乃作此書以自遣。全書內容係敘一俠女何玉鳳爲父報仇的孝勇，後嫁安驥爲妻，夫婦備極榮貴。可能作者以劇中主角安驥自居，而慰其晚年也。此書的最大特色在純粹用北平話寫成，流暢可誦，他無可觀。後有作續書者，成三十二回，文意既拙，復未完稿。

三俠五義原名忠烈俠義傳，後又被稱爲大五義。作者爲石玉崑，其生平不詳。此書內容係從宋真宗朝「狸貓換太子」的故事講起，次則敘到包拯的降生及其斷案事蹟，復次則敘述三俠（南俠展昭，北俠歐陽春，雙俠丁兆蘭、丁兆蕙）及五鼠（鑽天鼠盧方、徹地鼠韓彰、穿山鼠徐慶、翻江鼠蔣平、錦毛鼠白玉堂）的俠義行動。最後衆俠士皆歸順朝廷，全劇以終。這部書是俠義小說中的一大創作。當時的文人俞樾稱其「事蹟新奇，筆意酣恣，描寫細入毫芒。」俞氏並以己意，爲之删改，另名七俠五義行世。

後此不久，乃有小五義及續小五義出現，皆一百二十四回，序中亦稱爲石玉崑原稿。中自白玉堂盜盟單喪身講起，至襄陽王謀叛被擒止。至中間活躍的俠士則爲五鼠之子及其他的小英雄了。清末的俠義小說竟如風起雲湧，如英雄大八義、英雄小八義、七劍十二俠、七劍十八義等。至七俠五義則續書至二十四集之多。其中，惟七劍十二俠較佳。

自明人作包公案，清代仿作者遂繁。如施公案（一名百斷奇觀）、彭公案、永慶昇平、乾隆巡幸江南記、劉公案、李公案等，皆係敍賢明之君臣微行查案，俠士義賊幫助破案的故事。後施公案竟續十集，彭公案更續至三十集。作品既濫，毫不足觀。

(3) 社會小說。

此類小說多抒寫社會的黑暗面，而出之以諷刺；或寫社會問題，而藉以闡發自己的理想。如儒林外史、鏡花緣、官場現形記、二十年目睹之怪現狀、老殘遊記等，皆是含有暗示或諷刺社會問題的小說。

儒林外史爲清代說部名著之一，作者吳敬梓，字敏軒，安徽全椒人。幼穎異，詩賦援筆立就。雍正時，曾被舉應博學鴻詞科，不赴。移家金陵，爲文壇盟主。晚年自號文木老人，所著文木山房集五卷、詩說七卷、詩七卷，皆不甚傳。惟儒林外史著稱於世。全書共五十五回，是許多短篇故事集合而成的長篇。作者在這部小說裡面最注重的是描寫當時一般假名士、僞君子及那些制藝家的醜陋。作風詼諧風趣，尖刻生動，罵盡儒林敗類。中國小說之善於諷刺者當以此書爲第一部。

鏡花緣作者李汝珍字松石，直隸大興人。他的鏡花緣作於晚年窮愁的時候，歷十餘載始成。全書凡一百回，是部討論婦女問題的小說。大略敍唐武后時，有秀才唐敖因政治失意，附其婦弟林之洋商船至海外遨遊，遍歷奇觀，並遊君子邦、女人國等處，頗多笑謔。後唐敖竟遁入山不返。其女唐閨臣又附船尋父，亦歷諸境，終不遇。僅得父書約其「中過才女」後相見。閨臣乃歸國。恰遇武后開科試才女，取百人，閨臣中第十一。此百人者蓋皆天上花神之謫於人間也。此時她們會聚於京師，大事遊宴吟詠。後助唐室討平武氏，中宗復位。末了有續開女試，命前科才女重赴「紅文宴」之言，然全書已完。作者自云尚有續書，亦竟未作。這部小說的描寫很能引人入勝，往往有很深刻的諷刺。但最大的特色，則在於作者所幻想創造出來許多新奇而滑稽的事蹟。

官場現形記作者李寶嘉字伯元，號南亭亭長，江蘇武進人。所著有庚子國變彈詞、海天鴻雪記、李蓮英、繁華夢、活地獄、文明小史等書。官場現形記爲其最後一部未完的作品。已成六十回。皆自許多短篇湊合而成。所寫當時官場的腐敗痛快淋漓。書出，風行一時，爲作者成名之作。

二十年目都之怪現狀作者吳沃堯字繭人，改字趼人，廣東南海人。居佛山鎮，故自號我佛山人。所著文稿甚富，出版者不下十餘種，惟二十年目睹之怪現狀最負盛名。全書共一百八回以自號九死一生者爲線索，歷記二十年中所遇、所見、所聞天地間驚奇之事，綴爲一書。描寫極爲酣暢。惜過於誇飾。

老殘遊記作者是劉鶚。鶚字鐵雲，筆名爲百鍊生，江蘇丹徒人。老殘遊記爲其唯一的傑作。共二十章。係用遊記的體裁，敍一號老殘者遊行各地時的見聞及其言論。中多攻擊官吏之處。其最精采者實爲明湖居聽書、黃河上打冰及桃花山章的描寫，都極藝術之能事。

孽海花亦爲寫清末政治社會的小說，作者曾樸。字孟璞、常熟人。此書僅成二十回。論者稱其「結構工巧，文采斐然」。

此外尚有一部不可不敍及的巨製，即野叟曝言。爲康熙時人夏敬渠作。敬渠字懋修，號二銘，江陰人。所著野叟曝言多至一百五十四回，以「奮武揆文，天下無雙正士；鎔經鑄史，人間第一奇書」二十字編卷。其內容則如凡例所言，凡「敍事、說理、談經、論史、教孝、勸忠、運籌、決策、藝之兵詩醫算、情之喜怒哀懼、講道學、闢邪說，……」無所不包，只是以此表現其學問才華，而缺乏藝術價值。

(4) 彈詞

以上所講的都是散文的小說，彈詞是韻文的小說，在形式上是詩歌，然其內容則是道地的通俗小說。其他的起源甚早。如唐代佛曲中的各種「俗文」和「變文」，宋代的各種「寶卷」和鼓子詞，金人董解元的西廂搊彈詞，皆爲後來彈詞的先驅。彈詞的體製大概可分爲兩種：一爲有唱無白者，一爲有唱有白者。最初流行於明、清之際。明人的作品，有號稱楊愼著的廿一史彈詞。至清代則作品日繁。最著者如玉釧緣、玉蜻蜓、珍珠塔、再生緣、再造天、天雨花、鳳凰山、安邦志、定國志、珍珠鳳、果報錄、鳳雙飛、三笑姻緣、筆生花等，皆在民間風行。作者多爲無名氏。亦有出於婦女手筆者，頗爲婦女界所喜歡。但大部分是千篇一律之作，文意並拙，很少有藝術價值的。

清代的短篇小說，雖未能與長篇小說對抗，但蒲松齡的聊齋志異，袁枚的新齋諧，紀昀的閱微草堂筆記，皆著稱於世。其中以蒲松齡所作爲最佳。松齡字留仙，山東淄川人。幼有軼才，老而不達。聊齋志異共十六卷，四百三十一篇。所敍皆仙狐鬼怪之事。文詞華麗，描寫委曲，清人的短篇小說當推此爲第一部。紀昀字曉嵐，直隸獻縣人。他是四庫全書的總纂，文望甚高。閱微草堂筆記分灤陽消夏錄、如是我聞、槐西雜記、姑妄聽之、灤陽續錄等，皆是志怪小說。日後仿聊齋志異的有王韜的遯窟讕言、淞隱漫錄、淞濱瑣話及宣鼎的夜雨秋燈錄；仿閱微草堂筆記的有許元仲的三異筆談等書。此外如俞樾的右台仙館筆記，俞鴻漸的印雪軒隨筆，都可一讀。

第十章　民國的新文學

本期作品之敍述，係以新文學運動之後的現代文學爲主，而以戊戌至民初的文學爲序幕，以觀其代謝與流變。以下計分五個段落：

第一段落，自開國前後至民國五年底止之南北臨時政府時代，爲新文學之釀釀期。

第二段落，自民國六年一月至十七年底止之北洋政府時代，爲新文學之開創期。

第三段落，自民國十七年全國統一至民國廿六年「八一三」淞滬戰爭止之抗戰及復員時代，爲新文學之成長期。

第四段落，自民國廿六年「八一三」之後至卅八年之抗戰、戡亂時代，爲新文學之發展期。

第五段落，自民國卅八年以後之反共復國奮鬥時代，爲新文學之淨化期。

茲述其大要如次：

一、新文學的醞釀

包括新文學運動的「五四」運動。她的背景是，山東問題、廿一條件問題、巴黎和會出賣中國問題所激起的全民憤慨。因爲，民國元年辛亥革命後不久，袁世凱便把持政權以行專制之實，繼而有袁氏之稱帝，張勳之復辟，段祺瑞之「再造共和」，而形成軍閥割據，南北分裂的局面。因有北政府之大肆舉借外債，出賣國家利益，袁世凱更在民國四年五月接受日本的廿一條件；段祺瑞又在民國七年和日本簽訂軍事協定。於是，在巴黎和約列強出賣山東權益給日本之下，全國譁然而展開「五四」運動。

此一時期的文學，乃由政治改革思想催化下的新舊過渡文學。其思想與活動約如次：

㈠「新青年」的創辦與北大改革——

民國四年夏，陳獨秀創辦「新青年」雜誌於上海。他以爲，只有在國人尤其是青年人覺醒後，只有在舊社會舊文明有了基本改變後，中國才有解脫軍閥桎梏的可能；如果沒有新的出版物，這種解放是不可能達成的。所以他的發刊詞說：

> 竊以少年老成，中國稱人之語也。年長而勿衰。（Keep you while growing old）英美人相勗之辭也。此亦東西民族涉想不同現象趨異之一端歟。青年如初春，如朝日，如百草之萌動，如利刃之發於硎，人生最可寶貴之時期也。青年之於社會，猶新鮮活潑細胞之在人身也。新陳代謝、陳腐朽敗者，無時不在天然淘汰之途，與新鮮活潑者以空間之位置及時間之生命。人身遵新陳代謝之道則健康，陳腐朽敗之細胞充塞人身則人身死。社會遵新陳代謝之道則隆盛，陳腐朽敗之分子充塞社會則社會亡。
>
> 準斯以論，吾國之社會，其隆盛也抑將亡耶，非予之所忍言者。彼陳腐朽敗之分子，一聽其天然之淘汰，雅不願以如流之歲月，與之說短道長，希冀其脫胎換骨也。予所欲涕泣陳詞者，惟屬望於新鮮活潑之青年，有以自覺而奮鬥耳。自覺者何？自覺其新鮮活潑之價值與責任，而自視不可卑也。奮鬥者何？奮其智能，力排陳腐朽敗以去；視之若仇敵，若洪水猛獸，而不可以爲鄰；而不爲其菌毒所傳染也……。

這是醞釀改革運動的開端思想與文學。

民國五年十二月，蔡元洪任命蔡元培爲北大校長。蔡爲前清翰林卻爲新知識分子的精神領袖，也是最偉大的教育家和自由主義者之一，因而革新人物雲集於北大，而展開北大的改革。蔡氏在新任演講中指出：學生進大學的目的應是求學，不應當是升官發財。不久，他又公布三種方針：①大學是學術研究機構，不僅介紹西方文明，而且要創造新文明；不僅保存國粹，而且要以科學方法來揭發國粹的真相。②學生不應把大學當做科學的代用品，也不應忽略自己所學專長之外的各種學科知識。③大學應保有思想學術自由。各種分歧的理論—只要都有嚴格的學術立場—都應該得到兼容並收和發表的自由。於是先後成立了許多學生組織如學生銀行、合作社、博物館等；並建立了工讀制度。一九一八年並成立「進德會」，所有會員都接受不嫖、不賭、不娶妾等戒條。乙種會員並遵守不做官、不做議員的規則；因爲在新知識分子的眼裡，舊官僚、軍閥都是罪惡的泉源。

(二)知識分子的聯合與「新潮」的創辦

蔡氏接受孫文政府任命爲教育總長時曾表示，理想的教育制度是「超軼政治的教育」，而不是「隸屬於政治的教育」。他的五原則是：①實施「軍國民主義」，以避免軍國主義者獨操軍權；②以「實利主義」改良民生；③實施基於互助原則的德育主義；④用「世界觀的教育」提升宇宙觀；⑤以康德哲學的「美感教育」，通過美的鑑賞，把人民由現象世界帶領到實體世界的領域。他的世界觀教育，更強調「循思想自由、言論自由之公例，不以一流派之哲學，一宗門之教義梏其心，而惟時時懸一無方體，無終始之世界觀以爲鵠。」他到北大時又重申思想自由的立場。因此北大的教授團便包括許多竟見極爲紛歧的人物。有位中國作家曾說：「……於是很自然地，所有最富於生氣和有人才的年輕一代中國知識分子都群集在他的領導之下。結果在幾年之內創造出令人難以置信地多產的思想生活，幾乎全世界學術史上都找不到前例。」

這種政策，使北大成為新舊知識分子論戰場所，而新知識分子更得到聯合的機會。一九一七年以陳獨秀為文科學長（文學院長）。許多新思想人物也都應邀加入北大教授團；其中有文字學家兼聲韻學家的錢玄同，語言學家兼詩人的劉復，和詩人兼書法家的沈尹默——都是白話詩和文學革命的先驅。夏天，胡適與新散文和新詩作家周作人及反儒家的吳虞等先後加入。後來並包括邏輯學家李大釗、政治學家高一涵、社會學家陶履恭、心理學及邏輯學家陳大齊，政治學家馬寅初、最先在中國研究科學方法的王星拱等，都在北大學生群裡發揮深遠的影響。

一九一八年，北京一群卓越的學生合辦「新潮」雜誌（Ronai－ssance——文藝復興）創議者為傅斯年、顧頡剛、徐彥之。後有羅家倫、潘家洵、康白情加入籌備。後來登記入會的會員從未超過四十一人，但大部為「五四」的學生領袖。

(三) 醞釀期的改革觀點

新知識分子的聯合，只是暫時的，而且領導人物之間見解興趣並不一致。例如陳獨秀的興趣，偏重政治與社會，胡適和許多其他教授則對文學與教育之改革具有更大的興趣。不過陳獨秀也同時重於社會倫理和文學的改革，他說：

「僕對於吾國之學及國文的主張，曰百家平等，不當一尊；曰提倡通俗國民文學。誓將此義遍播國中，不獨主張大學文科也。」（就職北大講詞）

此項揭櫫，同時着重於社會倫理的改革和文學的改革。因此。不僅嘗試介紹西方思想和制度，而且嘗試重估和批評中國的傳統。以下先就「新青年」中所討論的重大項目加以列舉，以明「五四」前夕的趨勢：

①反對舊思想和習慣形態；提倡新學。

②反對君主專制政體，反對少數人享有政治特權；提倡民主、自由主義和個人主義。（後來又重視社會主義。）

③反對傳統的倫理，主張社會裡個人的平等。

④反對傳統大家庭制度；提倡小家庭制度及女性的平等獨立與戀愛、婚姻的自由。

⑤提倡文學革命，鼓勵語文改革，討論羅馬字化和推行世界語問題，並介紹標點符號。

⑥反對迷信和舊宗教；擁護科學、技術和「不可知論」。

⑦建議重估經典。

⑧作家們並呼籲，教育應鼓勵發展人性，而不是只顧教育者的權威。

⑨通過社會、政治和文化的改革，以達成思想界領導力量的大聯合，以反抗軍閥的統治。

由於辛亥革命後，中國仍然是「落後國家」，有識之士都以普及教育開通民智爲根本之圖。所以胡適更在中國新文學大系導言中說：

「那時的中國智識份子是被困在重重矛盾之中的：

1.他們明知漢字漢文太繁雜，不配作教育的工具，可是他們總不敢說漢字漢文應該廢除。

。

2.他們明知白話文可以作『開通民智』的工具，可是他們自己總瞧不起白話文，總想白話文只可用於無知百姓，而不可用於上流社會。

3.他們明白音標文字是最有效的教育工具，可是總不信這種音標文字是應該用來替代漢文漢字的。

這重重矛盾都由於缺乏一個自覺的文學革命運動。當時所謂自覺的革命見解：第一，那種所謂「宇宙古今之至美」的古文學是一種僵死了的殘骸，不值得我們的迷戀。第二，那種所謂「引車賣漿之徒」的俗話是有文字價值的活語言，是能夠產生有價值有生命的文學的，並且早已產生出無數人人愛讀的文學傑作來了。第三，因爲上面的兩層理由，我們必須推倒那僵死的古文學，建立那有生命有價值的白話文學。」因此胡氏的結論是：「民國五、六年的中國文學革命運動，正是要供給這個時代所缺乏的幾個根本見解。所以我們知道，由社會的意義來講，要「開通民智」，由文學的意義來講，要「建立那有生命有價值的白話文學」。

以上所提觀點，無非主張民主與科學的改革，而以新文學爲改革之工具。

四反對團體的出現與作品

清末北大文學院教授團包括多數的「桐城派」與部份的文選派，號爲保守派。辛亥後，江浙學者繼「桐城派」而起，成爲北大文學院最大勢力的「江浙派」。此派人物多爲章炳麟的門生和朋友；而林紓則與桐城有關，皆爲舊文學的提倡者，由劉師培領導；而以黃侃（季剛）辜鴻銘、馬敍倫等老學者爲後盾。宣傳工具爲提倡文言文、儒家倫理的國故雜誌，極受北大保守派學生及文人的擁護。

後來，古文派的反對力量，更形成了學衡雜誌及甲寅週刊兩派。前者由執教於南京高師的胡先驌主編，許多反對白話文的重要作品，如梅光迪的「評提倡新文化者」和「評先人提倡學術的方法」；吳宓的「論新文化運動」等都在這裡發表。胡先驌本人的「中國文學改良論」，更具代表性。茲節錄如次：

> 文學自文學，文字自文字，文字僅取其達意，文學則必達意以外，有結構，有照應，有點綴。而字句之間，有修飾，有鍛鍊。凡曾習修辭學作文學者，咸能言之，非謂信筆所之，信口所說，便足稱文學也。故文學與文字，迥然有別，今之言文學革命者，徒知趨於便易，乃昧於此理矣。
>
> 且古人之爲文，固不務求艱深也。故孔子曰，辭達而已矣。今試以左傳、禮記、國語、國策、論、孟、史、漢觀之，除少數艱澀之句外，莫不言從字順，非若書之盤庚、大誥，詩之雅頌可比也。至韓、歐以還之作者，尤以奇僻爲戒，且有因此而流入枯槁之病者矣。此等文學，苟施以相當之教育，猶謂十四五齡之中學生不能領解其義，吾不之信也。進而觀近人之著，如梁任公之意大利建國三傑傳、噶蘇士傳，何等簡明顯豁，而不失文學之精神。下至金聖嘆之批水滸，動輒洋洋萬言，莫不痛快淋漓纖細必達，讀之者幾於心目十行而下，寧有艱澀之感？又何必白話之始能達意，始能明瞭乎。凡此皆中學學生能讀能作之文體。非乾鑿度、穆天子傳之比也。若以此爲猶難，猶欲以白話代之，則無寧剗除文字，純用語言之爲愈耳。

此文之謂以奇僻爲戒便會流爲枯槁，固欠周延；然羅家倫所引曾國藩所謂「古文無所往而不宜，惟不宜說理」爲駁斥，同樣也似是而非。

圈外負有盛名的支持者爲嚴復與林紓。嚴復早年曾倡改革，此時則以爲只有回歸於中國倫理和文化，只有排斥西方的影響，才能救中國。他還說，古文比白話文更富暗示性、典雅性。林紓是本世紀初期最受歡迎的歐美小說中文翻譯家。在西文助手協助之下，他的譯著竟達二百八十一册言文本，高達文言三千萬字。他在上海新申報發表兩篇短篇小說——妖夢與荆生，諷刺新文學運動的人物。以下是荆生的片段：

辛亥國變將兆，京城達官遷徙垂空。京師陶然亭遊客絕稀。有荆生者，漢中之南鄭人，薄遊京師，下榻陶然亭之西廂，書一簏，銅鐧一具，重十八斤，懸之壁間，寺僧不敢問其能運此鐧與否。然鬚眉偉然，知爲健男子也。亭當同光間，京僚恆置酒延涼於是，以亂故，寂然無復遊客。時於五月十八日，山下有小奚奴，肩蠻榼載酒，其後轆轆三車，載三少年，一爲皖人田其美，一爲浙人金心異，一爲狄莫，不知其何許人。悉新歸自美洲，能哲學，而田生尤穎異，能發人所不敢發之議論，金生則能「說文」，三人稱莫逆，相約爲山遊。既至，窺荆生室，頗輕蔑，以爲武夫不知風雅。漠然不置念。呼僧掃榻，溫酒陳餚，坐而笑語，與荆生居處，但隔一窗。田生中坐，嘆曰：「中國亡矣，誤者均孔氏之學，何由堅言倫紀，且何謂倫紀者，外國且妻其從妹，何以能強？天下有人種，即有父母，父母於我又何恩者？」狄莫大笑曰：「惟文字誤人，所以至此。」田生以手抵几曰：「死文字，安能生活學術，吾非去孔子滅倫常不可！」狄莫曰：「吾意宜先廢文字，以白話行之，俾天下通曉，亦可使人人咸窺深奧之學術，不爲艱深文案所梗。唯金君何以默守『說文』，良不可解。」金生應曰：「君知吾何姓，吾姓金耳，姓金者亦嗜金，君性但欲得金，其講『說文』者，愚不識字之人耳。正欲闡揚白話以佐君。」於是三人大歡，堅約爲兄弟，力掊孔子。忽聞有巨聲，板壁傾矣，撲其食案，杯盤均碎。

一偉丈夫趫足，超過破壁，指三人曰：「汝適何言？中國四千餘年，以倫紀立國，汝何爲攘之！孔子何以爲時之聖？時乎春秋，即重俎豆；時乎今日，亦重科學。譬叔梁紇病篤於山東，孔子適在江南，聞耗，將以電報問疾，火車視疾耶？或仍以書附郵者，按站而行，抵山東且經月，俾不與死父相見，孔子肯如是耶？子之需父母，少乳哺，長教育耳。乳汝而成人，教汝而識字，汝今能口咲，非二親之力胡及此！譬如受之財，或已命爲人所拯，有心者尚且啣恩，汝非二親不舉，今乃爲傷天害理之言。余四海無家，二親見背，思之痛絕。爾乃敢以禽獸之言，亂吾清聽！」田生欲抗辯，偉丈夫駢二指按其首，腦痛如被錐刺。更以足踐狄莫，狄腰痛欲斷。金生短視，丈夫取其眼鏡擲之，則怕死如蝟，泥首不已。丈夫笑曰：「⋯⋯爾可鼠竄下山，勿汙吾錋⋯⋯」三人相顧無言，斂具下山。迴顧危闌之上，丈夫尚拊錋而俯視作獰笑也⋯⋯。

在小說的結尾，林紓認爲田其美這些人「禽獸自語，於人胡涉？」原可置之不理，荆生罰之，實亦多事可笑⋯⋯」

(五) 林蔡的控與辯

1. 林紓的信 林紓更嚴肅的反對，表現在一八九八年三月十八日的那封著名的信上——控訴北大以「覆孔孟，剷倫常」和古書行用土語的罪名；更告誡他：「大學爲全國師表，五常之所繫屬⋯⋯若盡反常軌，侈爲不經之談，則毒粥既陳，旁有爛腸之鼠；明燎霄舉，下有聚死之蟲。何者？趨甘就熱，不中其度，則未有不斃者。方今人心喪蔽，已在無可挽救之時，更侈奇創之時，用以譁衆之少年多半失學，利其便己，未有不糜沸至而附和之者，而中國之命如絲然矣！」以下更陳述反對新思潮和白話文學的理由，他以爲：

①過去的改革並無成效可言：「晚清之末造，慨世者恆曰：去科舉，停資格，廢八股，斬豚尾，復天足，逐滿人，撲專制，整軍備，則中國必強。今日凡皆遂矣，強又安在？」

②貧弱不由於守倫常：「民國的新改革家更進一解，必覆孔孟，剗倫常爲快。嗚呼！因童子之羸困，不求良醫，乃追責其二親之有隱瘵，曰逐之，而童子可以日就肥澤，有是理耶？」

③外國人也遵守倫常：「外國不知孔孟，然崇仁、仗義、矢信、尚智、守禮、五常之道，未嘗悖也，而又濟之以勇。弟不解西文，積十九年之筆述，成譯者一百廿三種，都一千二百萬言，實未見中有違忤五常之語，何時賢乃有此叛親蔑倫之論，此其得諸西人乎？抑別有所授耶？」

④古文讀者自會越來越少，文學革命是不必要的：。「前年梁任公倡馬班革命之說，弟聞之失笑。任心非劣，何爲作此媚世之言？馬班之書，讀者幾人，殆不革而自革，何勞任公費此神力。」

⑤古文並不妨礙科學與學術：「若云死文字有礙生學術，則科學不用古文，古文亦無礙科學。英之迭更，累斥希臘拉丁羅馬文字之爲死物，而今仍存者，迭更雖躬負盛名，固不能用私心以蔑古。矧吾國人，尚有何人如迭更者耶！」

⑥常道不可因一時的方便而變更，而且孔子也會適應時代需要的：「須知天下之理，不能就便而奪

常，亦不能取快而滋弊……孔子爲聖之時，時乎井田封建，則孔子必能使井田封建一無流弊；時乎潛艇飛機，則孔子必能使潛艇飛機不妄殺人：所以名爲時中之聖。時者，與時不悖也。衛靈問陣，孔子行；陳恆弒君，孔子討，用兵與不用兵，亦正決之以時耳。」

⑦強權不必成功，中國弱敗亦不能罪於孔子：「今必曰天下之強，弱於孔子。然則天下之強，宜莫強於威廉。以柏林一隅，抵抗全球，皆敗衄無措，直可爲萬世英雄之祖。且其文治武功，科學商務，下及工藝，無一不冠歐洲，胡爲懨懨爲荷蘭之寓公？若云成敗不可以論英雄，則又何能以積弱歸罪孔子？」

⑧孔子學說注重人際相處之道，連莊子也沒有完全反對他：「彼莊周之書，最擯孔子者也。然人間世一篇，又盛推孔子。所謂人間世者，不能離人而立之謂。其托顏回，托葉公子高之問難，孔子陳以接人處衆之道，則莊周亦未嘗不近人情而忤孔子。乃世士不能博辯爲千載以上之莊周，竟咆哮爲千載以下之桓魋，一何其可笑也！」

⑨過去優秀的白話作家，也曾學習古文，採用古文：「若水滸紅樓，皆白話之聖，並足爲教科之書；不知水滸中辭吻，多採岳珂之金陀萃篇，紅樓亦不止爲一人手筆，作者均博極群書之人。總之非讀破萬卷，不能爲古文，亦並不能爲白話。」

⑩白話可譯解古書而不可取代古文。「若化古子之言爲白話演說，亦未嘗不是。按說文：『演，長流也。』亦有延之廣之之義。法當以短演長，不能以古子之長，演爲白話之短。且使人讀古子者，須讀其原書耶？抑憑講師之土語，即算爲古子？若讀原書，則又不能全廢古文矣。矧於古文之

外，尚以說文講授，說文之學，非俗書也。當參以古籀，證以鐘鼎之文，試思用籀篆可化為白話耶？果以篆籀之文，雜之白話之中，是引漢唐之環燕，與村婦談心；陳商周之俎豆，為野老聚飲。類乎不類？弟閩人也，南蠻鴃舌，亦願習中原之語言，脫授我者，以中原之語言，仍令我為鴃舌之閩語，可乎？蓋存國粹而授說文，可也。以說文為客，以白話為主，不可也。」

⑪新派悖倫禽獸之言為：「近來尤有謂新道德者，斥父母為自感情慾，於己無恩。此語曾一見之隨園文中，僕方以為擬於不倫，斥袁枚為狂謬。不圖竟有用為講學者！人頭畜鳴，辯不屑辯，置之可也。彼又云：武曌為聖王，卓文君為名媛，此亦拾李卓吾之餘唾。卓吾有禽獸行，故發是言。李穆堂又拾其餘唾，尊嚴嵩為忠臣。試問二李之名，學生能舉之否？同為澌滅，何苦增茲口舌，可悲也！」

最後，林紓對蔡元培忠告道：「大凡為士林表率，須圓通廣大，據中而立，方能率由無弊。若憑位分勢力，而施趨怪走奇之教育，則惟穆罕默德左執刀而右傳授，始可如其願望。今全國父老，以子弟托公，願公留意，以守常為是。……」

2. 蔡元培的辯護

針對這些嚴厲的控訴，蔡元培在三月十八日回了他一封分析的長信，這封信後來受到廣泛的轉載和徵引，成為大大幫助傳播新思想和新文學運動的因子。蔡元培開頭對林紓說，外間對北大的謠言，並非事實。接著便說：「原公之所責備者，不外兩點：一曰：『覆孔孟，剷倫常。』二曰，『盡廢古書，行用土語為文字。』」於是他分別替北大辯護：

①北大教員不曾以「覆孔孟」教授學生—，「大學講義，涉及孔孟者，惟哲學門中之中國哲學史。已出版者，爲胡適之君之中國上古哲學大綱，請詳閱一過，果有『覆孔孟』之說乎？特別講演之出版者，有南懷瑾君之論語足徵記，春和復始；哲學研究會中，有梁漱溟君提出『孔子與孟子異同』問題，與胡點青君提出『孔子倫理學之研究』問題，尊孔者多矣，寧曰覆孔？」

②教員所反對的只是那些依託孔子以反對革新之時言論，並非與孔子爲敵—「若大學教員，於學校以外，自由發表意見，與學校無涉，本可置之不論。然姑進一步而考察之，則惟『新青年』雜誌中，偶有對於孔子學說之批評，然亦對於孔教會等託孔子學說以攻擊新學說者而發，初非直接與孔子爲敵也。……使在今日，有拘泥孔子之說，必復地方制度爲封建；必以兵車易潛艇飛機；聞俄人之死其皇，德人之逐其皇，而曰必討之。豈非昧於『時』之義，爲孔子之罪人，而吾輩所當排斥之者耶？」

③大學不但未提倡剗除倫常，且教誡甚嚴—「次察『剗倫常』之說：常有五：仁、義、禮、智、信，公既言之矣。倫亦有五：君臣、父子、兄弟、夫婦、朋友。其中君臣一倫，不適於民國，可不論；其他父子有親，兄弟相友（或曰長幼有序），夫婦有別，朋友有信，在中學以下修身教科書中，詳哉言之。大學之倫理學，涉此者不多；然從未有以父子相夷，兄弟相鬥，夫婦無別，朋友不信，教授學生者。大學尚無女學生，則所注意者，自偏於男子之節操。近年於教科以外，組織一「進德會」，其中基本戒約，有不嫖、不娶妾兩條。不嫖之戒，決不背於古代之倫理，不娶妾一條，則且視孔孟之說爲尤嚴矣。至於五常，則倫理學中之言仁愛、言自由、言秩序、戒欺詐，而一切科學

，皆爲增進知識之需。寧有剗之理歟？」

④教員在校外也沒有發表剷除倫常的言論——「若謂大學教員，曾於學校以外，發表其『剗倫常』之主義乎則試問有誰何教員，曾有何書，何雜誌，爲父子相夷，兄弟相鬩，夫婦無別，朋友不信之主張者？曾於何書，何雜誌，爲不仁、不義、不智、不信、及無禮之主張者？公所舉『斥父母爲自感情慾，於己無恩，』謂隨園文中有之。弟則憶後漢書孔融傳路粹枉狀奏融有曰：『前與白衣禰衡，跌蕩放言，云，父之於子，當有何親？論其本意，實爲情欲發耳。子之於母，亦復奚爲，譬如寄物瓶中，出則離矣。』孔融禰衡並不以是損其身價。而路粹則何如者？且公能指出誰何教員，曾於何書，何雜誌，述路粹或隨園之語，而表其極端贊同之意者？且弟亦從不聞有誰何教員，崇拜李贄其人而願拾其唾餘者。所謂『武曌爲聖王，卓文君爲賢媛』，何人曾述斯語，以號於衆，公能證明之歟？」

關於「盡廢古書，行用土語」，蔡的辯辯護是：

①北大的課卷皆仍用文言，講義也絕大多數是文言——「請先察『北京大學是否已盡廢古文而專用白話？』大學預科中，有國文一課，所據爲課本者，曰模範文，曰學術文，皆古文也。其每月中練習之文，皆文言也。本科中有中國文學史，西洋文學史，中國古代文學，中古文學，近世文學。又本科預科皆有文字學，其編成講義而付印者，皆文言也。有『北京大學月刊』，中亦多文言之作，所可指爲白話體者，惟胡適之君之『中國古代哲學史大綱』。而其中所引古書，多屬原文，非皆白話也。」

②講解古書必賴白話—「次考察『白話是否能達古書之義？』大學教育所編之講義，固皆文言矣。而上講壇後，決不能以背誦講義塞責，必有賴於白話之講演。豈演講之語，必皆編爲文言而後可歟？吾輩少時，讀『四書集註』，『十三經注疏』，使塾師不以白話講演之，而編當類似集注、類似注疏之文言以相授，吾輩其能解乎？若謂白話不足以講『說文』，講古籀，講鐘鼎之文，則豈於講壇上，當背誦徐氏『說文解字繫傳』，郭氏『汗簡』，薛氏『鐘鼎疑識』之文，或編爲類此文言，而後可，必不容以白話講演之歟？」

③白話並不遜於文言，而且提倡白話的教員，皆博學而長於文言—又次考察『大學少數教員之提倡之白話的文字，是否與引車賣漿者所操之語相等，』白話與文言，形式不同而已，內容一也。天演論、法意、原富等，原文，皆白話也，而嚴幼陵君譯爲文言。少仲馬、迭更司、哈德等之所著小說，皆白話也，而公譯爲文言。公能謂及嚴君之所譯，高出於原本乎？若內容淺薄，則學校報考時之試卷，普通日刊之論說，儘有不值一讀者。能勝於白話乎？且不特引車賣漿之徒而已，清代目不識丁之宗室，其能說漂亮之京話，與紅樓夢中寶玉黛玉相埒，其言果有價值歟？……北京大學教員中，善作白話文者，爲胡適之、錢玄同，周啟孟【作人】諸君，以何證知爲非博極群書，非能作古文，而僅以白話文藏拙者？胡君家世漢學，其舊作古文，雖不多見，然即其所作中國哲學史大綱言之，其了解古書之眼光，不讓於清代乾嘉學者。錢君所作之文字學講義，學術文通論，皆典雅之古文，周君所譯之域外小說，則文筆之古奧，非淺學者所能解。然則公何寬於水滸，紅樓之作者，而苛於同時之胡、錢、周諸君耶？」

最後，蔡元培提到他在北大辦學的兩種主張：

①「對於學說，仿世界各大學通例，循『思想自由』原則，取兼容并包主義，與公所提之『圓通廣大』四字，頗不相背也。無論為何種學派，苟其言之成理，持之有故，尚不達自然淘汰之運命者，雖彼此相反，而悉聽其自由發展。……」

②「對於教員，以學詣為主。在校講授，以無背於第一種之主張為界限。其在校外之言動，悉聽自由，本校從不過問，亦不能代負責任。例如復辟主義，民國所排斥也。本校教員中。有拖長辮而持復辟論者【指辜鴻銘】，以其所授為英國文學，與政治無涉，則聽之。籌安會之發起人，清議所指為罪人者也，本校教員中有其人【指劉師培】，以其所授為古代文學，與政治無涉，則聽之。嫖賭娶妾等事，本校進德會所戒也。教員中間有喜作側艷之詩詞，以納妾挾技為韻事【以納妾為韻事的有辜鴻銘、劉半農。詠妓的有陳獨秀、黃侃等，後來又有吳虞。陳尤喜涉花柳。】以賭為消遣者，苟其功課不荒，並不誘學生而與之墮落，則姑聽之。夫人才至為難得，若求全責備，則學校殆難成立。且公私之間，自有天然界限。譬如公曾譯有茶花女，迦茵小傳，紅礁畫槳錄等小說，而亦曾在各學校講授古文及倫理學。使有人詆公為此等小說體裁講文學，以挾妓姦通爭有夫婦講倫理者，寧值一笑歟？……」

這些信件的交換、標明了保守勢力對新運動的總攻擊。蔡元培的答覆雖然堅定而嚴肅，但仍有避重就輕之處。

(六) 醞釀期的傳統文學

1. 散文選例　戊戌之維新與辛亥革命，實爲「五四」改革之上游。故康、梁、譚、嚴及　國父的作品，可作社會思想之趨向看，亦可作新文學之比較；茲選錄如次：

康有爲禮運注敍：

大漢也，鉅海也，泛之而無涯，行之而無途，杳杳茫茫，入之迷方，失路以悲，漂泊可傷者皆是。浩乎孔子之道，蕩蕩則天，六通四辟，其運無乎不在。然以其淵博浩瀚，舉二千五百年之綿亘，合四萬萬人民之繁衆，並日本、高麗、安南之同文，立於學官，著爲國教，誦之讀之，尊之服之，而蒼蒼無正色，渺渺無終極，實爲孔子之至道也，莫可得而指也。人好其私說，家修其舊習，以多互證，以久相蔽，以小自珍。始誤於荀學之拘陋，中亂於劉歆之僞謬，末割於朱子之偏安。於是素王之大道，暗而不明，鬱而不發，令二千年之中國，安於小康，不得蒙大同之澤。耗矣哀哉！

予小子六歲而受經，十二歲而盡讀周世孔氏之遺文，乃受經說及宋儒先賢之言，二十七歲而盡讀漢、魏、六朝、唐、宋、明及國朝人傳注考據義理之說，所以考求孔子之道者，既博而劬矣。始循宋人之途轍，炯尚乎自以爲得之矣，既悟孔子不如是之拘且隘也。繼遵漢人之門徑，紛紛乎自以爲踐之矣，既其不如是之碎且亂也。苟止於是乎，孔子其聖而不神矣。既乃離經之繁而求之史，凡數千年國家風俗治亂之故，若者與孔教相因而進退者，得之於戰國、秦、漢之間。東漢爲美矣，以爲未足盡孔子之道也。

既乃去古學之僞而求之今文學，凡齊、魯、韓之詩，歐陽、大、小夏侯之書，孟、焦、京之易，大、小戴之禮，公羊、穀梁春秋，而得易之陰陽之變，春秋三世之義，曰：孔子之道大，雖不可盡見，而庶幾窺其藩矣，惜其彌深太漫，不得數言而賅大道之要也！乃盡舍傳說而求之經文。讀至禮運，乃浩然而嘆曰：孔子三世之變，大道之真在是矣。大同小康之道，發之明而別之精，古今進化之故，神聖憫世之深在是矣。相時而推施，並行而不悖，時聖之變通盡利在是矣。是書也，孔氏之微言真傳，萬國之無上寶典，而天下群生起死神方哉！天愛群生，賴以不泯，列聖呵護，幸以流傳二千五百年，至予小子而鴻寶發見，闢新地以殖人民，揭明月以照修夜，以仁濟天下，將納大地生民於大同域，令孔子之道大放光明，豈不異哉！

康有爲乃獵纓斂衽而正言曰：吾中國二千年來，凡漢、唐、宋、明，不別其治亂興衰，總總皆小康之世也。凡中國二千年儒先所言，自荀卿、劉歆、朱子之說所言，不別其真僞精粗美惡，總總皆小康之道也。其故則以群經諸傳所發明，皆三代之道，亦不離乎小康故也。夫孔子哀生民之艱，拯斯人之溺，深心厚望，私欲高懷，其注於大同也至矣。但以生當亂世，道難躐等，雖默想太平，世猶未升，亂猶未撥，不能不盈科乃進，循序而行，故此篇餘論及他經所明，多爲小康之論而寡發大同之道，亦所謂知其不可而爲之者耶！若其發禮意之本，極天人之故，抑可以擇先聖制作之意焉。

幼孩不能離襁褓，蒙學不能去嚴師。害飢渴者，當醉飽以濟其虛，不能遽與八珍；病傷寒者，當滌蕩以去其邪，不能遽投參朮。亂次以濟，無翼以飛，其害更甚矣。若子弟成人，尚必服以襁褓；寒邪盡去，尚不補以參苓。泥守舊方而不佑變，永因舊曆而不更新，非徒不適於時用，其害且足以死人。今者中國已小康矣，而不求進化，泥守舊方，是失孔子之意而大悖其道也，甚非所以安天下，樂群生也，甚非所以崇孔子，同大地也。且孔子之神聖，爲人道之進化，豈止大同而已哉？莊子建德之國，列子甑甂之山，凡至人之所思，固不可測矣，而況孔子乎！聖人之治，如大醫然，但因病而發藥耳。病無窮而方亦無窮。大同小康，不過神人之一二方哉！竊哀今世之病，搜得孔子舊方，不揣愚妄，竊用發明，公諸天下，庶幾中國有瘳，而大地群生俱起乎！其諸好學高識之君子有以正之。

禮運是禮記中的一篇，根據鄭康成的注解，認爲「禮運者，以其記五帝三王相變易及陰陽轉旋之道。」實則禮運是集中反映了儒家政治思想和歷史觀點，故爲歷代政治改革家所重視。譚嗣同提倡地球大同、國父提倡天下爲公，均直接受禮運的影響。

康有爲對禮運備極推崇，除爲禮運作注外，後來更依據大同之義寫成大同書，以發揮他的政治主張。

梁啟超論君政民政相嬗之理

「博矣哉，春秋張三世之義也！治天下者有三世：一日多君爲政之世，二曰一君爲政之世，三曰民爲政之世。多君世之別又有二：一曰酋長之世，一曰封建及世卿之世。一君世之別又有二：一曰君主之世，二曰君民共主之世。民政世之別亦有二：一曰有總統之世，二曰無總統之世。多君者，據亂世之政也；一君者，升平世之政也；民政者，太平世之政也。此三世六別者，與地球始有人類以來之年限有相關之理，未及其世，不能躐之，既及其世，不能閼之。」

酋長之世，起於何也？人類初戰物而勝之，然而未有輿騎舟楫之利，一山一川一林一澤之隔，則不能相通也。於是乎劃然命爲一國，其黠者或強有力者即從而君之。故老子曰：「古者鄰國相望，雞犬之聲相聞，其民老死不相往來。」禹會諸侯於塗山，執玉帛者萬國，彼禹域之大，未及今日之半也，而爲國者萬，斯蓋酋長之世也。

今之蒙古也，回疆也，苗也，黎也，生番也，土司也，非洲也，南洋也，墨洲、澳洲之土人也，皆吾夏后氏以前之世界也。凡酋長之世，戰鬥最多，何也？其地隔，故其民不相習，而其情不相加，以凡有血氣皆有爭心，故相戕無已時也。封建世既有一天子以統衆諸侯矣，而猶命爲多君，何也？封建者，天子與諸侯俱據土而治，有不純臣之義（見公羊傳注），觀於周禮只治畿內，春秋戰國諸侯各自爲政，可以見封建世之俗矣。其時諸侯與天子同有無限之權，故謂之多君，封建亦一大酋長耳，其相戕亦慘，其戰鬥亦多。

世卿謂之多君，何也？禮喪；服傳：「公士大夫之衆臣爲其君」，傳曰：『君謂有地者也』。蓋古者凡有采地皆稱君，而仕於其邑，居隸其地者，皆爲之民，其後之也亦得有無限之權，故亦謂之多君。世卿之國，亦多戰鬥，如魯之季孫氏、郈氏，晉之韓、魏、范、中行氏皆是也。故世卿亦可謂之小封建。

凡多君之世，其民皆極苦，爭城爭地，糜爛以戰，無論矣；彼其爲君者，又必窮奢極暴，賦斂之苛，徭役之苦，刑罰之刻，皆不可思議。觀於漢之諸王及今之土司，猶可得其概矣。孔子作春秋，將以救民也，故立爲大一統、譏世卿二義，此二者，所以變多君而爲一君也。變多君而爲一君，謂之小康。昔者秦、楚、吳、越相仇相殺，流血者不知幾千萬人也，問今有陝人與湘人爭強，蘇人與浙人構怨者乎？無有也。昔之相仇相殺者，皆兩君爲之也，無有君，無有國，復歸於一，則與民休息，皆大一統之效也。世卿之世，苟非貴胄不得位卿孤，乃立選舉，但使經明行修，雖蓬華之士，可以與聞天下事，如是則賢才衆多，而天下事有所賴，此譏世卿之效也。

雖然，當其變也，蓋亦難矣。秦漢以後，奉春秋爲經世之學，亦既大一統矣。然漢初之吳楚七國亂之，漢末以州牧亂之，晉之八王之亂，唐之藩鎮亂之，乃至明之燕王宸濠，此害猶未獲息。越二千年，直至我朝，定宗室自親王以下至奉恩將軍凡九等，功臣自一等公以下至恩騎尉凡二十六等，悉用漢關內侯之制，無分土，無分民，而封建之多君始廢。漢氏雖定選舉之制，而魏晉九品中正，寒門貴族，界限畫然，此猶微有世卿之意焉。

雖然，吾中國二千年免於多君之害者，抑已多矣，皆食素王之賜也。凡變多君而爲一君者，其國必驟強。昔美之三十七邦也，德之二十五邦也，意之二十四邦也，日本之九十二諸侯也，當其未合也，彼數國者曾不克自列於地球也；其既合也，乃各雄長於三洲，何也？彼昔者方罷敝其民以相爭之不暇，自斲其元氣，耗其財力，以各供其君之私欲，合而一之，乃免此難，此一君世之所以爲小康也。而惜乎諸國用春秋之義太晚，百年前之糜爛，良可哀也！世卿之多君，地球各國，自中土以外，罕有能變者。日本受毒最久，藤原以後，政柄下移，大將軍諸侯王之權，過於天皇，直至明治維新，凡千餘年，乃始克革。今俄之皇族，世在要津，英之世爵，主持上議院，乃至法人既變民政，而前朝爵胄猶潛滋暗竊，漸移國權，蓋甚矣變之之難也！

封建世卿之與奴隸，其事相因也。舉天下之地而畀諸諸侯，則凡居其地者莫敢不爲臣；舉天下之田而聚諸貴族，則凡耕其田者莫敢不爲隸。故多君之世，其民必分爲數等，而奴隸遍於天下。孔子之制，則自天子以外，士農工商（天子之元子猶士也）編爲四民，各授百畝，咸得自主。六經不言奴隸，（周禮有之者，非孔子所定之制。）漢世累詔放奴婢，行孔子之制也。後世此議不講，至今日而滿蒙尚有包衣望族，達官尚有世僕，蓋猶多君世之舊習焉。西方則俄國之田尚悉歸貴族掌轄，法國之田悉爲教士及世爵公產，凡齊民之欲耕者不得不佃其田，而佃其田者不得不爲之役，其餘諸國亦多類是。日本分人爲數等之風尤盛，乃至有「穢多」、「非人」等名號，凡列此者，不齒人類，而南北美至以販奴一事，搆兵垂十年，此皆多君世之弊政也，今殆將革矣，此亦春秋施及蠻貊之一端也。（余有孔制禁用奴隸考。）

歐洲自希臘列國時已時有議政院，論者以爲即今之民政，然而吾竊焉疑之。彼其議院，皆王族世爵主持其事，如魯之三桓，鄭之七穆，晉之六卿，楚之屈景，父子兄弟世居要津相繼相及耳。

至於匹夫編戶，豈直能與聞國是，乃至視之若奴隸，舉族不得通籍。此其爲政也，謂之君無權則可，謂之民有權則不可，此實世卿多君之世界也。度其爲制也，殆如英國今日之上議院，而非英國今之下議院。周厲無道，見流於彘，而共和執政，滕文公行三年之喪，而父兄百官皆不悅，此實上議院之制也，不得謂之民政。若謂此爲民政也，則我朝天聰崇德間，八貝勒並坐議政，亦寧可謂之爲民政也。俄史稱俄本有議事會，由貴爵主之，頗有權勢，諸事皆可酌定。一千六百九十九年，大彼得廢之，更立新會，損益其規，俾權操於己（見俄史輯譯卷二）。俄之舊會，殆猶夫希臘、羅馬諸國之議院也，猶多君之政也。俄變多君而爲一君，則自大彼得始也。

大地之事事物物，皆由簡而進於繁，由質而進於文，由惡而進於善，有一定之等，有一定之時，如地質學各層之石，其位次不能淩亂也。今謂當中土多君之世而國已有民政，既有民政而旋復退而爲君政，此於公理不順，明於幾何之學者，必能辨之。

嚴復曰：歐洲政制，向分三種：曰滿那棄者，一君治民之制也；曰巫里斯託格拉時者，世族貴人共和之制也；曰德謨格拉時者，國民爲政之制也。德謨格拉時又名公產，又名合衆，希羅兩史班班可稽，與前二制相爲起滅，雖其時法制未若今者之美備，然實爲後來民治濫觴。且天演之事，始於胚胎，終於成體，泰西有今日之民主，則當夏、商時合有種子以爲起點，而專行君主之國，雖演之億萬年，不能由君而入民；子之言未爲當也。

啟超曰：吾既未克讀西籍，事事仰給於舌人，則於西史所習知甚淺也。乃若所疑，則據虛理比例以測之。以謂其國既能行民政者，必其民之智甚開，其民之力甚厚。既舉一國之民而智焉而力焉，則必無復退而爲君權主治之理。此猶崗石之下不得復有煤層，煤層之下不得復有人迹層也。至於希羅二史所稱者，其或猶火山地震噴出之石汁而加於地層之上，則非所敢知，然終疑其爲偶然之事，且非全體也。故代蘭得（西史稱借民權之名以攘君位者謂之代蘭得）常得取而篡之，其與今之民政殆相懸也。至疑西方有胚胎而東方無起點，斯殆不然也。日本爲二千年一王主治之國，其君權之重過於我邦，而今日民義之伸不讓英德，然則民政不必待數千年前之起點明矣。蓋地球之運將入太平，固非泰西之所得專，亦非震旦之所得避，吾知不及百年，將舉五洲而悉惟民之從，而吾中國亦未必能獨立而不變，此亦事理之無如何者也。

世之賢知太過者，或疑孔子何必言小康，此大謬也。凡由多君之政而入民政者，其間必經一君之政乃始克達。所異者，西人則多君之運長，一君之運短，中國則多君之運短，一君之運長，（此專就三千年內言之。）至其自今以往，同歸民政，所謂及其成功一也。此猶佛法之有頓漸而同一法門。若夫吾中土奉一君之制，而使二千年來殺機寡於西國者，則小康之功德無算也。此孔子立三世之微意也。

問今日之美國法國，可爲太平矣乎？曰惡，惡可；今日之天下，自美法等國言之，則可謂爲民政之世，自中俄英日等國言之，則可謂爲一君之世，然合全局以言之，則仍爲多君之世而已。各私其國，各私其種，各私其土，各私其物，各私其工，各私其商，各私其財。度支之額，半充養兵；舉國之民，悉隸行伍；眈眈相視，齮齕相仇；龍蛇起陸，殺機方長；螳雀互尋，冤親誰問、嗚呼，五洲萬國，直一大酋長之世界焉耳！春秋曰：「未不亦樂乎堯舜之知君子也！」易曰：「見群龍無首吉。」其殆爲千百年以後之天下言之哉！」

本文發表於一八九七年。此時西方列強已由資本主義階段發展到帝國主義階段，一八九五年中日甲午戰爭後，乘中國的戰敗，爭先恐後地向中國進一步進行侵略，形成瓜分中國的緊張局勢；本文更從理論上論證中國實行君行立憲的必然性；實爲戊戌變法的先聲。

(3) 譚嗣同思緯臺短書（節錄報貝元徵）

來語『將講洋務之術尚未精，必變法之以圖治歟，抑中國聖人之道固有未可盡棄者歟？』嗣同以爲聖人之道，無可疑也，方欲少棄之而不能，何況於盡！特所謂道，非空言而已，必有所麗而後見。易曰：『形而上者謂之道；形而下者謂之器。』曰上曰下，明道器之相爲一也。……由此觀之，聖人之道，果非空言而已，必有所麗而後見。麗於耳目，有視聽之道；麗於心思，有仁義智信之道；麗於倫紀，有忠孝友恭之道；麗於禮樂征伐，有治國平天下之道。故道，用也；器，體也；體立而用行，器存而道不亡。自學者不審，誤以道爲體，道始迷離徜恍，若一幻物，虛懸於空漠無朕之際，而果何物也耶？於人何補，於世何濟，得之何益，失之何損耶？將非所謂惑世誣民異端者耶？夫苟辨道之不離乎器，則天下之爲器亦大矣。器既變，道安得獨不變？變而仍爲器，亦仍不離乎道，人自不能棄器，又何以棄道哉？……

即如君臣一倫，人人知其有，不待言矣。而有所謂民主者，尤爲大公至正，彬彬唐、虞揖讓之風，視中國秦以後尊君卑臣，以隔絕不通氣爲握固之愚計，相去奚止霄壤。於族屬有姓氏之分，有譜牒之系，長幼卑尊之相次，父子兄弟之相處，未嘗不熙熙然。彼惟無人不出於學，深得易子而教之義，故年至成立，藝術已就，其父母分與資財，令其自立，是尤合古之士父子異宮之法，其日日問視可如故，非一離不復合，一別不更親也。且將以小離終保其大合，以有別不至相夷於無親，是可無中國「室無空虛，婦姑勃谿」之弊。人人不能不求自立之道，通國於以無惰民，不似中國轉累父母養之憂之，使父母有「多男多懼」及「汝曹催我老」之嘆也。祖父之產，身後不悉歸於子孫，猶然民主之法之推也，是永無兄弟骨肉爭產之訟與奪嫡爭繼之訟。嗣同所識西人，有英醫士某，能孝其母，言及其母，則肫肫然有孺慕之色；三數日一寄書，言瑣屑事甚備，下及日所食之蔬果，無不奉告惟謹，又不時電問安否。至其俗左男而右女，自爲風氣所囿，亦猶中國燒拜香之陋俗，謂止可爲母燒之，父則當不起也。夫婦則自君至民，無置妾之例，又皆出於兩情相願，故伉儷篤重，無妒爭之患，其子孫亦遂無嫡庶相猜忌之患。朋友則崇尚風義，講信修睦，通財忘勢而相赴難。其學堂書院之規模，一堂師弟，恩誼分明，迥非中國書院之攘詬及近日師弟相待之薄。即與異邦人交，無不竭盡其誠，胡、越而肝膽，永無市井欺詐之習，是尤爲中國衰世所絕無。……

夫法也者，道之淆賾而蕃變者也。三代儒者，言道必兼言治法，在漢儒猶守此誼，故老、莊與申、韓同傳，而鹽鐵論列於儒家。自言道者不依於法，且以法爲粗述，別求所謂精焉者，道無所寓之器而道非道矣。至於法之與時爲變也，所謂「漢、唐無今日之道，今日非他年之道」，道之可有而且無者也。且無則不能終無，可有尤必應亟有。然以語乎今日，又不徒可有而且無，實今無而古不必不有者也。……

憶往年共足下談時事，疾世之薄儒也，嗣同奮起作色曰：「奈何詆儒術無用乎？今日所用，特非儒術耳。」足下便嘆絕，說是知言。故夫法之當變，非謂變古法，直變去今之以非亂是，以僞亂真之法，漸漸復於古耳。古法可考者，六經尚矣，而其至實之法，要莫詳於周禮。周公以之致太平而賓服四夷者也。朱子謂：「周官如一桶水，點滴不漏，蓋幾經歷代聖君賢相創述因革，衷諸至善，而後有此郁郁乎文之治。」嗣同嘗嘆周公之法而在也，誰敢正目視中國，而蒙此普天之羞辱，至率九州含生之類以殉之也哉！蓋至是始識周公立法之善，而孔子、孟子皇皇周流，思以匹夫挽救周公之法將廢，終不見用，猶垂空文以教後世，萬一有能復之者；所以貽萬世以安，不忍人類日趨消亡，遂有今日之奇禍也。其事至難，其心至苦，斯其計慮亦至深遠矣。當時既皆不悟，至秦果盡廢周公之法。是周公之法。在秦時已蕩然無存，況秦以來二千餘年，日朘月削以迄今日，雖漢、唐之法，尚遠不逮，豈復有周公之法一毫哉！

「然則今日所用，不但非儒術而已，直積亂二千餘年暴秦之弊法，且幾於無法，而猶謂不當變者，抑嘗深思而審處上下古今一綜計之乎？然以積亂二千餘年暴秦之弊法，且幾於無法，而欲取周公之法之幾經歷代聖君賢相創述因革，衷諸至善，而後有此郁郁乎文之治，爲兩漢所可復而不復，而使一旦復於積重難返之時，則勢有萬萬不能者。井田可復乎？封建可復乎？世祿可復乎？宗法可復乎？一切典章制度，聲明文物，又泯然無傳，非後世所能感虛摹擬。此數者，周公藉以立法之質地也。數者不可復，其餘無所依附，自閡窒而難施。故曰無其器則無其道……」

來語「數十年來士大夫爭講洋務，絕無成效，反驅天下人才，盡人於頑鈍貪詐，」嗣同以爲足下非惟不識洋務之謂，兼不識何者爲講矣。盖中國數十年來，何嘗有洋務哉？抑豈有一士大夫能講者？能講洋務，即又無今日之事。足下所謂洋務，第就所見之輪船已耳，電線已耳，火車已耳，槍炮、水雷及織布、煉鐵諸機器已耳，於其法度政令之美備，曾未夢見，固宜足下之云爾。凡此皆洋務之枝葉，非其根本。執枝葉而責根本之成效，何爲不絕無哉？況枝葉尚無有能講者。……

然則中國虛擲此數十年，足下猶稱爲講洋務，毋乃過於高視袞袞諸公，爲之出其罪乎？徼末流之失，遂謂創始之非，又何異懲羹而吹齏，因噎而廢食矣。

且惟數十年士君子徒尚空談，清流養望，以辦洋務爲降志辱身，攻擊不遺餘力，稍知愧恥者至不敢與洋務人通往來，於是惟下賤無恥不恤聲名之流，始甘心從事。上官明知其非類，窘於無人，不獲已而用之，有細崽起爲關道者矣，有從馬占仕至封圻者矣，人才安得興？洋務安得有效？足下所謂反驅天北人，才盡入於頑鈍貪詐，反之一字，適足見洋務本非驅人之具，無真知洋務之人，使頑鈍貪詐得詭托於洋務以售其奸，反似洋務有以驅之云爾。此又不得專罪諸公，實士君子引嫌自高，不屑務實事之過矣。有其學而不用，猶可曰不用者之罪也；自不肯爲有用之學，將誰執其咎哉……

試問詆洋務者，能不衣洋布、用洋物乎？與其仰彼之物以爲用，使其日耗吾民之財，何如皆自造之，自用之，兼造彼所需用者抵禦之，以留養民命，紓民力之脂膏耶？中國舉事，著著落後，寖併落後之著而無之，是後陵遲至有今日。而所謂士著，方更堅持舊說，負固不服，不問此時爲何時，所當爲何事，溺於考據章，狃於湘軍中國人殺中國人之百戰百勝，而怙以矜夸。見有識者討論實學，力挽危局，又惡其形己虛而乘己短也，從而媢之、疾之、詈之，以異端訾之。然則便當拱手瞠目以待誅戮耶？愚嘗謂中國有亡國之士者此也。

又不惟士，有亡國之民焉。各省之毀教堂，打洋人，湖南之阻礦務，阻電線。以天子之尊，不能舉一事……頃四川教案，牽涉多國，大易不了。保護教堂之嚴旨，急如星火。馴至寓湖北之洋人，每日游洪山，令由督撫衙門派兵伺候，豈復成世界！西人猶謂中國之官曾不能自約束中國之曾不能自約束中國之民，要此官何用。其評吾湘人，一則曰無教化之野蠻，再則曰未智識之童騃，而中國之人嘗一致思否乎？……

案左昭廿四年：「鄭子太叔……曰：……人亦有言曰：嫠不恤其緯，而憂宗周之隕爲將及焉。」譚氏以「思緯壹壹」名其臺者，蓋寄國事之憂於「思緯」而抑鬱之義也。（壹壹，同氤氳，靈氣結聚也，故以狀憂鬱。）此書內容主張變法以效西方之富強並諷當時洋務運動之不切實際。其於時弊人心均可謂鞭闢入裡。全文近萬言，故節錄之。

(4) 嚴復的闢韓

往者吾讀韓子原道之篇，未嘗不恨其於道於治淺矣。其言曰：『古之時，人之害多矣。有聖人者立，然後教之以相生相養之道。爲之君，爲之師，驅其蟲蛇禽獸而處之中土。寒，然後爲之衣；飢，然後爲之食；木處而顚，土處而病也，然後爲之宮室。爲之工以贍其器用，爲之賈以通其有無，爲之醫藥以濟其夭死，爲之葬埋祭祀以長其恩愛，爲之禮以次其先後，爲之樂以宣其湮鬱，爲之政以率其怠倦，爲之刑以鋤其強梗。相欺也，爲之符璽斗斛權衡以信之；相奪也，爲之城郭甲兵以守之。害至而爲之備，患生而爲之防。……如古之無聖人，人之類滅久矣。何也？無羽毛鱗介以居寒熱也，無爪牙以爭食也。』如韓子之言，則彼聖人者，其身與其先祖父必皆非人焉而後可，必皆有羽毛鱗介而後可，必皆有爪牙而後可。使聖人與其先祖父而皆人也，則未及其生，未及成長，其被蟲蛇禽獸寒飢木土之害而夭死者，固已久矣，又烏能爲之禮樂刑政，以爲他人防備患害也哉？老之道，其勝孔子與否，抑無所異焉，吾不足以定之；至其自然，則雖孔子無以易，韓子一概辭而闢之，則不思之過耳。

而韓子又曰：『君者，出令者也；臣者，行君之令而致之民者也；民者，出粟米麻絲作器皿通貨財以事其上者也。君不出令，則失其所以爲君；臣不行君之令，則失其所以爲臣；民不出粟米麻絲作器皿通貨財以事其上，則誅。』嗟乎！君臣相資之事，固如是焉已哉？夫茍如是而已，則桀、紂、秦政之治，初何以異於堯、舜、三王？且使民與禽獸雜居，寒至而不知衣，飢至而不知食，凡所謂宮室器用醫藥埋葬之事，舉皆待教而後知爲之，則人之類其滅久矣，彼聖人者，又烏得此民者出令而君之？

孟子曰：「民爲貴，社稷次之，君爲輕。」此古今之通義也。而韓子不爾云者，知有一人而不知有億兆也。老之言曰：「竊鉤者誅，竊國者侯。」夫自秦以來，爲國之君者，皆其尤強梗者也。……竊嘗聞「道之大原出於天」矣。今韓子務尊其尤強梗……之一人，使安坐而出其唯所欲爲之令，而使天下無數之民各出其苦筋力勞神慮者以供其欲，少不如是焉則誅，天之意固如是乎？道之原又如是乎？……

且韓子亦知君臣之倫之出於不得已乎？有其相欺，有其相奪，有其強梗，有其患害，而民既爲是粟米麻絲作器皿通貨財與凡相生相養之事矣，今又使操其刑焉以鋤，主其斗斛權衡焉以信，造爲城郭甲兵焉以守，則其勢不能，於是通功易事，擇其公且賢者，立而爲之君。其意固曰：『吾耕矣織矣，工矣賈矣，又使吾自衛其性命財產焉，則廢吾事；何若使子專力於所以爲衛者，而吾分其所得於耕織工賈者以食子給子之爲利廣而事易治乎？』此天下立君之本恉也。是故君也臣也，刑也兵也，皆緣衛民之事而後有也；而民之所以有待於衛者，以其有強梗欺奪患害也。有其強梗欺奪患害也者，化未進而民未盡善也。是故君也者，與天下之不善而同存，不與天下之善而對待也。今使用仁義道德之說，而天下如韓子所謂「以之爲己，則順而祥，以之爲人，則愛而公，以之爲心，則和且平。」夫如是之民，則莫不知其性分之所固有，職分之所當爲矣，尚何有於強梗欺奪？尚何有於相爲患害？又安用此高高在上者朘我以生，出令令我，責所出而誅我，時而撫我爲后，時而虐我爲仇也哉？故曰，君臣之倫，蓋出於不得已也。唯其不得已，故不足以爲道之原。……

然則及今而棄吾君臣，可乎？是大不可。何則？其時未至，其俗未成，其民不足以自治也。彼西洋之善國且不能，而況中國乎！今夫西洋者，一國之大公事，民之相與自爲者居其七，由朝廷而爲之者居其三，而其中之犖犖尤大者，則明刑治兵兩大事而已。何則？二事者，民之所仰於其國之最急者也。昔漢高入關，約法三章耳，而秦民大服，知民所求於上者，保其性命財產，不過如是而已。更騖其餘，所謂『代大匠斲未有不傷指』者也。是故使今日而中國聖人興，彼將曰：『吾之以藐藐之身托於億兆之上者，不得已也…民之弗能自治者，才未逮，力未長，德未和也。乃今將早夜以孳孳求所以進吾民之才、德、力者，使其無相欺相奪而相患害也，吾將悉聽其自繇。民之自繇，天之所畀也，吾又烏得而靳之！如是，幸而民至於能自治故也，吾將悉復而與之矣。唯一國之日進富強，余一人與吾子孫尚亦有利焉。吾曷貴私天下哉！』誠如是，三十年而民不大和，治不大進，六十年而中國有不克與歐洲各國方富而比強者，正吾莠言亂政之罪可也……

闢韓與原強同作於一八九五年，是對原強所提出的新民德的發揮和補充，是一篇最鮮明的反對專制、提倡民權的文章，最足以代表嚴復早期思想的一面，也最足以反映當代的民權見解。

(5)章炳麟駁康有爲論革命書（節錄於一九〇三年上海蘇報）

……讀與南、北美洲諸華商書，謂中國只可立憲，不能革命，援引古今，洒洒萬言……夫以一時之富貴，冒萬億不韙不辭，舞詞弄扎，眩惑天下，使賤儒元惡爲之則已矣；尊稱聖人，自謂教主，而猶爲是妄言……以佞滿人已耳，而天下之受其蠱惑者，乃較諸出於賤儒元惡爲尤甚，吾可無一言以是正之乎？

謹案「長素大旨，不論種族異同，惟計情僞得失以立說。雖然，民族主義，自太古原人之世，其根性固已潛在，遠至今日，乃始發達，此生民之良知本能也。長素亦知種族之必不可破，於是依違遷就以成其說，援引匈奴列傳，以爲上繫淳維，生自禹後。夫滿洲種族，是曰東胡，西方謂之通古斯種，固爲匈奴殊類。雖以匈奴言之，彼既大去華夏，永滯不毛，言語政教，飲食起居，一切自異於域內，猶得謂之同種耶？

長素因言大同公理非今日即可全行，然則今日固爲民族主義時代，而可泯淆滿漢以同薰蕕於一器哉？……長素以爲『中國今日之人心，公理未明，舊俗俱在，革命以後，必將日尋干戈，偷生不暇，何能變法救民，整頓內治！』夫公理未明，舊俗俱在之民，不可革命而可立憲，此又何也？豈有立憲之世，一人獨聖於上而天下皆生番野蠻者哉？雖然，以此譏長素，則爲反唇相稽，校軫無已，吾曰不可立憲，長素猶曰不可革命也。則應之曰：人心之智慧，自競爭而後發生，今日之民智，不必恃他事以開之，而但恃革命以開之。且勿舉華拿二聖而舉明末之李自成。李自成者，迫於飢寒，揭竿而起，固無革命觀念，尚非今日廣西會黨之儕也。然自聲勢稍增而革命之念起，革命之念起而剿兵救民賑飢濟困之事興。豈李自成生而有是志哉？競爭既久，知此事之不可已也。雖然，在李自成之世，則賑飢濟困爲不可已；在今之世，則合衆共和爲不可已。是故以賑飢濟困結人心者，事成之後，或爲梟雄；以合衆共和結人心者，事成之後，必爲民主。民主之興，實由時勢迫之，而亦由競爭以生此智慧者也。……今之廣西會黨，其成敗雖不可知，要之繼此而起者必視廣西會黨爲尤勝，可豫言也。然則公理之未明，即以革命明之；舊俗之俱在，即以革命去之。革命非天雄、大黃之猛劑，而實補瀉兼備之良藥矣……。

夫以種族異同明白如此，情僞得失彰較如彼，而長素猶偷言立憲而力排革命者，寧智不足，識不逮邪？吾觀長素，二十年中，變易多矣。始孫文倡義於廣州，長素嘗遣陳千秋林奎往，密與通情。及建設保國會，亦言保中國不保大清，斯固志在革命者。未幾，瞑瞑於富貴利祿，而欲與素志調和，於是戊戌柄政，始有變法之議……。

抑吾有爲長素憂者，向日革命之議嘩傳於人間，至今未艾。陳千秋雖死，孫文林奎尚在；唐才常雖死，張之洞尚在；保國會之微言不著竹帛，而入會諸公尚在；其足以證明長素之有志革命者，不可件舉，雖滿人之愚蒙，亦未必遽爲長素欺也。嗚呼哀哉！「南海聖人」，多方善療，而梧鼠之技不過於五，亦有時而窮矣。滿人既不可欺，富貴既不可復，而反使炎黃遺胄，受其蒙蔽，而緩於自立之圖。惜乎！已既自迷，又使他人淪陷，豈直二缶鍾惑而已乎！此吾所以不得不爲之辨也。

若長素能躍然祇悔，奮厲朝氣，內量資望，外審時勢，以長素魁壘耆碩之譽聞於禹域，而弟子亦多言革命者，少一轉移，不失爲素王玄聖。後王有作，宣昭國光，則長素之像屹立於星霧；長素之書尊藏於石室；長素之迹葆覆於金塔；長素之器配崇於銅柱……，以視名實俱喪，爲天下笑者何如哉？」（太炎文錄初篇卷二）

章炳麟（一八六七——一九三六年），字太炎，浙江餘杭人。爲知識廣博之學者，亦爲具有愛國主義思想的革命家。他主張革命，澈底推翻清朝的封建統治，認爲革命是補瀉兼備的良藥。一九〇三年發表本文，闡明了民主共和革命優於君主立憲，而對康氏之思想主張，嚴加抨擊，對於當時的革命運動，頗具鼓舞作用。雖持論以狹義民族主義爲重心，然在當時而言，仍然是義正辭嚴的說法。全文近萬言，特錄其菁要，以見當時說理文學之一斑。

孫中山民報發刊詞

近時雜誌之作者亦夥矣；婞詞以爲美，囂聽而無所終，擿埴索塗，不獲則反覆其詞而自惑，求其斟時弊以立言，如古人所謂對症發藥者，已不可見，而況夫孤懷弘識，遠矚將來者乎！夫繕群之道，與群俱進，而擇別取捨，惟其最宜。此群之歷史既與彼群殊，則所以掖而進之之階級，不無後先進止之別，由之不貳，此所以爲輿論之母也。

余維歐美之進化，凡以三大主義：曰民族，曰民權，曰民生。羅馬之亡，民族主義興，而歐洲各國以獨立。洎自帝其國，威行專制，在下者不堪其苦，則民權主義起。十八世紀之末，十九世紀之初，專制仆而立憲政體殖焉。世界開化，人智益蒸，物質發舒，百年銳於千載，經濟問題繼政治問題之後，則民生主義躍躍然動，二十世紀不得不爲民生主義之擅場時代也。是三大主義皆基本於民，遞嬗變易，而歐美之人種胥治化焉。……

今者中國以千年專制之毒而不解，異種殘之，外邦逼之，民族主義、民權主義殆不可以須臾緩。而民生主義，歐美所慮積重難返者，中國獨受病未深而去之易。是故或於人爲既往之陳述，或於我爲方來之大患，要爲繕吾群所有事，則不可不並時而弛張之。……吾國治民生主義者，發達最先，睹其禍害於未萌，誠可舉政治革命、社會革命畢其功於一役。還視歐美，彼且瞠乎後也。

惟夫一群之中，有少數最良之心理，能策其群而進之，使最宜之治法適應於吾群，吾群之進步適應於世界，此先知先覺之天職，而吾民報所為作也。抑非常革命新之學說，其理想輸灌於人心而化為常識，則其去實行也近。吾於民報之出世覘之。

以上作品，可說是文言的通俗化、時代化的開端。他的思想，使中國的政治、社會改革，具體於「辛亥」革命及「五四」運動；他的文學主張；也孕育了「五四」之中的文學革命。因為，在愛國救國的前提下戊戌的維新思想，催化了辛亥革命，辛亥革命又催化了「五四」運動；而文學的改革，更是一切的入手。就像左舜生所說：

「五四」前後的一個新運動，總是對中國如何吸收外來文化以充實中國新生命的這一命題，跨進了一大步。他們提出民主與科學為目標，而以改良文學為入手，總算是抓住了要點。假定在最近的四十年，大家能夠不三心二意，抱定民主與科學這兩大目標，運用現代語寫成的文章來讀政治、讀科學，來介紹外國的名著，外國的文學，更進一步寫作自己屬於各方面的東西……今天一定己經大有可觀了。」（五四論集中國近代三度改革運動的檢討—戊戌之「辛亥」、五四）

2. 本期詩歌選例——下列作品，仍存古典風貌，而且更能表現中華兒女的時代精神。

孫中山馬上吟

感來意氣不論功，魂夢忽驚征馬中，漠漠亞東雲萬疊，鐵鞭叱咤厲天風！

此詩為 國父於民前五年十二月八日鎮南關革命失敗退入安南所作。（錄自日人池亨吉支那革命實見錄）

孫中山挽劉道一烈士

半壁東南三楚雄，劉郎死去霸圖空，尚餘遺孽艱難甚，誰與斯人慷慨同！塞上秋風悲戰馬，神州落日泣哀鴻，幾時痛飲黃龍酒，横攬江流一奠公！

譚嗣同繫獄念南海詩

望門投宿思張儉，忍死須臾待杜根，我自横刀向天笑，去留肝膽兩崑崙。

章炳麟哭鄒容詩

鄒容吾小弟，被髮下瀛州，快剪刀除辮，乾牛肉作餱。英雄一入獄，天地亦悲秋，臨命須摻手，乾坤兩低頭！

章炳麟長沙謁賈太傅祠

高鳳縹縹　清影，公去何之石床冷。未央宣室長寂寥，千家尚飲先生井。

秋瑾詠秦良玉

莫重男兒薄女兒，平臺詩句賜娥眉；吾儕得此添生色，始信英雄亦有雌！

秋瑾滿江紅

小住京華，早又是中秋佳節。爲籬下黃花開遍，秋容如拭。四面歌殘終破楚，八年風味徒思浙，若將儂強派作蛾眉，殊未屑。身不得，男兒列，心卻比，男兒烈。平生肝膽，因人常熱。俗子胸襟誰識我？英雄末路常磨折。莽莽紅塵何處覓知音？青衫濕！

秋瑾寶刀歌

漢家宮闕斜陽裡，五千餘年古國死，一睡沈沈數百年，大家不識做奴恥。憶昔我祖名軒轅，發祥根據在崑崙，闢地黃河及長江，大刀霍霍定中原。痛哭煤山可奈何，帝城荊棘埋銅駝，幾番回頭京華望，亡國悲歌涕淚多。北上聯軍八國衆，把我江山又贈送，白鬼西來做警鐘，沐日浴月百寶光，輕生七尺可昂藏，誓將死裡求生路，世界和平賴武裝。不觀荊軻作秦客，圖窮匕首見盈尺，殿前一擊雖不中，已奪專制魔王魄。我欲雙手援祖國，奴種流傳遍禹域，心死人人奈爾何，援筆作此寶刀歌：寶刀之歌壯肝膽，死國靈魂喚起多，寶刀俠劍孰與儔，平生了了舊恩仇，莫嫌刀鐵非英物，救國奇功賴爾收。願從茲以天地爲鑪，陰陽爲炭兮！鐵聚六州；鑄造出千柄萬柄刀兮！澄清神州；上繼我祖黃帝赫之威名兮！一洗數百年國史之奇羞。

林文致友余和章詩

秦楚河山百二重，而今與地覓堯封，鄭洪義舉斜陽冷，萬岳奇才碧木空。人事何曾哀樂盡，野花依舊寂寥紅，魚龍殘夜誰能嘯，祇此傷心萬古同！

汪兆銘獄中詩

慷慨歌燕市，從容作楚囚，引刀成一快，不負少年頭。（本詩作者雖晚節不終，然論文學價值，固不宜以人廢言，故予存錄之。）

邵翼如詩（玄圃詩存）

貴縣謁石翼王亭

大漢男兒歌破斧，手提三尺盪胡虜。剩騎北伐勢莫當，翼王矯矯人中虎。惜哉中朝亂無序，自壞金瓿彼纖豎。蜀川星隕天所哀，精爽耿耿没猶怒。西江漣漪夏屋渠，魂予倘來娛茲土。豐碑嵯峨民不忘，我來拜王淚如雨。

于右任詩孝陵

虎口餘生亦自矜，天留鐵漢卜將興。短衣散髮三千里，亡命南來哭孝陵。

再出關

自斷庭闈愴客魂，倉皇變姓出關門。不爲湯武非人子，付與河山是淚痕。萬里辭家纔幾日，三年蹈海莫深論。長途苦羨四飛鳥，日暮爭投入故村。

武功城外

扶杖行吟任所之，武功原上晚晴時。郊禖誰禱姜嫄廟，春雨人耕后稷祠。萬里風雲掩西北，十年兵火接豳岐，綠揚臨水川如畫，景物流連老益悲。

金鼓河山訴不平，義旗牽引復西征；郊連戰壘周原壯，浪打城隅漆水明。朔漠冰霜蘇子節，春風桃李武侯營。登壇慷慨今猶昔，忍淚連年說用兵。

吳芳吉詩（白屋詩稿）

一、題耐庵言志詩集

讀公南行詩，使我心魂馳。飛鷺集林似錦里，山猿見食憶峨嵋。天遙復海碧，筆底助神奇。但惜未能追杖履，坐令雲島蒼茫空念之。公之詩，公之志。公志如何家國事，公詩如何性靈寄。謂公之詩有爲而後爲，公豈屑屑雕蟲技。謂公之詩無爲而自爲，公言歷歷足珍異。清琴兮漣漣。有感發，輒留連。籠百態，樂性天。從古詩人貴適志，道在有爲無爲間。

二、凍雀詩

踏雪空山，有雀凍不能飛，久之竟死。插梅花其上以哀之云。

1. 凍雀拂地飛飛，羽毛稀且離披。欲飛不起哀啼，啼聲一何悽悲。山前山後堅冰垂，枝南枝北密雪堆。青蟲已蟄草根萎，人煙斷絕稻粱微。凍雀凍雀爾休悲，來來與我共還歸。

2. 爾雌爾雄遠離，爾父爾母誰棲。爾室爾宇已夷，爾雛爾子安依。爾啼雖苦誰聽之，爾翮已鎩村童欺。天地悠悠咸覆載，奈何使爾子如遺。凍雀凍雀爾休啼，有吾忍汝昔煩思。

3. 啁啾氣已遲遲，引吭將翔還低。兩眼相望依依，欲閉不閉心疲。冥色紫暗朔風淒，人天末日慘斯時，翻時向我欲長辭，似道巢中母子飢。凍雀凍雀爾聲嘶，聲嘶念集意何其。

4. 嗚呼逝水不回，天之將喪安追。榆關血戰成灰，松江砲震如雷。生民百萬葬兵威，骨肉爲糜野狗肥。縱有劫餘傷鰥寡，依剝囊傾當問誰。凍雀凍雀小魂歸，梅花插墓有芳碑。

（註）此詩長兄一見而知爲仿彭竹士之哀野鼠詩也。（To a mouse）「榆關」，奉直再戰，以馮玉祥之倒曹而罷。「松江」，江浙之戰，又以孫傳芳之驅盧而起。

楊雲史詩秦皇島軍中即事

榆關金鼓接胡天，夜夜將軍帶甲眠。沙上月明橫萬騎，殺聲都在五更前。遼海雲深起暮笳，匈奴未滅若爲家。中軍夜半傳新令，萬幕天高月滿沙。一夕班師戰壘空，他年猿鳥弔英雄，從今月小山高夜，付與詩人淚眼中。行人垂淚說金牌，畢竟今哀勝古哀；昨夜盧龍城上月，五更猶照廢營來。

散衙歸山衆客必至婦自治酒食日以爲常

鳥下吏人散，停車水木邊，夕陽閒洗馬，新月亂鳴蟬，燒竈山中竹，煎茶屋後泉；殊方能健飯，調護覺妻賢。

黃公度馬關紀事五首錄四

既遣和戎使，翻貽驕倨書。改書追玉璽，絶使復軺車。脣齒相關誼，干戈百戰餘。所期捐細故，盟好復如初。

卅載安危繫，中興郭子儀。屈迎回鶻馬，羞引漢龍旗。正勞司賓館，翻驚力士椎。存亡家國淚，淒絶病床時。

括地難償債，臺高到極天。行籌無萬數，納幣一千年。遼金歲幣銀二十萬兩以今計之合一千年乃有此數持衆忘蠭蠆。驚人看雀鸇。傷心償博進，十擲輒成韃。

竟賣盧龍塞，非徒棄一州。趙方謀六縣，楚已會諸侯。地引相牙犬，鄰還已奪牛。瓜分倘乘敝，更益後來憂。

二、新文學的開創

㈠新文學的由來

包括提倡新文學的「五四」運動，其醞釀已如前述。但文學本身之演進，新宗教的輸入，西方文化的激盪，更是新文學形成的動因。詩詞之由四言雙式句型到五七言，到律詩絶句，到長短句的詞、曲，到今日的語體詩，散文之由早期的歷史散文，到哲學散文；韻文由楚辭到漢賦，到駢賦、散賦，而產生所謂文之分的駢散文，再由復古的古文到八大家的散文，到晚明的小品，到今日的白話散文；小說之由古代的神話，到怪異故事，到說書，到章回小說，到今日的長、短篇；所有的發展，都以社會轉變爲背景。宗教傳入的經典譯文，爲白話文的先驅；而佛經的偈語，對於白話詩，更是精鍊的表現。基督教的唱詩，更直接指引了白話詩的路綫。至於宗教思想之影響於詩歌，尤以禪學爲甚。西洋文化方面：梁啟超所譯介的達爾文進化論，盧梭的自然主義，培根的經驗哲學、笛卡兒的推理哲學、羅蘭夫人的革命事蹟；嚴復所譯介的天演論；胡適的易卜生主義，都在學術界、思想家之中，掀起新思潮。間接影響了文學的境界；而譯文之漸趨於語體，更是新文學運動的莫大助力。然後，由「辛亥」、「五四」的直接衝擊，竟使新文學與政治、社會的改革運動，相輔相成而滙聚一持續發展的巨流。

(二) 新文學運動的發端

此項運動的根據地是，蔡元培所領導的北京大學。倡議的主力也是北大的許多名教授。民國六年一月號新青年所發表的文學改良芻議，是文學革命的第一聲號角，作者胡適自然是發動革命的第一人——爲中國文學改革而衝鋒的勇者。芻議說：「文學者，隨時代而變遷者也。一時代有一時代之文字……因時進化，不能自止。唐人不能作商周之詩，宋人不能作相如、子雲之賦，即令作之，亦必不工。」又說：「以今歷史進化眼光觀之，則白話文學之爲中國文學之正宗，又爲將來文學必用之利器，可斷言也。」因此，他提出八項主張：

①須言之有物

②不摹仿古人

③須講求文法
④不作無病呻吟
⑤務去爛調套語
⑥不用典
⑦不講對仗
⑧不避俗學俗語

他的主張，當然不是很周延，但他畢竟是言人所不敢言地開風氣之先，而把新思想、新精神注入了中國文化。繼此之後，新青年二月編又發表陳獨秀「以爲吾友之聲援」的文學革命論，揭櫫左列的三大主義：

①推倒雕琢的，阿諛的貴族文學；建設平易的、抒情的國民文學。
②推倒陳腐的，鋪張的古典文學；建設新鮮的、立誠的寫實文學。
③推倒迂晦的，艱澀的山林文學；建設明瞭的、通俗的文學。

他的主張，聲援了胡適，也提供建設新文學的途徑。但由於文字的激烈，也引起強烈的反響，甚至有人卧軌抗議。所以一向抱持審愼溫和態度的胡適，遠在美國寫信給他說：「此事之是非，非一朝一夕所能定，亦非一二人所能定。甚願國中人士能平心靜氣，與吾輩同力研究此問題，討論既熟，是非自明。吾輩已張革命之旗，雖不用退縮，然亦不敢以吾輩所主張爲必是，而不容他人之匡正也。」同時爲了證明白話確是可以寫成優美的文學作品，而努力創作他的嘗試集。以後又在五月發表歷史的文學觀念論，以強調文學的時代性。指出文學的型態與創作方向。劉半農也發表我的文字改良觀。文中討論散文、韻文的問題，並提出文筆的分段、句、逗符號的使用，以及圈點的意見。最後表示三點——

①「余於用典，贊成錢（玄同）君之說：一概不用；即用引證，除至普通之外，亦當道明出自何書，或何人所說。」

②「對偶問題，主張自然，亦如錢君所說：「凡作一文，欲其句之相對，與欲其句之不對者，皆妄也。」

③「贊成小說爲文學之大主腦，而不認今日流行之紅男綠女之小說爲文學。」

於是自民國七年一月起，「新青年」雜誌，完全改用白話。所發表的重要文章有：胡適的建設的文學革命論、論短篇小說、文學進化觀念與戲劇改良、論小說及白話韻文；有傅斯年的戲劇改良各面觀、再論戲劇改良；劉半農的今之所謂評劇家；錢玄同的新文學與今韻問題；周作人的人的文學。此文與論短篇小說，均長遠影響中國新文學的創作。前者主張文學是表現人生的，必須向人道主義邁進；凡是摧殘人性的文學，都應加以摒棄。此文衍生了「文學是人生的反映」觀點，對後來的文學影響甚大。後者指出世界文學的趨勢，是由長變短，由繁多進於簡要。此論對新文學初期的小說創作，貢獻很大。

由於以上的重要作品，使新文學得到多數人的了解和支持，使此運動順利展開，而得到成果。

更重要的是，胡適的具體主張；他在國語的文學文學的國語中說：我們所提倡的文學革命，只是要替中國創造一種國語的文學。有了國語的文學，方才有文學的國語；有了文學的國語，我們的國語才可算得真正的國語。」又說：

①要有話說，方讒說話。

②有什麼話，說什麼話。話怎麼說，就怎麼說（寫）。

③要說我自己的話，別說別人的話。

④是什麼時代的人，說什麼時代的話。

關於創作，胡適更說，要以白話為工具，要廣為蒐集材料，在結構方面要注意布局和剪裁，然後著手創作。（建設的文學革命論）又說：語言文學都是人類達意表情的工具，達意達得好，表情表得妙，便是文學。這些話，界定了文學，也指出文學創作的方法。

儘管有林紓、胡先驌、章士釗等的見仁見智，但據非正式的統計，在民國八年的一年之中，全國至少有四百種與新文學有關的白話刊物。其他如北平的「晨報」副刊，上海「民國日報」的覺悟，「時事新報」的學燈等，不下數千餘種都改用白話。

於是中國新文學最早的一組新詩九首—其中有胡適的鴿子、人力車夫、月夜三首；劉半農的相隔一層紙、題女兒小惠周歲日造像二首，都在新青年四卷一號刊出。小說有周樹人的狂人日記。戲劇則有胡適的終身大事獨幕劇。散文則遲在八年三月才有周作人在每週評論發表的祖先崇拜小文。

(三) 詩歌的新面目

此期的詩歌計有左列著名的創作：

胡適　他是中國白話詩最早的作者。雖然只有一本民國九年出版的嘗試集，但所收的作品都很成功。其中以蝴蝶、人力車夫、一顆星兒為最著名。蝴蝶是舊體的白話化。人力車夫才是白話詩的大膽嘗試，而且比蝴蝶成熟了許多。一顆星兒，更是清新、活潑；在今日的新詩園地裡，仍有極高的評價。

沈尹默　在他寫新詩時，可說空無依傍，只在舊詩基礎上求變化。他也有一首人力車伕，還有鴿子、月夜寺發表於民國七年一月號新青年，以生機和三絃為最佳。

劉半農 他的詩，不僅開風氣之先，他的楊鞭集和瓦釜集，更在新詩的格調、形式上有建設性的成就。他的第一首詩—相隔一層紙，更是新形式、新題材、新語言而帶方言的初試；而無聊更能表現他的風貌。

劉大白 善以歌謠體表現社會現象，他的詩集舊夢，自評「少含蓄」，但激濁揚清，正是他的長處。賣布謠至今還很流行。

沈玄廬 他的十五娘，是本期詩壇成名的敍事詩。

傅斯年 詩量也不多，但卻別具風格，有動感，有實感，而無不清新美妙。

周作人 他的詩與朱自清等同收入雪朝；還有過去的生命詩集，都是好詩。民國八年二月在新青年發表的小河，胡適譽為新詩中第一首傑作。

朱自清 除了合集雪朝之外，還有蹤跡集。十一年底所寫的毀滅，是他運用中國傳統詩歌的技巧所寫的長詩。他的題記說明—民國十一年六月，與俞平伯的至友暢遊西湖，使他感到「飄飄如輕煙，如浮雲，然毫立不定腳跟」，於是「頗以誘惑的糾纏為苦，而亟亟求毀滅」。這想法使他決定「留些痕跡」，才寫下這首詩。

詩名毀滅，都因他對人生已有頓悟，故在亟求毀滅後，反而確定了自己應該擺脫糾纏。全詩的表現，並不頹廢、消極，而是誠懇的訴求，積極的鼓舞；而且在生活、思想上肯定地走向平實。全詩二四六行，分八個段落抒寫他的深意，耐人咀嚼，而發人深省。俞平伯所作讀毀滅的長文，讚為詩壇傑作。

康白情 早期新潮與少年中國發表詩作，胡適對他很推崇，說他是自由傾吐、無意創作而創作。他的詩集草兒，雖諷刺舊詩人，但意實規勸，仍存忠厚。所寫送客黃埔，可比美王維的渭城道別。

俞平伯　生長於西子湖邊的他，詩如瀲灩秋水，明媚春山，表現非常清新，而天真可愛。詩集有冬夜、西還、憶三部，好詩很多。

汪靜之　是讚美自然，歌詠愛情的詩人。民十一年與潘漢華、馮雪峰、應修人出版湖畔合集。有湖畔詩人之稱。朱自清在中國新文學大系—詩集導言中說：「中國缺少情詩，爲愛情而歌詠的更没有，……真正專心致志做情詩的，是『湖畔』的四個年輕人……」

他有湖噬合集、蕙的風、寂寞的國，但後者的呼籲與咀咒，不及蕙的美和真。

謝冰心　爲當時最負盛名的作家。他的天才、感情、想像，透過美妙的筆觸，使作品自然而可愛，詩的形式，承受泰戈爾的影響，一變造成「小詩的流行時代」。詩集有繁星、春水都是名著。

宗白華　他的流雪詩集，自然而富美感。

郭沫若　他的詩，深受歌德和雪萊的影響，只有不滿、反抗、沈痛的口號，而缺乏詩的韻味。

莊光慈　是當時突出的詩人，但是政治的，而不是文學的—像新夢所收的旅俄作品，比俄人更俄化。

徐志摩　他用歐化的白話語法與中國文學所獨有的聲韻美寫詩，有高亢的浪漫，有輕煙似的感傷。完整的形式裡，蘊藏著橫溢的天才，豐富的想像，處處可見純真嫵媚的詩情畫意。梁實秋說：「志摩的詩之異於他人，在於他的豐富的情感中，帶著一股不可抵抗的『媚』。這嫵媚不可形容，你不會感覺不到，它直訴諸你的靈府。」

他的詩集志摩的詩、翡冷翠的一夜、猛虎集、雲遊等，朱自清說，他的詩「具有音樂的美，繪畫的美，建築的美。」一分別指出音節、辭藻、形式的無美不臻。

聞一多 他在創作之外，更重視格律。他在詩的格律中說：「遊戲的趣味，是要在一種規定的律條之內，出奇制勝，做詩的趣味也是一樣。假如可以不要格律，做詩豈不比下棋、打球、打麻將還容易嗎？難怪這年頭的新詩，比雨後的春筍還多些。」又說：「詩的所以能激發情感，完全在他的節奏；節奏便是格律。」可說無人能把格律的真諦闡發得這樣淋漓盡致。

他反對西洋詩的移植，而主張要有中國風味。他說：「現在的新詩中，有的是「德謨克拉西」，有的是「泰戈爾……心絃」、「洗禮」等洋名詞，我們的中國在那裡？四千年的華冑在那裡？」所以主張要「做中國的新詩」，「不要做西洋人說中國話，也不要被誤會是翻譯的西文詩。」

他的詩集有民國十二年出版的紅燭及後來的死木。

朱湘 與聞一多同以文學韻律著稱。作風平淡而恬靜。初期曾以高亢情諸歌唱人間的溫暖，表現他的率直與愛心。但在十四年出版的夏天裡自序說：「優遊的生活既終，奮鬥的生活開始，乃檢……所作詩選……存半數得二十六首：命名夏天，取青春已過，入了成年期的意思……。」

十六年版的草莽集，形式、音節都很美。他的「彈詞」和「曲」的風格豐富了新詩，而九百行的敍事詩王嬌，更是空前的創作。

李金髮 是新詩最早的象徵派作家，詩具豐富的想像，深摯的感情；並擅長於異國情調的描寫。利用文言的狀事擬物的辭藻，補助新詩的勾劃，更是他的特色。詩集有十四年出版的微雨、爲幸福而歌，十五年出版的食客與凶手。由於文白並用，很不易看懂，但卻有很多人在摹仿；因爲他是介紹法國象徵詩派式的第一人。

穆木天　他主張新詩形式要有統一性、持續性及音樂美。他以爲，純粹的詩歌，要有暗示力，最忌說明。更認爲「詩是流動的律的先驗的東西，決不容別個東西打攪，把句讀廢了，詩的朦朧性越大，而暗示性也越大。」詩集有民國十六年出版的旅心。

于賡虞　於十五年出版晨曦之前，後有魔鬼的舞蹈、落花夢的出版。詩中多表現失戀人及兵燹流離的描寫，充滿憂傷頹廢情調，故有悲哀詩人之稱。

焦菊隱　作品以散文詩見稱。詩集有十五年出版的夜哭、十七年出版的他鄉，善若以散文形式表現他的吟咏，文字含蓄而感人。

此外的詩人有：陳志韋、徐稚、滕固、魯迅、章依萍、馮乃超等不及備錄。

周錦曾於中國新文學簡史中歸納本期詩作的特質如次：

新詩的成就，高於其他。

勉強分散，可區別爲：①自由創作詩，②格律詩；③象徵詩，④口號詩。

自由創作的小詩，將永遠爲詩人所喜愛。

格律詩不易寫好，而且規律不很具體，發展不大。

象徵詩易流於浮淺，但可掩飾不通而唬人，後來乃然有人寫它。

口號詩除表示狂熱的情感之外，別無長處，但中國長處於戰亂中，民生疾苦中，這種詩卻在後來大行其道。

此期詩作內容，以抒情爲最多，敘事較少，社會詩更少。

此期詩作或字句生硬，或聲調不諧，或組織紊亂，或膚淺，或隱晦，都是試驗期中不免的現象，而不足以為模式。

㈣本期的新詩選例

1.胡適詩：

①景不徙篇（民六年三月）

序：墨經云，「景不徙，說在改為。」說曰，「景，光至景亡。若在，畫古息。」莊子天下篇：「鳥之影未嘗動也。」此言影已「改為」而後影已非前影。前影雖不可見，而實未嘗動也。

飛鳥過江來，投影在江水。鳥逝水長流，此影何嘗徙？
風過鏡平湖，湖面生輕縐。湖更鏡平時，畢竟難如舊。
為他起一念，十年終不改。有朝郎重來，若亡而實在。

②人力車夫（六年十一月）

序：警察法令：十五歲以下，五十歲以上，皆不得為人力車夫。

「車子，車子！」車來如飛。
客看車夫，忽然心中酸悲。
客問車夫，「你今年幾歲？拉車了多少時？」
車夫答客，「今年十六，拉過三年車了，你老別多疑。」
客告車夫，「你年紀太小，我不坐你車，我坐你車、我心慘悽。」

車夫告知，「我半日沒有生意，我又寒又飢。
你老好心腸，飽不了我的肚皮，
我年紀小拉車，警察還不管，你老又是誰？」

2. 沈尹默詩：

①月夜

霜風呼呼的吹著，
月光明明的照著。
我和一株頂高的樹並排立着，
卻沒有靠著。

②生機

枯樹的殘雪，漸漸都融化了；那風雪凜冽的餘威，似乎敵不住微和的春氣。
園裡一樹山桃花，他含了十分生意，密密的開了滿枝。
不但這裡桃花好看，到處園裡，都是這般。
刮了兩日風，又下了幾陣雪。
山桃雖是開着，卻凍壞了夾竹桃的葉。他的嫩紅芽，更殭了發不出。
人人說天氣這般冷，草木的生機恐怕被摧折，誰知道那路旁的細柳葉，他們暗地裡卻一齊換了顏色！

3. 劉半農詩：

①相隔一層紙

屋子裡攏著爐火，
老爺吩咐開窗買水果，
說「天氣不冷火太熱，
別任它烤壞了我。」
屋子外躺着一個叫化子，
咬緊牙齒對著北風喊「要死」！
可憐屋外與屋裡，
相隔只有一層薄紙！

4. 周作人詩：

①小河

一條小河，隱隱的向前流動。
經過的地方，兩面全是烏黑的土。
生滿了紅的花，碧綠的葉，黃的果實。
一個農夫背了鋤來，在小河中間築起一道堰。
下流乾了，上流的水被堰攔著，下來不得，不得前進，又不能退回，水只在堰前亂轉。

水要保她的生命，總法流動，便只在堰前亂轉。
堰下的土，逐漸淘去，成了深潭，
水也不怨這堰；——便只是想流動，
想向從前一般，穩穩的向前流動。
一日農夫又來，土堰外築起一道石堰。土堰坍了，水衝著堅固的石堰，還只是亂轉。
堰外田裡的稻，聽著水聲，皺眉説道，——「我是一株稻，是一株可憐的小草，
我喜歡水來潤澤我，
卻怕他在我身上流過。
小河的水是我的朋友，
他曾經穩穩流過我的面前，
我對他點點頭，他向我微笑。
我願他能夠放出了石堰，
仍然穩穩的流着，
向我微笑，
曲曲折折的儘量向前流着，
經過的兩面地方，都變成一片錦繡。
他本是我的好朋友，

只怕他如今不認識我了，
他只在地裡呻吟，
聽去雖然微細，卻又如何可怕！
……（此處刪節十二行）
他從前清徹的顏色，
現在變了青黑，
又是經年掙扎，臉上添出許多痙攣的皺紋。
……（此處刪節八行）
我可憐我的好朋友，
但實在爲我自己着急。
……（此處刪節二行）
水兵在堰前亂轉，
堅固的石堰，還是一毫不動。
築堰的人，不知到那裡去了。

5. 朱自清詩：

①滬杭道上的暮

風澹蕩，平原正莽莽，

雲樹蒼茫；
暮到離人心上。

②毀滅

a躑躅在半路裡
垂頭喪氣的，
是我，是我！
五光吧，
十色吧，
羅列在咫尺之間：
這好看的呀！
那好聽的呀！
聞着的是濃濃的香，
嘗着的是膩膩的味；
卻踏不上自己的國土！
在風塵裡老了，
在風塵裡衰了，
僅存的一箇懶懨懨的身子，

幾堆黑簇簇的影子！
幻滅的開場，
我儘思儘想：
「親親的，雖渺渺的，
我的故鄉——我的故鄉！
回去！回去！」

b雖有茫茫的淡月，籠著靜悄悄的湖面，
霧露濛濛的，
彷彷彿彿的群山，
正安排着睡了。
螢火蟲在霧裡找不著路，
只一閃一閃地亂飛。
誰卻放荷花燈哩？
「哈哈哈哈：……」
況手所觸的，
身所依的，
都是滑澤的，

都是鬆軟的！
靡靡然！
怎奈何這靡靡然？——
被推著，
被挽著，
長只在俯俯仰仰間，
何曾做得分半分兒主？
在了夢裡，
在了病裡；
只差清醒白醒的時候！
c白雲中有我，
天風的飄飄，
深淵裡有我，
伏流的滔滔；
只在青青的，青青的土泥上，
不曾印著淺淺的，隱隱約約的，我的足跡！
我流離轉徙，

我流離轉徙；
腳尖兒踏呀，
冷清清的，
沒味兒，沒味兒！
還是掉轉頭，
走你自家的路。
回去！回去！
……（略第二章共三十行）
d雖有如雲的朋友，
互相誇耀着，互相安慰着，高談大笑裡，
送了多少的時日；
而飲啖的豪邁，
游蹤的密切，
豈不像繁茂的花枝，
赤地的火燄哩！
這樣被說在許多口裡，
被知在許多心裡的，誰還能相忘呢？

但一丟開手，
事情便不同了：
翻來是雲，
覆去是雨，
別過臉，
掉轉身，
認不得當年的你！——
原只是一時遣着興罷了，
誰當真將你放在心頭呢？
於是剩了些淡淡的名字——
莽莽蒼蒼裡，
便留下你獨箇，
四圍都是空氣罷了，
四圍都是空氣罷了！
還是摸索着回去吧；
那裡倒許有自己的弟兄姊妹
切切地盼望著你。

回去！回去！
雖有巧妙的玄言，
像天花的紛墜；
在我雙眼的前頭，
展示渺渺如輕紗的憧憬——
引着我飄呀，飄呀，
「嚇嚇嚇……」
夾着一縷低低的簫聲，
近處的青蛙也便響起來了。
是被搖蕩着，
是被牽惹著，
說已睡在「月姊姊的臂膊」裡了；
真的，誰能不飄飄然而去呢？
但月兒其實是寂寂的，
螢火蟲也不曾和我親近，
歡笑更顯然是他們的了。
只有簫聲，

曾引起幾番的惆悵；
但也是全不相干的，
簫聲只是簫聲罷了。
搖蕩是你的，
牽惹是你的，
他們各走各的道兒，
誰理睬你來？
橫豎做不成朋友，
纏纏綿綿有些什麼！
孤另另的，
直到三十三天之上。
我擁在五色雲裡，
灰色的世間在我的腳下——
小了，更小了，
遠了，幾乎想也想不到了。
但是下界的罡風
總歸呼呼地倒旋着，

搖搖蕩蕩的我
倘是跌下去呵，
將像洩著氣的輕氣毬，
被人踐踏著頑兒，
祇餘喘喘的聲響！
況倒捲的罡風，
也將像三尖兩刃刀，
劈分我的肌裡呢？——
我將被肢解在五色雲裡；
甚至化一陣煙，
裊裊地散了。
我戰慄著，
「念天地之悠悠」……
回去！回去！
雖有餓著的肚子
拘攣着的手，
亂蓬蓬秋草般長着的頭髮，

凹進的雙眼，
和軟軟的腳，
尤其虛弱的心；
都引着我下去，
直向底裡去，
教我抽煙，
教我喝酒，
教我看女人。
但我在迷迷戀戀裡，
雖然混過了多少時刻，
只不讓步的是我的現在；
他不容你不理他！
況我也終於不能支持那迷戀人的，
祇覺肢體的衰頹，
心神的飄忽，
便在迷戀的中間，
也潛滋暗長着哩！

真不成人樣的我
就這般輕輕地速朽了麼？
不！不！
趁你未成殘廢的時候，
還可用你僅有的力量！
回去！回去！……（略第七章共四十五行）
什麼光芒都收斂了；
擺脱掉糾纏，
還原了一箇平平常常的我！
從此我不再仰眼看青天，
不再低頭看白水，
只謹慎着我雙雙的腳步；
我要一步步踏在土泥上，
打上深深的腳印！
雖然這些印跡是極微細的，
且必將磨滅的，
雖然這遲遲的行步

不稱那迢迢無盡的程途，
但現在平常而渺小的我，
只看到一箇箇分明的腳步，
便有十分的欣悅——
那些遠遠遠遠的
是再不能，也不想理會的了。
別擔擱吧，
走！走！走！——選自「蹤跡」

這是朱自清在西湖暢遊之夜之中所得的頓悟——一切外在可欲的景物，都可能是足以喪志戕身的生命的糾纏，一切內在的熱衷、煩惱，同樣是生命的糾纏。唯有跳出靈幻的一切，一切的糾纏，才會是本來面目；唯有一步一個腳印走下去，才會走向真我的人生。他的頓悟，正是今日知識分子的當頭棒喝。

6. 朱執信的毀滅：

一個明星離我們幾千萬億里；
他的光明卻常到我們的眼睛裡；
宇宙的力量幾千年前把他毀滅了，我們眼睛裡頭的光明還沒有減少。
× × × × ×
你不能不生人，

人就一定長眼睛。
你如何能夠毀滅，
這眼睛裡頭的星！
一個星毀滅了，
別個星剛剛圍起。
我們的眼睛昏澀了，
還有我們弟兄我們的兒子！

朱執信，名大符，原籍浙江蕭山。以先世宦遊，故寄籍廣東番禺。生於民前廿七年，民九年於虎門遇難。十九歲以第一名考取官費留學日本，後加入同盟會，常於民報發表鼓吹革命文學，理精、辭峻、筆鋒犀利，時稱「革命理論家」。「五四」運動中，以實際行動，在南方促進新文學的改革，有莫大的貢獻，一如他的革命事業。

此詩表現了生命無窮的看法與愚公移山的革命精神。他以爲宇宙的生命是持續的，人不必畏難，更不必怕死，只要死得有價值，毀滅就是不朽。

(五) 小說的新展現

新文學運動之後，中國才有屬於小說的新天地。本期的小說理論與創作情形約如次：

1. 黃仲蘇認爲小說是「一種精美的藝術」，可與圖畫、詩歌、音樂、雕刻、建築等並立。他在東方雜誌發表的小說之藝術，徵引西洋的小說理論並參驗中國小說的特色，爲中國小說確立藝術的地位。

可說是新小說王國的開國元勳。

胡適的短篇小說，爲討論短篇的最早文字，他所界定的短篇小說是，「用最經濟的文學手段，描寫事實中最精彩的一段或一方面，而能使人充分滿意的文章。」他指出近代世界文學由長趨短，由繁趨簡的傾向，同時提供了短篇的創作方法。也是開天闢國地的貢獻。沈冰雁的自然主義與中國現代小說，所指陳的方向，技巧，對小說的創作，具有極重要的啟發。他以爲作家要從生活中體驗出寫作的材料，但必須有深刻的體驗，有屬於自己的人生哲學。否則只是編故事，而流於膚淺而不真實。不同階層的人，相異之點最顯見的是，容貌舉止與說話的腔調。現代的青年作者大都犯了對話不逼肖的毛病。郁達夫的小說談，俞平伯的中國小說談，都是新小說理論的開創者。

2. 關於小說的創作，此期計有魯迅、汪敬熙、楊敬聲、葉紹鈞、冰心、落華生、王統照、廬隱、孫俍工、張聞天、郭沫若、郁資平、周金平、蔣光慈、馮文炳、黎錦昭、劉大杰等名作家。尤其是左列諸人的作品，更值得一提：

魯迅，是此期小說創作的先驅，自狂人日記到十一年的不周山，共有十五篇，在十五年結集爲吶喊。自十三年的祝福到十四年的離婚，共十一篇，結集爲徬徨。

他的阿Q正傳，把辛亥前後社會的沒落相，刻劃得入木三之分，做洋兒子，僞裝革命的投機分子，以及自我陶碎的精神勝利法，都是極生動的現實寫照，影響至爲深遠。

落華生，原名許地山。在他的代表作綴網勞蛛記說：「我像蜘蛛，命運就是我的網。蜘蛛把一切有毒的昆蟲吃入肚裡，回頭把網組織起來；等到有機會再結個好的。……人和他的命運又何嘗不是這樣？

所有的網都是自己組織得來，或完或缺，只能聽其自然罷了。」他對人生的看法，是達觀的；缺少積極，也不會頹唐，總是「從渺茫中來，在渺中住，望渺茫中去。」因爲他研究過印度哲學，才造成了作品的這樣特質。

王統照的創作，長篇如一葉、黄昏，出版於十一年；短篇春雨之夜出版於十二年，以及後來的霜痕，都以「美」和「愛」的人生真諦，寫出清麗的作品，頗爲當時青年所歡迎。

葉紹鈞的創作，總以觀察所得爲題材，不標新立異，也不製造氣氛，而以平實無華，清新流利見稱。他在民國八年所寫的春遊，十一年出版的隔膜集和以後的大笑集、綫下集、城中集，都是文學研究會的叢書。

馮元君的作品風格，魯迅在中國新文學大系小説二集導言中有極中肯的介紹。他說：

「其中的旅行是提煉隔絕之後，（皆卷施集內作品）的精粹的名文。雖嫌過於説理，卻還未來傷其自然。那『我很想拉他的手，但是我不敢，我只敢在間或車上的電燈被震動而失去他的光的時候。因爲我害怕那些搭客們的注意；可是我們又自己覺得很驕傲的，我們不客氣地以全車中最榮貴的人自命。』這一段，實在是「五四」運動以後青年們的真實寫照；和『爲藝術而藝術』的作品中的主角，或誇耀其頹唐，或衒鬻其才緒，是截然兩樣的。」他的風格是如此地坦率而大膽，而忠於戀愛的寫實；一如旅行中所説的「他們的目的，是要完成名利的使命，我們的目的，都是要完成愛的使命。」

此外還有左列的作家與作品：（節自中國新文學簡史）

蹇先艾，民國十五年出版短篇小説集朝霧。

盧冀野，民國十七年出版短篇小說集三絃。
沈從文，民國十五年出版短篇小說集鴨子；
民國十六年出版短篇小說集蜜柑；
民國十七年長篇篁君日記和阿麗思中國遊記。
趙景深，民國十七年出版短篇集梔子花球。
李健吾，民國十七年出版短篇集西山之雲。
向培良，民國十五年出版短篇集飄渺的夢。
羅黑芷，民國十七年出版短篇集春日。
葉靈鳳，民國十六年出版短篇集菊子夫人；
民國十七年出了女媧氏之遺孽和鳩綠媚。
許　傑，民國十五年出版短篇集飄浮和慘霧；
民國十七年長篇子卿先生。
金滿城，民國十六年出版短篇集我的女朋友們；
民國十七年出版短篇集愛與血。
沈松泉，民國十六年出版短篇集死灰；
民國十七年出版短篇集少女與婦人。
臺靜農，民國十五年出了短篇集地之子；

民國十七年出了篇集建塔者。

彭家煌，民國十六年短篇集慫恿；

民國十七年短篇集管他呢和茶杯裡的風波。

敬隱漁，民國十五年出版短篇集瑪麗。

樓敬南，民國十七年出版短篇集掙扎。

滕　固，民國十五年出版短篇集迷宮；

民國十七年短篇集外遇。

顧一樵，民國十三年長篇芝蘭與茉莉。

沈雁冰，民國十六年中篇幻滅和動搖；

民國十七年中篇追求。

洪靈菲，民國十七年中篇轉變。

老　舍，民國十七年長篇老張的哲學和趙子曰。

謝冰瑩，民國十六年長篇從軍日記。

孫席珍，民國十七年長篇鳳仙姑娘。

葉鼎洛，民國十七年長篇雙影、前夢和烏鴉。

總結中國新文學初期的小說，可以歸納出下列幾項特質：

1. 以短篇爲主，長篇還在摸索階段。

2. 以作者自敍式的最多。
3. 除蔣光慈外，絕無共產黨的思想意識。
4. 間有反抗的和諷刺的表現，完全是針對著當時北洋政府的腐敗政治和軍閥的割據，以及對社會的不滿。
5. 間或有革命思想的表現，完全是追隨　國父的革命體系。在那個時期的人們於黨派毫無興趣，且由於戰亂影響而對黨派近於憎厭，所以當時談革命也只知道「孫中山」而無其他。
6. 由於當時執政的北洋政府和軍閥們，根本不顧國家前途和民生疾苦，思想敏銳的作家們，總以能站在反對立場爲榮。如果被認爲對當政者有所同情，將是奇恥大辱，這種情況一直支配著後來的中國文壇。
7. 技巧還很幼稚，短篇仍有舊小說—傳奇的影子，長篇根本還不具形態，如張聞天的旅途。
8. 小說內涵，多表現了傳統的人道主義，文學研究會「爲人生而藝術」的作品，固然是這樣的；創造社「爲藝術而藝術」的作品，也還是像漢賦一樣地，留著一條說教的尾巴。
9. 由於新文學作品不多，而好些大中學校新派的國文教師極需教材，因此只要稍微像樣些的作品均被選用，這是一股很大的鼓勵力量。

㈥散文的新貌

新文學初期的散文，介紹如次：

魯迅的「隨感」雜文，有很多極好的散文，收在野草集裡。十七年由「未名社」出版的朝華夕拾集，所收的散文十篇，都是少年生活的回憶作品，也是好散文。有人說，他的散文如果在排列上加以變更，將是氣勢雄偉的新詩。

朱自清，在十二年纔開始寫散文，處女作是槳聲燈影裡的秦淮河。含意深遠，流傳最廣的背影，是寫在十六年。他的作品結集爲蹤跡、背影兩集，都表現中華民族特有的風格。集中的槳聲燈影中的秦淮河，是與俞平伯的同時同題各寫一篇的作品，並發表在小說月報的同一期。由於熟練而妥切的白話運用，表達也遠比舊文學作品來得明暢，所以一鳴驚人，周作人評爲「白話美術文的模範」。下面是此文的一段：

秦淮河的水是碧陰陰的；看起來厚而不膩，或者是六朝金粉所凝麼？我們初上船的時候，天色還未斷黑，那漾漾的柔波是這樣的恬靜，委婉，使我們一面有水闊天空之想，一面又憧憬著紙醉金迷之境了。等到燈火明時，陰陰的變爲沈沈了；黯淡的水光，像夢一般；那偶然閃鑠著的光芒，就是夢的眼睛了。我們坐在艙前，因了那隆起的頂棚，彷彿總是昂著首向前走着似的；於是飄飄然如御風而行的我們，看着那些自在的灣泊著的船，船裡走馬燈般的人物，便像是下界一般，迢迢的遠了，又像在霧裡看花，儘朦朦朧朧的。……

這是描寫一幅畫，卻把畫中的景物寫活了。

十三年初寫的溫州的蹤跡，包括月朦朧、烏朦朧、簾捲海棠紅、綠、白木漈、生命的價值——七毛錢四篇；五月和七月先後寫了航船中的文明、旅行雜記，這許多作品，有的表現寧靜、恬淡，有的表現情緒的激動與失衡的感情；都是成功的創作。

旅行雜記，是更成功的幽默作品，下面是精彩的一段：

齊燮元究竟是督軍兼巡閱使，他的聲音是加倍的宏亮；那時場中也特別肅靜。他咬字眼兒真咬得清白；他的話是「字本位」，是一個字一個字吐出來的。字與字間的時距我不能指明，只覺比普通人說話延長罷了；最令我驚異而且焦躁的，是有幾句說完之後。那時我總以爲第二句應該開始了，豈知一等不來，二等不至，三等不到；他是在唱歌呢，這兒碰著全休止符了！等到三等等完，四拍拍畢，第二句的第一個字纔姍姍的來了。這其間至少有一分鐘；要用主觀的計時法，簡直可說是有五分鐘！……最教我不忘記的，是他說完後的那一鞠躬。那一鞠躬真是與衆不同，鞠下去時，上半身全與講桌平行，我們只看見他一頭的黑髮；他然後慢慢的立起退下。這其間費了普通人三個一鞠躬的時間，是的的確確的。

這是表現諷刺散文生動的片段。

周作人的作品，層次分明，筆觸淡遠、平穩而自成一格，作風有「隱士」之稱。出版的散文集很多，自己的園地、雨天的書是早期的作品續集；胡適曾經肯定他的成就說：「這幾年來，散文方面最可注意的發展，乃是周作人等所提倡的小品散文。……用平淡的談話，包藏著深刻的意味；有時很像笨拙，其實卻是滑稽。這一類作品的成功，就可徹底破除那『美文不能用白話』的迷信了。」下面是他的鳥聲節錄：

『……英國詩人那許（Nashs）有一首詩，被錄在所謂「名詩選」（Golden Treasury）的卷首。他說，春天來了，百花開放，姑娘們跳舞著，天氣溫和，好鳥都歌唱起來，他初舉四樣鳥聲：

Gukoo, jug–jug, pee–wee, to–witta–woo!

這九行的詩實在有趣，我卻總不敢譯，因爲怕一則譯不好，二則要譯錯。現在只抄出一行來，看那四樣是什麼鳥。第一種是「勃姑」，書名鵓鳩，他是自呼其名的，可以無疑了。第二種是「夜鶯」，就是那林間的發痴的鳥，古希臘女詩人稱之曰「春之使者，美音的夜鶯」，他的名貴可想而知，只是我不知道他到底是什麼東西。我們鄉間的黃鶯也會「翻叫」，被捕後常因想念妻子而急死，與他西方的表兄弟相同。但他要喫小鳥，而且又會發痴地唱上一夜以至於嘔血。第四種雖似異怪，乃是貓頭鷹。第三種則不大明瞭，有人說是「蚊母鳥」，或云是「田凫」，但據斯密士的鳥的生活與故事第一章所說係小「貓頭鷹」。倘若是真的，那麼的四種好鳥之中「貓頭鷹」一家已佔其二了。斯密士說這二者都是褐色「貓頭鷹」，與別的怪相的不同，他的書中雖有圖像，我也認不得這是「鴟」是「鴞」還是「流離」之子，不過總是「貓頭鷹」之類罷了。兒時曾聽見他的呼聲，有的聲如貨郎的摇鼓，有的恍若連呼「掘窪」（dzhuehu–ang），俗云不祥主有死喪。所以聞者多極懊惱，大約此風古已有之。查檢覯頹道人的小演雅所錄古今禽言中不見有「貓頭鷹」的話。然而仔細回想，覺得那些叫聲實在並不錯，比任何風聲簫聲鳥聲更爲有趣，如詩人謝勒（Shelley）所說。

現在，就北京來說，這幾樣鳴聲都沒有，所有的還只是麻雀和啄木鳥。老鴰，鄉間稱元鳥老鴉，在北京是每天可以聽到的，但是一點風雅氣也沒有，而且是通年噪聒，不知道他是那一季的鳥。麻雀和啄木鳥雖然唱不出好的歌來，在那瑣碎和乾枝之中到底還含一些春風：唉唉，聽那不討人歡喜的烏鴉叫也已夠了，且讓我們歡迎這些鳴春的小鳥，傾聽他們的談笑罷。

「啾晰，啾晰！」

「嘎嘎！」』

葉紹鈞的散文，也很多被選爲中學國文教材。他的作品，凝鍊而謹嚴地把握現實，探索人生，絕非無病呻吟。早期作品有劍鞘合集，後有腳步集。

徐志摩的唯美散文與朱自清同享盛石，但他的作品西洋風格太濃厚。

俞平伯的散文，簡潔流暢，喜歡「夾敍夾議」他的感觸，很有古人筆記的風格。朱自清在燕知草集中爲他作序說：「別人比他作明朝人，他很高興。」燕集之外，還有雜拌兒集、劍鞘合集。

郁達夫的散文，委婉，誠摯，極爲動人；寫苦悶，也寫社會，都能引起共鳴。作品除郁達夫全集外，還有日記九種。

冰心，善以清麗細緻的筆墨，描寫自然而引人入勝。她的散文，和她的小說、小詩，同樣富於感情；像在往事中「母親啊！你是荷葉，我是紅蓮，心中的雨點來了，除了你，誰是我在無遮攔的天空下的蔭蔽？」排列起來，就是一首好詩。

許地山對梵文與佛學都有深入的研究，作品中也多表現禪學的意識與風格；像空山靈雨集中的作品，都有哲學意味。在願文中說：「願做調味的精鹽，滲入等等的食品中，……使一切有情得嘗鹹味，而不見鹽體。」更是「現身說法」的表現。

此外還有左列的作家與作品：

鄭振鐸的海燕和山中雜記，

陳西瀅的西瀅閒話（甚多雜文），
梁實秋（秋郎）的罵人藝術，
郭沫若的小品文章和山中雜記，
劉大白的白屋文話，
孫福熙的山野掇拾、歸航和大西洋之濱，
徐蔚南的小小的溫情，
王世穎的龍山夢痕，
川島的月夜，
鍾敬文的荔枝小品，
章文萍的隨筆三種，
梁遇春的春醪集，
劉半農的半農雜文（大部分爲雜文，但多是與文學有關的議論），
林語堂剪拂集，
盧隱的玫瑰的刺。

本期的散文，確有極絢爛的發展，正如朱自清背影等自序所說：

「但就散文論散文，這三四年來的發展確是絢爛極了：有種種的樣式，有種種的流派，表現着、批評着、解釋着人生的各面——遷流曼衍，日新月異；有中國名士風，有外國紳士、隱士，有叛

徒，在思想上是如此。或描寫，有諷刺，或委曲，或縝密，或勁健，或綺麗，或洗鍊，或流動，或含蓄，在表現上是如此。」

這是民國十年所寫的，正是此期散文型態的總評。

三、新文學的成長

(一)新詩的茁壯與選例

本期的新詩，格律派漸趨於唯美與沈悶，但藏克家陳夢家的崛起，卻是可喜的後繼。象徵派曾有最高度的表現，是因爲戴望舒的成就。但後此也不再出現好作品。中國詩歌會，是穆木天向左派表功而產生的團體，但作品都以楊騷、蒲風爲主。此派在標榜的大衆詩歌，在民國廿四年之後都隨着共黨策略而轉變爲「國防詩歌」。這種政治工具的文學、自無價值之可言。玆擇要介紹本期詩人如次：

1. 徐志摩，本期的詩歌創作雖少，但他的成就與名氣，仍然舉足輕重。他所主持的新月月刊，一直忠於詩歌藝術，左派都把有關詩人稱爲新月詩派。續管他並無門户之見，但一直爲左翼所不容。他的創作自然也備受威脅，作品也沈悶得多。本期出版了僅有的猛虎集和靈遊集，前者的序文更有極沈痛的傾訴：

「你們不能更多的責備。……也不用提醒我這是什麼日子，……也不用勸告我說，幾行有韻和無韻的詩句是救不活半條命的；更不用指點我，說我思想是落伍或是我的韻腳是根據不合時宜的意識形態的，……我知道，我全知道；你們一說到只是叫我難受又難受。」

一個不問政治，愛好文學忠於藝術的詩人，竟受如此的煎熬；而且去世四十多年仍然被歪曲；這政治利爪是多麼可怕與可恨！

2. **聞一多**在本期的作品，質量俱遜。十七年出版死水之後，便把興趣轉移於古典文學的研究。廿一年出版了最後的詩集屠龍集，也不及死水的出色。不過，他在青島大學任教時所發掘的藏克家，並幫助過去的學生陳夢家，後來都成爲本期詩壇熠熠之星，這是他更值得稱道的成就。

3. **戴望舒**的前期作品，有十八及廿二年先後出版的我的記憶與望舒草。後來還有望舒詩稿，災難的歲月等詩集。作風是富於感情並注重音律和韻腳。後期的作品以及具有代表性的詩篇，多在現代雜誌發表，也給左派扣上「現代派」詩人的帽子。不過，此期的表現，全是象徵派的風格。他的詩論零札說：

詩是由真實經過想像而出來的，不單是真實，也不單是想像。

詩是一種種吞吞吐吐的東西，動機在於表現自己跟隱藏自己之間。

詩不能借重音樂，詩的韻律並不在字的抑揚頓牲；韻和整齊的字句常會妨礙詩情，或使詩成爲畸形的。

本期詩作的形式、內容和感情，都不難由此詩論看出他的執着，他的特點。

4. **陳夢家**的作品，極重視形式韻律，在本期是繼徐，聞之後格律詩的中堅。他在新月詩選序言上說：「……音節的和諧，句的整齊，和節的勻稱，爲詩的節奏所必須注意，而內容同樣不容輕忽的。」但他的夢家詩集，鐵馬集、不開花的春天，仍然忽視了內容。也許是魚與熊掌之不可得兼，也許是力有不勝。所以不久便放下詩筆，而研究金石甲骨之學。

5. 卞之琳的詩，陳夢家在新月詩選序中曾說：「他的詩常常在平淡中出奇，像一盤沙子看不見底下包容的水量。」也因爲他的含蓄出奇，而形成頗費疑猜的作品。朱自清在新詩雜話裡；劉西渭在咀華集中都誤解他的詩。

他在民廿二年出版三秋草廿五年以數行集與李廣田的行雲集，何其勞的燕泥集合編漢園集出版。後來又出版魚目集，都頗有徐志摩之風，而名噪一時。

6. 藏克家，是聞一多的得意學生，而青出於藍。格律的限制，使他的詩更美、更純真。他在廿三年出版第一本詩集烙印，聞一多在序中說：

『克家在生活裡說：「這可不是混着好玩，這是生活。」這不啻給他的全集下了一道案語。因爲克家的詩正是這樣—不是混看玩，而是生活。……克家的詩，沒有一首不具極頂真的生活意義。』

又說：

「孟郊的態度沈著而有鋒稜，卻最合於一個偉大的理想條件。克家如果跟著孟郊的指示去走，準沒有錯。」

後來又出版了更進步的罪惡的黑手、運河和一首自我寫照的長詩。都表現中國傳統的風格，也洋溢中國泥土的芬芳。可說是典型的中國詩人。

此外還有不及備述的詩人和作品，簡介如左：

王統照，於民國廿二年出版第二詩集這時代。

王獨清，於民國廿年出版首集聖母像前、埃及人、鍛鍊。

孫大雨，有廿二年出版的寶馬、海盜船；廿四年出版的夢柳曲。

楊騷，有十八年出版的心曲，更早的受難者的短曲，以及國防詩歌叢書所出的柳曲。

蔣光慈，於民國十七年出版了詩集哭訴，後來又出了鄉情集；

郭沫若，出版了詩集恢復；

穆木天，民國二十五年出版了流亡者之歌；

種天心，民國十九年出過詩集追尋，民國二十一年出過吟；

陸晶清，民國二十一年出版詩集低訴；

鍾敬文，民國二十二年出版了詩集海濱的二月；

艾青，民國二十五年出版了詩集大堰河；姚蓬子，民國十八年出版了詩集銀鈴；

蒲風，出過茫茫夜、生活、六月流火、鋼鐵的歌唱，以及民國二十六年的搖籃歌；

田間，民國二十四年出版未明集，接著又有海中國牧歌，和以饑餓、揚子江上、去三部組成的長詩中國農村的故事等詩集出版；

王亞平，出版了詩集都市的冬；

柳倩，以寫「一二八」抗日史詩震撼大地的一月間成名，後來出版了詩集自己的歌和生命的微痕」；

邵洵美，出版了詩集天堂與五月和花一般的罪惡。

7. 本期新詩選例

徐志摩的滬杭車中（第一段）

一捲煙，一片山，幾點雲彩，
一道水，一條橋，一支櫓聲，
一林松，一叢竹，紅葉紛紛；

此詩連用「一……」的三字短句，再配以四字短句，造成了快速旋律，真令人有風馳電掣的感覺。

聞一多的劍匣（第一段）

在生命的大戰中，
我曾是一名蓋世的驍將。
我走到四面楚歌底末路時，
並不同項羽那樣頑固，
定要投身於命運的羅網。
但我有這絕島作了堡壘，
可以永遠駐紮我的退敗的心兵

此詩是他的代表作。二段以後，又以農夫、漁夫、工匠、雕匠等自喻，意象繁富有致，只是全詩散漫而不夠凝鍊。

戴望舒的雨巷（一、二段）

撐著油紙傘，獨自

徬徨在悠長，悠長
又寂寞的雨巷，
我看望逢着
一個丁香一樣地
結著愁愁的姑娘。
×　×　×
她是有
丁香一樣的顏色，
丁香一樣的芬芳，
丁香一樣的憂愁，
在雨中哀怨，
哀怨又徬徨；

詩中「丁香一樣結著怨愁」，「太息一般的眼光」，都與前期詩人所用的意象有別，所表現的感官交錯也很特殊。「她是有」三字成一行，而意有未定，是句段安排的技巧。

藏克家的老馬

總得叫大車裝個夠，
牠橫豎不說一句話；

背上的壓力往肉裡扣，

牠把頭沈重的垂下！……

這是一首感慨而雄偉有力的詩。

㈡新小說

本期的小說，由於戰亂與社會蛻變，發展特別快，長篇也成為重要的一環。初變的創作，不免還有鴛鴦蝴蝶味。十八年後則描寫農村和地方色彩的小說非常發達。廿年後的小說，則多能激發民族意識。抗戰前夕，又偏重於鼓舞民心士氣，撻伐侵略者的作品。在中國新文學史上，本期的小說的發展，至少是空前的。諸如：

矛盾，是文學研究會發起人之一，本名沈冰雁。國民政府奠都南京後，他的長篇小說蝕，是長篇新小說較成功的開始。其包括幻滅、動搖、追求三個中篇，就是所謂「矛盾三部曲」。內容寫十五年前後知識分子理想的幻滅、動搖和追求的心理傾向。故事的組織或寫作技巧，當然無法和七十年以後的作品相比，但在中國新文學境域中，他的長篇小說的開創，卻是功不可沒的。

民國十八年的虹，寫「五四」以後不斷變動的社會現象和青年心理—故事的女主角梅女士，因受新思潮的影響，於新婚後三天，便出走到重慶，但沒有找過去的戀人。後在瀘州師範教書，親眼看到「進步男女」一些醜陋把戲以及教育的種種黑暗。到上海之後，又看到帝國主義者的經濟侵略，買辦洋奴的嘴臉，使她縮入更深的痛苦。此書的技巧及思想表現，特別是人物的刻劃，都比前作進步得多。

稍後出版的短篇小說集野薔薇，收創造、自殺、一個女性、詩與散文、曇五篇，情節與思想表現，都與「三部曲」相近。此後的作品如路、三人行、宿莽、子夜春蠶、林家鋪子、趙先生想不通等，都不曾有超越前作的品質。子夜是他在三部曲遭左派圍攻後大轉變的作品，增加了左翼文壇的聲勢；也使他得到紅色的地位，但它的文學評價仍然不及三部曲。

老舍，本名舒慶春。因爲是旗人，對北平掌故非常熟悉，而且很會把握當時的社會相，所以他的小說具有道地的中國風味，但他的小說有點像天橋的「相聲」；缺乏深度，格調也不高。朱自清在老張的哲學與趙子曰一文中，曾對老舍的兩個長篇批評說：「兩書中作者現身解釋的地方太多，這是『詞氣浮露』的原因。而一章或一節的開端，往往有很長的解釋和議論，似乎是舊小說開端的濫調，往往很殺風景。」

貓城記，是他較特出的創作，在童話故事中，深刻地諷刺當時的政治社會。後來的長篇離婚、小坡的生日、大明湖、牛天賜以及許多短篇，他的幽默也漸漸成爲強弩之末，正如他自己所說：「……死啃幽默，總會有失去幽默的時候；到了幽默論斤賣的地步，討厭是必不免的。」

巴金，本名李堯棠，是本期新起的作家。滅亡是他最早的創作，十八年在小說月報發表。故事中的男主角，是一個虛無主義的革命家，浪漫地爲朋友報仇，而勇敢犧牲的表現，博得許多同情和讚揚，也引起文壇的注目。新生是滅亡的續篇，都是中篇的佳作。

廿年出版長篇死去的太陽、海底夢、砂丁、靈、萌芽、春天裡的秋天，以及包括霧、雨、電三個中篇的愛情三部曲、激流三部曲。廿二年起又出版家、春、秋，其中以家爲最轟動，也贏得中國新文學創作的不朽地位。

他的短篇如生與死、復仇、光明、電椅、沈落、抹布、髮的故事等集，都是成功的作品。他的短篇名著蘇堤、父與子兩篇生與死短篇，更能充分表現新文學的色彩。

沈從文，是從艱苦奮鬥中崛起的作家。他只讀過小學，也沒有良好的社會關係，卻以「大兵作家」、「多產作家」著稱。由於他的身世，又與丁玲最好，便成爲共產黨竭力爭取的對象。他的確有成爲共產黨員的條件，但他對中國社會有深入的了解，他排拒了共產黨的理論。也因此在三十年代的中國文壇，受到極端的排擠，而不能獲得應有的地位。

他的短篇集有十五年的鴨子，十六年的密柑，十七年的入伍後，十八年的十四夜間，十九年的雨後，好管閑事的人，二十年的石子船、沈從文子集；廿一年的虎雛、老實人。

長篇則有阿麗思中國遊記、莫君日記、山鬼、長夏、舊夢、一個天才的通信、神巫之愛及沈從又自傳。邊城的成功，更被認爲他的代表作。

謝冰瑩，由於左派的利用，使他的從軍日記，被武漢政府大事鼓吹，後來並有英、法、俄、日的譯本。後來有短篇小說集前路、血流，都是抨擊舊社會的作品。長篇的中學生小說、偉大的女性、青年王國材、一個女兵的自傳、結構並不好，但有粗獷的特色。

蕭軍是本期後起作家。十一年以二郎筆名發表孤雛，藉小說人物寫自己少年時代的流浪生活。稍後有八月的鄉村的創作，是在日本人統治下，冒生命危險而寫的。廿三年由東北逃到青島，這初稿以田軍筆名寄給魯迅，被編入魯迅主持的奴隸叢書。魯迅並爲這個長篇寫序，蕭軍也就一舉成名。此書的動機和主題意識是抗日、反僞滿，希望國人重視東北問題並激發愛國情緒。但成了奴隸叢書後，內容改變了；原稿中安娜說的「四要全國同胞都起來抗日，我們的國家就能得救。」卻改成「唯有當全世界的無產階級革命起來，我們的國家才能得救。」後來還有羊、江上、第三代先後出版，是他文學生命的顛峰。

孫陵在廿三年完成的長篇從黃昏到黎明，是他與蕭軍蕭紅夫婦相約冒險從事抗日反偽滿期中的創作。逃到青島後，卻以堅持不願修改內容，以符合「無產階段革命文學」的要求，而被冷落，直到廿六年才出版；又以「八一三」之戰，竟使他的血淚之作，一直不獲重視。後來的中篇國境線上及十歲，短篇如小歌女、寶祥哥的勝利……都因爲他不肯靠左，而慘遭茅盾的惡意中傷，指爲「上海的東北作家」。其實除了楊朔之外，他是最後離開東北的抗日作家。

此外還有：

張天翼的短篇三天半的篇，從空虛到充實、小彼得、密蜂、背脊與奶子、萬仞約、反攻、移行、團圓。中篇的清明時節；長篇鬼土日記、一年、在城市裡、洋涇濱奇俠。

葉紹鈞的短篇未厭集、長篇倪煥之。

施蟄存的短篇娟子姑娘、上元燈、扇、周夫人、洪智法師的出家、妻的生辰、栗芋、漁人何長處、閔行秋日記事、鳳凰女、等十篇。後來又有梅雨之夕、善女人行品兩集。以及將軍的頭、李師師等歷史小說。

謝冰心的往事、南蹄、姑娘、閑情、去國等，都以「愛」爲中心，藝術成就雖高，但不爲當時的文壇巨霸左派所喜。

丁玲的夢珂、莎菲女士的日記、在黑暗中，自殺日記、一個女性、韋護、一九三年春上海、一個人的誕生、夜會、水、母親等，除了韋護以後爲左翼而寫的作品之外，都是當時的名著。他的成名創作莎菲女士的日記，更是震驚一世。

凌淑華的短篇酒後、小劉、再見、花之寺、女人、小孩。都是健康而平實的作品。

盧隱的短篇的靈海潮汐、玫瑰的刺、長篇雲鷗情書集、象牙戒指。都充滿苦悶、憂鬱和感傷。

綠漪的綠天、靜心都有細膩的描寫。

蕭紅的棄兒、生死場、牛車上。

蔣光慈的長篇，有最後的微笑、菊芬、麗莎的哀怨。中篇則有田野的風，都是十七——十九年的作品。

洪靈菲的短篇集歸家；長篇有流亡和前線。爲十八——二十年出版作品。

樓建南，短篇集有民國十八年的病與夢，和民國二十一年的第三時期。

陽翰笙（華漢），短篇有民國十八年的十姑的悲哀和最後一天；長篇則有民國十九年兩個女性，和民國二十一年的地泉。地泉又稱爲華漢三部曲，包括深入、轉換、復興三個中篇。

趙柔石，民國十七年出版長篇三姊妹和舊時代之死；舊時代之死又包含了上冊未成功的破壞和下冊冰冷冷的接吻。民國十八年出版短篇集二月和希望。

胡也蘋，民國二十年去世，有些作品是死後纔出名，也有的是死後纔出版的。短篇小說集有民國十七年的聖徒，十八年的詩稿、三個不統一的人物、往何處去，十九年的牧場上，二十年的四星期和活珠子。中篇有民國十九年的到莫斯科去；長篇有二十一年的光明在我們的前面。

王統照，長篇小說有民國十八年出版的黃昏，二十三年的山雨，二十四年的春花。春花是一個長篇的前部，後半部爲秋實，但始終未曾發表。短篇小說集有民國二十二年的霜痕。

王魯彥，短篇小說有民國二十年出版的童年的悲哀，和民國二十一年的屋頂下。長篇有民國二十六年的憤怒鄉村。

郁達夫，短篇集有民國十八年的過去集，和民國十九年的薇蕨集。民國二十二年有一個長篇她是一個弱女子。

落華生，民國二十三年出了短篇集解放者，包含女兒心、春桃等篇。

穆時英，民國二十一年短篇集南北集，民國二十二年公墓。

魏金枝，短篇集有民國十九年的奶媽，和民國二十年的七封書信的自傳。

許傑，民國十九年出了短篇集大山口和椰子與榴槤。

彭家煌，短篇集有民國十八年的寒夜和厄運；中篇有民國十七年的皮克的情書；長篇有民國二十年的落花曲。

蹇先艾，短篇集有民國十九年的一位英雄，民國二十三年的還鄉集，民國二十五年的躊躇集和四川紳士和湖南女伶。

葉紫，民國二十四年短篇集豐收，係魯迅所編的奴隸叢書之一。民國二十六年短篇集山村一夜，民國二十五年有中篇星。

吳組湘，短篇集有民國二十三年的西柳集，和民國二十五年的飯杓集。

蘆焚，短篇有民國二十四年的谷，到了民國二十六年又有落日光和野鳥集兩集。

艾蕪，短篇集有南國之夜、南行記、夜景等，作品多中國西南的地方特色。

輝英，民國二十一年長篇萬寶山，是以萬寶山事件爲題材所寫成，是一部激發民族意識的愛國作品

沙　汀，有短篇集航線、土餅、苦難等，多是描寫中國舊社會的農村景象的。

郭沫若，短篇集有民國十九年的後悔，長篇有民國十九年的我的幼年，民國二十年的黑貓，民國二十一年的創造十年。

王林渡（姜貴），民國十八年長篇迷惘。

羅黑芷，民國十九年短篇集醉裡。

許欽文，民國十九年短篇集一罈酒。

馮文炳，民國二十一年短篇集橋和棗。

李健吾，民國十七年短篇集西山之雲，和民國二十年的罈子。

陳衡哲，民國十七年短篇小說集小雨點。

羅西，短篇集有民國十八年出的流浪人的筆跡；長篇則有民國十八年的愛之奔流，和密絲紅；還有民國十七年的桃君的情人。

祝秀俠，短篇集有民國十八年出的祝老夫子，和民國十九年的紫洞庭；長篇有民國十九年的八月間

左幹臣，短篇集有民國十八年的男性的悲哀和火殉；長篇有民國十七年的她瞎了和情人。

戴平萬，民國十八年短篇集都市之夜，同年有長篇前夜。

何家槐，民國二十一年短篇集曖昧。

杜衡，民國二十二年短篇集懷鄉集。

白薇，民國十九年長篇炸彈與征馬。

林疑今，民國十九年短篇集中學時代，同年又一個長篇旗聲。

龔冰廬，民國十八年短篇集炭礦夫，民國十九年長篇黎明之前。

孫席珍，民國十九年長篇戰爭中。

曾虛白，民國二十一年長篇三稜。

顧鳳城（潔梅），民國十八年短篇集沒落的靈魂。

賀玉波，民國十九年短篇集她的消息，民國二十一年殘缺的愛。

陳乃文（蕙漪），民國二十年短篇集我們的證人。

謝冰季，民國二十年短篇集溫柔。

林曼青，民國十八年長篇明朝，民國十九年短篇集兩部失戀的故事。

㈢新散文

本期散文以遊記的成就爲最。性靈小品則由於左派的打擊，而缺乏出色的作品。幽默小品卻因「有意栽花」的鼓吹而氾濫。胡適所指出的缺少長篇的創作，更是遺憾。不過，介於小說散文之間的報告文學，卻是「無心插柳」的收獲—特重真實文體的建立。以下將分別介紹：

林語堂在本期的作品大荒集及我的話，在風格上有很大的轉變。他參加過武漢的「革命」政府，出過大力也看到共產黨的嘴臉，所以轉向於幽默於閑適。大集中的子見南子，很引起一些風波。我的話收的是、論語、人間世兩刊物所發表過的幽默小品。他的改變，使小品散文獲得醇厚的成功；沒有前期的「刺」，也沒有後來專出中國人洋相的「薄」。（見周錦新文學簡史）

鍾激文於十六年出版第一集散文荔枝小品後，十八年又有西湖談拾、柳花集；十九年再出版湖上散記，內容多虛靜的抒情。他在西湖漫拾裡說：「論到我個人的特別癖好，那似乎是在情思幽深不浮熱；表現上比較平遠清雋。我寫的文字，也正和我的癖好一樣，在情思和風格上，大柢多是比較沖淡靜默的—自然不敢說怎採深遠而有餘味。。」

豐子愷的散文，是詩畫渾然的作品。而且耐人咀嚼，正如朱自清所說，像「帶核兒的小詩」他在本期的散文集有車廂社會、子愷隨筆、像像堂隨筆，日人吉川辛次郎在像像堂隨筆譯者的話中認爲，「如果在現代要尋找陶淵明、王維那樣的人物，那麼就是他了罷。」他的風骨可見一斑了。

何其芳，在本期的散文集有畫夢錄、還卿雜記、刻意集，都是富於詩意的散文。他善於喻依及用典而且賦予新意，暗示他的想像，筆調濃麗而精緻，充滿多情與哀愁。

巴金—散文具有特殊的風格與自己的思想，有憂傷的情調，卻沒有絲毫消極。例如憶文集的一篇過年中所寫的：「做一個盲人好呢？還是做一個有眼睛而苦痛的人？我當然選取後者，而且我還想對於這痛苦做一點事情。」此外在夢的散文中，也同樣是看似消極，其實不然的。當然也因此不能見容於左派。本期的散文集有：

民國廿一年的海行雜記；

民國廿二年的旅途隨華；

民國廿四年的點滴之生之懺悔；

民國廿六年的短簡

民國廿七年的夢與醉。

郁達夫—散文頗得古代山水詩人的精髓。遊記尤其清新出俗。本期的散文集屐痕處處、閒書，幾乎都是遊記，都能引人入勝。

朱自清—本期有歐遊雜記和倫敦雜記及散文集你我。非常注意文學的表現形式，而且全用提煉的活口語，娓娓動人而親切。

其他作家的簡介：

王統照的片靈集，是以詩人特有的熱情、想像寫下的篇章。

夏丏尊的平屋雜文，引人發笑而不是笑話，是他獨特的風格。

俞平伯的燕郊集，是充滿學術氣氛的散文集。

艾蕪的飄泊雜記，是描寫西南區景色的遊記。淒苦生活的寫照和罕見的描繪，是它的特色。

王魯彥的驢子和騾子、旅人的心，雖然對話嫌多，但抒情和寫景都有如工筆畫的著力。郁沫若的歸去來、水平線下、北伐，能展現才氣，也有小說散文不分的瑕疵。

總之，本期的散文，以遊記爲最佳。但缺少出色的性靈小品和幽默小品。更缺少長篇的創作。而龐雜、鬆散，幾乎是通病。

四、新文學的發展

本期的文學，由成長而發展；抗日戰爭的憂患苦難是唯一的背景。茲分類述其作家與作品如次：

(一)新詩與戰爭

郭沫若，在抗戰初期有許多熱情，鼓舞的詩作，都收在戰爭集。其中戰聲、抗義頌民族後興的喜炮等，更能表現奔放的氣勢與豪邁的風格。但武漢淪陷後即放手執行共產黨的任務而無心創作，唯一的蜩螗集，質與量都大不如前。

胡風，致力於文學理論，但也寫詩。對於後起詩人更樂於扶植。本期於主編的七月、節靈，對於詩和作者更有大力的介紹。抗戰前出過野花與箭，本期作品結集爲祖國而歌。他的詩，感情豐富；更能揚棄一般追求技巧的作風，而有助於新詩的拓展。

藏克家，由於軍中的生活的體驗；豐富了他的作品。他自己說：「…這個時期，回味體會了五年的戰地經驗，面對眼前的世界，有時間給以較深的刻劃。光明的歌頌他；黑暗的諷刺它，愛與憎，是與非，真理與罪惡，界線是分明的……。」於是他的詩作有：黎明鳥、泥土的歌、第一朵悲慘的花、向祖國、古樹的花朵；和後來的感情的野馬、寶貝兒、生命的零度等續集。其中灘上吟是描寫黃河水災的疾苦的長詩；泥土的歌則爲田園詩歌的小集；向祖國也是農民抗日的長詩；古樹的花朵，更是五千行的長詩——描寫魯西北聊城抗日英雄范築先的史詩。後來正式加入共黨，作品很少，品質也低落了。

覃子豪，是著名的抗戰詩人。他的永安劫後，是此期的代表作。

葛賢寧，在本期只寫一首詩，但卻是五千多行的長詩——歌頌蔣中正先生領導抗戰的偉烈及全國軍民不屈不撓的精神，是一首典型的民族史詩，也是空前的的長詩。

韓北屏的成名詩作是保衞武漢。他的作品有洗鍊的辭藻，明快的風格，更有濃厚的鄉土氣息。徐遲，本期開始口語的運用。最強音是他的結集，也是口語的嘗試。其中生命爬出來了，敍述一個文弱的書生走出了愛情的糾纏，而走上抗日救國的大道；更能鼓舞抗日的愛國情操。

沙鷗，善以民謠形式，運用方言。本期有農村的歌、化雪夜、林桂精等詩作。

綠原的童話與又是一個起點，都值得稱道。前者是許多精彩的童話故事，具有豐富的想像。後者爲政治的諷刺。

力揚的我的豎琴，射虎者及其家族，是描寫田園人家的生活，以豐富的感情寫出愛與憎的時代心聲。

戈矛，善寫戰地生活。將軍的馬、茫野詩草，更有熱烈的感情。

任鈞重視「聽覺藝術」，如爲勝利而歌、戰爭頌、後方小唱等，都是可朗誦而能激發豪情的作品。

此外還有許多抗日詩人如陳紀瀅、劉心皇、冀汸、金軍、楊騷等都有許多戰地紀錄的詩作。冀汸的躍動的夜，更是長達二百多行的抗戰史詩。

(二)新小說的開展

姚雪垠 他的成名短篇差半車麥揩，寫農人的落後思想以及加抗戰後的重大轉變。曾經在二十七年秋天被「新華日報」爲首的左派報刊捧上天，姚某被封爲「農民作家」。可是到了卅二年冬季，他的春暖花開的時候，卻被扣加上「娼妓文學」、「色情文學」的帽子，從此他又被共產黨踩在腳下了。不過他的部份作品如戰馬戀、長夜，仍然可讀。前者寫抗戰與戀愛故事，對於少數的救國工作者的生活腐化，甚至以抗戰爲名而別有用心的醜陋，頗能加以揭發。後者寫北伐前之軍閥割據時期中河南土匪的生活與行徑。

碧野 此期的短篇北方的原野、山野的故事、流落、三次遺囑以及抗戰前的一些創作，都富於地方色彩，特別是小人物、小故事的刻劃，更是眞實而饒情趣。

他的長篇有風砂之戀、肥沃的土地、奴隸的花果、及有花果的春天等，大柢都有政治性的煽動或不滿。

老舍 本期戰前短篇有火車集、貧血集等。由於對戰爭知道得太少，所以戰時的創作如火窟、四世同堂等長篇，前者在序文中自承失敗；後者的表現內容與「火窟」大同小異。但寫作技巧都進步得多，在細節的敍述上更能表現眞實感。

陳紀瀅 抗戰時偏過大公報的戰線。並有經由或幼苗的成長的創作，於之三十年後一年得教育部的小說獎。

王藍 於三十一年出版短篇集鬼城記及中篇一個永恆的心。往後還有銀町的長篇創作。

沙汀 他的短篇播種者，在抗戰的大後方寫成的，內容卻不能反映抗的意識，而偏重農民、兵役、政治等方面黑暗的揭發。因此被共產黨大力推動，當然也不免影響抗戰的民心士氣。後此的成品—淘金記、闖關、因獸記等，除了闖關所描寫的敵後游擊將士的艱苦奮鬥，圓滿達成任務的故事之外，其餘都缺乏積極意義。而戰後的還鄉記，更是低級的反政府的宣傳品。

劉白羽曾在龍煙村紀事的後記中說：「無論怎樣，我難忘在戰爭中人們開闢了許多自由天地—在那裡面，許多倒楣的人物發了光，許多稚弱的人物變得硬朗，許多憂鬱陰暗的人物變得快樂。」這段話可以概括本期的作品幸福和龍煙村記事兩集中許多短篇的精神。此外還有一篇草原上。

尹雪曼 抗戰中以學生和大後方軍民的生活爲題材，寫過許多小說，先後載於大公報等刊物。後由商務書局出版短篇小說集。著名的戰爭與春天，則列入大時代文藝叢書出版。

茅盾 抗戰後期的短篇五篇，都收在委屈中。長篇中的第一階段的故事，寫「八一三」淞滬戰事爆發前後上海社會情況。寫出各階層五類型人物對抗戰所持的態度，一如他後記所說「在力所可及的畫面上，把最典型的人物事態組織進去」。

霜葉紅似二月花，只寫了第一部共十四章，寫「五四」前後社會生活的變遷，而以一個古老的小城鎮作背景。

腐蝕，到是部成功的創作。雖然是攻擊政府的政治小說，但全書採日記體，體材新穎，故事生動而筆觸深入而細膩。

巴金 在本期稍前完成的家，是他的代表作。他把一個沒落的大家庭，以及形形色色的黑幕，都作適當的揭發。更提示了青年們，想自由發展，必須勇敢地面對大家庭的一切。後來的春，仍以家中的高家爲背景，而以蕙和淑美爲重要的主角，故事的重點是寫這兩個少女性格相似而結局不同的命運——蕙被虐待痛苦而死，淑美卻得堂哥們之助逃出了樊籠。

完成於廿九年的秋，故事正如他談秋的一篇散文所說高家好比一顆落葉樹，一到秋天葉子就開始由黃變枯，一方方地從枝上落下來，最後只剩下光禿的樹枝和樹身。最後以高家的破滅落幕。

以上是他的激流三部曲。而後兩部完成於本期。他在本期產量較豐的老家，短篇集有還魂草和小人小事。前者多本人道主義自心靈深處鼓舞抗戰意志，如集中某夫婦所強調的「一個英雄，便是竭盡所能的人。」後者雖是瑣事的記錄，但卻極爲感人。而艱苦的情趣，爲小人小事中的豬與雞，所寫大雜院的馮太太，既養小豬又養雞，搬家時候還把小雞「像抱孩子似地……抱到懷裡，小心地坐上黃色車。」都非常可愛而令人懷念。

此外還有長篇火，即抗戰三部曲中的第一節。第二節炎，第三部炙，通稱火三部曲。憩園，是寫一所大屋前後兩家主人所遭遇的不幸。第四病，是寫一個善良而熱心的女醫師，自己有無數的不幸，卻不斷努力幫助病人減輕痛苦的故事。寒夜，寫一個窮苦人家婆媳不和所引發的不幸。都是著名創作。

師陀（蘆焚）本期在上海寫過短篇集看人集及果園城記。周錦給他的評價是：「他寫人物雖然有生命感，但限於經驗，不夠深刻。至於景物……一經著筆，則心靈湧現無盡的情感，所以作品顯得和諧而淳美。」所以劉西渭說他「把情感給了景色，卻把憎恨給了人物」。

長篇的荒野、結婚，都是可讀的作品。而後者所寫的一個善良純潔的青年胡去惡，爲使結婚更風光一點，而努力的結果竟被腐化的社會毀滅了。雖然只表現了消極的無奈與灰暗，但前半部用六封書信敍述故事的發展，後半卻纔進入主題——一個善良純潔的靈魂失落了，在技巧安排上則頗有創意。

此外駱賓基的北望園的春天，文筆明快而細緻。張天翼有速寫文篇，艾蕪有短篇集秋收等及長篇集豐饒的原野等。蕭紅有短篇集曠野的呼喊及長篇集呼蘭河傳。李廣田有短篇金罈子及長篇引力等。李輝美有短篇集夜襲及長篇松花江上等都是名著。錢鍾書的短篇集人獸鬼及長篇圍城等，他的清新辛辣而充滿機智幽默的筆觸，尤獲高度的評價。

作家戰地訪問團業書出版有：羅烽糧食，白朗老夫妻，葛一紅纓槍。

文協舉辦徵文所選的有SM的南京，陳瘦珍的春雷。本期還有許多作家與小說，簡錄如次：

郭沫若——地下笑聲短篇集。

夏衍——春寒長篇。

吳組緗——山洪長篇。

金麟——英雄、宿店短篇集。

丁玲——我在霞村的時候、一顆未出膛的子彈短篇集。

路玲——短篇集青春的祝福、求愛、在鐵鍊中。中篇饑餓的郭素娥及長篇財主的女兒。

丘東平——短篇集第七連、茅山下。

草明——短篇集遺失的笑。

谷斯範——短篇集風雨故人，長篇新水滸。

容柳—蝦球傳三部（春風秋雨、白雲珠海、山長水遠）陳白塵短篇集茶葉棒子。

王任　捉見篇短篇集。

許地山危巢墜簡短篇集。

臺靜農電報長篇。

梅林自擾短篇集。

㈢新散文的開展

本期的散文質與量都有長足的進步，以下特作簡要的介紹：

王了一　他的小品散文自創一格。評者說他「比吳稚暉的更凝練，比魯迅的更活潑，比周作人的更明朗」。他的散文集龍蟲並雕齋瑣語，以問話方式寫生活的觀感，人生的見解，而深入淺出中深蘊哲學思想。有時表現率性天真，有時又富於人性味和幽默，有時也對社會的黑暗面作若干譏諷；常使人感到言盡而意無窮。

梁實秋，曾為「與抗戰無關」問題引起很大的紛擾。但由於抗戰期中之無從辯解，只有默默地從事「無關」的創作。雅舍小品，有特殊的風格，所寫後方都市的社會相，生動而逸趣橫生。在他文中的「雅舍」，不過陋室一間，但卻能充份表現他的風格。他說：「我有一几一椅一榻，酣睡寫讀，均已有着，我亦不復他求。雅舍所有，毫無新奇，但一物一事，安排布置，俱不從俗，人入我室，即知此是我室。雅室何須大，縱然不能蔽風雨，雅舍還是自有它的個性。」

茅盾　他在抗戰開始即離開上海赴香港，而往來於粵漢之間。返港後又經海防、昆明、蘭州去新疆。又因與蘇聯勾結的陰謀被發現而被送去陝北。後來又輾轉到香港；太平洋戰爭爆發後又到桂林、重慶而於勝利後訪問蘇聯。因此見聞性的散文居多，如：

炮火的洗禮收抗戰初期作品。

見聞雜記，記述新疆的沿途風物。而所經的幾個後方都市的戰時面目，更是描述的對象。

生活之一頁，述香港的淪陷以及自己在變亂中的經歷。

時間紀錄，包括民國三十二年即三十四年所寫的作品。

蘇聯見聞錄，以散文筆調寫觀感。其中第一部爲日記，第二部則爲片段題材的特寫。

孫陵，實際參加戰鬥生活，本期的散文創作頗豐，以下是他的結集：

紅豆的故事，寫平津流亡學生參加救亡工作的艱苦生活，有激昂鬥志的洋溢，有景物、人物的描寫。

戰地小品，爲寫民國二十七年由武漢徑戰區的沿途見聞及戰地生活。

突圍記，寫與姚雪垠、藏克家一同參與第一次隨棗會戰的整個戰役，距離最近處只有一百多公尺。

巴金，有控訴、感想、無題、龍虎狗、旅途雜記及之十七年出版的靜夜的悲劇等散文集。內容都清新流暢而熱清洋溢。他的寫作是信筆直書，而不爲題目章法所拘限。

錢鍾書，是四十年代嶄露頭角的作家，不但有淵博而充溢智慧，更有卓越的見地。他的散文能以簡潔的文筆，融匯新舊的題材。他的談藝錄，在短短篇幅中看思想，有引證、有諷刺、有諧趣、更有曠逸的想像。寫在人生邊緣上，共收窗、說笑、喫飯等十篇，著筆游刃有餘，而處處寄託深意。

李廣田，有雀簑記、圈外、回聲、灌木集及日邊隨筆等文集。處處透出純樸誠懇的鄉氣。

朱自清，本期的散文多本是實用性的文藝短論，談詩，談文，也談教學，都是有分量、有深度的作品。而勝利前後他的看法、說法更是舉足輕重。本期的結集有語文零拾、標準與尺度、論雅俗共賞等，應該說質勝於量。

聶紺弩，有歷史的奧秘、蛇與塔、二雅雜文及勝利的血書等雜文集。他的散文集沉吟所收的作品，多記述身邊人物，信手拈來，都極感人。此外還有：

楊剛，抗戰初期有沸騰的夢，後此有春韮集。前者波瀾壯闊而具丈夫氣，後者則見其細膩有緻。

蕭紅，本期有蕭紅散文與回憶魯迅先生等集，都清麗可讀，而後者尤其靈活生動。

本期還有很多名家名作，如：

謝冰心關於女人；

葉紹鈞西川集；謝冰瑩生日；鄭振鐸蟄居散記；

蔡雪林青鳥集；

何其芳星火集及續集

方敬君風塵集、生之勝利

陳紀瀅新疆鳥瞰

師陀有江湖集、上海手扎。馮玉山水

李健吾咀華集

徐鍾佩倫敦歸來

劉衡靜壽語

朱雯山遊草

郭沫若有羽書集、蒲劍集、今昔集、南京印像。

馮雪峰抗戰期中有鄉風與市風、有進無退兩集，前者並有朱自清的長序。勝利後有跨出的日子及寓言三百篇，多政治性作品。

秦牧有秦牧散文第一、二輯。

胡風棘源筆

宋之凱歌、長江風景線。

孟超長夜集、未偃草。

夏衍有此時此地、長途、邊鼓集、蝸樓隨筆。

五、新文學的淨化

(一)思潮的淨化

從「五四」到抗戰勝利的直前，中國的新文學都在普羅文學與民族文學的渾沌中由萌芽到成長。本期由於戡亂局勢的逆轉，民間飽嘗共產思想的荼毒，才痛定思痛而產生傾向淨化的文學思潮。於是在三十八年的十一月十六日，由主編民族新刊的孫陵提出「反共文藝」的主張他以爲，這時期爲一個作家的自己，必須「自動作一名反共的文化狙擊手。（論反共精神戰線五版自序）自此他便竭力提倡并實踐「反共文藝」。「民族副刊」的發刊詞——「文藝工作底當前任務」，便是反共文藝的號角與開端。發展到四十二年更有撲滅文化三害——赤色的毒，黃色的害、黑色的罪——的淨化運動，因爲蔣中正先生在手著民生主義育樂兩篇補述中曾說：「一般國民，不是受黃色的害，便是中赤色的毒，」而認爲「務須剷除赤色的毒與黃色的害。而文化界更鑑於黑函滿天飛風氣之爲害，乃併列爲「三害」而加以清除。四十四年復有戰鬥文藝的號召與創作的展開。幼獅文藝二卷一期中更有專文爲文藝戰鬥作明白的析論——

戰鬥文藝是向大陸共產黨和蘇俄帝國主義戰鬥；

戰鬥文藝是向足以抵消我們戰鬥力量的一切腐惡勢力戰鬥；

戰鬥文藝是向失敗主義灰色思想和墜落的心靈戰鬥。

㈡文藝政策與文藝刷新

民國五十四年四月，國防部邀由全國文藝作家及軍中文工人員在北投舉行國軍第一屆文藝大會、展開新文藝運動。會中通過㈠「確立民族文藝陣線，倡導革命文藝思湖」，㈡「設立新文藝金像獎，特定主題，徵集年中優秀作品」爲兩大議題。並根據　蔣總統中正「發揮民族仁愛精神」等十二次精神指示及蔣經國先生所提的三大目標——分別以團結、犧牲、良能建立文藝陣線，倡導革命的文藝思潮，發揮戰鬥的文藝功能並確立具體方案，展開軍中文藝的刷新。

由於此項文學思潮之引導及文藝大會宣言所具體揭櫫的精神推展，更形成了民國五十六年十一月執政黨第九屆五中全會所通過的文藝政策。其中的第一、二兩節所定之「基本目標」與「創作路線」，更是文學淨化的導源。

㈢本期新文學舉要

以下將以作家爲單元，就本期作品綜合舉要如次：

孫陵—是個直來直往而不畏強禦、不避風險的作家。邊聲，是他一篇最能表現個性而感人的報告文學。周錦說是「含著淚、抖著手、咬緊牙寫出來的。」

短篇小說女詩人是寫文壇小丑的醜陋，惡魔是敗壞厭惡社會的作品。大風雪的第二部莽原，寫李頓調查團圖利東北的調查；對於時代的社會相如報紙爲了銷路而不惜作腐蝕人心的報導；如記者爲討好報老闆而採訪甚至製造新聞；如女戲子可以搖身一變而成爲作家等等，都充滿了諷刺。他的作品，更能表現高度的民族意識和時代意義。

姜貴—他的小說，文筆暢達而富於故事性。他的時代思想更使當代文學發出光芒。他的塑型啟示是：①年老的作家，不應該自我放棄；②寫作不必乞靈於方法指導，多讀好作品自然會有心得；只要看興趣有決心，誰都可以成爲作家。

他的作品白馬篇與重陽，都極有成就。而後者更是他的巔峰創作；也是繼茅盾三部曲之後三十年間唯一敢於面對共產主義罪惡的長篇小說。

趙滋蕃—有時很糊塗，有時極精明，生活也有悠揚與緊湊的兩面。也因此形成了作品的特殊風格。

他的成就不限於創作、更致力於理論的建立與新文學的守護。小說創作多爲時代的倒影，更具史詩的價值。海天、旋風交響曲、半下流社會、半上流社會等作品，都獲得極高的評價，文學性的雜文，也是他成就的另一面。所以他對於中國文學的貢獻是數一數二的。

余光中—他的詩與散文，可謂質量俱豐。本期的新詩創作，無論風格、意識都有強烈的民族思想也有被肯定的成就。但到民國五十年後，由於環境的變遷，社會之開始重視古典詩歌，中副不再刊載新詩作品，他的創作感情不免受傷害，同時也想超越藩蘺而開拓新園地；因此在求新求變中形成了新風格；卻資人反對的口實，在新文學的圈子裡當然也免不了許多微詞。不過，他的詩在近年又有了倦鳥思歸的轉向，而在舊基礎上加入新質素。於是他又成了被期盼中可喜的詩人。

王藍與藍與黑—王藍是畫家而兼小說作家。他的藍與黑是名聞遐邇的名著；曾經得中華文藝獎中的小說獎，被拍成電影，而行銷將近十萬册。可說是中國新文學更上空前的創舉。有人批評故事缺乏抗戰期中應有的嚴肅，但也有人認爲置重於男女學生戀愛的焦點，仍然有它的重要性；例如故事的第一節：

「一個人，一生只戀愛一次，是幸福的。不幸，我剛剛比一次多了一次」

電台廣播此一長篇時，每都以這兩句話爲引子，不僅說「戀愛的，也說明了作品的主題。」

琦君—他的散文，在本期的作家中可說最純真最可讀，就像村姑一樣，不施脂粉而自然秀麗。童年親情的回憶與瑣事的記述，寫得更可喜。琦君小品共有三輯，第一輯的前半和第二輯都是上品，與紅紗燈的第二輯，都獲高度的評價。

於梨華—他在本期的小說創作成就很不平凡。周錦以爲由於左列的因素，使他的作品獨樹一幟：

(1)把握人物的心理，作細膩而生動的刻劃而能恰到好處。

(2)表現事象都極具真實感。

(3)有足夠條件寫名利兼收新鴛蝶作品，而卻能淺嘗輒止，不超越新文學的防線。

(4)寫暴露色情處，有時代的訊息而不至破壞倫理的堤坊。

(5)能融合西方小說的長篇寫道地的中國創作，而不肯以他的外文能力為賺金元而犧牲中國人的尊嚴。

她的長篇小說考驗，很可以說明以上的優點。

鍾肇政—他的文學創作，對新文學有直接的貢獻，而間接鼓舞了當代的青年。他愛文學更忠於文學，所寫的人和事都全力以赴。他的小說創作對國家、民族乃至鄉土都有深厚的感情，馬黑坡風雲是他的代表作。

謝霜天—她和和鍾肇政同是台籍高水準的作家，而擅長於散文。父親是位淡泊名利的田園詩人，他的詩句「溪響知新漲，窗明見遠山」，便是詩人的寫照。生長於農村的謝霜天，田園生活的喜愛，形成了作品的特色，而家學淵源的影響又塑造了特色的另一面。

她的自選集收有山如浪等二十篇散文。陳鼎環的評論中有一段：「如果說謝霜天的散文有什麼缺點，那恐怕是她對社會的壞事懂得太少，而對人間的好事懂得太多。對壞事懂得太少，寫起小說來恐怕難得透徹深入；而對好事懂太多，卻正好成就她這一路獨一無二的淳美散文。」

梅村心曲，是一部極有價值的長篇小說，無論體例，結構和意境，都是上乘的。這是她散文優長的另一收獲，篇中也處處可見他的散文風貌。

陳紀瀅—他在四十九年出版的長篇小說，論題材與成就都可與王藍的藍與黑相伯仲。荻村傳寫得很成功，而華裔錦冑更具時代意義。

馮馮的微曦——是一部值得介紹的長篇小說。這部長達百萬言的創作，是以自敍傳的方式寫故事中「我」的四個遭遇——寒夜、鬱雲、狂飈、微曦。他的優點是沒有舊小說的影子；而所採自敍傳的體例，卻無絲毫誇飾。它描繪歷史，更提供地理的知識以及有關地域的風土人情。

六、篇後語

以上是本章對新文學舉要以概其餘的最後介紹，也是本書的終點。必須一提的是，中國文學之以新文學爲歸趨，是由於語文通俗化的歷史性；另一面也是「五四」所造成的事實——過於突然而無法改變的事實，使我們不得不冒着民族文化斷層的風險。因此，我們的視野不要膠柱於純文學、白話文學，更不以新文學而自囿囿人。對許多新舊文學並重的作家，我覺得如吳芳吉的白屋詩稿，敏之所寫的詩的藝術，鄭明娳所寫的珊瑚撐月——古典小說的新向量等，都是可敬的耕耘。儘管如何偏愛新文學，但必須能包容更多的爭鳴；因爲那是不可違悖的自然法則。爲了文學的使命，尤其不能忘記譯著及「國故的整理」。以下特節錄梁實秋先生有關的說理：

……五四運動原是一個單純的愛國運動，後來轉變爲新文化運動——新文藝其中的一個部門。新文藝運動是以白話文運動開端的。我們的文言與口語，相差過遠，這當然是亟需改革的一件事。胡適之先生及其他各位之倡導白話文，因爲合時宜，所以迅速得到成功。至今無數人都在受益。胡先生是主張漸進改良的，他並不侈言「革命」，他在民國六年一月發表「文學改良芻議」，其中並無「革命」字樣。首先倡言「革命」者，是陳獨秀先生，他的第一篇文章便是「文學革命論」。胡先生緊跟著寫「建設的文學革命論」，加上「建設的」三字於「革命」之上，是有深刻意義的。「革命」二字原是我們古代的一個政治術語，「湯武革命，順乎天而應乎人」，後來引申其義，應用到其他激烈改革的事情上去，如不謹慎使用，可能流於誇大。就文學而論，自古至今，有其延續性，有所謂「傳統」，從各方面一點一滴的設法改進，是可行的，若說把舊有的文學一腳踢，另起爐竈，那是不可能的。即以文字改革而言，把文言與白話清楚的劃分開來便是一件很難的事。對於某些人，相當數量的文言已變成了他們日常應用的白話；對於另一些人，頗爲簡易的白話可能還是和文言一樣的難解。胡適之先生寫白話文學史是有深長用意的，他的意思似是在指出白話文學並非是新的東西，它有它的歷史傳統，白話文運動只是那個良好傳統的延長。這樣解釋，白話文學運動便沒有多少「革命」的氣息了。可是在「五四」之後幾年，一般青年是喜聞「革命」的，是厭舊喜新的，所以對於白話文學運動中之嶄新的部份固樂於接受，而對於中國文學的傳統則過分的輕視了，其結果是近數十年來優秀文藝作品之貧乏。

文字是文學作品的工具，沒有優秀文藝作品的文字是不優秀的。在這一點上，文言與白話的道理是一樣的。白話而求其能適當的抒寫作者的思想情緒，則其白話便非我們日常應用的白話，必定是經過藝術安排後的白話。口裡說甚麼，筆下便寫甚麼，那不見得就能成爲文藝作品。「五四」以後似乎是流行著一種誤解，以爲凡是會說話的人就可以寫文章，寫出文章就可以成爲文藝作品。文學的文字。是異於口頭的白話的，需具有藝術的安排與剪裁。「五四」以來的文藝作品，除少數在水準以上的作品外，大部份的毛病首要的是文字方面庸俗拙劣……。有時候，引車賣漿者流口裡所說的白話，一字不易的記載下來，也滿有趣味，但那只是在作者手裡偶爾要形容某一類型性格而引用的一種技巧，並不能成爲文藝創作的正常工具。我並不主張白話文裡要羼入若干文言的成份，我也不主張白話文裡要裝飾什麼典故，我只是說，白話文必需具備藝術的條件，只達到「清通」的階段的文字（無論文言或白話）均不能成爲夠標準的文學的文字。文字要求其「自然」，這「自然」是琢磨後的「自然」，不是原始的粗陋的「自然。」……」除了翻譯之外，外國文學名著之編註翻印也是很重要的，如日本研究社的叢書那種辦法就值得供我們參考。在幾十年的新文藝運動裡，介紹西洋文藝的工作，我們實作得太少了。

『整理國故』也是「五四」以後的一件大事。在文藝方面，我們的成績太少。我國的文學名著從詩經楚辭以下以至於紅樓水滸，都應重新編印，這編印的工作應包括文字句讀、版本校勘、詞句訓釋、背景研究等等，但必須用科學的方法，同時還須借重歷史學社會學的資料以爲佐證。胡適之先生的水經註之研究可惜現在尚未刊行，那應該在方法上成爲示範的作品。對於下一代的人如何徹底了解我們的文學傳統，這實在是刻不容緩的要圖，……

「大家都說，在新文藝裡新詩的成就最差。一卷六期的「文學雜誌」有周棄子先生的一篇說詩贅語，實在是幾十年來罕見的一篇批評文章，見解精闢之至。他說：

『體有古今，詩無新舊。……

現代的詩，應該在現代的內容。……

詩之所以爲詩，並不是決定於形式。……』

『自有白話詩以來，寫詩的人中間，即成一種新與舊的對立。舊的一派，以爲白話如何可以作詩？那簡直是胡鬧。新的一派則以爲有了白話詩以後，如果再有人要作審音協律敷辭摛藻的詩，依「文學革命」觀點，都應該殺無赦。這一種對立，導源於對於詩的無知。只不過前者是頑固的無知；後者是幼稚的無知而已。這情形發生在「五四」運動的時代，那是可以理解的，但不應該歷三十年而不變。……』

『詩意的精鍊而經濟的表達，經過無數人長時間的創造、修正、琢磨、實踐才能獲得並奠定幾種「固定形式。……』

『新的詩體一直沒有能夠成功地建立起來……主要的錯誤在於妄想「徹底」取消原來的詩「固定的形式」。……都跟中國語言一字一音先天上整齊對稱的特質相抵觸，它們充其量也只有一種純乎天籟的平仄，而不能有「詩」的音律所以它們無法念得琅琅上口，「吟」當然更辦不到。……』

「周先生這一篇文章，陳義甚高。嚴格講，詩就是詩，體儘可不同，其本質無所謂新舊。猶之乎畫，畫就是畫，無所謂新畫舊畫。猶之乎音樂，音樂就是音樂，無所謂中樂西樂。但這是從藝術的基本原則上立論。實際上，藝術作品構成條件頗不簡單，歷史地理風土人情，在在都影響到詩的內容與形式。新詩與舊詩的對峙，儘管在理論上不可通，事實卻分明擺在那裡。我的意思以爲，舊體詩不是不好，是我們以後無法能再寫得好。詩的形式固定，一方面是藝術上的成就，另一方面也注定了它要有衰微的一天。現代的環境與教育，不可能再造就多少個能運用舊詩體的人才。臺灣「

詩壇」擁有一萬五千位詩人，這盛況在二三十年後怕不會再有。我以爲新詩如有出路，應該是於模擬外國詩之外還要向舊詩學習，至少至少應該學習那「審音協律敷辭揆藻」的功夫。理由很簡單，新詩舊詩使用的都中國文字，而中國文字，如周先生所説，是先天的一字一音以整齊對稱爲特質。這想法也許有人以爲是「反動」或「反革命」，不過我們不能不承認，文學的傳統無法抛棄，「文學革命」云云，我們如今應該有較冷靜的估價了……。」（節自五四與文藝）

這是中國文學史上極珍貴的文獻，也是今日作家與讀者的暮鼓晨鐘。

附錄　編者詩詞選

一、第八屆大選前後近作選

㈠「二二〇」日記

春寒甚於三冬夜，花鳥昏昏霧裡城，
風雨淒淒舟不進！荒村處處虎狼聲！

㈡春遊過安平

又是春風吹岸綠，安平依舊雨如絲；
樓船曾載孤臣恨，猶憾後人未出師！

㈢春遊烏山頭

花明鶯唱曉，草綠柳垂青。
野徑喧遊屐，晴暉艷翠軿。
烏山環水曲，湍水隔山聽。
已逐歸途月，猶思子夜星！

㈣寄　一

巖峰顧有靈？曾不識頑冥！
果使爲天地，將何賦流形！？

㈤寄　二

淡者鹹之素，鹹者淡之丹。
爲鹹資雋永，爲淡待甘酸。
能否兼其善？庖中問富韓。

㈥寄　三

士且知然諾，公何蔽清明？
蒼生並晚節，以擲一時名！

㈦寄　四

陳橋雲一片，莒墨半天陰！
憂喜殊人地，安危異古今；
翻然歆大智，虛壹見清心！
但願執迷者，亦知一念琛！

㈧問　天

廟堂貽虎患，市井暴民多！

凌辱加尊長，衣冠擬賤莎！
金銀恣賊意，血肉餉兇戈！
欲問鈞天主，蒼生將奈何！？

(九)問　蝦

爾有堅甲利兵，如何肱多股軟？
水中無所作爲，岸上寧能施展？
何日換骨脫胎，幾時峰迴路轉！？

(一〇)問西遊獮猴

蚓知圖百足①，蛛解算蛇蝮②；
不必因強援，猶能報悍梟。
奈何方趾物，無計返岩嶢③！？

(一一)攫　金

甚矣今齊人④！攫金於寶府。
橫行不可名，吏畏如彪虎！
萬目徒瞋瞋，盜臣誰釁鼓！？

(一二)賀

鼎重知幾許，強兵終莫舉。
能維百世新，必繼千秋緒；
楚子縱滔滔，王孫都一語。

(一三)諍

賢路有康莊，集思計亦良！
如何甄與采，依舊待商量！
願去剛中愎，強吞九病湯⑤！

(一四)勸　一

斗米望天乾，天乾又如何！
衆人皆賤死，萬斛有何多？
寄語殉權子，貪嗔總是魔？
華年非獨有，轉眼亦皤皤！

(一五)勸　二

倫理可顛撲，奈何敝屣之！
種瓜焉得豆，傾廈必由基。
願君寧方寸，一讀鈞臺詩！

(一六)讀討武檄

書生有策總難行，都道迂違遠事情；

卻有春秋大義筆，誅心一檄勝雄兵！

㈦題　畫

伏櫪非老驥，偃蹄待春風。
長鳴呼伯樂，何日上雲中④？

㈧蚊

浮生同逆旅，性命似留霜；
饑不分肥瘠，飽難有蓄藏；
一哺恆未嚥，反掌便成漿；
愛物莫能助，違心每誤傷；
徒因闕痛癢，豈爲吝膏肪；

㈨陋　僧

僧面胡桃苦瓜，今宵朗月春華。
眼前殿上新佛，夢裡宮中皇爺。
巴結攀肩抱腿，亂真綠樹青蛇；
心心昇天雞犬，念念搶眼袈裟。
佛祖點頭示「可」，金剛張口說「不」！
牆頭遂無野草，禪渡乃見蓮舟。
僧面苦瓜依舊，風簷靈鳥啾啾！

(二〇)殤　子

殤子一何多，皆言失蹉跎；
群醫非束手！權貴費張羅；
天豈存私覆，不齊異護訶！

(二一)詠　俠

自古姦人天也怕，蒼生淚盡總徒然！。
幸君行道江湖靖，拔劍能爲天上天。

(二二)言　治

巾幗終非紅粉敵，英雄未過美人關！
嫣顰誤盡江山主，媚諂嚴增亂世閫！
亦有男兒由母教，更多列士爲妻嫺；
奈何亙古棼求治，不治一人治萬般！

註：①—②並見於薛福成庸盦筆記
③西遊記故事六耳獼猴與他族戰敗被逐，求助於悟空。

④列子卷八：「昔齊人有欲金者，清旦衣冠而之市適鬻金之所；因攫其金而去。吏捕得之問曰：人皆在焉，子攫人之金何？對曰：取金之時不見人徒見金。」

⑤明呂柟嘗言：「居要有九病，……九者有一於此，終必亡而已矣。開誠布公，九病可以勿藥而愈矣。」

⑥郡名，秦置。轄山西境內長城以外及綏遠東南地。唐沈佺期驄馬詩：「……借君馳沛艾，一戰取雲中。」

二、大陸遊記選

(一)桂林

五十年前曾一瞥，重遊始得攬宏觀；
果然山水佳天下，只是暮雲不許看！

(二)陽朔山中

秋山落日楓林間，野老孑然擁石眠。
冷月無情霜白髮，西風着意瘦癯肩。

(三)漓江

三月風光八月天，灕江水比鴨江妍！
綠洲草盛牛自牧，近岸灘平豎裸喧。
戲影游魚知客至，多情山鳥繞舟翩！
餓鷥漁罷聯拳睡，畫舫歸來喚渡喧。

其二

夾岸峰巒海底礁，如今拔地入雲霄！
傾嵐倒影沉魚鱉，疊綵橫青翠野橋。
漁唱悠揚來敝筏，釣磯寂寞過鳴雕。
江村漸遠燈明滅，夜泊猶聞高士簫。

(四)七星岩

七星岩下通幽處，別有桃源洞似篇；
如繪如真天外景，遊人盡是畫中仙；

(五)蘆笛岩

岩在桃花江岸邊，蒹葭作笛引登仙？
人間天上循聲至，麗澤靈峰一洞懸。

其二

萬象能名皆栩栩，飛泉一瀉亦泙泙，
雲門妙舞笙歌奏，聽得無聲視有聲！

(六)長城

萬丘白骨千江淚，築得長城萬里長！
千載遊人長如織，幾人還嘆食人牆！

其二

能固萬邦非呂望，不施長鎩是商鞅；
宜教心國安磐石，何必長城跨萬岡！？

(七)故宮

遠訪遜清宮，動心輪奐最。
竟被賤監門，推出午門外！

其二

何以未逾時，飽嘗閉門膾？
豈因孔氏迂，不解風情太？

其三

莫道青雲難，區區無計奈！
如何致大同？何以來亨泰？！

(八)謁陵

鍾山如舊識，陵寢喜還存，
先覺莫能易，後知敢不尊；
生民獨坎坷，芻狗兩乾坤！
洄澤因余問，何時至水源？！

(九)蘇州

1.江村橋

千百年前寒山寺，晨鐘風送客船中，
愁眠化作神來筆，寫與騷人代誦諷①。

其二

江村漁火勝江楓，事載中吳記聞中；
來此得徵俞氏說，殘碑舊墨一橋衷②。

2.試劍石

虎丘石上問成功，警示千秋劍跡中③，
不恤人謀摧國棟，誰憐霸業墮江東！

㈠杭州

1.西子湖

綠樹青青鳥不停④，牡丹處處徑猶馨，
臨風堤柳雲垂地，照日斷橋虹半屏。
風情萬種仍奪目，水月三潭更動人！
合與大夫同不老，蠡湖對對共花辰。

2.岳墳

風波亭上霧長湮，一謁忠墳一廢然！
已是山河同破碎，那堪日月蔽烽煙！

其二

臨安雖好未如前，萁豆相煎五十年！
良相能開新宇甸，精兵不到舊山川！

2.廈門

江湖總是不由人，不返故鄉到廈門！
狼藉海倉⑤思鄭賈⑥，骯髒浪嶼⑦念黎元！

其二

在目榕城眼下閎，故園廬墓隔澄泓。
秋風何吝施遊子，不使行雲順一程！

㈡終點

口腹五羊州，蒐求半港陬；
無聊多一舉⑧，奔命似疲牛！

其二

歸心離弦箭，敝航罹病燕，
欲飛屢不能，客似釜中蜆⑨！

㈢賦歸

去在颱風後，來在颱風先，
遊罷九千里，風帆一夕還。

㈣小悟

一境三人牛與豎，不能爲豎便爲牛。
豎牽牛鼻騎牛背，牛亦牽人走陌頭。

其二

爲牛爲豎本無相，牛可爲豎豎爲牛。

牛背無忘繩在手，陌頭莫嘆水東流！

註：①唐張繼有楓橋夜泊詩，寒山寺有明文徵明所書碑。

②清俞樾有詩勒石於此，詩曰：

郇公舊墨久無存，待詔殘碑不可捫；

幸有中吳紀聞在，千金一字是江村。

③虎丘有試劍石，爲吳王夫差滅越之試劍以卜霸業處；石未裂，夜以人工裂之，果天意乎？

④湖濱有樹曰「鳥不停」，其綠如油且多刺，鳥不能停，故名。

⑤台商醉心投資處

⑥春秋鄭愛國商人弦高

⑦廈門名勝鼓浪嶼

⑧回程再遊廣州，爲旅行社避重就輕之重複安排。

⑨廣州飛香港之中共民航，屢飛不能者達四十五分鐘，艙內氣溫高達三十餘度而無冷氣失靈，乘客不堪其苦。

三、塡詞及現代詩

㈠響應（滿庭芳）

郁郁朵雲，冉冉中天，飄來叔子詩篇。融融春雨，湧荒漠甘泉，枯藤抖擻，百卉再呈妍。七十年前，宛冰封孤兒歲月，赤子心久佚，喜今朝重拾。書劍生涯，六旬長夏，謄丹忱一片，幽思滿懷。當年名將麾下，偏愚魯；菁英十萬辜戎幕。梧鼠終窮，亡羊更難數。

山河半壁，憂患充疆，恥侮未滅靖康，夢幻敬塘，還同氣相殘，滿街虎狼，百業漸荒涼。峰迴路轉，喜花明柳暗湖光，又一村稻粱，望外見康莊。渥沐撫循，感懷曉諭，更馬首遙瞻，心儀同趣。當作干城一石，助堅固；願執金戈，湯火赴。莫道年賒，猶堪應露布。

(二)賀　履常先生八秩華誕（鷓鴣天）

史鑑涵研千萬册，興亡榮辱皆過客，功名不爲雲台高，開濟唯蘄春雨澤，丘壑士，名將客，破虜平遼助畫策。將軍麟閣客有勞，不朽同垂無赫赫。

不必求丹師老釋，心丹遠勝丹砂液，運籌之盛雖無名，心長自得意長適，箇中樂，長生蘖，神仙伊始彭年積，且從賜杖盡千觥，此事無關名藉藉。

(三)弔屈平

汨羅
是長遠創痕
不知它有多深
江中
正流着憤慨
不知到何年代
×　×　×

是陶器時代
在無限延長
黃鐘盡付爐火
騏驥沒有康莊
眼看
瓦釜擅場
駑馬飛揚

於是
你在哭泣
終於
奮身汨汨
你
忠得可以
死
不能同意

×　×　×

知否
時代如此殭化
九泉當不例外
是否
要同時面對
偷生的可恥
放棄的愚昧

×　×　×

此刻
日方斜
影不從
高丘依舊無語
江水默默東去
多少舊恨新愁
流向黃埔灘頭

(四)谷音

千山萬徑
寂無人蹤
莫名的腳步
震撼了岑濛
似
雷聲驚醒了蟄蟲
風兒吹放了千紅
雨兒灌綠了新叢
枯籐抖擻

芳草蓊茸
聽
衆竅响鳴
彼呼此應
直如
萬馬千軍
蔽日艨艟
交戈振鼓

倒海崩雲
奔向
無涯涘的遠方
無止境的康莊
此何聲也
來自空谷
去如騰驤

參引書目

郭源新世界文學史綱
錢基博中國文學史
劉麟生中國文學史
柳存仁中國文學史
胡雲翼中國文學史
王忠林等合著中國文學史初稿
丁思文中國文學史話
郭紹虞中國文學批評史
李道顯中國文學發展探源
楊家駱中國文學百科全書
胡適中國新文學史
周錦中國新文學簡史
林海音近代作家與作品
「五四」論集
李猷近代詩介